荀学史略

刘延福　周新凤　著

山东大学出版社
SHANDONG UNIVERSITY PRESS
·济南·

图书在版编目(CIP)数据

荀学史略 / 刘延福，周新风著. —济南 ：山东大学出版社，2023.10

ISBN 978-7-5607-7947-8

Ⅰ. ①荀… Ⅱ. ①刘… ②周… Ⅲ. ①荀况(前 313-前 238)－哲学思想－研究 Ⅳ. ①B222.65

中国国家版本馆 CIP 数据核字(2023)第 187719 号

责任编辑　朱若翌
封面设计　蓝海文化

荀学史略
XUNXUE SHILUE

出版发行　山东大学出版社
社　　址　山东省济南市山大南路 20 号
邮政编码　250100
发行热线　(0531)88363008
经　　销　新华书店
印　　刷　济南新科印务有限公司
规　　格　720 毫米×1000 毫米　1/16
　　　　　19.75 印张　331 千字
版　　次　2023 年 10 月第 1 版
印　　次　2023 年 10 月第 1 次印刷
定　　价　69.00 元

◎河南省高校科技创新人才支持计划(人文社科类)项目(2020-CX-009)资助
◎河南省哲学社会科学规划项目(2023BWX004)资助
◎河南省高等学校青年骨干教师培养计划(2020GGJS059)资助
◎河南省高等学校人文社会科学研究项目(2021-ZZJH-140)资助

前　言

荀子之在中国思想史，如同亚里士多德之在西方思想史。历史上称赞荀子的非常多，《史记·孟子荀卿列传》说荀子曾在稷下学宫“三为祭酒”，且“最为老师”，故司马迁将其与孟子合为一传加以传颂。近人陈登元盛赞：“荀子实我国邃古之大政治家大哲学家，固无疑矣，固非虚饰也。”①冯友兰先生也称赞他说：“孟子以后，儒者无杰出之士，至荀卿而儒家壁垒始又一新。”李泽厚先生认为荀子“上承孔孟，下接易庸，旁收诸子，开启汉儒”②，在儒学传承中发挥着承上启下的作用。荀子的思想虽然没有被后儒奉为儒家正统，但对中国思想史、政治史影响深远，在某种程度上，前者甚至超过了孔子和后者，故康有为说：“二千年学者皆荀子之学也。”③谭嗣同也说：“两千年来之学，荀学也。”④遗憾的是，诚如当代新儒家大师牟宗三先生所言，“荀子之学，历来无善解”⑤。在儒学研究中，荀子不但经常被忽略，而且学者在研究时往往陷入以孟解荀的误区，尊孟而抑荀。特别是唐宋以来，攻击者益众，明嘉靖年间更是将其视为“寇仇”而逐出孔庙，荀子俨然成为孔孟儒家之“歧出”和“异端”，地位日益衰落、每况愈下。

---

① 陈登元：《荀子哲学》，商务印书馆 1928 年版，第 3 页。

② 李泽厚：《荀易庸记要》，《中国古代思想史论》（上），安徽文艺出版社 1999 年版，第 110 页。

③ 康有为著，楼宇烈整理：《万木草堂口说》，中华书局 1988 年版，第 195 页。

④ 谭嗣同：《仁学》，蔡尚思、方行编：《谭嗣同全集》，中华书局 1981 年版，第 337 页。

⑤ 牟宗三：《荀学大略·前序》，《名家与荀子》，吉林出版集团有限责任公司 2010 年版，第 129 页。

然而，荀子的地位每况愈下，并不意味着荀学的隐身或消失，后代的许多荀子思想的接受者有直接弘扬荀学者，更多的则以“不记名”或“冒名”的方式暗自吸取荀学的成分。虽然他们并不承认自己理论的荀学特质，但是他们或是“孟皮荀骨”[①]，或是“举孟旗，行荀学”[②]。比如，就汉代的儒学而论，荀子的地位实际上在孟子之上。清钱大昕曾言：“盖自仲尼即殁，儒家以孟荀为最醇。太史公叙列诸子，独以孟荀标目。韩退之于荀氏，虽有大醇小疵之讥，然其云吐辞为经，优入圣域，则与孟氏并称，无异辞也。”[③]据此可知，在宋代之前，荀子并未受到过多的诟病，其地位足可以与孟子并立。魏晋南北朝时期，虽然“章句渐疏，而多以浮华相尚，儒者之风盖衰矣”[④]，包括荀学在内的儒学逐渐隐身并边缘化，但是儒学并未退出历史舞台，尤其是荀学，其在名教与自然之争中成为儒者的武器而不断被提起，故有学人说“魏晋时期理应是荀学发扬的时代”[⑤]，事实上也是这样的，徐幹、杜恕、傅玄等人一直在继承并发展着荀学。隋唐时期是荀子思想发展史上的重要转折期，虽然韩愈将荀子排除于“道统”之外，并认为荀学“大醇而小疵”，但王通、柳宗元、刘禹锡等人对荀学有较大的发挥，并且出现了千年以来第一本系统注解《荀子》的作品——杨倞《荀子注》，故马积高先生认为唐代出现了“荀学的闪耀”[⑥]。入宋以后，随着理学的兴起，荀子的地位开始逐渐下降，宋儒更是抓住荀学“小疵”之处加以放大，苏轼及二程、朱熹等理学家贬斥荀子，但是荀学在此时依然发挥着重要的作用，“它仍以某种形式出现在当时的主流思想或非主流思想之中”[⑦]。不仅如此，这一时期还发生了荀学史上非常重大的事件：宋神宗元丰七年(1084年)，荀子得以与孟子、扬雄、韩愈等人一起从祀孔子，这是一千多年来官方给荀子的最高荣誉，足见官方对荀子及荀学的肯定。元明时期是理学以官方意识形态的形式被尊崇的时期，荀学在此时是隐而不显的，尤其是明嘉靖九年(1530年)荀子被罢祀，

① 刘又铭：《荀子的哲学典范及其在后代的变迁转移》，《汉学研究集刊》2006年第3期。

② 李泽厚：《伦理学补注》，《探索与争鸣》2016年第9期。

③ 钱大昕：《〈荀子笺释〉跋》，王先谦：《荀子集解》上册，中华书局1988年版，第10页。

④ 范晔撰，李贤等注：《后汉书》，中华书局1999年版，第1718页。

⑤ 林郁迢：《略论魏晋荀学之发展》，《汉学研究集刊》2009年第9期。

⑥ 马积高：《荀学源流》，上海古籍出版社2000年版，第226页。

⑦ 马积高：《荀学源流》，第252页。

更意味着官方对荀子的否定。然而，随着商业经济的发展和市民阶层的扩大，尤其是在心学的不断壮大下，明代中期以后的儒者对荀学的评价发生了较大的变化，再一次出现了“先荀后孟”的说法。进入清代，荀子及荀学研究进入了一个千年未有之大变局——在历经千年的贬抑之后，扬荀、尊荀之风逐渐兴盛，荀学进入了全面复兴的时代。

由此可见，荀学在中国思想史上产生了十分重要的影响，深刻影响到中国儒学史和思想史的发展进程，因此理应在当代的学术史研究中占有一席之地。然而，相对于对孔、孟等传统儒者的研究，学者对荀子及荀学的关注度依然不够，相关研究成果无论是在数量上还是在质量上、层次上，均远不及孔、孟。比如就思想史研究而言，孟学史方面不仅有黄俊杰的《中国孟学诠释史论》（社会科学文献出版社 2004 年版）、王其俊的《中国孟学史》（山东教育出版社 2012 年版）等诸多系统的专著，还有大量的孟学断代史、孟学文献集成等；国家及地方政府也大力支持孟学研究，2011 年“中国孟学史”获批国家社科基金重大项目，2013 年山东省成立孟子研究院，2016 年山东省编办正式批准孟子研究院为济宁市政府直属正处级公益一类事业单位，等等。与孟学相比，荀学则显得暗淡了许多，不但缺少国家及地方政府的大力支持，而且目前为止都未曾有一部荀学史研究专著，这一现象与荀子的学术贡献极其不符。当然，学界已经逐渐意识到了这一问题，近几年出现了较多与荀学史相关的专论和断代史研究，已经取得了一定的成果，但仍然存在这样或那样的问题。一方面，有关荀学史的研究大多以断代史为主，尚未发现系统的荀学史梳理。比如江心力《20 世纪前期的荀学研究》（中国社会科学出版社 2005 年版）、田富美《清代荀子学研究》（台湾政治大学博士学位论文，2005 年）、刘涛《宋代荀学研究》（中山大学博士学位论文，2010 年）、余亚斐《荀学与两汉儒学之趋向》（安徽师范大学出版社 2012 年版）、李甜《明代荀学研究》（华南师范大学硕士学位论文，2012 年）、刘桂荣《西汉时期荀子思想接受研究》（合肥工业大学出版社 2013 年版）、强中华《秦汉荀学研究》（人民出版社 2017 年版）、康廷山《清代荀学史略》（中华书局 2020 年版）等。另一方面，已有的较为系统的荀学史研究限于篇幅，论述较为简略。比如张曙光《外王之学:〈荀子〉与中国文化》（河南大学出版社 1995 年版）、马积高《荀学源流》（上海古籍出版社 2000 年版）、孔繁《荀子评传》（南京大学出版社 1997 年版）等书，都用了一部分章节较为简略地梳理了自秦汉以来直到清末的荀学流变情况，等等。

本书主要以历时的角度勾勒出古代荀子思想史的全貌。"'思想史'既不是单纯研究人们所在的外部历史境遇，也不是仅仅着眼于人们的思想本身，而是在兼顾历史境遇和主体自觉的同时，更多地着眼于两者之间的关系，即'思想'与'历史'的互动。并且，这里的'人们'，也不是泛指群体的大众意识，而往往是那些具备高度自觉和深度思考的思想家们。"①根据彭国翔先生对思想史研究的界定，本书的主要研究内容包括三个方面：首先，对自秦汉至清代对于荀学的继承与发展、借鉴与转化的内容做一系统梳理；其次，对各个朝代对荀子及荀学或扬或抑的评价进行解说，较全面地展示荀学在中国思想史中的沉浮与升降；最后，探究荀学升降背后的原因。

本书所采用的主要研究方法是思想史研究法和"创造的诠释学"研究法。思想史研究法要求我们首先要对荀子思想史进行系统梳理和评析，分析荀学升降的原因，确定其在不同时期的地位与影响。"创造的诠释学"是傅伟勋先生所提出的研究中国哲学的五个解释学原则，分别是"实谓""意谓""蕴谓""当谓""必谓"。按照他的说法，"实谓"是"原思想家（或原典）实际上说了什么"；"意谓"是"原作者（或原典）想要表达什么"；"蕴谓"是"原作者可能说什么"或"原典可能蕴含哪些意义"；"当谓"是"原思想家（本来）应当说出什么"或"创造的诠释学者应当为原思想家说出什么"；"必谓"是"原思想家现在必须说出什么"或"为了解决原思想家未能完成的思想课题，创造的诠释学者现在必须践行什么"。在这五个层次中，前两个层次主要是校雠学课题和文本的字面含义，后三个层次主要阐释文本中蕴含的深层次意义，其中也包含作者本人觉察不到但是文本客观蕴含的、需要解释者解释的内容。② 在本书的写作中，既关注校雠学和后世文本上的研究，即后儒对《荀子》的考证与评述部分的内容，同时也关注后儒思想中的荀学倾向，即后儒对荀学不自觉的、隐性的接受，比如那些虽然明确贬斥荀学但其理论却客观上蕴含着荀学特质的现象，或者说诸如"孟皮荀骨""举孟旗，行荀学"的现象。

当然，两千多年的荀子思想史浩如烟海、不知凡几，要想毫无遗漏地展示

---

① 彭国翔：《"思想"与"历史"之间的"中国思想史"》，〔新加坡〕王昌伟：《中国历史上的关中士人：907～1911》，刘晨译，浙江大学出版社 2017 年版，"总序"，第 ii 页。

② 参见傅伟勋：《创造的诠释学及其应用》，《时代与思潮》1990 年第 2 期。

荀子思想史的全貌是一项巨大而又艰难的工程，绝非笔者一己之力所能完成。笔者在写作过程中，感觉于古籍整理与阅读方面十分吃力，加之才疏学浅，难免会出现挂一漏万、牵强附会、浅尝辄止等问题，观点与结论上也有诸多认识不周和偏颇之处，故名之曰“史略”，求教于方家，以匡不逮。

刘延福

2023 年 5 月

目　录

第一章　秦汉荀学史略

荀子及荀学虽然广受后儒诟病，但是至少在唐以前，荀子与孟子在儒学史上的地位是并驾齐驱的，在某种程度上，前者甚至要超过后者。梁启超先生说："两千年政治，皆出荀子矣。而所谓学术者，不外汉学、宋学两大派。而实皆出于荀子，然则两千年来，只能谓为荀学世界，不能谓之为孔学世界也。"[①]他认为荀学主导了中国传统学术思想的两派，对中国学术产生了根本性的影响。郭沫若先生在《荀子的批判》中说："汉武以后学术思想虽统一于一尊，儒家成为了百家的总汇，而荀子实开其先河。"[②]李泽厚先生认为，没有荀子，也就没有汉儒："荀子可说上承孔孟，下接易庸，旁收诸子，开启汉儒，是中国思想史从先秦到汉代的一个关键。"[③]这些观点，虽然大都不可避免地忽视了孟子对汉学的贡献，但是，荀子比孟子对汉学的影响更加深远却是事实，整个汉代社会的文化架构，也是沿着荀子的路子来的："在汉代……社会是沿着荀子的思路运作的，以礼乐制度来节制人的情感与思想，以察举方式来鼓励人的品格与情操，以刑法律令来管束人的行为与活动。"[④]

秦汉时期荀子思想影响之深远胜于孟子，其原因大致有二：一为荀子思想之经验论范式，二为秦汉之大一统政治形势。两者相互作用，互为犄角，共同推进了荀学在秦汉时期的经典化。经验论哲学崇尚经验、注重实效，荀子的注

---

① 《梁启超全集》，北京出版社 1999 年版，第 264 页。
② 郭沫若：《十批判书》，东方出版社 1996 年版，第 258 页。
③ 李泽厚：《中国古代思想史论》(上)，安徽文艺出版社 1999 年版，第 110 页。
④ 葛兆光：《中国思想史》(中)，复旦大学出版社 2009 年版，第 319 页。

意力全部投射到“正理平治”的目标上，而欲“正理平治”，道德理想主义必不可能实现，故对于儒家来说唯一有效的凭借便是“隆礼义”——在荀子的论述中，“隆礼义”也就等同于隆礼重法（礼主法辅）。无论是个人人格的修养，还是国家政治举措，乃至整个社会文化甚至自然事物之理，都需要礼义加以引导。事实也证明，荀子的这一论说显然比孟子等人的更为有效：秦朝虽然二世而亡，但在荀子弟子李斯的辅佐下嬴政统一天下；汉初虽然黄老之学盛行，但此时的黄老已经与申、韩合流，具有了法家化的倾向。[①] 在得到充分的休养生息之后，武帝独尊儒术，用已经具有法家化倾向的儒术和礼法合一的方式加强中央集权。在政治及思想四分五裂的时期，荀子的经验论哲学充分体现出“合”的特点，充分认识到百家学说之“弊”，对儒家思想主动自我调整补苴，能够融摄礼法而不悖于儒学大义，符合现实而具有实效，自然受到封建统治者及汉儒的关注。[②]

《史记·郦生陆贾列传》记载：“陆生时时前说称《诗》《书》。高帝骂之曰：‘乃公居马上而得之，安事《诗》《书》！’陆生曰：‘居马上得之，宁可以马上治之乎？且汤武逆取而以顺守之，文武并用，长久之术也。昔者吴王夫差、智伯极武而亡；秦任刑法不变，卒灭赵氏。乡使秦已并天下，行仁义，法先圣，陛下安得而有之？’”[③]刘邦通过“马上”（武力）而得天下，但是单凭武力绝不能治天下。

---

① 参见余英时：《士与中国文化》，上海人民出版社 2013 年版，第 125 页。

② 葛兆光认为荀子在秦汉时影响巨大，主要原因有三点。其一，荀子通过经典的传授影响了大批弟子，而弟子又凭借经典的解释和阐发渐渐控制了文化话语的权力，在《诗》《书》《易》《春秋》《礼》的传授系统中，荀子处于枢轴的位置。其二，荀子的思路不再仅仅是儒者的人文主义，传统的儒者执着于理想而不切实用，但荀子的思路中蕴含了十分实用的、既可以用之于道德自律又可以推之于法律管束的意识形态意味，很易被上层运用。其三，荀子的思路已经很开放，它不再把儒者的思想束缚在一种过分封闭的理想主义与精神主义的圈子里，而是极广泛地吸取了各种实用思潮，灵活地把自己定位在世间，《儒效》里他对儒者传统的变化看得很清楚——“道者，非天之道，人之所以道也”，也就是说他把着眼点定在了世间的实用思想上，所谓“道”不再是抽象玄虚的思想对象，而是具体而微的实施手段，《君道》中说“道者何也？曰：君道也。君者何也？曰：能群也”，“群”就是社会，“能群”就是能够建立一个良好的社会秩序。正是为了这种实效，他的思路由“道”渐渐趋近于“术”，立场也由“礼”渐渐转向了“法”，而思索的出发点和终结点也由“民”渐渐移向了“君”，思想于是渐渐趋近了意识形态。参见葛兆光：《中国思想史》（中），第 168～169 页。

③ 司马迁撰，裴骃集解，司马贞索隐，张守节正义：《史记》，中华书局 1999 年版，第 2084 页。

秦王朝武力灭六国而一统天下，但是却因穷兵黩武、严刑酷法而二世而亡。当国家统一之后，单纯崇尚武力征战不足以守成天下。在建立起封建社会的经济制度和政治制度之后，必须要有一个与之相适应的意识形态。因此，在“汉承秦制”的基础上，统治者希望通过思想的统一、意识形态的统一以维护其统治，用统一的思想为其政权正名并维护其合理化。正如荀子所言，“夫民易一以道而不可与共故，故明君临之以埶，道之以道，申之以命，章之以论，禁之以刑。故其民之化道也如神，辨埶恶用矣哉！今圣王没，天下乱，奸言起，君子无埶以临之，无刑以禁之，故辨说也”（《荀子·正名》）[①]。明智的君主应该用权势来统治人民，用正道来引导人民，用命令来告诫人民，用言论来开导人民，用刑法来禁止人民。于是统治阶级想到了儒学，自然也就想到了孔子、孟子和荀子的思想。孔子是儒家学派的创始人，其思想在儒家思想中具有指导意义，但就现实性而言，由于提不出切实可行的方法策略，直接用它来治理国家显然不切实际；孟子的思想理想主义的成分太重，其核心是“仁”，虽然体现出古代社会宗法制度的伦常道德要求，但道德律令并不能够治国，理想主义的特色使其迂阔而无用；荀子思想的核心是“礼”，同时又强调“法”。“礼”是儒家的核心思想之一，它是维护封建等级制度的基本规范，这种规范进一步强化就会变成社会的强制性规范和维护国家的武器，这便是“法”。因此，与“仁”的理想主义相比，“礼”更具有操作性和实用性。同时，“礼”又与“仁”有着血缘上的联系，有着共同的文化基因，“克己复礼以为仁”的思想使二者紧密联系在一起。因此，与单纯讲“仁”相比，推崇“礼”使儒学既没有丢掉血缘、温情、仁爱的特质，同时又增强了实用性和可操作性。董仲舒言：“性有善端，童之爱父母，善于禽兽，则谓之善，此孟子之善。循三纲五纪，通八端之理，忠信而博爱，敦厚而好礼，乃可谓善，此圣人之善也。”[②]他虽然没有明言“圣人”是谁，但是“好礼”且与孟子并称者，显然就是荀子。因此，荀子隆礼重法（礼主法辅）的思想既能够用礼来引导人民而不纯任于礼，又没有放弃刑罚，即用刑法来约束人民，这自然符合当时的实际和统治者的需求，其儒家的成分也利于被汉儒所接受，故汉儒重视荀学、荀学在秦汉时期成为主流也就不足为怪了。

---

① 以下所有《荀子》引文仅注篇名。本书所引《荀子》原文，除特殊说明外，均出自王先谦撰，沈啸寰、王星贤点校：《荀子集解》，中华书局1988年版。

② 张世亮、钟肇鹏、周桂钿译注：《春秋繁露》，中华书局2012年版，第383页。

荀学对汉代的影响是全方位的，学术思想是影响最深刻的一个层面。荀子对汉代学术的影响，主要包括在两个方面：一方面是对秦汉儒学的影响，另一方面是对汉代经学的影响。

第一节　荀子与秦汉儒学

荀子对秦汉儒学的影响是非常大的，朱自清说："荀子影响汉儒最大。汉儒著述里引诗，也是学他的样子；汉人的诗教，他算是开山的祖师。"[①]夏曾佑在《论八股存亡之关系》中指出：

> 孟子既没，公孙丑、万章之徒，不克负荷，其道无传。荀子身虽不见用，而其弟子韩非、李斯等，大显于秦。秦人之政，壹宗非、斯，汉人因之，遂有今日。汉世六经家法，强半为荀子所传，而传经诸老师，又多故秦博士。则其学必为荀子之学无疑。故先秦两汉皆兰陵之学，而非孔子之宗子也。[②]

根据他的观点，由于秦时孟学不传，韩非、李斯等又大显于世，汉时经学博士多有秦儒的背景，故汉学名为孔学，实则仅荀学一派，荀学影响汉儒最大。

一、陆贾

在汉代儒家著述中，陆贾（约前 240～前 170 年）的《新语》是最早的一部。《新语》是一部政治书，主要目的是"粗述存亡之征"，主要方法是"行仁义，法先圣"，也就是行儒家之术，而儒家之术中，最现实、最切实际的是重经验、重实用、重功利的荀学。

《史记·陆贾列传》记载陆贾"以客从高祖定天下，名为有口辩士，居左右，常使诸侯"[③]，作为刘邦的卿客与其巡视南越；《汉书·儒林传》载："申公，鲁人也。少与楚元王交俱事齐人浮丘伯受《诗》。汉兴，高祖过鲁，申公以弟子从师

---

① 朱自清：《诗言志辨》，开明书店 1947 年版，第 114 页。

② 夏曾佑：《论八股存亡之关系》，杨琥编：《夏曾佑集》上册，上海古籍出版社 2011 年版，第 33 页。

③ 司马迁撰，裴骃集解，司马贞索隐，张守节正义：《史记》，第 2083 页。

入见于鲁南宫。"[①]《汉书·楚元王列传》载:"伯者,孙卿门人也。"[②]由此可见,陆贾在随高祖出使诸侯的时候应接触到荀子的再传弟子申公。以陆贾交游之广,他与高祖过鲁国的时候必与同为儒者的浮丘伯、申公有所交集,因而对荀学也必相当了解,清人唐晏甚至认为"或者谓陆生为荀卿弟子"[③];再加之浮丘伯又曾治《穀梁春秋》《鲁诗》《尚书》,陆贾又在《新语·资质》中高度称赞浮丘伯:"鲍邱之德行,非不高于李斯、赵高也,然伏隐于蒿庐之下,而不录于世,利口之臣害之也。"[④]故有学者认为陆贾是浮丘伯的弟子。[⑤] 由此可见,荀子及其弟子与陆贾有着千丝万缕的联系,陆贾的思想受到荀学的深刻影响。无论他是否为荀子弟子或再传弟子,都不妨碍其对荀学的接受。故清人严可均在其《新语叙》中说:"汉代子书,《新语》最纯最早。贵仁义,贱威刑,述《诗》《书》《春秋》《论语》,绍孟、荀而开贾、董,卓然儒家之言。"[⑥]

(一)对荀子"天行有常"自然观的折中调和

两千多年前,包括政治、学术在内的几乎整个文化形态都被阴阳灾害之说所遮蔽,孔、孟等儒家也不能完全摆脱这一影响。孔子说"君子有三畏",第一项就是"畏天命"(《论语·季氏》),并且认为"获罪于天,无所祷也"(《论语·八佾》);孟子继承了孔子的天命观,认为"顺天者存,逆天者亡"(《孟子·离娄上》),并将这种天命转化为内在之德命。荀子的自然观既不同于孔、孟等传统儒家,也与其他学派有明显的不同。荀子论天以自然之天为旨归,同时又克服了道家"蔽于天而不知人"(《解蔽》)的缺陷。陆贾继承了荀子"天行有常"(《天论》)的自然观,《新语·明诫》云:

> 君明于德,可以及于远;臣笃于义,可以至于大。何以言之?昔汤以七十里之封,升帝王之位;周公自立三公之官,比德于五帝三王;斯乃口出善言,身行善道之所致也。故安危之要,吉凶之符,一出于身;存亡之道,

---

① 班固撰,颜师古注:《汉书》,中华书局1999年版,第2676页。

② 班固撰,颜师古注:《汉书》,第1495页。

③ 唐晏:《陆子新语校注序》,转引自李景明:《中国儒学史·秦汉卷》,广东教育出版社1998年版,第54页。

④ 王利器撰:《新语校注》,中华书局1986年版,第112页。

⑤ 参见余嘉锡:《〈四库提要辨证〉——〈新语〉》,罗根泽编著:《古史辨》第4册,上海古籍出版社1982年版,第206页。

⑥ 严可均撰:《铁桥漫稿》,人民文学出版社2007年版,第149页。

成败之事，一起于善行；尧、舜不易日月而兴，桀、纣不易星辰而亡，天道不改而人道易也。[①]

与荀子的观点相一致，陆贾也认为国家的治乱兴衰完全是由人事所决定的，天并不能主宰人世。为了说明这一点，他像荀子一样也用尧、舜、禹及桀、纣的例子加以说明。汉初在经历秦难后，巫祝禨祥等妖氛大行其道，陆贾能在黄老之学流行的汉初提出这种观点，实亦难能可贵。

陆贾继承了荀子"天行有常"的自然天道观，但他同时也承认天与人之间存在着某种感应：

故世衰道失，非天之所为也，乃国君者有以取之也。恶政生恶气，恶气生灾异。螟虫之类，随气而生；虹蜺之属，因政而见。治道失于下，则天文变于上；恶政流于民，则螟虫生于野。[②]

根据荀子的看法，"星坠木鸣"等异象及其他灾害均是自然现象；依陆贾而言，许多自然灾害的发生是因为"恶气"，"恶气"则是由于"恶政"，即自然灾害也可能是人造成的。"此篇（即《明诫》）言天人相感，善道作于下，则善气感于天。"[③]这样，陆贾就将"天"（自然灾害）与"人"（恶政）联系在一起，提出了早期的天人感应论。黄震说："《明诫》言君臣当谨言行。"唐晏说："此篇意主于去恶。"[④]陆贾用此"天人感应"，意在利用灾异警醒国君以此为戒。由是言之，相较于荀子，陆贾的自然观多了一些天人感应的内容。这种不同，并非陆贾不赞同荀子的观点，而是对荀子自然观与传统的天人感应论的折中调和，更多体现出汉初儒学积极变通、儒道合流、儒法合流、儒家与阴阳家合流的大融合的特色。经过陆贾的折中调和后，董仲舒以灾异立论，提出了天人感应的观点。严可均说陆贾之学"绍孟荀而开贾董"，说的就是这种折中调和。

（二）对荀子"天生人成"思想的继承

荀子以"天道自然"立论，认为天是自然的、被动的，人世间的礼义法度等价值观念都是圣人创制出来的，人类价值的根源在于人为（即"伪"）而非神授，这就是其"天生人成"的思想，是荀学的基本原则。陆贾全然接受了这一思想，

---

① 王利器撰：《新语校注》，第152页。

② 王利器撰：《新语校注》，第155页。

③ 王利器撰：《新语校注》，第152页。

④ 王利器撰：《新语校注》，第152页。

《新语》的首篇——《道基》中的第一句话就肯定了荀子这一说法：

传曰："天生万物，以地养之，圣人成之。"功德参合，而道术生焉。[①]

紧接着，他又对这一观点进行了阐述：

于是先圣乃仰观天文，俯察地理，图画乾坤，以定人道，民始开悟，知有父子之亲，君臣之义，夫妇之别，长幼之序。于是百官立，王道乃生。[②]

天气所生，神灵所治，幽闲清净，与神浮沉，莫不效力为用，尽情为器。故曰："圣人成之。"所以能统物通变，治情性，显仁义也。[③]

世间万物生于天地，然而最初的人类"食肉饮血，衣皮毛"[④]，"野居穴处，未有室屋，则与禽兽同域"[⑤]，先圣伏羲氏仰观日月星辰，俯察山川草木，创作乾坤八卦，制定人伦之道，民众因此才开始有所觉悟，知道了应该遵守父子、君臣、夫妻、长幼之间的规范，于是设立了文武百官，并用仁义道德治理天下。换言之，处于天地之间的人类由蒙昧转而为万物的灵长，依靠的是各种礼义法度。圣人（聪明而有大智慧者）使世间万物成为有用之材，依照它们不同的作用加工成有用之物，承天统地而彰显圣人的仁义与道德，故曰："圣人成之。"陆贾的这一思想基本上是对荀子"天生人成"思想的复制。

（三）对荀子"法后王"思想的吸收

对于古今关系，荀子在《性恶》中说"善言古者必有节于今"，认为善于谈论古代的，一定验证于现今。荀子并不厚古非今，反而认为愈近愈可信，故在"先王"与"后王"的关系上，荀子主张法后王。《非相》："圣王有百，吾孰法焉？故曰：文久而息，节族久而绝，守法数之有司极礼而褫。故曰：欲观圣王之迹，则于其粲然者矣，后王是也。"三代之前的东西不值得效法，是因为时间太久了，礼仪制度因为年代久远而湮没，音乐节奏也因年代久远而失传。陆贾完全赞同荀子的观点，他说：

善言古者合之于今，能述远者考之于近。故说事者上陈五帝之功，而思之于身，下列桀、纣之败，而戒之于己，则德可以配日月，行可以合神灵，

---

① 王利器撰：《新语校注》，第 1 页。

② 王利器撰：《新语校注》，第 9 页。

③ 王利器撰：《新语校注》，第 24 页。

④ 王利器撰：《新语校注》，第 10 页。

⑤ 王利器撰：《新语校注》，第 11 页。

登高及远，达幽洞冥……[1]

与荀子的观点完全一致，陆贾认为，善于谈论古事者，其古事往往与当今情况相似；能够述说远事者，其远事常常由近事得以证实。所以说事者前说五帝之功绩，用以思量当今的行为；后说夏桀和殷纣的败亡，用以警戒自身言行举止。这样德性可以同辉于日月，行为可以符合于神灵，登高可以看得更远，趋下可以明察阴暗。于是，在“法先王”还是“法后王”的取舍上，陆贾反对厚古薄今：

道近不必出于久远，取其致要而有成。《春秋》上不及五帝，下不至三王，述齐桓、晋文之小善，鲁之十二公，至今之为政，足以知成败之效，何必于三王？故古人之所行者，亦与今世同。立事者不离道德，调弦者不失宫商，天道调四时，人道治五常，周公与尧、舜合符瑞，二世与桀、纣同祸殃。[2]

道就在身边，故不必舍近求远，只要能够领会得其关键所在就会成功。《春秋》乃近世孔子之作，上不叙及五帝而下不言至三王，仅仅述说齐桓公、晋文公以及鲁国国君的为政历史，就足以验证兴衰成败的原因，因而何必要上究三王治国之法呢？所以，“万世不异法，古今同纪纲”[3]，即根本法则万代不变，伦理纲纪古今相同。古人治国的所作所为，也和当今的治国原则基本相同，只要抓住关键——道德仁义，就可以万古为王。由此可见，两人关于古今关系、先王与后王等关系的论说，不但观点完全一致，就连文字也大同小异。

（四）对荀子礼法观的借鉴

荀子的治国思想主张礼主法辅，就是以礼义道德为主、以法律刑责为辅。陆贾在总结秦亡教训的时候，认识到片面运用严刑酷法并不能够使国家长治久安，必须“以仁义为本”：

齐桓公尚德以霸，秦二世尚刑而亡。故虐行则怨积，德布则功兴，百姓以德附，骨肉以仁亲，夫妇以义合，朋友以义信，君臣以义序，百官以义承。[4]

陆贾用“齐桓公尚德以霸，秦二世尚刑而亡”的例子说明了仁义治国的重要性，主张君王应该修道德、行仁义，认为用道德约束自己、用仁义治国理政才是为

---

① 王利器撰：《新语校注》，第37页。

② 王利器撰：《新语校注》，第41页。

③ 王利器撰：《新语校注》，第43页。

④ 王利器撰：《新语校注》，第29～30页。

政之道：

> 治以道德为上，行以仁义为本。故尊于位而无德者绌，富于财而无义者刑，贱而好德者尊，贫而有义者荣。[①]

治国应以道德为首要，行动应以仁义为宗旨。居于尊位而没有道德者应当罢黜，富有资财而违背仁义者应受惩罚；地位卑贱而讲求道德者应当受到尊重，贫穷清苦而履行仁义者应当得到荣耀。“功不能自存，而威不能自守，非贫弱也，乃道德不存乎身，仁义不加于天下也”[②]，君主既不能建功立业，又不能保持威武之势，并不是贫穷衰弱所致，而是道德不能体现于自身，仁义不能教化百姓的缘故。显然，陆贾把道德和仁义结合在一起，将行仁义道德上升为治国之道。

陆贾虽然认为治国应该以道德仁义为本，但他也并没有完全排斥刑罚。他认为，刑罚的作用是有限的，刑罚应该用以辅助道德仁义：

> 夫法令所以诛暴也，故曾、闵之孝，夷、齐之廉，此宁畏法教而为之者哉？故尧、舜之民，可比屋而封，桀、纣之民，可比屋而诛，何者？化使其然也。[③]
>
> 鲁庄公一年之中，以三时兴筑作之役，规固山林草泽之利，与民争田渔薪菜之饶，刻桷丹楹，眩曜靡丽，收民十二之税，不足以供回邪之欲……外人知之，于是为宋、陈、卫所伐，贤臣出，叛臣乱，子般杀……公子牙、庆父之属，败上下之序，乱男女之别，继位者无所定，逆乱者无所惧。于是齐桓公遣大夫高子立僖公而诛夫人，逐庆父而还季子，然后社稷复存，子孙反业，岂不谓微弱者哉？故为威不强还自亡，立法不明还自伤，鲁庄公之谓也。[④]

“治以道德为上，行以仁义为本。”[⑤]陆贾认为，法令只能够惩罚犯罪但却不能够劝人们从善，曾参与闵损的孝心孝行、伯夷和叔齐的清廉高洁都因教化之功而非敬畏刑罚。“王者尚武于朝，则农夫缮甲兵于田。故君子之御下也，民奢者

---

① 王利器撰：《新语校注》，第 142 页。
② 王利器撰：《新语校注》，第 146 页。
③ 王利器撰：《新语校注》，第 65 页。
④ 王利器撰：《新语校注》，第 124 页。
⑤ 王利器撰：《新语校注》，第 142 页。

应之以俭，骄淫者统之以理；未有上仁而下贼，上义而下争者也。”[①]君王如果在朝廷崇尚武力，农民就会在田野舞枪弄棒。因此，君王治理天下，应以仁义为本，不能依靠严刑酷法。而鲁庄公之所以为昏君，除了“与民争利”、仁义不行之外，还有“为威不强”“立法不明”之嫌，故“明定律令”也是君王治国的原则之一。

陆贾用仁义辅以法令教化民众的观点是对荀子思想的继承。荀子曾经多次运用“教化”一词[②]，在《性恶》中，荀子说：

> 故为之立君上之埶以临之，明礼义以化之，起法正以治之，重刑罚以禁之，使天下皆出于治，合于善也。是圣王之治，而礼义之化也。

荀子认为，“人之性恶”，故圣王首先必须建立权势，其次倡明礼义来教化他们，再次兴起法度来治理他们，最后再用加重刑罚来禁止他们。“礼义”“法度”“刑罚”是逐渐递进的，首先要用礼义来教化，最后采用刑罚来禁止。这也就是陆贾所提倡的以道德仁义为主、以刑罚为辅。

除了上述思想上的继承外，陆贾《新语》一书还有很多与《荀子》相同的文字，它们不仅文字雷同，而且意义相近，例如：

> 善言古者合之于今，能术远者考之于近。（《新语·术事》）[③]
>
> 善言古者必有节于今。（《荀子·性恶》）
>
> 调气养性，仁者寿长。（《新语·道基篇》）[④]
>
> 扁善之度，以治气养生，则后彭祖。《荀子·修身》
>
> 民奢应之以俭，骄淫者则统之以理。（《新语·无为》）[⑤]
>
> 血气刚强，则柔之以调和；知虑渐深，则一之以易良；勇胆猛戾，则辅之以道顺；齐给便利，则节之以动止；狭隘褊小，则廓之以广大；卑湿、重迟、贪利，则抗之以高志；庸众驽散，则劫之以师友；怠慢僄弃，则炤之以祸灾；愚款端悫，则合之以礼乐，通之以思索。（《荀子·修身》）

---

① 王利器撰：《新语校注》，第67页。

② 如《王制》：“劝教化，趋孝弟，以时顺修，使百姓顺命，安乐处乡。”“论礼乐，正身行，广教化，美风俗，兼覆而调一之。”《议兵》：“礼义教化，是齐之也。”《尧问》：“上无贤主，下遇暴秦，礼义不行，教化不成。”

③ 王利器撰：《新语校注》，第37页。

④ 王利器撰：《新语校注》，第34页。

⑤ 王利器撰：《新语校注》，第67页。

夫居高者自处不可以不安，履危者任杖不可以不固。自处不安则坠，任杖不固则仆。是以圣人居高处上，则以仁义为巢，乘危履倾，则以圣贤为杖。(《新语·辅政篇》)[①]

卿相辅佐，人主之基、杖也。(《荀子·君道》)

故物之所可，非道之所宜；道之所宜，非物之所可。是以制事者不可□，设道者不可通。目以精明，耳以主听，口以别味，鼻以闻芳，手以之持，足以之行，各受一性，不得两兼，两兼则心惑。(《新语·怀虑篇》)[②]

人之百事，如耳目鼻口之不可以相借官也。(《荀子·君道》)

耳、目、鼻、口形，能各有接而不相能也。(《荀子·天论》)

综上所述，与荀子是先秦百家的集大成者一样，陆贾以儒者的立场融会了儒、法、道、阴阳五行甚至神仙方术等思想，是汉初思想的集大成者。但是无论如何，他的思想中儒家的东西多一些、杂家的东西少一些。在对儒家思想继承的过程中，他充分借鉴吸收了荀子的观点并根据时势和其他学派的思想融会贯通，构建了一个兼容并包的思想体系，故胡适说："《新语》一书，很有见地，其思想近于荀卿、韩非。"[③]

二、贾谊

贾谊(前 200～前 168 年)是继陆贾之后儒家思想的代表人物之一，他所生活的时代是孝文皇帝刘恒在位的时期(前 180～前 157 年)。《史记·礼书》记载："孝文即位，有司议定仪礼，孝文好道家之学，以为繁礼饰貌，无益于治，躬化谓何耳，故罢去之。"[④]孝文皇帝即位后，继续推行休养生息的政策，尊崇道家黄老之学，故对儒学了无兴趣，认为儒学"繁礼饰貌，无益于治"。孝文皇帝对儒学不屑，自然也就对儒者不屑，贾谊可谓"生不逢时"。然而，刘向之子刘歆(刘秀)在《移让太常博士书》中记载：

汉兴，去圣帝明王遐远，仲尼之道又绝，法度无所因袭……至孝文皇帝，始使掌故晁错从伏生受《尚书》。《尚书》初出于屋壁，朽折散绝，今其

① 王利器撰：《新语校注》，第 50 页。

② 王利器撰：《新语校注》，第 139 页。

③ 胡适：《陆贾〈新语〉考》，罗根泽编著：《古史辨》第 4 册，第 198 页。

④ 司马迁撰，裴骃集解，司马贞索隐，张守节正义：《史记》，第 1025 页。

书见在，时师传读而已。《诗》始萌芽。天下众书，往往颇出，皆诸子传说，犹广立于学官，为置博士。在汉朝之儒，惟贾生而已。①

刘歆认为，汉自建国直至文帝，仲尼之道便隐而不显，文帝时，当朝的儒生只有贾谊一人。刘歆之言虽不可全信，但能在皇帝崇尚道家的时候以儒生的身份立于朝廷，贾谊必有过人之处。

关于贾谊的师承，学界有两种相似但又不同的看法。第一种观点认为贾谊是荀子的三传弟子，持这种看法的学者主要以《史记·屈原贾生列传》和《汉书·贾谊传》为依据。《史记·屈原贾生列传》记载：

贾生名谊，雒阳人也。年十八，以能诵诗属书闻于郡中。吴廷尉为河南守，闻其秀才，召置门下，甚幸爱。孝文皇帝初立，闻河南守吴公治平为天下第一，故与李斯同邑而常学事焉，乃征为廷尉。②

《汉书·贾谊传》的记载与《史记》大同小异。根据记载，河南郡守吴公在贾谊十八岁的时候将其招致门下，吴公与李斯是同乡，且曾向李斯学习过，故从这个关系来看，贾谊是吴公的弟子，吴公是李斯的弟子，那么贾谊也就是李斯的再传弟子了，据此康有为在《新学伪经考·汉书刘歆王莽传辨伪第六》中认为"谊为李斯再传弟子"③。

第二种观点认为贾谊是荀子的再传弟子，这种观点主要以唐陆德明《经典释文·序录》为依据：

左丘明作《传》以授曾申，申传卫人吴起，起传其子期，期传楚人椒铎，椒传赵人虞卿，卿传同郡郇卿名况，况传武威张苍，苍传洛阳贾谊。④

从这条传承体系看，荀子传张苍，张苍传贾谊，贾谊是荀子的再传弟子。

综上，虽然学界对于贾谊的师承有不同的看法，但都同时指向了一个人——荀子。无论贾谊是李斯还是荀子的再传弟子，他的思想必定受到荀子的影响。"谊之时荀书各篇问世已久，儒者被服荀卿，就其遗篇而浏览之，已足以承受荀学之影响，不必诉诸师徒传承而后能得荀学之真；惟以贾谊之接近吴

---

① 雷敢选注：《中国历史要籍序论文选注》，岳麓书社 1982 年版，第 31 页。

② 司马迁撰，裴骃集解，司马贞索隐，张守节正义：《史记》，第 1940 页。

③ 康有为撰，姜义华、吴根樑编校：《康有为全集》第 1 集，上海古籍出版社 1987 年版，第 728 页。

④ 陆德明：《经典释文》，中华书局 1983 年版，第 13 页。

公，对荀卿之学，自必倍感亲切，其所受之影响，因之亦必较为深远，此贾谊之学之所以颇具荀学色彩，而能远绍荀学于汉世之因素之一也。”[①]林源河先生的这一观点，是符合学术思想传承实际的。

（一）对荀子人性论与积习观的接受与整合

贾谊的人性观，颇近于孔子的“性相近”之说，同时又与荀子的人性论有所交集。《治安策》：

> 人性不甚相远也，何三代之君有道之长，而秦无道之暴也？其故可知也。古之王者，太子乃生，固举以礼……三公、三少固明孝仁礼义以道习之，逐去邪人，不使见恶行。于是皆选天下之端士，孝悌博闻有道术者，以卫翼之，使与太子居处出入，故太子乃生而见正事，闻正言，行正道，左右前后皆正人也。夫习与正人居之，不能毋正，犹生长于齐不能不齐言也；习与不正人居之，不能毋不正，犹生长于楚之地不能不楚言也。故择其所耆，必先受业，乃得尝之；择其所乐，必先有习，乃得为之。孔子曰：“少成若天性，习贯如自然。”[②]

贾谊认为“人性不甚相远”。既如此，为什么有三代之长与暴秦之短呢？这是因为英明的君主从太子诞生时就开始教习他孝仁礼义之道，使之不见小人、不睹恶行，一直和正直的人在一起，必然就会有正直的行为。由此可以看出，贾谊的人性论虽然以孔子“性相近”说为基本内涵，同时又借鉴荀子重视环境、学习与积累的“化性起伪”说的相关内容。荀子以“人之性恶”立论，认为“人情甚不美”（《性恶》），所以特别重视环境、学习（包括学习的内容）、积累在矫正人性中的作用，故《荀子》首篇即为《劝学》，勉励人“学不可以已”，《新书》的首篇也是《劝学》，足见其对荀子思想的肯定；《荀子·劝学》及其他篇中屡言环境、学习及积累的重要性，比如，荀子说“干、越、夷、貉之子，生而同声，长而异俗，教使之然也”（《劝学》），“居楚而楚，居越而越，居夏而夏”（《儒效》），与贾谊所说“夫胡、粤之人，生而同声，耆欲不异，及其长而成俗，累数译而不能相通，行者有虽死而不相为者，则教习然也”[③]完全相同；荀子说“学莫便乎近其人”“学之

---

① 林源河：《荀儒考释与中国国乐考原》，（新加坡）青年书局2007年版，第210页。

② 贾谊：《治安策》，吴云、李春台校注：《贾谊集校注》（增订版），天津古籍出版社2010年版，第362页。

③ 贾谊：《治安策》，吴云、李春台校注：《贾谊集校注》（增订版），第363页。

经，莫速乎好其人”“使目非是无欲见也，使耳非是无欲闻也，使口非是无欲言也，使心非是无欲虑也”，与《治安策》主张的“见正事，闻正言，行正道，左右前后皆正人”“去邪人，不使见恶行”完全一致；荀子说“故圣人化性而起伪，伪起而生礼义，礼义生而制法度”（《性恶》），与贾谊说的“明孝仁礼义以道习之”一致；荀子主张“真积力久则入，学至乎没而后止”（《劝学》），贾谊借用孔子的话说“习贯如自然”；荀子说“道者，非天之道，非地之道，人之所以道也，君子之所道也。……《诗》言是，其志也；《书》言是，其事也；《礼》言是，其行也；《乐》言是，其和也；《春秋》言是，其微也”（《儒效》），贾谊也说“是以先王为天下设教，因人所有，以之为训；道人之情，以之为真。是故内本六法，外体六行，以与《诗》《书》《易》《春秋》《礼》《乐》六者之术以为大义，谓之六艺。令人缘之以自修，修成则得六行矣。六行不正，反合六法。艺之所以六者，法六法而体六行故也，故曰六则备矣”[①]；等等。

由上可知，贾谊的人性论实际上是对孔子和荀子人性论的兼容并包。在人性善恶问题上，他吸取了孔子“性相近”之说；在人性修养上，他并没有采取孟子内省的方式，而是吸取了荀子“化性起伪”、注重后天积习的理论，故侯外庐先生也认为，贾生《治安策》不仅在形式上有《荀子》之《富国》《议兵》诸篇的结构，而且在思想上也深得荀学修养。《治安策》关于置三公三少以教训太子，主张从孩提之时，以道习之，他的立论就是基于荀子的“惟善者伪也”的立论。同时，贾生又有荀子“谨注错，慎习俗”思想的复述。荀子谓“积礼义而为君子”，贾生则说“安者非一日而安也，危者非一日而危也，皆以积渐然，不可不察也。人主之所积，在其取舍。以礼仪治之者积礼仪，以刑罚治之者积刑罚”。这正与荀子“习俗移志，安久移质”说相合。[②]

（二）对荀子礼法观的继承

贾谊虽然没有明言人性恶，但他强调外在因素对人的影响，重视后天的学习与积累，故对于礼法，他与荀子持相同的态度。“他希望在汉代以荀子《礼论》思想为蓝图，建立起地主阶级的礼治的等级秩序井然不紊的社会。荀子的礼论思想，成为贾谊建设社会秩序的基本指导思想。”[③]在《礼篇》（荀子有《礼论

---

① 贾谊：《新书·六术》，吴云、李春台校注：《贾谊集校注》（增订版），第250页。

② 参见侯外庐等主编：《中国思想通史》第2卷，人民出版社1957年版，第66～67页。

③ 金春峰：《汉代思想史》，中国社会科学出版社1987年版，第94～95页。

篇》)中,贾谊不止一次提到礼的重要性:

礼者,所以固国家,定社稷,使君臣无失其民者也。[①]

故仁人行其礼,则天下安而万理得矣。[②]

上述关于礼的观点,简直就是荀子的"翻版"。这些话与荀子将礼看成是"人道之极""人无礼则不生,事无礼则不成,国家无礼则不宁"(《修身》)的观点完全一致。

贾谊虽然非常重视礼治,但他没有放弃法治。这一观点,与荀子礼主法辅的观点相似。《汉书·贾谊传》云:

凡人之智,能见已然,不能见将然。夫礼者禁于将然之前,而法者禁于已然之后,是故法之所用易见,而礼之所为至难知也。[③]

在贾谊看来,礼与法的作用各不相同:礼"禁于将然之前",而法"禁于已然之后"。换言之,礼有预防的作用,能防患于未然;法有惩治的作用,能治病救人。这种说法,与荀子说的"以善至者,待之以礼;以不善至者,待之以刑"(《王制》)是一致的。

礼与法的作用各不相同,故二者缺一不可,不能互相替代。为了说明这一点,贾谊在《制不定》中举了一个非常生动的例子:

屠牛坦一朝解十二牛,而芒刃不顿者,所排击,所剥割,皆象理也。然至髋髀之所,非斤则斧矣。仁义恩厚,此人主之芒刃也;权势法制,此人主之斤斧也。……今诸侯王皆众髋髀也,释斤斧之制,而欲婴以芒刃,臣以为刃不折则缺耳。[④]

屠牛坦一天支解十二牛而刀刃依旧锋利,是因为他能够顺着肉的肌理下刀,但当遇到胯骨、大腿骨的时候,就必须用砍刀或斧头来砍了。如果放弃砍刀、斧头不用,而用刀刃去处理,刀子不是出缺口就是被折断。治国也是如此,仁义恩厚(礼)好比是君王的刀刃,权势、法制(法)好比是君王的砍刀、斧头,二者并用才能够如屠牛坦解牛,游刃有余。所以,礼法并用、礼法结合才能够治理好国家。

---

① 贾谊:《新书·礼》,吴云、李春台校注:《贾谊集校注》(增订版),第 179 页。

② 贾谊:《新书·礼》,吴云、李春台校注:《贾谊集校注》(增订版),第 181 页。

③ 班固撰,颜师古注:《汉书》,第 1729 页。

④ 贾谊:《新书·制不定》,吴云、李春台校注:《贾谊集校注》(增订版),第 64 页。

礼法虽然不可或缺，但哪个重要呢？贾谊说：

> 孔子曰："听讼，吾犹人也，必也使毋讼乎！"为人主计者，莫如先审取舍；取舍之极定于内，而安危之萌应于外矣。安者非一日而安也，危者非一日而危也，皆以积渐，然不可不察也。人主之所积，在其取舍。以礼义治之者，积礼义；以刑罚治之者，积刑罚。刑罚积而民怨背，礼义积而民和亲。故世主欲民之善同，而所以使民善者或异。或道之以德教，或欧之以法令。道之以德教者，德教洽而民气乐；欧之以法令者，法令极而民风哀。哀乐之感，祸福之应也。……今或言礼谊之不如法令，教化之不如刑罚，人主胡不引殷、周、秦事以观之也？[①]

贾谊认为，学习要注重积累，治国也要懂得这个道理。如果君主积蓄的是礼义，百姓就会和睦、亲近君主；倘若积累的是刑罚，百姓就会埋怨、背叛君主。所以，假如有人说用礼义不如法度、教化不如刑罚，那就让他去看看殷、周与暴秦的兴亡成败的历史吧！

贾谊上面的这段话，很显然将礼义看得比刑罚更重要。贾谊此论，意在说明治国由礼治则兴、由法禁则衰。将礼义看得如此重要，明显是伸儒抑法的儒家主张，他的《过秦论》就曾历数秦朝崇法贬儒的恶果。荀子也主张礼法并用，同时也明晰礼法之别，他提倡法禁的目的仍然是儒家所倡导的"明刑弼教"[②]——通过刑罚使民守法、畏法，以达到教化所不能收到的效果，故他说"礼者，法之大分，类之纲纪也"（《劝学》），将礼看成"治辨之极"。贾谊承袭了荀子的观点，将法家崇法的思想儒家化，"以儒家思想来吸纳、改造法家思想，并且也因此改造了儒学，形成独特的儒、法结合的形态"[③]。

贾谊在论及礼的时候，往往将尊君与礼结合在一起，建立了以极端尊君为核心的政治伦理体系，这一点在陆贾那里就已经有体现，他们思想的共同来源是荀子。我们所熟知的贾谊名言云：

> 礼不及庶人，刑不上大夫。[④]

后人将其看成是贾谊提倡法律不平等论的罪证，比如于传波说："这一理论的

---

① 班固撰，颜师古注：《汉书》，第 1729 页。

② 《尚书·大禹谟》："明于五刑，以弼五教，期于予治。"

③ 林聪舜：《儒学与汉帝国意识形态》，上海人民出版社 2016 年版，第 131～132 页。

④ 贾谊：《治安策》，吴云、李春台校注：《贾谊集校注》（增订版），第 366 页。

消极作用非同小可，因为大臣享有刑事豁免权，罪大也不过是自杀，这就等于公然宣布，法律主要是用来镇压下层人民的工具。”[①]贾谊的这一思想在中国法律史上确实产生了不良的影响，其思想的来源是荀子。荀子曾将士与庶民百姓区分开来，认为这两个不同的群体需要用不同的规矩加以约束：

> 由士以上则必以礼乐节之，众庶百姓则必以法数制之。（《富国》）
>
> 凝士以礼，凝民以政，礼修而士服，政平而民安，夫是之谓大凝。（《议兵》）

荀子认为对待士应该以礼乐进行约束，对待庶民百姓应该用律法和政令进行约束。他虽然没有明确提出“礼不下庶人，刑不上大夫”，但已经流露出法律不平等论的意味。这种观点，很显然与法家提倡的“不别亲疏，不殊贵贱，一断于法”的观点截然相反，他的弟子韩非就站在法家的立场，主张“刑过不避大臣，赏善不遗匹夫”（《韩非子·有度》），对荀子的观点进行了拨正；到了贾谊，他又以儒家的立场对荀子的观点进行了引申，这也反映了他援法入儒、以儒为主的思想特色。

概而言之，贾谊融会儒、法思想，其思想与荀学有较大的共通性，充分显示出荀学的特色。除了上述思想外，他还对荀子的民本思想、大一统思想、文艺观有所借鉴，这些内容既属于荀子的思想，又对其他理论家的思想有所涉及，故非荀学所特有（以民本思想和诗教观最强烈），因此不可决然以荀学影响概括之，于此便不再赘言了。

三、董仲舒

对中国政治与文化体制影响最大的汉儒是董仲舒（前 179～前 104 年）。班固在《汉书·董仲舒传》中说：

> 董仲舒，广川人也。少治《春秋》，孝景时为博士。下帷讲诵，弟子传以久次相授业，或莫见其面。盖三年不窥园，其精如此。进退容止，非礼不行，学士皆师尊之。[②]

刘向称赞说：

---

① 于传波：《试论贾谊的思想体系》，《中国哲学史研究》1987 年第 3 期。王兴国等人也持这种观点，详见王兴国：《贾谊评传》，南京大学出版社 1992 年版，第 97～99 页。

② 班固撰，颜师古注：《汉书》，第 1899 页。

> 董仲舒有王佐之材，虽伊、吕亡以加，管、晏之属，伯者之佐，殆不及也。[1]

刘向之子刘歆虽不十分认同其父的看法，但是也称赞董仲舒说：

> 仲舒遭汉承秦灭学之后，《六经》离析，下帷发愤，潜心大业，令后学者有所统壹，为群儒首。[2]

可见，董仲舒学识渊博、桃李天下，乃汉代群儒之首，对儒家思想的统一功不可没。

陈修武先生在《人性的批判：荀子》一书中说："西汉的两位政治家贾谊和董仲舒他们的思想底子和努力方向，可说都是荀子的……他们可说是自秦以后唯一在真实的政事中起真正影响的一对真儒。"[3]董仲舒与荀学之关系，可从汉武帝与董仲舒的策问谈起。《汉书·董仲舒传》："武帝即位，举贤良文学之士前后百数，而仲舒以贤良对策焉。"[4]武帝即位后，董仲舒作为贤良回答皇帝的策问。在策问中，武帝曰：

> 盖闻"善言天者必有征于人，善言古者必有验于今"。故朕垂问乎天人之应，上嘉唐、虞，下悼桀、纣，寖微寖灭寖明寖昌之道，虚心以改。[5]

武帝说善言天的一定能找到人事来印证，善说古的一定能在现实中得到证明。这句话出自《荀子·性恶》，其原文是"故善言古者必有节于今，善言天者必有征于人"。武帝对荀子及荀学之推崇，也可以从中看出端倪。《史记·儒林列传》载："申公者，鲁人也。……兰陵王臧既受《诗》，以事孝景帝为太子少傅。"[6]兰陵人王臧向申公学《诗》之后，用它来事奉孝景帝，当了太子少傅。孝景帝之太子是谁？正是武帝刘彻。又据《汉书·楚元王列传》记载，"……申公俱同受《诗》于浮丘伯。伯者，孙卿门人也"[7]。从这个关系来看，申公是荀子的再传弟子，王臧为申公弟子，武帝又为王臧弟子，则武帝于荀学乃是四传，故武帝引用其师祖之言，自然也就能驾轻就熟、信手拈来。武帝用荀子的话问董仲舒，董

---

① 班固撰，颜师古注：《汉书》，第1920页。
② 班固撰，颜师古注：《汉书》，第1920页。
③ 陈修武：《人性的批判：荀子》，海南出版社、三环出版社1992年版，第39页。
④ 班固撰，颜师古注：《汉书》，第1899页。
⑤ 班固撰，颜师古注：《汉书》，第1912页。
⑥ 司马迁撰，裴骃集解，司马贞索隐，张守节正义：《史记》，第2372～2373页。
⑦ 班固撰，颜师古注：《汉书》，第1495页。

仲舒又用荀子的话来回答武帝：

天令之谓命，命非圣人不行；质朴之谓性，性非教化不成；人欲之谓情，情非度制不节。是故王者上谨于承天意，以顺命也；下务明教化民，以成性也；正法度之宜，别上下之序，以防欲也。修此三者，而大本举矣。[①]

“质朴之谓性”即荀子“性者，本始材朴也”(《礼论》)，“性非教化不成”即荀子“化性而起伪，伪起而生礼义”(《性恶》)之义，“人欲之谓情”即荀子“情者、性之质也；欲者、情之应也”(《正名》)之义；王者“上谨于承天意”“下务明教化民”“正法度之宜，别上下之序”又与荀子所说的“上事天，下事地，尊先祖而隆君师”(《礼论》)义同。由此可见，董仲舒儒家思想之大端与荀学有较多的相似之处，刘向《孙卿书录》说“董仲舒亦大儒，作书美孙卿”[②]是有根据的。

(一)对荀子自然观的改造

我们一般认为，董仲舒的天人观主要是天人合一、天人感应论。他说：

人受命于天。[③]

天亦有喜怒之心、哀乐之心，与人相副。以类合之，天人一也。[④]

董仲舒将天看作一种至高无上的具有神性的存在，并且认为天根据自己的模型创造了人。因此，从类的角度而言，天和人是合一的：

为生不能为人，为人者，天也。人之为人本于天，天亦人之曾祖父也，此人之所以乃上类天也。人之形体，化天数而成；人之血气，化天志而仁；人之德行，化天理而义；人之好恶，化天之暖清；人之喜怒，化天之寒暑；人之受命，化天之四时。人生有喜怒哀乐之答，春夏秋冬之类也。……天之副在乎人，人之情性有由天者矣，故曰受，由天之号也。[⑤]

天有阴阳，人亦有阴阳。天地之阴气起，而人之阴气应之而起；人之阴气起，天地之阴气亦宜应之而起，其道一也。[⑥]

人之所以为人，是因为人根植于天，天好比人的曾祖父，故人类似于天：人的形

---

① 班固撰，颜师古注：《汉书》，第1913页。

② 严可均辑：《全上古三代秦汉三国六朝文》第一册，中华书局1999年版，第333页。

③ 张世亮、钟肇鹏、周桂钿译注：《春秋繁露》，第33页。

④ 张世亮、钟肇鹏、周桂钿译注：《春秋繁露》，第445页。

⑤ 张世亮、钟肇鹏、周桂钿译注：《春秋繁露》，第398页。

⑥ 张世亮、钟肇鹏、周桂钿译注：《春秋繁露》，第484页。

体、血气、德行、好恶、喜怒等都是由天化生所成，都是“天之副”——人与天类似。更进一步，董仲舒又通过阴阳之气的感应来讲天人之间的感应，据此他得出了“以类合之，天人一也”“天人之际，合而为一”的结论，明确提出了“天人合一”、天人感应的观点。

董仲舒天人感应的观点好像与荀子“明于天人之分”的观点正好相反，这是否意味着两者的自然观毫无共性？事实并非如此，他也曾明确提出“天人之分”的观点：

> 男女犹道也，人生别言礼义，名号之由人事起也，不顺天道，谓之不义。察天人之分，观道命之异，可以知礼之说矣。①

男女之间有阴阳之道的自然之理，人类生活特别要申明礼义，名号依据人类的生活而制定，制名应遵循天道。只有明辨天和人的不同，观察道和命的差异，才能够知道“礼”。可见，此处“察天人之分”几乎就是荀子的“明于天人之分”。也正因为董仲舒看到了天、人之间的差异，他才更多地注意到天、地、人之间的区别，每每都将三者对举：

> 天德施，地德化，人德义。天气上，地气下，人气在其间。②
>
> 天生之，地养之，人成之。天生之以孝悌，地养之以衣食，人成之以礼乐，三者相为手足，合以成体，不可一无也。③
>
> 传曰：天生之，地载之，圣人教之。④
>
> 然而人事之宜行者，无所郁滞，且恕于人，顺于天，天人之道兼举，此谓执其中。⑤
>
> 天道施，地道化，人道义。⑥

同荀子一样，董仲舒从来没有放弃对人事的重视：“天之所为，有所至而止，止之内谓之天性，止之外谓人事。”⑦他区分了与生俱来的、天所赋予的本性和后天附加的、人所造就的人事，认为不应混淆天性和人事，这其实就是荀子说的

---

① 张世亮、钟肇鹏、周桂钿译注：《春秋繁露》，第 658 页。
② 张世亮、钟肇鹏、周桂钿译注：《春秋繁露》，第 473 页。
③ 张世亮、钟肇鹏、周桂钿译注：《春秋繁露》，第 193～194 页。
④ 张世亮、钟肇鹏、周桂钿译注：《春秋繁露》，第 403 页。
⑤ 张世亮、钟肇鹏、周桂钿译注：《春秋繁露》，第 643 页。
⑥ 张世亮、钟肇鹏、周桂钿译注：《春秋繁露》，第 654 页。
⑦ 张世亮、钟肇鹏、周桂钿译注：《春秋繁露》，第 378 页。

"明于天人之分";"天生之,地养之,人成之"的观点,与荀子"天生人成"的观点更是语同义近、妙合无垠。所以,虽然董仲舒认为天人合一、天人感应,但仍然像荀子一样,在天地之间给人留下了存在的意义和价值。所以他在强调"天覆育万物,既化而生之,又养而成之,事功无已,终而复始"的同时,在后面加了一句"凡举归之以奉人"①,其最终的指向,还是肯定人在宇宙自然中不可或缺的地位,高扬人的价值。从实质上言,他所主诉的内容不是天赋德性于人,而是人赋予天以神性,通过天人合德彰显人在宇宙天地中的能动地位。

(二)对荀子人性论的借鉴

人性的善恶问题,是中国哲学的核心问题之一。冯友兰先生说:"人性是善的,还是恶的——确切地说,就是,人性的本质是什么?——向来是中国哲学中争论最激烈的问题。"②古代的理论家之所以对人性问题争论不休,并不是因为他们希望通过谈论人性善恶以获得伦理学的结论,而是由于他们希望经由对人性论的论述来阐述自己的政治思想,即从人性善恶出发论证建立某种政治体制的必要性和合法性。孟子认为人性善,故他想建立一个道德理想主义的、乌托邦式的"王道"社会,在这个社会里,只要每个能将善性"扩而充之",便可"五十衣帛""七十食肉""一家数口不饥不寒"(《孟子·梁惠王上》);荀子认为"人之性恶",故想建立一个明礼重法的社会。像两位前辈一样,董仲舒也借由对人性的论述,建立一个以儒家伦理和儒家秩序为主导的、中央集权的、"大一统"的统一帝国。汉武帝在策问董仲舒的时候,就提到了性命问题:

> 三代受命,其符安在?灾异之变,何缘而起?性命之情,或夭或寿,或仁或鄙,习闻其号,未烛厥理。③

武帝并没有直接问如何才能治理好国家,他关注的是政权的正当性(三代受命之"符")、天人关系("灾异之变")、人性与教化("性命之情")这三个最基本的、根源性的问题。要想回答这三个问题,必须要有符合社会现实的、统贯性的思想。对于第一个问题董仲舒回答说"德侔天地者,皇天右而子之,号称天子"④,即天子因为德行而受到上天的庇佑,即君权神授;第二个问题的答案在前面的

---

① 张世亮、钟肇鹏、周桂钿译注:《春秋繁露》,第421页。

② 冯友兰:《中国哲学简史》,北京大学出版社1985年版,第84页。

③ 班固撰,颜师古注:《汉书》,第1900页。

④ 张世亮、钟肇鹏、周桂钿译注:《春秋繁露》,第557页。

论述中已有涉及；我们重点来看一下第三个问题——性命问题。

孔子特别重视正名，他认为“名不正则言不顺，言不顺则事不行”（《论语·子路》）。荀子继承了孔子的这一观点，特意作《正名》来阐述自己的思想，认为“王者之制名，名定而实辨，道行而志通，则慎率民而一焉”（《正名》）。同荀子一样，董仲舒也意识到正名的重要性，专门作《深察名号》，认为“名者，大理之首章也”①。在此篇中，他从批评孟子的性善论入手阐述了自己对于人性的看法。他说：

> 如其生之自然之资，谓之性。性者质也。诘性之质于善之名，能中之与？既不能中矣，而尚谓之质善，何哉？性之名不得离质，离质如毛，则非性已，不可不察也。②

在《实性》中，他又说：

> 性者，天质之朴也。③
>
> 性者……无所待而起，生而所自有也。④

性就是“自然之资”，是天生具有的资质，是质朴的。所以，孟子诘问天生的资质为善，偏离了性的本质；偏离了性的本质就如“皮之不存，毛将焉附”。接着，他又举了禾与米的例子来说明性与善的关系：

> 故性比于禾，善比于米：米出禾中，而禾未可全为米也；善出性中，而性未可全为善也。善与米，人之所继天而成于外，非在天所为之内也。⑤

性就像禾苗，善就像米。米出自禾苗，但是禾苗并不一定会全部成为米。善出自性，但是性未必就是全善的。善良和米，都是其继承于天而又另外加工而成的，并不是天生就有的，故他借用孔子的话感慨说：“善人，吾不得而见之矣！得见有恒者，斯可矣。”（《论语·述而》）

从上面几段话来看，董仲舒继承了告子“生之谓性”的观点，与荀子以生为性、以质朴为性的观点极其相似。荀子说“生之所以然者谓之性”（《正名》），又说“性者，本始材朴也”（《礼论》），董仲舒的观点是荀子人性论的最好注脚。

---

① 张世亮、钟肇鹏、周桂钿译注：《春秋繁露》，第 366 页。
② 张世亮、钟肇鹏、周桂钿译注：《春秋繁露》，第 375 页。
③ 张世亮、钟肇鹏、周桂钿译注：《春秋繁露》，第 389 页。
④ 张世亮、钟肇鹏、周桂钿译注：《春秋繁露》，第 389 页。
⑤ 张世亮、钟肇鹏、周桂钿译注：《春秋繁露》，第 378 页。

既然性是天生的本质，那么善从何而来？董仲舒通过上述禾与米的例子给善的产生预设了前提：

性者，天质之朴也；善者，王教之化也。无其质，则王教不能化；无其王教，则质朴不能善。①

今万民之性，待外教然后能善，善当与教，不当与性。②

人性为质朴，善是王教教化产生的。没有质朴之性，则王教不能教化；没有王教教化，则质朴之性不能为善。因此，善应当属于教化，而不应当属于性。荀子也说："性者，本始材朴也；伪者，文理隆盛也。无性则伪无所加，无伪则性不能自美。"（《礼论》）两者观点完全一致，均认为善乃教化得来。此外，董仲舒"性待教而为善"与荀子的"化性起伪"的观点也是一致的，其主要的目的都是强调礼义教化等后天人为的重要性。故有学者说："董仲舒的人性论不是为论人性而讨论人性的学究式论证，而是为王教的合法性、合理性作说明的。"③这种重视政教的方式，与荀子思想的理路也是一致的。

当然，董仲舒的人性论并非与荀子的人性论完全相同。比如，虽然他们都以自然之朴论性，但董仲舒认为人性中是有善恶之质的：

人受命于天，有善善恶恶之性，可养而不可改，可豫而不可去，若形体之可肥臞，而不可得革也。④

人善恶混杂，这与他提倡的阴阳二气说分不开：

身之名，取诸天。天两有阴阳之施，身亦两有贪、仁之性。⑤

借助于阴阳二气的理论，董仲舒融合了孟、荀二人性善、性恶说，故王充在《论衡·本性》中说："董仲舒览孙、孟之书，作情性之说曰：'天之大经，一阴一阳。人之大经，一情一性。性生于阳，情生于阴。阴气鄙，阳气仁。曰性善者，是见其阳也。谓恶者，是见其阴者也。'若仲舒之言，谓孟子见其阳，孙卿见其阴也。处二家各有见，可也。"⑥

---

① 张世亮、钟肇鹏、周桂钿译注：《春秋繁露》，第389～390页。
② 张世亮、钟肇鹏、周桂钿译注：《春秋繁露》，第381页。
③ 黄开国：《董仲舒的人性论是性朴论吗？》，《哲学研究》2014年第5期。
④ 张世亮、钟肇鹏、周桂钿译注：《春秋繁露》，第33页。
⑤ 张世亮、钟肇鹏、周桂钿译注：《春秋繁露》，第376页。
⑥ 王充：《论衡》，岳麓书社1991年版，第48页。

关于董仲舒的人性论，历史上有不同的看法，比如性三品说[①]、性朴说[②]、性恶说等，冯友兰先生认为"董仲舒之论性，盖就孔、孟、荀之说而融合之。"[③]但无论是哪种学说，都基本认为董仲舒以生言性、以质朴言性，并主张以王教化性，这是其与荀子人性论最一致的地方。这样看来，"董仲舒人性思想的精神是荀学"[④]所言不虚。

(三)对荀子"一天下"与尊君思想的接受

武帝以后，虽然汉帝国的疆域不断扩张，经济与军事力量也不断增强，但是仍然面临着严峻的形势，比如淮南王刘安谋反[⑤]，对当时的政治生态伤害极大，尤其是思想上的无序与混乱，更使社会混乱不堪。董仲舒将当时的形势比喻成"朽木粪墙"：

> 自古以来，未尝有以乱济乱，大败天下之民如秦者也。其遗毒馀烈，至今未灭，使习俗薄恶，人民嚚顽，抵冒殊扞，孰烂如此之甚者也。孔子曰："腐朽之木不可雕也，粪土之墙不可圬也。"今汉继秦之后，如朽木粪墙矣，虽欲善治之，亡可奈何。法出而奸生，令下而诈起，如以汤止沸，抱薪救火，愈甚亡益也。[⑥]

董仲舒认为，秦朝虽然灭亡了，但其余毒却愈演愈烈，社会习俗像朽木和粪墙一样，已经到了不得不治的地步了。因此，思想必须统一，腐朽与落后的思想必须予以革除，首先要革除的就是当时广为流行的黄老思想。所以，当武帝在策问中提到虞、舜与周文王"垂拱无为，而天下太平"时，董仲舒回答说："帝王之条贯同，然而劳逸异者，所遇之时异也。"[⑦]这句话是说"贤能佐职，教化大行"的条理系统是一致的，劳逸不同是因为时代与形势差异。正是根据当时的形势，他提出了"大一统"的思想。他说：

> 《春秋》大一统者，天地之常经，古今之通谊也。今师异道，人异论，百家殊方，指意不同，是以上亡以持一统；法制数变，下不知所守。臣愚以为

① 参见侯外庐等主编：《中国思想通史》第2卷，第102页。

② 参见周炽成：《董仲舒对荀子性朴论的继承与拓展》，《哲学进展》2013年第9期。

③ 冯友兰：《中国哲学史》，中华书局2014年版，第437页。

④ 金春峰：《汉代思想史》，第183页。

⑤ 参见司马迁撰，裴骃集解，司马贞索隐，张守节正义：《史记》，第2341～2354页。

⑥ 班固撰，颜师古注：《汉书》，第1905～1906页。

⑦ 班固撰，颜师古注：《汉书》，第1909页。

诸不在六艺之科孔子之术者，皆绝其道，勿使并进。邪辟之说灭息，然后统纪可一而法度可明，民知所从矣。①

据《汉书·儒林传》记载，自汉建立以后儒学虽然逐渐得到恢复，但高帝不喜儒，文帝好刑名，景帝不任儒，窦太后好黄老，在相当长的一段时间内未占据主导地位。董仲舒以儒家思想为正统，申明《春秋》大一统之义，将其看成"天地之常经，古今之通谊"，儒学一跃而为主导思想，"罢黜百家，独尊儒术"的局面得以确立，自此以后，儒学便成为封建统治者的官方意识形态。董仲舒于此之功，不可谓不大。

董仲舒"大一统"的思想，实来源于荀子"一天下"之说。荀子在其著作中，曾多次提到过"一天下"。《荀子》一书，以"一天下"为词出现过 13 次，比如《非十二子》中说，"一天下，财万物，长养人民，兼利天下，通达之属，莫不从服，六说者立息，十二子者迁化，则圣人之得埶者，舜、禹是也"；《王制》中说"全道德，致隆高，綦文理，一天下，振毫末，使天下莫不顺比从服，天王之事也"。对于舜、禹等"天王"的事迹，荀子都以"一天下"为最大的功劳，是当代君王学习的榜样，所以他说"法后王，一制度"（《儒效》），主张制度的统一；他又说"凡言不合先王，不顺礼义，谓之奸言，虽辩，君子不听"（《非相》），主张思想上的统一。很显然，董仲舒按照汉帝国的形势，接受了荀子的这种思想。

为了巩固"大一统"的局面，董仲舒又主张通过尊君、崇君、忠君巩固政治秩序。他说：

是故《春秋》君不名恶，臣不名善，善皆归于君，恶皆归于臣。②

孔子曰："君子有三畏：畏天命，畏大人，畏圣王之言。"彼岂无伤害于人，如孔子徒畏之哉？以此见天之不可不畏敬，犹主上之不可不谨事。不谨事主，其祸来至显。③

董仲舒将君王提高到至高的地位，尊君卑臣，甚至不惜神化君王，达到"屈民而伸君"的目的，这种思想，来源于荀子的尊君观念。荀子曾不止一次地说"君者，国之隆也""天子者，埶位至尊，无敌于天下""天子生则天下一隆"（《正论》）。

① 班固撰，颜师古注：《汉书》，第 1918 页。

② 张世亮、钟肇鹏、周桂钿译注：《春秋繁露》，第 415 页。

③ 张世亮、钟肇鹏、周桂钿译注：《春秋繁露》，第 531～532 页。

四、王充

聂清在《中国儒学史》中这样评价王充(27～97年):“王充虽然不是汉代儒学的典型代表,但是却对儒学有着深入的思考。他对汉代儒学的批判性考察,既具有不同寻常的洞见,也有难以掩盖的偏见。作为一个思想家,他几乎不属于任何理论派系,力图通过独立思考来质疑当时盛行的思想权威。他的结论可能并不圆满,但是他充满批判精神的独立思考态度,却昭示着经院式思维的没落。”[①]聂清对王充的评价是比较符合实际的,尤其是对王充勇于质疑、思想独立性格的评判,凸显了王充的批判精神与批判意识。在《论衡》一书中,王充几乎对各家各派都进行了批判,甚至专门作《问孔》《刺孟》以诘难孔子与孟子,但唯独面对荀子时,仅仅在批评其性恶论时说“未为得实”,语气缓和,不似《问孔》《刺孟》那般尖锐,可见他对荀子的基本态度不在于批判。作为汉代最流行的儒家学说,荀子的思想深深地影响到了王充,无论是批判精神还是自然观、人性论,两者都存在较大的相似之处。

(一)对荀子自然天道观的接受

王充与荀子在所生活的时代有很多相似之处。《史记·孟子荀卿列传》记载,荀子时“亡国乱君相属,不遂大道而营于巫祝,信禨祥,鄙儒小拘,如庄周等又猾稽乱俗”[②],王充则生活在神学迷信泛滥、谶纬之学盛行的时代。谶纬之学产生于西汉末年,流行于东汉时期。《后汉书·方术列传》云:“后王莽矫用符命,及光武尤信谶言……自是习为内容,尚奇文,贵异数,不王于时矣。”[③]不但术士信奉谶纬,就连士人、皇帝等都对此深信不疑。“所谓‘谶纬’或‘纬书’,是指兴起于西汉末、定型和尊崇于东汉的一类冠以‘河图’‘洛书’及七经之名、伪托上天及圣人、神化儒学的文献,东汉人习称‘图谶’。”[④]谶纬之学在自然、社会、人事等方面都有涉及。“《论衡》篇以十数,亦一言也,曰:疾虚妄。”[⑤]王充从

---

① 许杭生、聂保平、聂清:《中国儒学史·两汉卷》,北京大学出版社2011年版,第429页。

② 司马迁撰,裴骃集解,司马贞索隐,张守节正义:《史记》,第1842页。

③ 范晔撰,李贤等注:《后汉书》,中华书局1999年版,第1826页。

④ 张学谦:《关于“谶纬”义界与性质的再检讨》,《中国典籍与文化》2020年第1期。

⑤ 王充:《论衡》,第320页。

批判谶纬等迷信活动和不良习俗入手，主动承担起廓清东汉以来虚妄无据的谶纬之学的重任，提出了具有近代自然科学精神的自然观。

自武帝采董仲舒的学说实现思想上的“大一统”之后，董氏所说的天人感应说便成为汉代的官方哲学。王充不赞成这种观点，他说：

> 夫天道，自然也，无为。[①]
>
> 自然无为，天之道也。[②]

天是自然无为的，因而也就没有人格意志。王充的这一思想主要来源于黄老道家，他自己也说“黄、老之家，论说天道，得其实矣”[③]，但这一思想同样在荀子那里有所体现，荀子的天道观亦是自然无为的，他说“天行有常，不为尧存，不为桀亡”，“天不为人之恶寒也辍冬，地不为人之恶辽远也辍广”（《天论》）。

天是自然的存在，人及自然万物亦是自然的存在，并非由于天的意志。荀子说：“天地合而万物生，阴阳接而变化起。”（《礼论》）认为包括人在内的自然万物都是天地生成后，得天地之气自然生成的。王充与荀子的观点非常相似，他并不否认天生万物，但他不相信天“故”生万物，即不能通过意志故意生万物。他说：

> 夫天不能故生人，则其生万物，亦不能故也。天地合气，物偶自生矣。[④]
>
> 夫天地合气，人偶自生。[⑤]
>
> 天地合气，万物自生，犹夫妇合气，子自生矣。[⑥]

万物生于天地之间，是天地释放的阴阳之气互相交合而自然产生出来的，就如同夫妻之间精气交合生出子女一样。“夫天之不故生五谷、丝麻以衣、食人，由其有灾变不欲以谴告人也。物自生而人衣食之，气自变而人畏惧之。”[⑦]五谷丝麻自然地生长出来，人类就以之为衣食；天地之气自然地产生灾变，人类对此就有所畏惧；天是不会故意生出人及自然万物的。

---

① 王充：《论衡》，第226页。
② 王充：《论衡》，第44页。
③ 王充：《论衡》，第226页。
④ 王充：《论衡》，第50页。
⑤ 王充：《论衡》，第49页。
⑥ 王充：《论衡》，第281页。
⑦ 王充：《论衡》，第281页。

既然天不能生人，则天人感应说就不攻自破了。王充认为，人及万物乃天地自然而生，天没有强加意志于其中，故人及万物也就与天毫不相干，天人感应说毫无依据，以此来否定汉代以来流行的天人感应与灾异说。他说：

人在天地之间，物也。物，亦物也。物之饮食，天不能知。人之饮食，天独知之。[①]

人与其他动物一样，都是物质实体。动物的饮食上天不知道，难道人的饮食上天就知道吗？所以，天与人之间并没有什么关联。既然如此，“夫人不能以行感天，天亦不随行而应人”[②]。人不能以自己的行为感动上天，上天也不会因人的行为而回应人了。“汤之祈祷不能得雨。或时旱久，时当自雨；汤以旱久，亦适自责。世人见雨之下，随汤自责而至，则谓汤以祈祷得雨矣。”[③]商汤祈祷上苍下雨，上苍没有下雨；天旱的时间久了，自然也就会下雨了。商汤的祈祷和自责与降雨没有必然的关系，纯属偶然的巧合罢了，并非因为某种感应。

天人之间既然不能感应，天降灾异的说法也就不可信了：

且雷之击也，折木坏屋，时犯杀人，以为天怒。……如用击折者为怒，不击折者为喜，则夫隆隆之声，不宜同音。人怒喜异声，天怒喜同音，与人乖异，则人何缘谓之天怒？[④]

如果雷电是天怒，那么折木坏屋是怒，不折木坏屋是喜，雷声就不应该是同一种声音；人的喜怒是不同的声音，天的喜怒却是同一种声音，天与人不同，凭什么认为雷电是天在发怒呢？他又举例说：

世论行善者福至，为恶者祸来。福祸之应，皆天也，人为之，天应之。阳恩，人君赏其行；阴惠，天地报其德。无贵贱贤愚，莫谓不然。徒见行事有其文传，又见善人时遇福，故遂信之，谓之实然。斯言或时贤圣欲劝人为善，著必然之语，以明德报；或福时适，遇者以为然。如实论之，安得福佑乎？[⑤]

在王充看来，善者福至、恶者祸来观点根本就不现实，只不过是圣人神道设教，

---

① 王充：《论衡》，第 103 页。

② 王充：《论衡》，第 237 页。

③ 王充：《论衡》，第 83 页。

④ 王充：《论衡》，第 102 页。

⑤ 王充：《论衡》，第 88 页。

以此来奉劝人们积极向善的劝世之语，根本不是上天赐福或降灾。王充这种否定天人合一、天降灾异的观点与荀子是一致的。

荀子认为天道自然，人应该发挥能动性“制天命而用之”(《天论》)，用人道以掌握并利用天道；王充亦主张利用自然规律，重视人为的作用。他说：

春观万物之生，秋观其成，天地为之乎？物自然也。[①]

然虽自然，亦须有为辅助。耒耜耕耘，因春播种者，人为之也。[②]

万物春生秋成，虽然是天地自然现象，但也必须有人的辅助，使用各种农具，顺应时节播种除草，春播秋储，就是人的功劳。所以，天与人有不同的作用，人无法代替天，天也不能代替人：

寒暑有节，不为人变改也。[③]

天道当然，人事不能却也。[④]

四时寒暑的变化都是其客观规律性，并不以人的意志为转移，荀子也说“望时而待之，孰与应时而使之”(《天论》)，即一味地盼望天时无所作为，不如配合时令变化而利用它。两人的观点，具有惊人的一致性。

对于当时流行的祭祀与卜筮活动，王充也提出了不同的意见。在《明雩》中，王充对诸如求雨等祭祀活动提出了质疑。他说：

天之旸雨，自有时也。一岁之中，旸雨连属。当其雨也，谁求之者？当其旸也，谁止之者？[⑤]

夫天之运气，时当自然。虽雩祭请求，终无补益。[⑥]

下雨或晴天，自有一定的时候，谁也阻止不了，即使是雩礼祭祀祷告，也毫无补益。“然则天地之有水旱，犹人之有疾病也。疾病不可以自责除，水旱不以祷谢去，明矣”[⑦]，即水旱犹如人的疾病，不可能因为祈祷就祛除了。荀子说：“雩而雨，何也？曰：无何也，犹不雩而雨也。”(《天论》)即求雨而得雨犹如不求雨而得雨，“雩”(求雨的祭礼)是没有意义的。

---

① 王充：《论衡》，第 283 页。
② 王充：《论衡》，第 284 页。
③ 王充：《论衡》，第 234 页。
④ 王充：《论衡》，第 69 页。
⑤ 王充：《论衡》，第 239 页。
⑥ 王充：《论衡》，第 240 页。
⑦ 王充：《论衡》，第 83 页。

荀子认为“善为《易》者不占”，卜筮没有任何可信的道理和验证，它的唯一作用是“君子以为文”①，即神道设教，利用卜筮活动教化民众、统治民众。王充也不赞成卜筮，他认为天人之间不存在感应的关系，天不能决定人事，因此“卜者问天，筮者问地”的卜筮活动全是无稽之谈。他举例说：

人在天地之间，犹虮虱之着人身也。如虮虱欲知人意，鸣人耳傍，人犹不闻。何则？小大不均，音语不通也。今以微小之人，问巨大天地，安能通其声音？天地安能知其旨意？②

人在天地之间，如同虮虱在人身上一样。虮虱对于人来说太小了，所以在人的耳边鸣叫，人不会听得到。人对于天也是如此，天怎么可以听到人卜筮的声音、知道人的旨意呢？所以“蓍不神，龟不灵”③，即蓍草并不神，龟甲也不灵，卜筮毫无依据。与荀子一样，王充也认为卜筮存在的意义在于神道设教：“圣人举事，先定于义。义已定立，决以卜筮，示不专己，明与鬼神同意共指，欲令众下信用不疑。”④卜筮只是圣人用以“令众下信用不疑”的手段而已。

当然，王充与荀子的自然观也存在较大的差异，比如他完全继承、相信命运之命的观点⑤，他不相信卜筮但是却相信骨相等相术⑥，等等。但这并不妨碍其对荀子自然观的继承，就如同荀子出于儒而又有所“歧出”是一样的。故谭嗣同认为王充与荀子的自然观是一脉相承的：“荀卿究天人之际，多发前人所未发，上可补孟子之阙，下则衍为王仲任(即王充——笔者注)之一派。”⑦

(二)对荀子人性论的批评

在为学的精神态度上，王充与荀子有相通之处，他们都从现实出发，以批判的精神担当起综合百家思想的任务。荀子在《非十二子》中几乎对当时及以

---

① 《天论》：“日月食而救之，天旱而雩，卜筮然后决大事，非以为得求也，以文之也。故君子以为文，而百姓以为神。以为文则吉，以为神则凶也。”

② 王充：《论衡》，第372～373页。

③ 王充：《论衡》，第372页。

④ 王充：《论衡》，第377页。

⑤ 《论衡·初禀》：“人之性命当富贵者，初禀自然之气，养育长大，富贵之命效矣。”(王充：《论衡》，第42页)《论衡·命义》：“人禀气而生，含气而长，得贵则贵，得贱则贱。”(王充：《论衡》，第18页)

⑥ 《论衡·骨相》：“人曰命难知。命甚易知。知之何用？用之骨体。人命禀于天，则有表候于体。……表候者，骨法之谓也。”(王充：《论衡》，第37页)

⑦ 谭嗣同：《致唐才常》，《谭嗣同全集》，第529页。

前所有的学派都进行了批评，其思想在批评的基础上"集了百家的大成"[①]；王充学术上的特点与荀子非常相似，"王充的学术特点，是在由博由通以追求知识，则为学精神态度的崇疑、重证，以知性的判断代替偶像权威，并由此以立破妄"[②]，他的理论的出发点就是"疾虚妄"[③]，即批判各种虚妄不实的学说：

> 是故《论衡》之造也，起众书并失实，虚妄之言胜真美也。故虚妄之语不黜，则华文不见息；华文放流，则实事不见用。故《论衡》者，所以铨轻重之言，立真伪之平，非苟调文饰辞，为奇伟之观也。其本皆起人间有非，故尽思极心，以讥世俗。[④]

《论衡》的创作是为了"铨轻重之言，立真伪之平"，即权衡是非轻重之言，确立真伪判断的标准，所以，批评就成了立言的首要任务。例如《论衡·问孔》中曾对"好信师而是古"的风气进行了批评。[⑤] 这种质疑和批判精神贯穿于王充思想的始终，因此，当他面对人性论这个中国哲学史上的重大问题时，他首先就对以往几乎所有的观点提出了疑问。比如，对于孟子的性善论，他说："性本自然，善恶有质。孟子之言情性，未为实也。"[⑥]对于告子性无善恶之分的说法，他说："告子之言，未得实也。"[⑦]对于陆贾、董仲舒、刘向等人的人性论，他也说："未能得实。"[⑧]在质疑的同时，他也承认前人的观点都有一定的可取之处，如对于孟子的性善论，他说：

> 然而性善之论，亦有所缘。(或仁或义，性术乖也。动作趋翔，性识诡也。面色或白或黑，身形或长或短，至老极死，不可变易，天性然也。皆知水土物器形性不同，而莫知善恶禀之异也)一岁婴儿无争夺之心，长大之

---

① 郭沫若：《十批判书》，第 218 页。

② 徐复观：《两汉思想史》第 2 卷，第 363 页。

③ 《论衡·佚文》："'《诗》三百，一言以蔽之，曰：思无邪。'《论衡》篇以十数，亦一言也，曰：疾虚妄。"(王充：《论衡》，第 320 页)

④ 王充：《论衡》，第 442 页。

⑤ 《论衡·问孔》："世儒学者，好信师而是古，以为贤圣所言皆无非，专精讲习，不知难问。夫贤圣下笔造文，用意详审，尚未可谓尽得实，况仓卒吐言，安能皆是？不能皆是，时人不知难；或是，而意沉难见，时人不知问。案贤圣之言，上下多相违；其文，前后多相伐者，世之学者，不能知也。"(王充：《论衡》，第 137 页)

⑥ 王充：《论衡》，第 46 页。

⑦ 王充：《论衡》，第 47 页。

⑧ 王充：《论衡》，第 47～48 页。

后，或渐利色，狂心悖行，由此生也。[1]

王充认为性善论也是有一定依据的，比如一岁的婴儿，没有争夺之心，长大后渐渐浸染了名利与情欲，于是放纵而为，恶由此产生了。对于荀子的性恶论，王充说：

孙卿有反孟子，作《性恶》之篇，以为人性恶，其善者伪也。性恶者，以为人生皆得恶性也。伪者，长大之后，勉使为善也。若孙卿之言，人幼小无有善也。稷为儿，以种树为戏；孔子能行，以俎豆为弄。石生而坚，兰生而香。禀善气，长大就成，故种树之戏为唐司马，俎豆之弄为周圣师。禀兰石之性，故有坚香之验。夫孙卿之言，未为得实。然而性恶之言，有缘也。一岁婴儿，无推让之心，见食，号欲食之；睹好，啼欲玩之。长大之后，禁情割欲，勉厉为善矣。[2]

王充用后稷和孔子的例子反驳了荀子的人性论，认为人生下来已禀承善良之气，长大后才有可能成为善人，故“孙卿之言，未为得实”，对荀子的人性论并不支持。虽然如此，但他也没有完全否定荀子性恶论，认为性恶论的看法是有缘由的，他举例说：一岁的孩子没有辞让之心，看见好吃的就哭着要吃，看见好玩的就哭着要玩；等到长大了，就能够克制自己的感情和欲望，磨炼成为善良的人。

既然王充并不完全赞成荀子的观点，那么两人的人性论是否毫无关联呢？王充说：

实者，人性有善有恶，犹人才有高有下也。高不可下，下不可高。谓性无善恶，是谓人才无高下也。禀性受命，同一实也。命有贵贱，性有善恶。谓性无善恶，是谓人命无贵贱也。[3]

人性有善有恶，就像人的才能有高有低一样；性跟命实际上是一样，命有贵贱，性也有善恶。换句话说，命是天生的，性也就是天生的，这与荀子“性者，天之就也，不可学，不可事”(《性恶》)的观点是一致的，不同之处是荀子并不相信命，而王充则笃信命运。

王充认为人性是天生的、命定的，但他同时认为天生之性可以通过后天加

---

① 王充:《论衡》,第46页。
② 王充:《论衡》,第47页。
③ 王充:《论衡》,第48页。

以改变。在讲到荀子人性论的时候，他说性可以“勉厉为善”，承认后天努力的重要性。对此，他还用荀子说过的话加以证明。《率性》：

> 蓬生麻间，不扶自直；白纱入缁，不练自黑。彼蓬之性不直，纱之质不黑；麻扶缁染，使之直黑。夫人之性，犹蓬纱也，在所渐染而善恶变矣。[①]

蓬草生性弯曲不直，白纱质地不黑，但是由于麻的扶植和黑色染缸的浸染，变得或直或黑，可见在逐渐浸染之下，善恶之性是可以发生变化的。在这里，王充强调了浸染在人性修养中的重要作用。王充的这段话及所举的例子与荀子在《劝学》中的论说完全相同：

> 蓬生麻中，不扶而直。兰槐之根是为芷。其渐之滫，君子不近，庶人不服，其质非不美也，所渐者然也。故君子居必择乡，游必就士，所以防邪辟而近中正也。

在这里，荀子也意在强调浸染的重要性，强调要“防邪辟而近中正”。

为了说明质性可以改变的事实，王充在《程材》中再次举了蓬与纱的例子：

> 蓬生麻间，不扶自直；白纱入缁，不染自黑。此言所习善恶，变易质性也。儒生之性，非能皆善也，被服圣教，日夜讽咏，得圣人之操矣。[②]

王充认为，人之性并非皆善，之所以最后能变善，是因为“得圣人之操”而能“被服圣教，日夜讽咏”，即受到圣人之教的熏陶，不断积习。所以，“不患性恶，患其不服圣教”[③]，只要经过圣人之道的教化，都可以由恶变善：

> 是故王法不废学校之官，不除狱理之吏，欲令凡众见礼义之教。学校勉其前，法禁防其后，使丹朱之志亦将可勉。[④]

即使有丹朱一样的德性，都可以通过礼义教化得到矫正，所以国家不会废除学校和法律。王充人性论中这种由恶变善的路径，与荀子“化性起伪”、重视积习和礼义教化的观点一脉相承。

---

① 王充：《论衡》，第 24 页。
② 王充：《论衡》，第 192 页。
③ 王充：《论衡》，第 27 页。
④ 王充：《论衡》，第 27 页。

第二节 荀子与汉代经学

吕思勉先生认为，我国的学术研究大致可以分为“七期”。他在其《先秦学术概论》一书中曾阐述道：

> 吾国学术，大略可分为七期：先秦之世，诸子百家之学，一也。两汉之儒学，二也。魏晋以后之玄学，三也。南北朝隋唐之佛学，四也。宋明之理学，五也。清代之汉学，六也。现今所谓新学，七也。七者之中，两汉魏晋，不过承袭古人；佛学受诸印度；理学家虽辟佛，实于佛学入之甚深；清代汉学，考证之法甚精，而于主义无所创辟；最近新说，则又受诸欧美者也。历代学术，纯为我所自创者，实止先秦之学耳。[①]

在他看来，中国历代之学术中，两汉儒学、魏晋玄学承袭古人；南北朝隋唐佛学、宋明理学或来源于印度佛学，受到佛学影响；清代汉学“为方法运动，非主义运动”[②]，因重在考证，于思想、义理开拓有限；近代以来的新学是受到欧美思想的影响而产生的，因此只有先秦诸子百家之学才纯为国人自创。

先秦学术是中华民族智慧的结晶，是中国历代学术的立足点和理论生发点。因此，对这些经典进行不断的诠释是历代学子孜孜不倦的追求。儒家经典不仅是儒者修身立命的基础和经国之大事，同时也是儒者借以表述人生理想和抱负的重要途径。借助对经典的诠释以阐述自己的学术思想是古代儒者重要的言说方式，从圣人孔子开始，儒者们正是在经典的解读与阐发中发扬中华民族优秀文化成果的。《诗》《书》《礼》《乐》《易》《春秋》等作为经典中的经典——“元典”，在中华文化中的作用和价值更是不可估量的。《诗》《礼》《乐》等典籍之所以被称为“元典”，是因为它们在中国文化史上具有开创性的地位，对中华民族五千年文明的形成和发展起到了决定性的作用，所以孔子说：“文之以《礼》《乐》，亦可以成人矣。”（《论语·学而》）

《诗》《书》等元典具有如此大的功用，因而自孔子以来，对它们的理解与阐释从来没有停止过。赵岐《孟子题辞》中说孟子“通五经，尤长于《诗》《书》”[③]，

---

① 吕思勉：《先秦学术概论》，世界书局 1933 年版，第 1 页。

② 吕思勉：《先秦学术概论》，第 1 页。

③ 朱熹：《四书章句集注》，中华书局 1983 年版，第 197 页。

可见孟子是非常重视对元典的诠释的。据徐复观先生统计，《孟子》“引《诗》者大约有三十四次”，“全书引‘《书》曰’或径举《书》篇名者，大约有十六次”，因此他“有得于《诗》《书》之教，尤其有得于《书》教”。[1] 追及荀子，他不仅对诸经的内容与特色作了较为准确的解释，而且对中国传统经典的确立和传授也产生了重要的影响。比如他在论及《诗》《书》《礼》《乐》《春秋》等经典的特色时说：

> 《书》者，政事之纪也；《诗》者，中声之所止也；《礼》者，法之大分，类之纲纪也。（《劝学》）
>
> 《诗》言是，其志也；《书》言是，其事也；《礼》言是，其行也；《乐》言是，其和也；《春秋》言是，其微也。（《儒效》）

钱穆先生认为：“《论》《孟》不言‘经’。……‘经’之称昉《墨子》，有《经·上下篇》。荀子儒家，始称‘经’，始以《春秋》与《诗》《书》《礼》《乐》连称。”[2]《论语》《孟子》并未称《诗》《书》为“经”，而荀子不仅明确地将《诗》《书》《礼》《乐》《春秋》五经并称，而且将它们不同的艺术特色诠释出来：《诗》为情志所发，故言志；《书》为历史典籍，故言事；《礼》为外在规范，故言行；《乐》可和合天人、通融群己，故言和；《春秋》微言大义，故言微。此五经皆圣人之意，所以《劝学》云：“学恶乎始？恶乎终？曰：其数则始乎诵经，终乎读礼；其义则始乎为士，终乎为圣人。”《礼论》中也说：“故学者，固学为圣人也。”由此可见荀子对五经之推崇。

荀子不仅主张文必宗经，而且为经学的确立作出了巨大的贡献。清儒汪中认为：“盖自七十子之徒既没，汉诸儒未兴，中更战国、暴秦之乱，六艺之传，赖以不绝者，荀卿也。周公作之，孔子述之，荀卿子传之，其揆一也！”[3]刘师培在《国学发微》中说：“子夏、荀卿皆传六艺之学者也，是为汉学之祖。”[4]许多学者之所以认为两汉时期荀学比思孟学派的影响更大，最重要的原因就是荀子与汉代经学之间的密切关系。根据汪中的考证，荀子在“六经”的传播史上具有举足轻重的地位，是《诗》《春秋》《礼》甚至《易》的直接传授者，特别是与《诗》

---

① 参见徐复观：《中国经学史的基础》，（台湾）学生书局 1982 年版，第 28～33 页。

② 钱穆：《国学概论》，商务印书馆 1997 年版，第 23 页。

③ 汪中：《荀卿子通论》，王清信、叶纯芳点校：《汪中集》，（台北）“中央研究院”中国文哲研究所筹备处 2000 年版，第 119 页。

④ 刘师培：《国学发微》，宁武南氏 1934 年校印本。

之《毛诗》《鲁诗》《韩诗》以及《左氏春秋》《穀梁春秋》《曲台礼》等都有直接的传承关系。

一、《诗》

“《诗》《书》，义之府也。”[①]《诗》在中国文化传统中的地位极其重要，它被儒家奉为“恒久之至道，不刊之鸿教”。孔子开启了儒家《诗》学之源，荀子作为儒学的传承者，对于《诗》也是非常重视的。朱自清先生评价说：“荀子影响汉儒最大。汉儒著述里引诗，也是学他的样子；汉人的诗教，他算是开山的祖师。”[②]就引《诗》这一活动来说，《荀子》32 篇，全书共引《诗》83 次，远远高于孔子的 6 次、《孟子》的 35 次。[③] 足见其对《诗》早已谙熟于心。

除了大量征引诗句以证明事理，荀子还从不同的角度对《诗经》进行了评论。比如，他在《劝学》中说“《诗》者，中声之所止也”“《诗》《书》之博也”“《诗》《书》故而不切”，在《儒效》中说“《诗》言是其志也”，这些话语，证明他对《诗》的内容、特征及价值具有较为清醒的认识。荀子对《诗》如此关注和了解，也从侧面上反映了他对《诗》的传授具有充足的理由和动机。荀子对于《诗》的传授，广泛影响到了“毛诗”“鲁诗”“韩诗”。

(一)《毛诗》

《毛诗》出自赵人毛公，其在西汉时期的影响力远不如其他三家诗。东汉时，马融、郑玄为之作注，《毛诗》遂逐渐取代三家诗成为《诗经》的正统。根据《隋书·经籍志》的记载，唐初“《齐诗》，魏代已亡；《鲁诗》亡于西晋；《韩诗》虽存，无传之者；唯《毛诗》郑笺，至今独立”[④]。现今流传的《诗经》，即《毛诗》的传本。

三国吴人陆玑的《毛诗草木鸟兽虫鱼疏》中有这么一段记载：

> 孔子删《诗》，授卜商，商为之序以授鲁人曾申，申授魏人李克，克授鲁人孟仲子，仲子授根牟子，根牟子授赵人荀卿，荀卿授鲁国毛亨，亨作《训

---

① 杨伯峻编著：《春秋左传注》，中华书局 1981 年版，第 445 页。

② 朱自清：《诗言志辨》，第 114 页。

③ 今本《论语》中引《诗》出现 6 次，而孔子本人只征引了 4 次。《孟子》一书，39 次涉及《诗》，其中有 35 次引《诗》。

④ 魏徵等撰：《隋书》，中华书局 1973 年版，第 918 页。

诂传》以授赵国毛苌。时人谓亨为"大毛公",苌为"小毛公",以其所传,故名其《诗》曰《毛诗》。[①]

根据陆玑的记载,《毛诗》的传承路线应该是:孔子—卜商—曾申—李克—孟仲子—根牟子—荀卿—毛亨—毛苌。由此可见,荀子对《毛诗》的传授有直接的关系,荀子将《诗》传给毛亨后,毛亨又将其传给侄子毛苌。汪中在《荀卿子通论》说:

《经典序录·毛诗》,徐整云:"子夏授高行子,高行子授薛仓子,薛仓子授帛妙子,帛妙子授河间人大毛公,毛公为《诗故训传》于家,以授赵人小毛公。"一云:"子夏传曾申,申传魏人李克,克传鲁人孟仲子,孟仲子传根牟子,根牟子传赵人孙卿子,孙卿子传鲁人大毛公。由是言之,《毛诗》,荀卿子之传也。"[②]

根据唐代陆德明《经典释文·序录》中的记载,汪中提出了两条不同的《毛诗》传授途径。第一条为子夏—高行子—薛仓子—帛妙子—大毛公(毛亨)——小毛公(毛苌);第二条为子夏—曾申—李克—孟仲子—根牟子—孙卿子—大毛公。其中,第二条与陆玑在《毛诗草木鸟兽虫鱼疏》中提到的非常相似。就思想史上来看,赞成《毛诗》传授的第二条途径的人非常多。比如,唐代孔颖达就说:"孙卿,毛氏之师……毛公亲事荀卿。"[③]清代姜炳璋说:"大毛公亲为荀卿弟子,故《毛传》多用荀子之言,非三家所及。"[④]俞樾说:"是荀卿传《诗》,实为《毛诗》所自出……今读《毛诗》而不知荀义,是数典而忘祖也。"[⑤]皮锡瑞说:"《毛诗》为荀子所传。"[⑥]刘师培也认为荀子"为《毛诗》之祖"[⑦]。

对于荀子传《毛诗》的说法,后人是有疑问的。比如,魏源曾质疑《经典释文·序录》记载的这两种传授源流:

---

① 陆玑撰、毛晋广要:《毛诗草木鸟兽虫鱼疏广要》,《丛书集成初编》第1346册,商务印书馆1936年版,第70页。

② 汪中:《荀卿子通论》,王清信、叶纯芳点校:《汪中集》,第117页。

③ 孔颖达:《毛诗正义》,上海古籍出版社1990年版,第252页。

④ 转引自魏源:《齐鲁韩毛异同论上》,魏源著,魏源全集编辑委员会编,何慎怡点校:《魏源全集·诗古微》,岳麓书社1989年版,第164页。

⑤ 俞樾:《春在堂全书·曲园杂纂·荀子诗说》,光绪二十五年刊本。

⑥ 皮锡瑞:《经学历史》,中华书局1959年版,第55页。

⑦ 刘师培:《刘申叔遗书·经学教科书》,凤凰出版社1997年版,第2076页。

> 夫同一《毛诗》传授源流，而姓名无一同，且一以为出荀卿，一以为不出荀卿；一以为河间人，一以为鲁人；展转傅会，安所据依？[①]

他认为这两个源流，皆出自《汉书》“又有毛公之学，自谓子夏所传”[②]一语，绝不能断定《毛诗》一定为荀子所传。今人蒋伯潜先生也说：

> 《史记·儒林传》述《诗》学传授，仅详齐、鲁、韩三家，不及《毛诗》。《汉书·儒林传》虽叙及《毛诗》，但仅曰毛公。郑玄《诗谱》始云大、小毛公有二。陆玑始云大毛公名亨，小毛公名苌。《释文·序录》始引徐整及另一说，详叙《毛诗》传授。时代愈后，所说愈详，未免可疑。[③]

按照他的说法，时代越往后，说得越详细，越不可信。《史记》中未曾提及《毛诗》，《汉书》中尚未分大、小毛公，到西晋陆玑才开始提及大、小毛公，唐代陆德明始言《毛诗》传授，故陆玑、陆德明的观点是可疑的。王绍玺也认为：“汉以后三家《诗》失传，《毛诗》却独行于世，越来越详密的传经表，不过是为了抬高其地位，并不可信。”[④]

虽然没有确凿的证据证明荀子确实参与了《毛诗》的传授，但毫无疑问的是荀子的思想确实影响到了《毛诗》，《毛传》的宗荀倾向是非常明显的。《荀子》三十二篇中 83 次引《诗》，其义与《毛诗》不符合者仅仅有 3 处，故而刘师培认为《毛诗》与《荀子》“大义相通”，其《毛诗荀子相通考》一文统计二者相通之处共计 22 处，以证实两者之关系。他选取了几则例子：

> 《劝学》：“《诗》者，中声之所止也。”《诗大序》云：“情发于声，声成文谓之音。”两者之义同。
>
> 《劝学》：“《诗》《书》之博也。”此即孔子“多识于鸟兽草木之名”。《毛诗》在传《诗》的时候也训诂名物，不以空言立说。
>
> 《劝学》：“《诗》《书》故而不切。”“故”是训诂，“切”是切合于事情之义。荀子屡言“隆礼义而杀《诗》《书》”（《儒效》），以礼义为要而降次《诗》《书》，反对拘泥经典而不能运用到实际生活中。《毛诗》说“达于世变”，也是在强调《诗》之用，与《荀子》相通。

---

① 魏源著，魏源全集编辑委员会编，何慎怡点校：《魏源全集·诗古微》，第 164 页。
② 班固撰，颜师古注：《汉书》，第 1356 页。
③ 蒋伯潜：《经学纂要》，上海正中书局 1946 年版，第 45～46 页。
④ 王绍玺：《经学思潮》，上海社会科学出版社 2006 年版，第 337 页。

《儒效》："《诗》言是，其志也。"《毛诗》："《诗》者，志之所之也。在心为志，发言为《诗》。"此义两者完全相同。

《儒效》："故《风》之所以为不逐者，取是以节之也；《小雅》之所以为小雅者，取是而文之也；《大雅》之所以为大雅者，取是而光之也；《颂》之所以为至者，取是而通之也。""是"，即"礼之情"，礼义之道也；"取是以节之""取是而文之""取是而光之""取是而通之"即要以儒家大道、以礼义文本。《毛诗》："变风发乎情，止乎礼义。发乎情，民之性也；止乎礼义，先王之泽也。"此说与《荀子》相同。

《大略》："国风之好色也。《传》曰：'盈其欲而不愆其止，其诚可比金石，其声可内于宗庙。'"《毛诗》："关雎乐得淑女以配君子，爱在进贤，不淫其色，哀窈窕，思贤才，而无伤善之心焉，是关雎之义也。"又说："关雎，后妃之德也，风之始也。所以风天下而正夫妇也，故用之乡人焉，用之邦国焉。"《大略》"内于宗庙"即《毛诗》"用之邦国"，两者用法、用意也完全相同。[①]

除了刘师培，稍早一点的俞樾也认为荀子在《毛诗》传承中具有重要的地位，为此他还作《荀子诗说》一卷。在《荀子诗说·序》中，他说：

按《经典释文》："《毛诗》者，出自毛公，一云子夏传曾申，申传魏人李克，克传鲁人孟仲子，孟仲子传根牟子，根牟子传赵人孙卿子，孙卿子传鲁人大毛公。"是荀卿传《诗》，实为《毛诗》所自出。……今读《毛诗》而不知荀义，是数典而忘祖也。故刺取《荀子》书中引诗者凡若干事，以存荀卿诗说焉。[②]

他不仅赞成徐、陆等人的看法，而且还进一步强调"今读《毛诗》而不知荀义，是数典而忘祖也"。为此，他将《荀子》中的引《诗》情况与《毛传》互证："俞樾还用荀子对《诗》的解释来纠正《毛传》《郑笺》对《诗》的误释，并考证出一些逸诗。"[③]

根据以上所举的实例，《毛诗》在用《诗》的时候许多地方都与《荀子》完全相同。徐整、陆玑等人认为毛亨为荀子弟子的看法虽然缺乏确凿的证据，但《毛诗》采纳了荀子的许多观点，这是毫无疑问的。

---

① 参见刘师培：《刘申叔遗书》上册，江苏古籍出版社 1997 年版，第 351～368 页。

② 俞樾：《春在堂全书·曲园杂纂·荀子诗说·序》，光绪二十五年刊本。

③ 魏永生：《俞樾"尊荀"析论》，《东方论坛》1998 年第 4 期。

（二）《鲁诗》

《鲁诗》为汉初鲁国人申培公所传。《汉书·楚元王传》记载：

> 文帝时，闻申公为《诗》最精，以为博士。元王好《诗》，诸子皆读《诗》，申公始为《诗》传，号《鲁诗》。[①]

又：

> 楚元王交字游，高祖同父少弟也。好书，多材艺。少时尝与鲁穆生、白生、申公俱受《诗》于浮丘伯。伯者，孙卿门人也。[②]

《汉书·儒林传》记载：

> 申公，鲁人也。少与楚元王交俱事齐人浮丘伯受《诗》。[③]
>
> 申公卒以《诗》《春秋》授，而瑕丘江公尽能传之。[④]
>
> （孟卿——笔者注）善为《礼》《春秋》，授后苍、疏广。[⑤]

《盐铁论·毁学篇》记载：

> 昔李斯与包丘子（即浮丘伯——笔者注）俱事荀卿。[⑥]

根据上述相关记载，有人认为《鲁诗》传自荀子。比如，南宋范处义说："《鲁诗》出于浮丘伯，乃荀卿门人，楚元王交亦学浮丘伯之《诗》，向乃元王之孙，则荀卿、刘向乃《鲁诗》之源流也。"[⑦]汪中认为"《鲁诗》，荀卿子之传也"[⑧]，并整理出授受路线：孙卿—浮丘伯—楚元王交、鲁穆生、白生、申公（申公后传至瑕丘江公）。清范家相也说："浮丘伯受《诗》于荀子……设非荀门弟子则《诗》之存否殆未可知。"[⑨]刘向乃楚元王刘交的玄孙，他对于其祖事迹的记载应该较为可信，申公为荀子的再传弟子，应该没有太大的疑问。因此，《鲁诗》必出于荀学。对于《鲁诗》的传承，林源河参照《儒林传》及其他有关列传，曾梳理传授系统（见图 1-1）。

---

① 班固撰，颜师古注：《汉书》，第 1496 页。

② 班固撰，颜师古注：《汉书》，第 1495 页。

③ 班固撰，颜师古注：《汉书》，第 2676 页。

④ 班固撰，颜师古注：《汉书》，第 2676 页。

⑤ 班固撰，颜师古注：《汉书》，第 2670 页。

⑥ 桓宽：《盐铁论》，上海人民出版社 1974 年版，第 40 页。

⑦ 范处义：《诗补传·篇目》，《景印文渊阁四库全书》第 72 册，（台北）商务印书馆 1983～1986 年版，第 25 页。

⑧ 汪中：《荀卿子通论》，王清信、叶纯芳点校：《汪中集》，第 118 页。

⑨ 范家相：《诗沈·荀子》，《景印文渊阁四库全书》第 88 册，（台北）商务印书馆 1983～1986 年版，第 607 页。

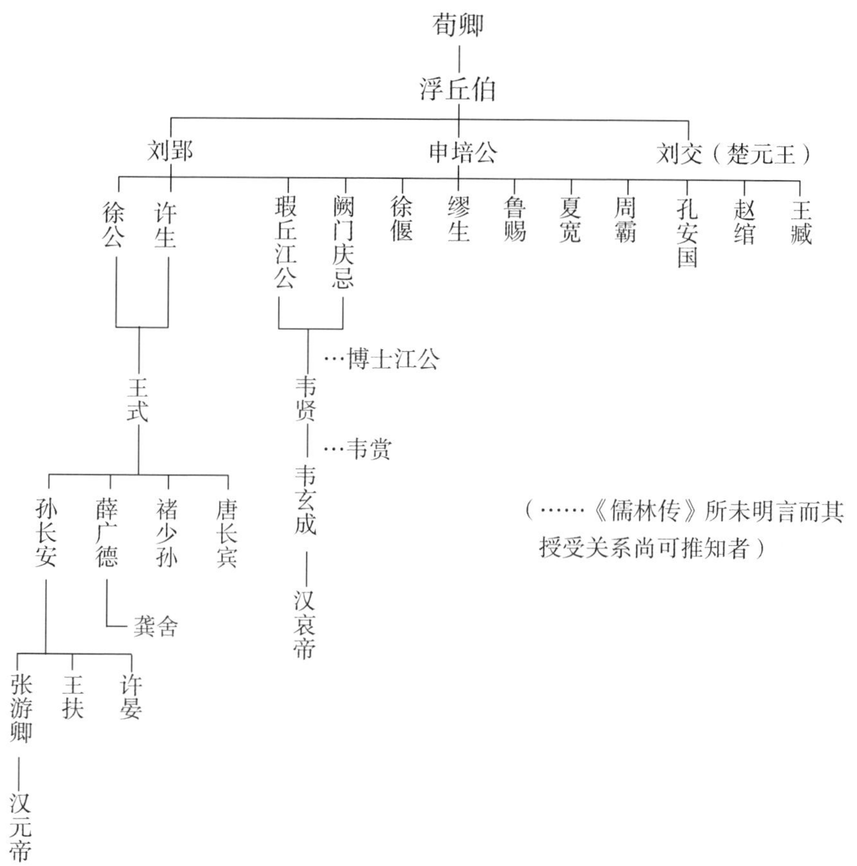

图 1-1　《鲁诗》传授系统

资料来源：林源河《荀儒考释与中国国乐考原》，第 187 页。

林氏之梳理，将《鲁诗》自荀子以来直到汉元帝的传授考证得详尽无遗，比汪中等人的考证更为详细。其中内容虽然有牵强附会之嫌，但也很好地证明了荀子在《鲁诗》授受系统中的地位。

（三）《韩诗》

《韩诗》为汉初燕人韩婴所传。《汉书·艺文志》有《韩诗》三十六卷、《韩内传》四卷、《韩外传》六卷、《韩说》四十一卷，《隋书·经籍志》里有《韩诗外传》十卷，其他内容已佚失。

关于《韩诗》与荀子的关系，杨筠如先生在《荀子研究》一书中认为两者关系密切，并将《韩诗外传》与《荀子》相同的地方作了比较：

《不苟》……《外传》一、二、三、四、六(共五次)

《修身》……《外传》一、二、四、五(共四次)

《王制》……《外传》三、三、三、五(共四次)

《君道》……《外传》四、五、五、六(共四次)

《儒效》……《外传》三、五、五、七(共四次)

《宥坐》……《外传》三、三、八、十(共四次)

《尧问》……《外传》三、六、七、七(共四次)

《臣道》……《外传》四、五、六(共三次)

《天论》……《外传》一、二、五(共三次)

《哀公》……《外传》二、四、四(共三次)

《议兵》……《外传》三、四(共二次)

《非相》……《外传》三、五(共二次)

《子道》……《外传》三、九(共二次)

《法行》……《外传》二、四(共二次)

《非十二子》……《外传》四、六(共二次)

《劝学》……《外传》四、八(共二次)

《强国》……《外传》六(共一次)

《富国》……《外传》六(共一次)

《大略》……《外传》四(共一次)①

根据杨筠如的考证,《荀子》与《韩诗外传》文字相同之处共53处。至于是谁抄袭了谁,他认为是后人将《韩诗外传》混入《荀子》之中,因为《荀子》的篇次和内容都是由刘向一手整理的,其时已经在韩婴之后了。

对于杨氏的看法,汪中颇不以为然,他说:

> 《韩诗》之存者,《外传》而已,其引荀卿子以说《诗》者四十有四。由是言之,《韩诗》,荀卿子之别子也。②

汪中坚持认为荀子传《诗》于韩婴,皮锡瑞承汪中之说,认为"《韩诗》,亦与《荀子》合"③,严可均也认为"《外传》引《荀子》以说《诗》者四十余事,是韩婴亦荀子

① 杨筠如:《荀子研究》,商务印书馆1933年版,第22~23页。

② 汪中:《荀卿子通论》,王清信、叶纯芳点校:《汪中集》,第118页。

③ 皮锡瑞:《经学历史》,第55页。

私淑弟子也"[①]。新儒家代表人物之一的徐复观在《两汉思想史》中说："他在《外传》中引用《荀子》凡五十四次，深受荀子的影响，可无疑问。即《外传》表达的形式，除继承《春秋》以事明义的传统外，更将所述之事与《诗》结合起来，而成为事与诗的结合，实即史与诗互相证成的特殊形式，亦由《荀子》发展而来。"[②]

《外传》虽有多处与《荀子》相同，但也有许多内容与《荀子》相悖，许多观点与《荀子》不一致。例如，《外传》卷六：

> 子曰："不知命，无以为君子。"言天之所生，皆有仁义礼智顺善之心。[③]

《外传》认为仁义礼智等善心根植于天，这种思想很显然是孟子的性善论，与荀子主张"人之性恶"的观点相悖。再如，《外传》第 4 卷曾引用《荀子·非十二子》，但只提及荀子对十子的批评而唯独不提子思与孟子，皮锡瑞说："汉人最重师法。师之所传，弟之所受，一字毋敢出入；背师说即不用。师法之严如此。"[④]又说："前汉多言师法，后汉多言家法。"[⑤]若果如此，《外传》不提荀子对子思、孟子的非议之语，定有维护思孟学派之意，故其师承，多半来自孟子。

《韩诗》是否真由荀子所传，我们找不到确切的依据。虽然书中曾经大量引用《荀子》，并且和《荀子》所用之《诗》句较多相同，但这不能代表荀子一定传《韩诗》[⑥]，汪中等人的观点，是值得商榷的。但毫无疑问的是，《荀子》一书肯定影响到了《韩诗》。两者除了大量文字相同或相近之外，《韩诗》在引《诗》的内容、手法、目的等方面都存在相似之处[⑦]，但这种相似，也只能是引用与被引用、借鉴与被借鉴之间的关系，而不能证明其师承关系。

（四）《齐诗》

与其他三家《诗》相比较，荀子与《齐诗》的关系最为疏远，可考究的内容也

---

① 严可均：《荀子当从祀议》，转引自刘桂荣：《论荀辑要》，安徽师范大学出版社 2016 年版，第 136 页。

② 徐复观：《两汉思想史》第 2 卷，第 5 页。

③ 魏达纯：《韩诗外传译注》，东北师范大学出版社 1993 年版，第 215～216 页。

④ 皮锡瑞：《经学历史》，第 77 页。

⑤ 皮锡瑞：《经学历史》，第 136 页。

⑥ 《韩诗外传》与荀子用诗之异同，详见强中华：《秦汉荀学研究》，人民出版社 2017 年版，第 193～204 页。

⑦ 如赵伯雄认为："《韩诗外传》的引《诗》，其手法与《荀子》如出一辙，有的引《诗》亦与《荀子》全同。"[赵伯雄：《〈荀子〉引〈诗〉考论》，《南开大学学报》（哲学社会科学版）2000 年第 2 期]

最少，荀子传《齐诗》，缺乏考据材料，姑且不论。

二、《书》

《书》分“今”“古”，《汉书·楚元王传》记载：

> 及鲁恭王坏孔子宅，欲以为宫，而得古文于坏壁之中，《逸礼》有三十九，《书》十六篇。[①]

《汉书·儒林列传》：

> 孔氏有古文《尚书》，孔安国以今文字读之，因以起其家逸《书》，得十馀篇，盖《尚书》兹多于是矣。遭巫蛊，未立于学官。安国为谏大夫，授都尉朝，而司马迁亦从安国问故。迁书载《尧典》《禹贡》《洪范》《微子》《金縢》诸篇，多古文说。[②]

由此可知，孔安国曾以今文释读《古文尚书》，但其义训仍为古文。孔安国乃孔子十世孙，《史记·儒林传》记载，“（申公——笔者注）弟子为博士者十余人，孔安国至临淮太守”[③]，可知其曾师从申公。《汉书·儒林传》记载：“申公，鲁人也，少与楚元王交俱事齐人浮丘伯受《诗》。”[④]浮丘伯又曾师从荀卿，故荀卿—浮丘伯—申公—孔安国—司马迁的师徒谱系也就非常清晰了。林源河梳理《尚书》孔氏传授系统如图1-2所示。

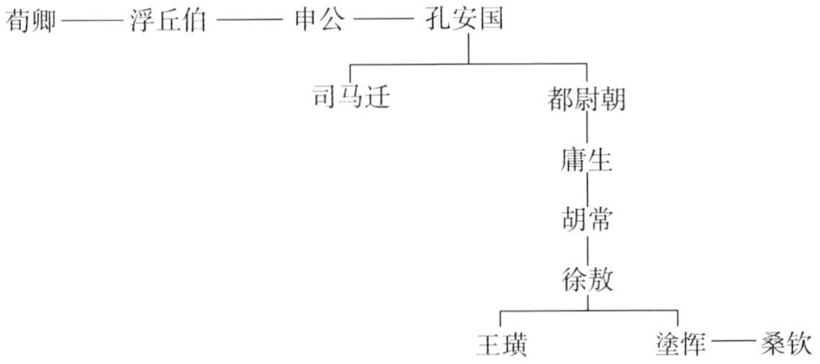

图1-2 《尚书》孔氏传授系统

资料来源：林源河《荀儒考释与中国国乐考原》，第191页。

---

① 班固撰，颜师古注：《汉书》，第1529页。

② 班固撰，颜师古注：《汉书》，第2675页。

③ 班固撰，颜师古注：《汉书》，第2676页。

④ 班固撰，颜师古注：《汉书》，第2676页。

关于《荀子》与《今文尚书》的关系,《史记·儒林列传》及《汉书·艺文志》中都没有明确的记录。但是《荀子》中引《书》达16次之多(其中重复2次)[①],其中所引确实有许多与《今文尚书》相合的地方,比如《王制》:

《书》曰:"维齐非齐。"

"维齐非齐"出自《尚书·吕刑》。孙星衍《尚书今古文注疏》曰:"惟作维者,今文凡惟皆从系,与思惟有别,后人乱之以贫富贵贱为非齐者,断章取义,非说此经也。"[②]皮锡瑞《今文尚书考证》卷二十六也说"今文惟作维"[③]。可见,荀子在引用《尚书》时引用的是今文而不是古文。

再如《修身》《天论》中引《尚书·洪范》:

《书曰》:"无有作好,遵王之道;无有作恶,遵王之路。"

孙星衍《尚书今古文注疏》曰:"好,一作孜。"又说"《说文》孜引此经。盖孔壁古文。"[④]可见,《荀子》中引用的是今文而不是古文。

值得注意的是,《尧问》中有这么一段关于周公与其子伯禽的师傅的对话:

伯禽将归于鲁,周公谓伯禽之傅曰:"汝将行,盍志而子美德乎?"对曰:"其为人宽,好自用,以慎。此三者,其美德已。"周公曰:"呜呼!以人恶为美德乎!君子好以道德,故其民归道。彼其宽也,出无辨矣,女又美之。彼其好自用也,是所以窭小也。君子力如牛,不与牛争力;走如马,不与马争走;知如士,不与士争知。彼争者,均者之气也,女又美之。彼其慎也,是其所以浅也。闻之曰:无越逾不见士。见士问曰:'无乃不察乎?'不闻,即物少至,少至则浅。彼浅者,贱人之道也,女又美之。吾语女:我,文王之为子,武王之为弟,成王之为叔父。吾于天下不贱矣,然而吾所执贽而见者十人,还贽而相见者三十人,貌执之士百有余人,欲言而请毕事者千有余人,于是吾仅得三士焉,以正吾身,以定天下。吾所以得三士者,亡于十人与三十人中,乃在百人与千人之中。故上士吾薄为之貌,下士吾厚为之貌。人人皆以我为越逾好士,然故士至,士至而后见物,见物然后知

---

① 也有论者认为有19次。(张小苹:《荀子传经考》,浙江大学博士学位论文,2011年,第86页)

② 孙星衍:《尚书今古文注疏》第4册,上海商务印书馆1936年,第59页。

③ 皮锡瑞:《今文尚书考证》卷二十六,光绪二十三年王先谦序本。

④ 孙星衍:《尚书今古文注疏》第3册,上海商务印书馆1936年,第3页。

其是非之所在。戒之哉！女以鲁国骄人，几矣！夫仰禄之士犹可骄也，正身之士不可骄也。彼正身之士，舍贵而为贱，舍富而为贫，舍佚而为劳，颜色黎黑而不失其所，是以天下之纪不息，文章不废也。”（着重号为笔者所加，下同）

《通鉴前编·成王元年》引伏生《尚书大传》也记录了与此高度相似的一段话：

《书·大传》曰：“伯禽封于鲁，周公曰：‘呜呼！吾与汝族伦。吾，文王之为子也，武王之为弟也，今王之为叔父也。吾于天下岂卑贱也？岂乏士也？所执质而见者十二，委质而相见者三十，其未执质之士百，我欲尽质得情者千人，而吾仅得三人焉，以正吾身，以定天下。是以敬其见者则隐者出矣。谨诸！乃以鲁而骄人，可哉？尸禄之士，则可骄也；正身之士，去贵而为贱，去富而为贫，面目黧黑而不失其所，是以文不灭而章不败也。慎诸！汝乃以鲁国而骄，岂可哉？’”①

这两段引文，加着重号部分文字几乎完全相同，《今文尚书》即为伏生所传，这段话完全可以看成是对《荀子》的直接引用，故有学者感慨说：“伏生故秦博士，周季嬴秦之际，儒学唯荀门为尊，伏生治书，而欲高蹈于荀门之外，不通声气，不亦难乎？”②

总之，《荀子》一书中所引《书》，既有与今文相同的内容，也有与古文相同的内容。③ 从荀子至孔安国的谱系来看，则《古文尚书》乃荀子所传；从荀书与《今文尚书》及与伏生《尚书大传》记载相合的地方来看，《今文尚书》也与荀子脱不了干系。虽然不能肯定地说《今文尚书》亦荀子所传，但战国末及至秦初，“荀卿最为老师”，以荀子在当时的影响力来看，其思想影响到伏生应该是可信的。

三、《礼》

众所周知，礼学是荀子思想的核心，故许多学者说孔子重仁，孟子重义，荀子重礼。荀子曰：“礼者，所以正身也。”（《修身》）“国家无礼则不宁。”（《修身》）

---

① 陈仁锡：《资治通鉴纲目前编》卷八，善成堂，1903 年。

② 林源河：《荀儒考释与中国国乐考原》，第 192 页。

③ 张小苹在研究中发现《荀子》中有两处引文为伪《古文尚书》袭用。（张小苹：《荀子传经考》，浙江大学博士学位论文，2011 年，第 88 页）

“礼者，治辨之极也，强国之本也，威行之道也，功名之总也。”(《议兵》)礼对个人、对社会及国家都有着不可替代的作用。荀子既然如此重视礼，那么，他与《礼》的传授到底有没有关联呢？

《史记·儒林列传》讲到了《礼》在汉初时的情况：

诸学者多言《礼》，而鲁高堂生最本。《礼》固自孔子时而其经不具，及至秦焚书，书散亡益多，于今独有《士礼》，高堂生能言之。而鲁徐生善为容。孝文帝时，徐生以容为礼官大夫。传子至孙徐延、徐襄。襄，其天资善为容，不能通《礼经》；延颇能，未善也。[①]

这段话是说《礼》在孔子时就已经不完备了，再加上始皇帝的焚书坑儒之祸乱，更是散亡殆尽。汉初好黄老之学，包括《礼》在内的儒家经典自然得不到足够的重视，当时只有《士礼》(即《仪礼》)尚存，高堂生能讲解它。

《礼》的传授与荀子有着重要的联系。《汉书·楚元王传》记载：“及鲁恭王坏孔子宅，欲以为宫，而得古文于坏壁之中，《逸礼》有三十九，《书》十六篇。”[②]《汉书·艺文志》又曰：“武帝末，鲁共王坏孔子宅，欲以广其宫，而得《古文尚书》及《礼记》《论语》《孝经》凡数十篇，皆古字也。”[③]根据《汉书》记载，孔安国得《古文尚书》与《礼记》等，并用今文译读。孔安国乃申公弟子、浮丘伯徒孙，浮丘伯又师从荀卿[④]，而荀卿又深于礼，故孔安国《古文礼记》必从其师祖荀子处有所继承。《汉书·艺文志》：“汉兴，鲁高堂生传《士礼》十七篇。讫孝宣世，后仓最明。戴德、戴圣、庆普皆其弟子，三家立于学官。”[⑤]鲁高堂生所传《士礼》(《仪礼》《礼经》)十七篇，后经戴德、戴圣等立于学官。1959 年，甘肃省武威磨咀子 6 号墓中出土《仪礼》简 469 枚，其中部分内容与今本《荀子》所记载礼仪内容相同。例如，简十一、简十二《士相见礼》中有：“凡与大人言，始视面，中视袍，卒视面，无改。终皆如是。如父，则游目，无上于面，无编下于带。立则视足，坐则视膝。”[⑥]《荀子·大略》有“坐视膝，立视足，应对言，语视面”。两文内

---

① 司马迁撰，裴骃集解，司马贞索隐，张守节正义：《史记》，第 2376 页。

② 班固撰，颜师古注：《汉书》，第 1529 页。

③ 班固撰，颜师古注：《汉书》，第 1354 页。

④ 见前文“《书》之传授”。

⑤ 班固撰，颜师古注：《汉书》，第 1357 页。

⑥ 张焕君、刁小龙：《武威汉简〈仪礼〉整理与研究》，武汉大学出版社 2009 年版，第 15～16 页。

容几近相同，必定有所关联。

前已有言，《汉书·艺文志》记载后仓谙熟《礼》，《汉书·儒林传》说："孟喜字长卿，东海兰陵人也。父号孟卿，善为《礼》《春秋》，授后仓、疏广。"[①]刘向在《孙卿书录》中说："兰陵多善为学，盖以荀卿也，长老至今称之，曰：兰陵人喜字为'卿'，盖以法荀卿。"[②]孟卿与荀卿皆在兰陵，同在一地、互称同乡，再加上荀卿"最为老师""三为祭酒"之地位，二者虽无师徒传承，但孟卿对荀卿之思想必定非常熟悉，极有可能仰慕已久、私淑其人，荀卿影响孟卿及后仓对《礼》的传授可能性极大。

汪中《荀卿子通论》曰：

> 荀卿本长于《礼》，《儒林传》云："东海兰陵孟卿善为《礼》《春秋》，授后仓、疏广。"刘向《叙》云："兰陵多善为学，盖以荀卿也，长老至今称之，曰：兰陵人喜字为'卿'，盖以法荀卿。"又《二戴礼》并传自孟卿，《大戴曾子立事篇》，载《修身》《大略》二篇文；《小戴·乐记》《三年间》《乡饮酒仪篇》，载《礼论》《乐论》篇文。由是言之，《曲台》之礼，荀卿之支与余裔也。[③]

根据汪中的考证，荀子与大、小戴《礼记》关系密切，在其传承中扮演了重要角色，故《曲台》之礼的传授路径可能为：荀卿—孟卿—后仓、疏广。梁启超在《要籍解题及其读法》中说"大、小戴两《礼记》，文多与《荀子》相同"，并认为"凡此皆当认为《礼记》采《荀子》，不能谓《荀子》袭《礼记》。盖《礼记》本汉儒所裒集之丛编杂采诸各家著述耳。然因此可推见两戴记中其摭拾《荀卿》绪论而不著其名者或尚不少"。[④] 根据他的考证，《小戴礼记·三年问》与《大戴礼记·礼三本》袭自《礼论》，《小戴礼记·乐记》与《小戴礼记·乡饮酒仪》袭自《乐论》，《小戴礼记·聘仪》袭自《法行》，《大戴礼记·劝学》袭自《劝学》，《大戴礼记·曾子立事》袭自《修身》和《大略》，可简要以图1-3示之。

① 班固撰，颜师古注：《汉书》，第2670页。

② 刘向：《孙卿书录》，严可均辑：《全上古三代秦汉三国六朝文》第一册，第333页。

③ 汪中：《荀卿子通论》，王清信、叶纯芳点校：《汪中集》，第118～119页。

④ 参见梁启超：《要籍解题及其读法》，岳麓书社2010年版，第44页。

大戴《三年问篇》
小戴礼《三本篇》……………………………………《荀子·礼论篇》

小戴《乐记篇》
小戴《乡饮酒义篇》……………………………………《荀子·乐论篇》

小戴《聘义篇》……………………………………《荀子·法行篇》

大戴《劝学篇》……………………………………《荀子·劝学篇》

大戴《曾子立事篇》……………………………………《荀子·修身篇》
……………………………………《荀子·大略篇》

图 1-3　大、小戴两《礼记》对《荀子》的因袭

资料来源：梁启超《要籍解题及其读法》，第 44 页。

梁启超虽然对大、小戴《礼记》与《荀子》相同的地方作了列举，但其列举过于粗略，今人闫隆庭及强中华将其相同、相似之处作了详细的比照。根据闫隆庭的梳理，《大戴礼记》与《荀子》篇目及内容相同者 1 处，篇目及内容略同者 2 处，篇目不同而文句略同者 7 处，篇目不同、文句不同而其含义合者拾篇皆是；《小戴礼记》与《荀子》篇目略同而内容相同者 1 处，篇目略同而内容亦略同者 2 处，篇目不同而内容相同者 5 处，篇目不同而文句略同者 24 处。[①] 强中华则将大、小戴《礼记》与《荀子》相同、相似的地方，分为"荀子原创的材料""荀子转述·化用前人的材料""作者有争议的材料"三类，分别列表对照。[②] 通过二人的研究，我们更能清晰地认识到荀子在《礼》的传承中的重要作用，故当代的一部分学者甚至直接认为《礼记》中许多篇章呈现出"十足的荀学性格"[③]。

四、《易》

根据《汉书·艺文志》记载，由于《易》是巫卜类的书籍，所以得免于秦火，因此在汉时传授《易》的人非常多。《汉书·儒林传》曰："要言《易》者本之田何。"[④]唐晏在《两汉三国学案》中说："田何之学本无章句，至王同、周王孙、丁宽

① 参见陈飞龙：《荀子礼学之研究》，(台北)文史哲出版社 1979 年版，第 135～141 页。

② 参见强中华：《秦汉荀学研究》，第 266～274 页。

③ 刘又铭：《荀子的哲学典范及其在后代的变迁转移》，《汉学研究集刊》2006 年第 3 期。

④ 班固撰，颜师古注：《汉书》，第 2668 页。

始有《易传》。……右为易田氏之学，为易大宗。”[①]可见，田何是汉代最早传承《易》的人。至汉武帝时，设五经博士，田何的再传弟子杨何就是《易》博士。

司马迁《史记·仲尼弟子列传》记载了自孔子到商瞿、馯臂子弓(弘)、矫疵、周坚、光羽、田何的传承谱系，唯独不见荀子及其弟子的身影。馯臂子弓(弘)是何人？《非相》中言“仲尼长，子弓短”，《非十二子》《儒效》等篇中屡言“仲尼、子弓”，将子弓与孔子相提并论。[②] 这个“子弓”又是谁？《汉书·儒林传》中认为子弓就是馯臂子弓[③]，如果班固所言属实，荀子又将其与自己最为推崇的孔子相提并论，则荀子必深受馯臂子弓的影响，而馯臂子弓又以传《易》闻名，则荀子定从馯臂子弓处学到了不少关于《易》的学问。若果如此，荀子的传《易》之功也就顺理成章了。[④]

荀子是否属于《易》的传承谱系，我们暂且不论。毋庸置疑的是，《荀子》一书与《易》的关系是比较密切的。虽然在《劝学》《荣辱》《儒效》等篇中，荀子屡次将《诗》《书》《礼》《乐》《春秋》等对举而唯独不言《易》，但我们仍可以从《荀子》中找到四条与《易》相关的材料，这四条分别为：

故《易》曰：“括囊，无咎无誉。”(《非相》)

《易》之《咸》，见夫妇。夫妇之道，不可不正也，君臣父子之本也。咸，感也，以高下下，以男下女，柔上而刚下。(《大略》)

《易》曰：“复自道，何其咎？”《春秋》贤穆公，以为能变也。(《大略》)

善为《诗》者不说，善为《易》者不占，善为《礼》者不相，其心同也。

① 参见唐晏著，吴东民点校：《两汉三国学案》卷一，中华书局1986年版，第6页。

② 《非十二子》：“世俗之沟犹瞀儒，嚾嚾然不知其所非也，遂受而传之，以为仲尼、子弓为兹厚于后世：是则子思孟轲之罪也。”“无置锥之地而王公不能与之争名，在一大夫之位，则一君不能独畜，一国不能独容，成名况乎诸侯，莫不愿以为臣，是圣人之不得埶者也，仲尼、子弓是也。”“今夫仁人也，将何务哉？上则法舜禹之制，下则法仲尼、子弓之义，以务息十二子之说。”《儒效》：“通则一天下，穷则独立贵名，天不能死，地不能埋，桀、跖之世不能污，非大儒莫之能立，仲尼、子弓是也。”

③ 参见班固撰，颜师古注：《汉书》，第2668页。

④ 当然，关于子弓是否就是馯臂子弓，古往今来许多学者都曾经有所质疑，比如杨倞在《荀子注》中认为“子弓，盖仲弓也，言子者，著其为师也”。俞樾进一步认为“仲弓称子弓，犹季路称子路也”(王先谦：《荀子集解》，第73页)。关于荀子所言“子弓”是否就是馯臂子弓，可参见吴勇：《馯臂子弓和楚国易学传人》，《长江大学学报》(社会科学版)2010年第6期。

(《大略》)

在这四则材料中,第一则出现在《非相》。“括囊,无咎无誉”,征引了《易》本经坤卦六四爻辞。荀子征引此语的语境是这样的:

> 凡人莫不好言其所善,而君子为甚。故赠人以言,重于金石珠玉;劝人以言,美于黼黻、文章;听人以言,乐于钟鼓琴瑟。故君子之于言无厌。鄙夫反是,好其实,不恤其文,是以终身不免埤污傭俗。故《易》曰:“括囊,无咎无誉。”腐儒之谓也。(《非相》)

《象》曰:“括囊无咎,慎不害也。”高亨《周易大传今注》曰:“此喻人遇事缄口不言,塞耳不闻,如此则无咎亦无誉。”[①]荀子在这里引用它意在说明腐儒只顾实际而不善言谈,与《易》的意义相同。

《荀子》用《易》有三则是在《大略》中出现的,皆能够与《易》的意义相同或相似。众所周知,《大略》内容驳杂、琐碎,杨倞认为系门人弟子杂录荀卿之语,既然是荀子说的话,他的弟子又将其收录到师父的书中,则也能证明荀子是熟于《易》的,荀子弟子也定会受到荀子的影响而习《易》。这样一来,荀子对《易》熟知甚至传授之说也就不可谓空穴来风了。

五、《春秋》

《史记·十二诸侯年表》记载:

> 是以孔子明王道,干七十馀君,莫能用,故西观周室,论史记旧闻,兴于鲁而次《春秋》,上记隐,下至哀之获麟,约其辞文,去其烦重,以制义法,王道备,人事浃。七十子之徒口受其传指……及如荀卿、孟子、公孙固、韩非之徒,各往往捃摭《春秋》之文以著书,不可胜纪。[②]

《史记·儒林列传》:

> 世以混浊莫能用,是以仲尼干七十馀君无所遇,曰“苟有用我者,期月而已矣”。西狩获麟,曰“吾道穷矣”。故因史记作《春秋》,以当王法,其辞微而指博,后世学者多录焉。[③]

根据司马迁的看法,孔子作《春秋》后,后学多摘取《春秋》之文而学习、传录、著

---

① 高亨:《周易大传今注》,齐鲁书社1979年版,第80～81页。

② 司马迁撰,裴骃集解,司马贞索隐,张守节正义:《史记》,第365页。

③ 司马迁撰,裴骃集解,司马贞索隐,张守节正义:《史记》,第2369页。

书。荀子尊仲尼为“大儒”，高颂其为“圣人”，《荀子》中以《春秋》与《诗》《书》《礼》《易》《乐》并称，有“羽翼六经，增光孔氏”之功。不仅如此，荀子强调“《春秋》约而不速”(《劝学》)、“《春秋》言是，其微也”(《儒效》)，皆是针对《春秋》经文而言，可知荀子必定熟谙《春秋》。刘师培曾作《左传荀子相通考》《公羊荀子相通考》《穀梁荀子相通考》专论，认为“周季汉初之儒，凡治《春秋》，均三《传》并治”①，对于荀子传《春秋》言之凿凿；汪中也认为《左氏春秋》《穀梁春秋》皆为荀子所传。②

(一)《左氏春秋》

《史记・十二诸侯年表》记载，“鲁君子左丘明惧弟子人人异端，各安其意，失其真，故因孔子史记具论其语，成《左氏春秋》”③。左丘明害怕孔子的弟子们各持见解和主张而失去《春秋》本来面目，于是详尽地遵循并分析孔子的记录，写成《左氏春秋》。刘向在《别录》中论及《左传》的师承时说：

> 左丘明授曾申，申授吴起，起授其子期，期授楚铎椒。椒作《钞撮》八卷授虞卿，虞卿作《钞撮》九卷授荀卿，荀卿授张苍。④

唐陆德明在《经典释文・叙录》中补充说：

> 左丘明作《传》以授曾申，申传卫人吴起，起传其子期，期传楚人铎椒，椒传赵人虞卿，卿传同郡荀卿名况，况传武威张苍，苍传洛阳贾谊，谊传至其孙嘉，嘉传赵人贯公，贯公传其少子长卿，长卿传京兆尹张敞及侍御史张禹……⑤

根据二人及《汉书・儒林传》及贾谊等人传记的记载，林源河梳理《左氏春秋》传授系统如图 1-4 所示。

① 刘师培：《刘申叔遗书》，第 1215 页。
② 汪中：《荀卿子通论》，王清信、叶纯芳点校：《汪中集》，第 118 页。
③ 司马迁撰，裴骃集解，司马贞索隐，张守节正义：《史记》，第 365 页。
④ 严可均辑：《全上古三代秦汉三国六朝文》第一册，第 337 页。
⑤ 陆德明：《经典释文》，第 13 页。

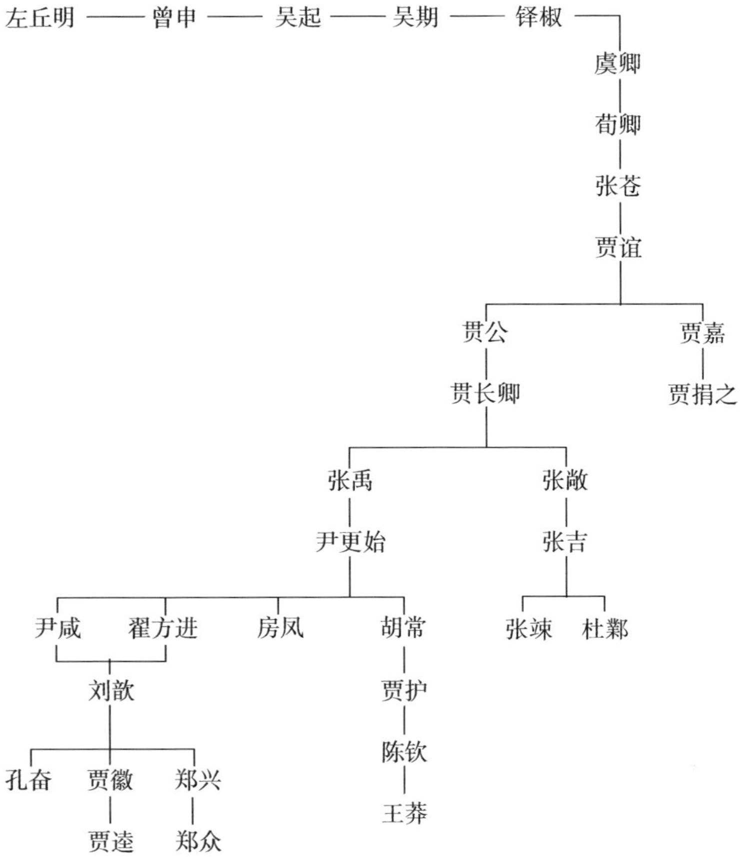

图 1-4 《左氏春秋》传授系统

资源来源：林源河《荀儒考释与中国国乐考原》，第 196 页。

对于《左传》之传授，刘向及陆德明确凿地记载了荀子的贡献，刘师培也认为"《春秋》左氏学，固荀子所传之学矣"[①]。在此书中，刘师培列出了十八条《荀子》与《左传》传文相通之处。在文末，他又历述《荀子》中本于《左传》而论《礼》、引《诗》、考《乐》之说，他说：

> 以上十八条，皆荀子立说本于《左传》者，且《王霸篇》之论齐桓、管仲，《臣道篇》之记咎犯、孙叔敖，《解蔽篇》之论宾孟，《成相篇》之溯昭明，亦莫不本于《左传》而论《礼》，引《诗》、考《乐》亦半引《左传》之文，则荀卿深于

① 刘师培：《刘申叔遗书》上册，第 354 页。

《左传》学明矣。况荀卿所著之书有《春秋公子血脉谱》，至宋犹存。案：公卿世系三传之中惟《左传》记之较详，则荀卿此书比据《左传》之文而参以《世本·姓氏篇》，在杜预《春秋氏族谱》前不可谓之非奇书也，惜其书湮没不存尔，此亦荀卿通《左氏》之旁证。故荀卿之学，一传而为韩非、毛公。《韩非子》一书，既导源《左氏》，而毛公作《诗传》亦多引《左氏》遗文，此荀卿之所由为古文家言之祖也。[①]

在刘氏看来，荀子传《左传》证据确凿，几无可疑之处。

考《荀子》一书，多对《左传》大义作了恰当的阐发，略举几例如下。

在《劝学》中，荀子说：

《春秋》之微也。

杨倞注曰："微，谓褒贬沮劝，微而显，志而晦之类也。"[②]

《春秋》约而不速。

杨倞注曰："文义隐约褒贬难明，不能使人速晓其义。"[③]

此两处均与《左传·成公十四年》所言"《春秋》之称，微而显、志而晦，婉而成章，近而不污，惩恶而劝善"完全相同。

在《致士》中，荀子说：

赏不欲僭，刑不欲滥，赏僭则利及小人，刑滥则害及君子。若不幸而过，宁僭勿滥；与其害善，不若利淫。

荀子此言，全部本于《左传·襄公二十六年》：

善为国者，赏不僭而刑不滥。赏僭，则惧及淫人；刑滥，则惧及善人。若不幸而过，宁僭无滥。与其失善，宁其利淫。

由此可见，荀子必定见过《左传》全文。

在《礼论》中，荀子说：

三月之殡何也？曰：大之也，重之也，所致隆也，所致亲也，将举措之，迁徙之，离宫室而归丘陵也，先王恐其不文也，是以繇其期，足之日也。故天子七月、诸侯五月、大夫三月，皆使其须足以容事，事足以容成，成足以容文，文足以容备，曲容备物之谓道矣。

---

① 刘师培：《刘申叔遗书》上册，第357页。

② 王先谦：《荀子集解》上册，第12页。

③ 王先谦：《荀子集解》上册，第14页。

关于天子的丧礼,《左传·隐公元年》记载:

> 天子七月而葬,同轨毕至;诸侯五月,同盟至;大夫三月,同位至;士逾月,外姻至。赠死不及尸,吊生不及哀,豫凶事,非礼也。

荀子所说的"天子七月、诸侯五月、大夫三月"与此处《左传》记载的礼制完全相同。

以上所举的例子,都或多或少地说明《荀子》本于《左传》而立说,刘向《别录》与陆德明《经典释文》所言荀子之授受《左氏春秋》并非全无凭据。

(二)荀子与《公羊春秋》

荀子与《公羊春秋》的关系最难考究,汪中在《荀卿子通论》中以《大略篇》中言"《春秋》贤穆公、善胥命"为由证明两者之密切关系,又说:"董仲舒治《公羊春秋》,故作书美荀卿,其学皆有所本。"①刘师培认同汪中的观点,并且列举了15条荀子用《公羊》之义者。除此之外,他还说"吾观西汉董仲舒治《公羊春秋》之学,然《春秋繁露》一书多美荀卿,则卿必为《公羊》先师。且东汉何邵公专治《公羊》学,所作《解诂》亦多用《荀子》之文",并且举了四个例子加以说明。②

刘师培所举例子,有许多是关于两书中的礼制的。荀子谙熟于《礼》,故其与《公羊春秋》礼制相合之处并不能代表荀子一定传《公羊春秋》。但是,《荀子》一书中的两处例子值得我们注意:

> 闵王毁于五国,桓公劫于鲁庄。(《王制》)

"桓公劫于鲁庄",杨倞注曰:"《公羊传》柯之盟,齐桓公为鲁庄公之臣曹沫所劫也。"③关于这件事,《左传》与《穀梁传》中均没有记载,而唯独《公羊传》记之曰:"曹子请盟,桓公下与之盟。已盟,曹子摽剑而去之。"可见,荀子对《公羊

---

① 汪中:《荀卿子通论》,王清信、叶纯芳点校:《汪中集》,第119页。

② 刘师培引《荀子》原文有三处。庄公三十一年《传·解诂》:"礼,天子外屏,诸侯内屏。"这些话引自《荀子·大略》"天子外屏,诸侯内屏,礼也",此其一。又如定公四年《传·解诂》:"礼,天子雕弓,诸侯彤弓,士庐弓。"这些话则引自《荀子·大略》"天子雕弓,诸侯彤弓,大夫墨弓,礼也",此其二。又如隐公元年《传·解诂》:"礼,二十见正而冠。"这些话也和《荀子·大略》"天子诸侯子,十九而冠,冠而听治,其教至也"之说极为相似。此其三。后面他又说:"若宣王十五年初税亩,虽多引班《志》之文,然与《王制篇》之文亦多相合。"(刘师培:《刘申叔遗书》,第359～361页)

③ 王先谦:《荀子集解》上册,第157页。

传》是非常熟悉的。

故周公南征而北国怨，曰："何独不来？"东征而西国怨，曰："何独后我也？"（《王制》）

古者周公东征则西国怨，西征则东国怨。（《公羊传·僖公四年》）

荀子加上了"南征而北国怨"一句，正弥补了《公羊传》的不足。

从这两个例子来看，《荀子》与《公羊传》遥相呼应、互为犄角，若说两者绝无联系，确实需要慎重。所以，刘师培之说虽不能完全可信，但也绝非毫无依据。

（三）荀子与《穀梁春秋》

《汉书·儒林传》曰：

申公，鲁人也。少与楚元王交俱事齐人浮丘伯受《诗》。汉兴，高祖过鲁，申公以弟子从师入见于鲁南宫。[①]

瑕丘江公受《穀梁春秋》及《诗》于鲁申公，传自至孙为博士。[②]

同书《楚元王传》曰：

楚元王交字游，高祖同父少弟也。好书，多才艺。少时尝与鲁穆生、白生、申公俱受《诗》于浮丘伯。伯者，孙卿门人也。及秦焚书，各别去。[③]

由此可见，"荀卿—浮丘伯—刘交、申公—瑕丘江公"为一个清晰的师徒传承体系。《汉书·楚元王传》认为申公受《诗》于浮丘伯，并未言明受《穀梁春秋》，唐杨士勋在《春秋穀梁传序》中说：

穀梁子名淑，字符始，一名赤，鲁人，受经于子夏，为经作传，授孙卿，卿传鲁人申公，申公传博士江翁。[④]

杨士勋明确提出孙卿授《穀梁春秋》于申公。胡元仪也明确地说："穀梁俶亦为《经》作《传》，传郇卿，卿传浮丘伯，伯传申公，申公传瑕丘江公，世为博士。"[⑤]参见汪中、皮锡瑞等也持此种观点。[⑥] 林源河根据《儒林传》等史料，梳理《穀梁春秋》传授系统，如图 1-5 所示。

① 班固撰，颜师古注：《汉书》，第 2676 页。

② 班固撰，颜师古注：《汉书》，第 2682 页。

③ 班固撰，颜师古注：《汉书》，第 1495 页。

④ 杨士勋：《春秋穀梁传注疏》，上海古籍出版社 1990 年版，第 2358 页。

⑤ 转引自王先谦：《荀子集解·考证下》上册，中华书局 1988 年版，第 39 页。

⑥ 参见汪中：《荀卿子通论》，王清信、叶纯芳点校：《汪中集》，第 118 页；皮锡瑞：《经学历史》，第 55 页。

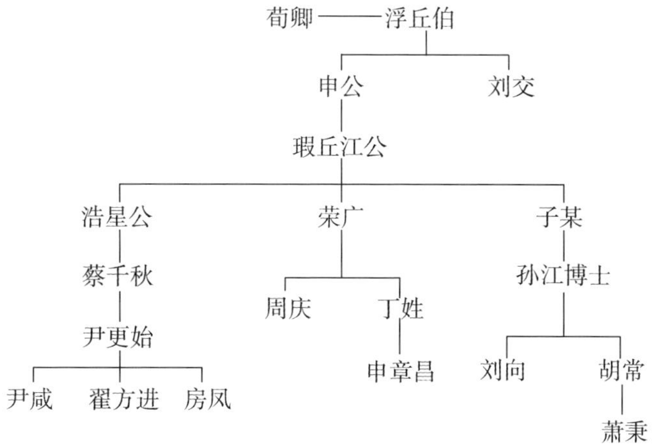

图 1-5 《穀梁春秋》传授系统

资源来源：林源河《荀儒考释与中国国乐考原》，第 199 页。

荀子传《穀梁春秋》之证据，除了上述史料外，还体现在《荀子》一书对《穀梁春秋》的引述上。刘师培列举了十三处[①]荀子传《穀梁春秋》之证据，其中有证据表明两者存在密切的联系：

诰誓不及五帝，盟诅不及三王，交质子不及五伯。（《大略》）

诰誓不及五帝，盟诅不及三王，交质子不及五伯。（《穀梁春秋·隐公八年》）

此两者文字及意义基本相同。

故王者天太祖，诸侯不敢坏，大夫士有常宗，所以别贵始。贵始，得之本也。……故有天下者事十世[②]，有一国者事五世，有五乘之地者事三世，有三乘之地者事二世，持手而食者不得立宗庙，所以别积厚，积厚者流泽广，积薄者流泽狭也。（《礼论》）

夷伯，鲁大夫也。因此以见天子至于士皆有庙：天子七庙，诸侯五，大夫三，士二。故德厚者流光，德薄者流卑。是以贵始，德之本也。（《穀梁春秋·僖公十五年》）

---

① 刘师培自言有“十二处”，实际上，刘师培列举了《荀子》十四处与《穀梁》相似的例子，其中第九与第十处合为一处，故共计十三处。（刘师培：《刘申叔遗书》，第 357～359 页）

② 杨倞注曰：“十，当为‘七’。”《大戴礼记》及《史记》“十”均为“七”。

此两者文字，尤其是意义大致相同。赵伯雄说:“荀子必熟于《穀梁》经说，才会在自己的著作中直接采用《穀梁传》的成文。”[①]

综上所述，荀子必定熟谙六经，并自觉对六经中有益于阐发自己思想的内容广泛地进行吸收借鉴，或用其文，或用其义，或直接引用，或对其进行转述，或对其进行阐发，并将其传授给门人弟子再由其门人弟子加以转述与阐发。荀子传经的贡献，虽不如汪中所言“六艺之传，赖以不绝者，荀卿也”，但战国末秦汉之际之经学，大多出于荀子及荀门，这已经成为学界的共识。有些学者认为荀子传经是后世儒者的“想象与嫁接”，妄言“大抵可能是清儒对于‘宋学’的反动，利用荀子填补汉代道统的空缺，以建构‘汉学’的权威与正当性”[②]，否定荀子在经学史上的贡献，这种观点是值得商榷的。

---

① 赵伯雄:《春秋学史》，山东教育出版社 2004 年版，第 90 页。

② 参见曾暐杰:《想象与嫁接——荀子传经系统的建构与问题》，(台北)《政大中文学报》2016 年第 26 期。

第二章　魏晋南北朝荀学史略

魏晋南北朝时期是继春秋战国时期之后战乱连绵不断、国家四分五裂的时期，同时也是文化环境相对宽松、思想文化异常活跃的时期。在社会思想上，这个时期最大的特点就是儒学的黯淡和玄学的兴盛。造成这一现象的原因是多方面的，除了经济上和政治上的原因及儒学本身存在的问题之外，有两个原因不可忽视。

一是汉帝国虽然在思想上"罢黜百家，独尊儒术"，实现了疆域的拓展和经济、文化上的兴盛，中央集权制也得到了空前的加强，但是随之而来的东汉晚期，政治黑暗、经济衰败，再加上宦官专政、外戚专权，彻底打破了儒者"大一统"的幻想，许多文人将自己的志不得伸、怀才不遇归咎于儒学的迂阔无用。再加上东汉末年两次大规模的党锢之祸，使得许多文人对东汉朝廷及其所尊崇的儒学彻底失望。于是，文人们试图从这种本来就禁锢自己思想的权威中逃逸，开始思考存在的个体意义与价值，"自扬雄、桓谭、王充以来一直蛰伏在主流知识阶层中的追寻独立与自由的思想就开始显现出来，在更广阔的取资范围中得到了来自道家的思想资源的支持，于是便引出了后来所说的玄学之风的诞生"[①]。

二是自然灾害尤其是瘟疫流行。这个原因看起来似乎与思想转变无关，但是在实际上却产生了较大的影响。据《文献通考》记载，在和帝永兴元年

① 葛兆光：《中国思想史》(中)，第 318～319 页。

(105年),东汉人口达到了5325万[1],汉桓帝永寿二年(156年)人口达到了5006万[2],而到了三国鼎立时期,魏、蜀、吴三国人口加起来只有700多万。仅仅60多年的时间,人口骤减了80%多,故马端临说:"及魏武克平天下,文帝受禅,人众之损,万有一存。"[3]关于人口锐减的原因,马端临说:"灵帝遭黄巾之乱,献帝罹董卓之难,大焚宫庙,劫御西迁,京师萧条,豪杰并争,郭汜、李傕之徒,残害又甚,是以兴平、建安之际,海内荒废,天子奔流,白骨盈野。故陕津之难,以箕撮指,安邑之东,后裳不全。遂有戎寇,雄雌未定,割剥庶民三十余年。"[4]他只说了战乱对人口的削减作用,但还有另外一原因他并没有过多提及——流行于东汉末年的大瘟疫。根据《后汉书·孝灵帝纪》记载,仅仅在汉灵帝一朝,就爆发了至少5次大规模的瘟疫,分别是建宁四年(171年)、熹平二年(173年)、光和二年(179年)、光和五年(182年)、中平二年(184年)。汉灵帝后,瘟疫一直未能彻底消散,张仲景在《伤寒杂病论》中提及这场瘟疫对于其家族的影响:"余宗族素多,向余二百。建安纪年以来,犹未十稔,其死亡者,三分有二,伤寒十居其七。"[5]十年不到,张仲景宗族死亡三分之二,其中因为瘟疫而死者又占到了十分之七。面对这种悲惨的景象,曹植也感叹说:"家家有僵尸之痛,室室有号泣之哀。或阖门而殪,或覆族而丧。"[6]据《三国志》记载:"瑀以十七年卒。幹、琳、玚、桢二十二年卒。文帝书与元城令吴质曰:'昔年疾疫,亲故多离其灾,徐、陈、应、刘,一时俱逝。'"[7]建安七子中的徐幹、陈琳、应玚、刘桢四人都死于建安二十二年(217年)的瘟疫,王粲也在次年与曹操征吴的路上病逝,应该也是死于瘟疫。[8] 由此可见,建安七子中有五人死于瘟疫,这场瘟疫

---

① 《文献通考》卷十《户口考》:"和帝永兴元年,户九百二十三万七千一百一十二,口五千三百二十五万六千二百二十九。"(马端临:《文献通考》,中华书局2006年版,第107页)

② 《文献通考》卷十《户口考》:"桓帝永寿二年,户千六百七万九百六,口五千六万六千八百五十六。"(马端临:《文献通考》,第107页)

③ 马端临:《文献通考》,第107页。

④ 马端临:《文献通考》,第107页。

⑤ 张仲景著,刘世恩、毛绍芳点校:《伤寒杂病论》,华龄出版社2000年版,"序",第1页。

⑥ 曹植:《说疫气》,王巍校注:《曹植集校注》,河北教育出版社2013年版,第448~449页。

⑦ 陈寿撰,裴松之注:《三国志》,中华书局1999年版,第448页。

⑧ 参见王金龙:《王粲研究》,华中师范大学博士学位论文,2017年,第19~20页。

无论是对普通民众还是贵族阶层，都造成了几乎灭门的灾难。不仅仅是瘟疫，东汉时期其他的自然灾害也频繁出现，有学者统计东汉时期发生水灾 61 次、旱灾 67 次、地震 78 次、蝗虫灾 48 次、风灾 22 次、霜灾 3 次、雹灾 24 次、疫灾 28 次、冻灾 7 次。[①] “对于人祸，人可以选择逃避，或者以儒家的正义原则抨击社会的黑暗和反人道，甚至由此激发起重整山河的雄心壮志。比较言之，瘟疫导致的灾难则不是来自社会，而是来自自然。在医学知识匮乏的古代，人除了被动接受瘟疫的摆布似乎别无选择。对于这种不可抗拒的自然灾难，士人借以抒愤的社会批判失去了对象，拯世济物的雄心也会陷入‘拔剑四顾心茫然’的窘境。也就是说，由瘟疫所昭示的，不是可以通过人力改变的社会问题，而是无常的命运感。”[②]在战乱和自然灾害双重冲击下，上至帝王、下至普通百姓都承担了沉重的心理压力，民众的信仰和社会心理也发生了明显的变化。在此压力之下，魏文帝曹丕感慨说：“生有七尺之形，死唯一棺之土，唯立德扬名，可以不朽，其次莫如著篇籍。疫疠数起，士人雕落，余独何人，能全其寿？”[③]帝王尚且开始重新思考生死的问题和生命的意义与价值，作为已经逐渐被政治边缘化的士人阶层，更是将关注的重点从国家、社会转向个体生命，开始追求个性精神的独立和自由。于是，以群体认同价值为标准的儒家人格理想便失去了土壤，经世致用的哲学及修、齐、治、平的人生追求已经无法获得多数士人的认同，儒学的衰落尤其是官方儒学的全面衰败也就顺理成章了。

儒学在魏晋时期虽然未能引领时代的潮流，但是仍然有一部分儒生在坚守着，况且玄学本身也以整合儒、道为目标，故儒学在此时只能算是“隐身”，但它从未缺席对思想的改造。儒生们针对朝政的混乱和世道的衰败，以儒家的立场提出了自己的救世主张。他们从儒学的历史资源中选取符合现实需要的内容，继承并对儒学进行改造以使之符合现实的需要。“荀子言治，于儒学中最为严饬，近于法家，足以砭汉末纲纪废弛之弊。”[④]儒学之中，荀学最重实用、最切实际，故成为不二之选。“在魏晋崇尚‘自然’的虚浮世风下，势必更加需

---

① 张文华：《汉代自然灾害的发展趋势及特点》，《淮阴师范学院学报》（哲学社会科学版）2002 年第 5 期。

② 刘成纪：《形而下的不朽：汉代身体美学考论》，人民出版社 2007 年版，第 165 页。

③ 陈寿撰，裴松之注：《三国志》，第 65 页。

④ 萧公权：《中国政治思想史》，（台北）联经出版事业公司 2001 年版，第 335 页。

要借重儒家中最具现实色彩，特别强调‘隆礼’、‘正名’、‘重分’、‘教化’，关心礼法人伦的荀子思想予以制衡，以求拨乱反正，建立统治秩序。”[①]再加上汉魏儒生多是“通儒”，“通儒”知识渊博、通晓古今，并不拘泥于一家之言。据《后汉书·王充传》记载，王充“常游洛阳市肆，阅所卖书，一见辄能诵忆，遂博通众流百家之言”[②]，而《后汉书·马融传》记载马融“才高博洽，为世通儒，教养诸生，常有千数”[③]。“通儒”的这一特色与集百家之大成的荀子的学术气质非常吻合。又加之儒学中荀学最为实用，故汉末及魏晋时期的许多儒者大都属于荀学一派。其中具有代表性的人物有荀悦、徐幹、杜恕、傅玄、袁準、裴頠、阮籍、袁宏、向秀等。

第一节 汉魏之际的荀学史

荀悦（148～209 年）与徐幹（170～217 年）所生活的时期，正处在汉魏更替之际。若从时间上来看，他们主要生活在东汉末年，到曹丕废献称帝时（220 年）早已离世。因此，若严格按照历史时期划分的话，二人当属东汉时期的思想家。但是汉献帝建安时期有着不同于东汉其他时期的特殊性，特别是在文坛，其氛围已经与东汉不同。刘勰在《文心雕龙·时序》中说：“自献帝播迁，文学蓬转；建安之末，区宇方辑。魏武以相王之尊，雅爱诗章；文帝以副君之重，妙善辞赋；陈思以公子之豪，下笔琳琅。并体貌英逸，故俊才云蒸。……观其时文，雅好慷慨；良由世积乱离，风衰俗怨，并志深而笔长，故梗概而多气也。”[④]钟嵘在《诗品序》中也说：“降及建安，曹公父子笃好斯文，平原兄弟郁为文栋，刘桢、王粲为其羽翼。次有攀龙托凤，自致于属车者，盖将百计。彬彬之盛，大备于时矣。”[⑤]因而，许多文学史的研究者将魏晋看成中古时期的开始，这种约定俗成的看法已经成为学界的共识。但这种划分方式也存在一定的问题，比

---

① 林郁迢：《略论魏晋荀学之发展》，《汉学研究集刊》2009 年第 9 期。

② 范晔撰，李贤等注：《后汉书》，第 1099 页。

③ 范晔撰，李贤等注：《后汉书》，第 1333 页。

④ 刘勰著，陆侃如、牟世金等译注：《文心雕龙译注》，齐鲁书社 1980 年版，第 537 页。

⑤ 钟嵘：《诗品序》，转引自郭绍虞主编：《中国历代文论选》（一卷本），上海古籍出版社 1979 年版，第 106 页。

如，魏本身是三国鼎立之一足，此时期除了魏之外还有蜀、吴，以魏概括之，不免以偏概全，且魏究竟从什么时候算起也有疑问。如果从曹丕称帝开始（220年），则许多文人就不算此时的人；若从曹操"挟天子以令诸侯"（196年）算起，则当时未有"魏"的称号，故有学者认为不如改成"三国两晋南北朝"。[①] 本书遵从传统的观点，将荀悦与徐幹放在"汉魏之际"的称呼中加以论述，除了因为上述建安文学的特殊性外，也是为了避免不必要的口水官司。

一、荀悦思想中的荀学理路

荀悦，字仲豫，东汉末年史学家、政治家、儒学思想家，荀子的十三世孙，其父荀俭为"荀氏八龙"[②]之一，著有《汉纪》三十篇及《申鉴》五篇。关于荀悦思想与其祖荀子之关系，萨孟武认为荀悦之学为"荀派儒学"[③]；张美煜认为荀悦的政治思想与他的远祖荀卿有深厚的渊源，荀子"讲'修身、劝学'重视'王制'，而荀悦崇尚道德教化，说'正身'宣'文教'，将'明制'。他们的精神是相同的"[④]。庄佑端则直接说荀悦思想是荀子哲学，即"贯穿荀悦《申鉴》思想的是荀子哲学，荀悦确可作为荀学思想于东汉时期的一个范例"[⑤]。林郁迢认为荀悦"其思想除天人观、人性论不传家学外，对于政治社会问题的考虑，完全继承先祖遗风"[⑥]。

（一）对荀子天人观的继承

荀悦的天人观似乎与其先祖荀子有着较大的不同。他一方面受到荀子的影响，但另一方面却作了很大的修正，几乎对先前所有的天人观都提出了批评。在《汉纪·高后纪卷》中，荀悦提到了已有的四种天人观：

> 今人见有不移者，因曰人事无能移；见有可移者，因曰无天命；见天人之殊远者，因曰人事不相干；知神气流通者，人共事而同业。此皆守其一

---

① 参见曹道衡：《魏晋文学》，安徽教育出版社2001年版，第1～2页。

② "荀氏八龙"为荀淑的八个儿子：荀俭、荀绲、荀靖、荀焘、荀汪、荀爽、荀肃、荀旉。

③ 萨孟武认为荀悦、崔实、徐幹等人都是"荀派儒学"。［萨孟武：《中国政治思想史》，（台北）三民书局1989年版，第248～268页］

④ 张美煜：《东汉名儒荀悦》，《中原文献》1989年第2期。

⑤ 庄佑端：《重探荀悦〈申鉴〉中与荀子哲学之关系》，（台北）《辅大中研所学刊》2013年第29期。

⑥ 林郁迢：《略论魏晋荀学之发展》，《汉学研究集刊》2009年第9期。

端，而不究终始。[1]

“人事无能移”，即人事无能为力；“无天命”，即否认天命；“人事不相干”，即天人互不相干；“人共事而同业”，即天道与人事相通，人只要做与天相同的事情就会收到成效。荀悦对这些观点都提出了批评，认为都是“守其一端，不究终始”。所以，荀悦的天人观看起来好像是互相矛盾的：一方面重视人为，另一方面又不否定天命；一方面他主张破除“天人感应”等迷信活动，另一方面又承认“天人感应”的合理性。荀悦思想的这种矛盾，充分反映了每当在历史的动荡时期，学术思想总会呈现出突破、整合和重建的特点。荀子的思想如此，其后人荀悦的思想亦如此。

荀悦的天人观并没有完全摆脱天命论思想的束缚。“在诸家之中，阴阳家思想影响两汉儒家最巨。自贾谊建议文帝‘改正朔、易服色’，伏生言洪范五行，至董仲舒之论天人相与后，两汉儒者几无不言阴阳灾异。”[2]荀悦的思想亦深受谶纬之学的影响，《汉纪》中也曾多次提到过灾异之说，比如《汉纪·高后记》卷六：

凡三光精气变异，此皆阴阳之精也。其本在地，而上发于天地。政失于此，则变见于彼，由影之象形，响之应声。是以明王见之而悟，敕身正己，省其咎，谢其过，则祸除而福生，自然之应也。[3]

在这段话中，荀悦以天象来解释政事的得失，认为统治者失德、政事失调则上天必降灾异。这种思想，几乎就是对天人感应及灾异说的阐发。然而，再仔细琢磨一下，荀悦此段话的目的好像并不是强调天人感应，而是重在说明统治者应该“敕身正己”“省其咎，谢其过”，因为只有这样才能够“祸除而福生”。从这个层面上看，荀悦的观点已经突破了两汉时期的灾异思想和谶纬神学等迷信思想，将关注的重点集中于政事上。他的灾异说并不是为了让统治者祭天祈福，而是意在警醒统治者注重德行修为和仁道政治，要重人事而轻天命。因而，灾异思想在这里变成了阐明其政治哲学的工具。他在《申鉴·时事》中的一段话更强烈地体现出这一转变：

圣王先成民而后致力于神。民事未定，郡祀有阙，不为尤矣。……礼

---

① 荀悦、袁宏撰，张烈点校：《两汉纪》，中华书局 2017 年版，第 86 页。

② 徐平章：《荀子与两汉儒学》，（台北）文津出版社 1988 年版，第 93 页。

③ 荀悦、袁宏撰，张烈点校：《两汉纪》，第 85 页。

重本，示民不偷，且昭典物，其备物以丰年。日月之灾降异，非旧也。[①]

天人之应，所由来渐矣。故履霜坚冰，非一时也；仲尼之祷非一朝也。[②]

这段话的大意是：圣明的君王首先注重民事，然后再致力于神事。如果民事没有做好，即使祭祀有所欠缺，也不算大的过失。礼，要注重根本大事，教导万民不要盗窃，并且要昭明国家的典章制度，置办各种祭品来祈求来年五谷丰登。如果上天降下灾异而祭品又非常丰厚，就跟旧制不符合了。天人之间的感应，由来已久。冰冻三尺，非一日之寒；孔子久病，也曾教诲弟子说："我已经祷告好久了。"意在让弟子懂得听天命而尽人事的道理。

由此可见，荀悦对天人感应及灾异说的理解已经基本跳出了迷信的范畴，着重从人事上下功夫，他强调灾异的目的是彰显人事的重要性。因而，对于那些纯粹的巫术迷信活动，荀悦是坚决反对的：

当武帝之世，赋役繁众，民力凋弊，加以好神仙之术，迂诞妖怪之人四方并集，皆虚而无实，故无形而言者至矣。……故通于道，正身以应万物，则精神形气各返其本矣。[③]

荀悦批评了武帝喜好神仙之术的荒诞行径，认为只有正身才能够心安理得、福寿自来。《申鉴·时事》也说：

简小忌，去淫祀，绝奇怪，则妖伪息矣。致精诚，诸求己，正大事，则神明应矣。[④]

减少烦琐无谓的禁忌，取消违背典礼的祭祀，断绝奇奇怪怪的事情，那么怪异伪诈就会停止；致力于精诚，反身求之于自己，正确处理国家大事，上天也会应和。

综上所述，荀悦虽然没有明确反对灾异、天人感应等学说，但他在运用这些理论的时候已经祛除了迷信的意味，将人世间的治乱兴衰与天命割裂开来。在荀悦这里，天已经没有任何人格神的含义，天不能降灾赐福，也不能决定人事。荀悦的思想与荀子自然天的观点遥相呼应，在东汉末年灾异说与天人感

① 荀悦撰，黄省曾注，孙启治校补：《申鉴注校补》，中华书局 2012 年版，第 84～85 页。

② 荀悦撰，黄省曾注，孙启治校补：《申鉴注校补》，中华书局 2012 年版，第 87 页。

③ 荀悦、袁宏撰，张烈点校：《两汉纪》上册，第 227 页。

④ 荀悦撰，黄省曾注，孙启治校补：《申鉴注校补》，第 56 页。

应说盛行的情况下，难能可贵。其敢为异说而高蹈的气质，与其先祖荀子十分相似。

（二）对荀子天生人成思想的继承

荀悦对天人感应及灾异说的改造，已经透射出其重人事轻天命的思想。在天与人的关系上，荀悦虽然不像荀子那样明确提出“天生人成”的观点，但他所说的“尽心力、任天命”的观点与“天生人成”的义理完全一致。在《汉纪·高后纪》中，荀悦提到了“三势”：

> 夫事物之性，有自然而成者，有待人事而成者，有失人事不成者，有虽加人事终身不可成者，是谓三势。[①]

对于天命和人事之关系，他提出了三种不同的情况：一是自然而成者，二是待人事而成、不待人事则不成者，三是虽加以人事但仍然不成者。这三种情况，只有第二种情况是人事能决定的，第一种和第三种是由天命所决定的，人事无法改变的。为了说明这个道理，他还用疾病、性命和教化的例子加以说明：比如疾病，有的疾病不治自愈，有的疾病治然后愈、不治则不愈，有的疾病治了也不可能愈。性命和教化的道理亦如此。在这三种情况中，第一种和第三种情况与人事毫无关联，这似乎说明只有第二种情况才存在“天人感应”。也就是说，只有人事参与其中并发挥作用的时候天人才会有感应，即天人感应有赖于人事，尽人事是天人感应的前提。换句话说，先要“尽人事”，才能“听天命”；“尽人事”在前，“听天命”在后。人所能做的，只有“尽人事”，而且“尽人事”比“听天命”重要：

> 凡三势之数，深不可识，故君子尽心力焉，以任天命。易曰：“穷理尽性，以至于命。”其此之谓乎！[②]

“三势”的道理深不可识，所以君子就应该尽其所能（“尽心力”）而听任天命（“任天命”）。很显然，荀悦关注的重点不再是高高在上的“天”，而是更有意义的“人”。在《申鉴·杂言下》中也有相同的说法：

> 或问天命、人事。曰：“有三品焉，上下不移，其中则人事存焉尔。命相近也，事相远也，则吉凶殊矣。”[③]

---

① 荀悦、袁宏撰，张烈点校：《两汉纪》上册，第 85 页。

② 荀悦、袁宏撰，张烈点校：《两汉纪》上册，第 86 页。

③ 荀悦撰，黄省曾注，孙启治校补：《申鉴注校补》，第 198 页。

先天的禀赋是相近的，但由于人事不同，吉凶也因此大不相同。由此可见，董仲舒所说的天人感应论在荀悦这里已经失去了其本源的意义，所以，“虽然荀悦还有董仲舒天人观的烙印，但他已经将董仲舒天人宇宙论图式的理论轴心摧毁了”[①]。

荀悦“尽心力、任天命”的观点，与荀子说的“不与天争职”天人之分的观点非常相似。荀子认为天、地与人有不同的职分、不同的作用，人与世间万物同生于天地之间，这是“天生”的部分，故只能“任天命”；天是人所不能改变的，人所能做的就是“强本而节用”“养备而动时”，这是“人成”的部分，故一定要“尽心力”。荀悦也说：

> 故天人之道，有同有异。据其所以异而责其所以同，则成矣；守其所以同而求其所以异，则蔽矣。[②]

天人之道有同有异，人应该充分认识到两者的差异而求取共通之道，而不是固守着相通的部分而求取其差异，只有这样，人与天、地的差别才能体现出来，人才能够在天、地、人相通的情况下体现出“参”的意义与价值，而不是泯灭在其“同”中。由此可见，与荀子相一致，在天人的关系中，荀悦更看重“天生人成”中“人成”的那一部分。

（三）对荀子礼法并重思想的继承

与两汉其他的儒者一样，荀悦的政治主张，依旧是以儒家为本但同时又将法家的内容加入其中，认为政治的根本是礼与法的结合。荀悦继承了荀子的观点，提出了礼法并重的思想，他说：

> 故凡政之大经，法教而已矣。教者，阳之化也；法者，阴之符也。仁也者，慈此者也；义也者，宜此者也；礼也者，履此者也；信也者，守此者也；智也者，知此者也。是故好恶以章之，喜怒以莅之，哀乐以恤之。若乃二端不愆，五德不离，六节不悖，则三才允序，五事交备，百工惟釐，庶绩咸熙。[③]

同荀子一样，荀悦也认为法与教（礼）是政治的重大原则（“政之大经”），两者好比阴与阳，缺一不可而又互相交融；仁、义、礼、智、信五德就是教（礼）与法的践

---

① 孔毅：《荀悦与仲长统思想合论》，《重庆师范大学学报》（哲学社会科学版）2006 年第 6 期。

② 荀悦、袁宏撰，张烈点校：《两汉纪》上册，第 86 页。

③ 荀悦撰，黄省曾注，孙启治校补：《申鉴注校补》，第 5 页。

履，好、恶、喜、怒、哀、乐六情是教（礼）与法的表现；如果法与教（礼）没有错误，天、地、人三才就会协调，百官就会称职，国家就会兴旺。所以，在荀悦的眼里，礼、法就像荀子说的那样，二者缺一不可。

不仅如此，荀悦还从君子与小人、中人的差别入手，提出了“君子以情用”“小人以刑用”“中人刑礼兼”的观点：

> 君子以情用，小人以刑用。荣辱者，赏罚之精华也。故礼教荣辱以加君子，化其情也；桎梏鞭扑以加小人，化其形也。君子不犯辱，况于刑乎？小人不忌刑，况于辱乎？若夫中人之伦，则刑礼兼焉。教化之废，推中人而坠于小人之域；教化之行，引中人而纳于君子之途。①

荀悦以“性三品”说论人性，将人分为君子、小人与中人三种，认为君子不会触犯刑法，更不会自取其辱，故可以用礼教荣辱加以引导，为的是感化他的情感；小人不害怕刑罚，更没有荣辱羞耻的观念，故更应该用桎梏鞭扑加以约束惩罚；“天生烝民”，生而为善而不为恶的君子是少数，天生愚钝不堪于教的小人也是少数，占绝大多数的是中人。他们介于君子与小人之间，故必须要将刑与礼结合起来对其予以约束。如果废止教化，中人就会变成小人；施行教化，中人则会成为君子。由此可见，无论是君子、中人还是小人，都需要礼与法，所以荀悦说：“性虽善，待教而成；性虽恶，待法而消。”②

不仅如此，荀悦还认为刑罚有的时候都不足以教化小人，在必要的时候甚至要用武力来镇压暴动起来的小人：

> 小人之情，缓则骄，骄则恣，恣则急，急则怨，怨则畔，危则谋乱，安则思欲，非威强无以惩之。故在上者必有武备以戒不虞，以遏寇虐，安居则寄之内政，有事则用之军旅。③

对于小人来说，政策宽松就会骄横，骄横了就会放纵，放纵了就会急躁，急躁了就会怨愤，怨愤了就会反叛；国家危难的时候甚至会图谋叛乱，国家安定的时候就欲壑难填，不用强大的威力就无法惩治他们。因此，居上位的人就必须要有武备以防不测，以遏制贼寇肆虐；社会安定时可以用于处理国家内部事务，出现变故时可以投入战斗。

---

① 荀悦撰，黄省曾注，孙启治校补：《申鉴注校补》，第17～18页。

② 荀悦撰，黄省曾注，孙启治校补：《申鉴注校补》，第210页。

③ 荀悦撰，黄省曾注，孙启治校补：《申鉴注校补》，第19页。

荀悦生活在汉王朝江河日下、曹操政权日益壮大的时局之中，政局动荡、争斗频繁、民不聊生。他没有像其他的兄弟一样为曹操效命[①]，而是作《汉纪》“志在献替”，“献替”即“进献可行者，废去不可行者”；在不被接纳之后，“乃作《申鉴》五篇”[②]。在《申鉴》第一篇《政体》的开头，荀悦写道：

> 夫道之本，仁义而已矣。五典以经之，群籍以纬之，咏之歌之，弦之舞之，前鉴既明，后复申之。故古之圣王，其于仁义也，申重而已，笃序无强，谓之《申鉴》。[③]

大道的根本在仁义，五经典籍等都对此加以明辨阐发，古代的圣王也不断重述此教义。荀悦以“申鉴”为题，意在不断重申、鉴别仁义之道，故他的儒本位立场是不容置疑的。但是，他所生活的时代展现出来的却是大道不行、仁义不施，故他认为除了倡言仁义之外，更要依靠刑法的外在约束，因此，法不可少、礼法并重便是其最基本的政治主张：

> 赏罚，政之柄也。明赏必罚，审信慎令，赏以劝善，罚以惩恶。……在上者能不止下为善，不纵下为恶，则国治矣。是谓统法。[④]

赏罚是为政的权柄，因此，明赏必罚、审慎地对待政治信誉和颁布法令，赏以劝善、罚以惩恶，国家就会得到治理。由此可见，荀悦礼法并重的观点，是对荀子礼主法辅思想的变通。他认为君王申重仁义、以仁义为本，这是王道；以刑法为权柄、不费武力，这是霸道。荀悦王、霸并用的主张，是对荀子既言王道又言霸道的继承。

二、徐幹的荀学性格

徐幹，字伟长，建安七子之一，其代表作为《中论》。徐幹才华出众，曹丕称赞他说：“著《中论》二十余篇，成一家之言。辞文典雅，足传于后，此子为不朽矣。”[⑤]曾巩在《徐幹中论目录序》中也称赞说：“幹独能考六艺，推仲尼、孟轲之

---

① 比如其堂弟荀彧曾任曹操尚书令，曹操称其为“吾之子房”，位高权重十数年；荀彧之侄荀攸官至侍中，授尚书令，封万岁亭侯。

② 范晔撰，李贤等注：《后汉书》，第1391页。

③ 荀悦撰，黄省曾注，孙启治校补：《申鉴注校补》，第1页。

④ 荀悦撰，黄省曾注，孙启治校补：《申鉴注校补》，第21页。

⑤ 易健贤：《魏文帝集全译》，贵州人民出版社1998年版，第236页。

旨，述而论之。求其辞，时若有小失者，要其归不合于道者少矣。”[①]

徐幹既然能够推仲尼、孟轲之旨，荀子亦属儒家，且荀学在两汉时期的声势更是超过了孟学，因此定会受到荀子的影响。学界对此早有定论。骆建人认为，“徐子际于汉季、谋济乱源、尚功重礼，殆齐学也……其学术渊源，以生长齐东，其思想或即承荀子所传齐学”[②]；萨孟武将徐幹的儒学称为“荀派儒学”[③]；欧崇敬也认为，“大体上，徐幹《中论》可说是荀子学的继承发展。在修身上，如同荀子首重劝学、并反省自身之过，改正缺失，必重视外貌的言行容仪，与外界相处内在需有敬心，如是内敬外礼，乃相辅相成”[④]。可见，荀学是徐幹思想的源头之一。就连徐幹本人也对荀子多有赞许：“有讥孟轲不度其量，拟圣行道，传食诸侯，深美颜渊、荀卿之行。”[⑤]要言之，荀子的天道观（天人之分、天生人成）、礼论、化性起伪（心性论）、重积习的观点，对徐幹产生了较为深刻的影响，使其显现出荀学的性格。

（一）对荀子“不求知天”及“天人之分”天道观的继承

荀子认为天人各有其道，天不能决定人事，人事也不能影响到天，故主张“不求知天”。徐幹继承了荀子的这一观点，他以“天道迂阔，暗昧难明”对天作了简要概说，其观点同于荀子：

> 天道迂阔，暗昧难明，圣人取大略以为成法，亦安能委曲不失、毫芒无差跌乎？且夫信无过于四时，而春或不华，夏或陨霜，秋或雨雪，冬或无冰，岂复以为难哉？所谓祸者，己欲违之而反触之者也，比干、子胥已知其必然而乐为焉，天何罪焉？天虽欲福仁，亦不能以手臂引人而亡之。[⑥]

他认为，天道曲折阔远，昏暗幽晦难以言明，圣人取其大概以为原则，因此就会有所偏差。最诚信的莫过于四时交替了，然而况且还会有春天花不开、夏天下霜、秋天下雪、冬天不结冰的现象，难道要以此责难吗？所谓灾祸，是自己想避免而却偏偏遇上的东西，比干、伍子胥已经知道肯定会发生不幸的事情而愿意

---

① 曾巩：《徐幹中论目录序》，孙启治：《中论解诂》，中华书局2014年版，第396页。

② 骆建人：《徐幹中论研究》，（台北）商务印书馆1973年版，第29页。

③ 萨孟武：《中国政治思想史》，第268页。

④ 欧崇敬：《中国哲学史·两汉魏晋南北朝卷》，（台北）洪叶文化出版社2002年版，第198页。

⑤ 徐幹：《中论·序》，孙启治：《中论解诂》，第394页。

⑥ 徐幹：《中论·夭寿》，孙启治：《中论解诂》，第281页。

那么做，上天又怪罪他们什么呢？上天固然想保佑人，但也不能拉他们的手臂而让他们逃掉吧！徐幹在这里首先明确了“天道迂阔，暗昧难明”的特点，认为天并没有意志，所谓的“祸事”并不是上天造成的而是由人事决定的，只不过是让人恰巧碰上而已，比干与伍子胥的遭遇就是明证。所以他说“天虽欲福仁，亦不能以手臂引人而亡之”。由此可见，徐幹对天的态度完全是荀子的“不求知天”，同荀子一样，他所关注的对象是人：

> 天地之间含气而生者，莫知乎人。①

天地之间，最有智慧的就是人了。荀子也说：“人有气、有生、有知，亦且有义，故最为天下贵也。”（《王制》）故两人之所以言天，完全是为了彰显人在天地之间的意义与价值，至于自然观，则不是他们重点关注的对象了。

人事虽然重要，但人们在日常生活中不可避免地会碰到灾祸。徐幹的观点跟荀子的观点一致，不赞成将人事解决不了的问题归之于天命，而认为“尽人事”而后才能“听天命”。在《中论・慎所从》中，他用西楚霸王项羽的事例加以说明：

> 昔项羽既败，为汉兵所追，乃谓其余骑曰：“吾起兵至今八年，身经七十余战，所击者服，遂霸天下。今而困于此，此天亡我，非战之罪也。”斯皆存亡所由，欲南反北者也。夫攻战，王者之末事也，非所以取天下也。王者之取天下也有大本，有仁智之谓也。仁则万国怀之，智则英雄归之，御万国、总英雄以临四海，其谁与争？若夫攻城必拔，野战必克，将帅之事也。羽以小人之器，闇于帝王之教，谓取天下一由攻战，矜勇有力，诈虐无亲，贪啬专利，功勤不赏。有一范增，既不能用，又从而疑之，至令愤气伤心，疽发而死。豪杰背叛，谋士违离，以至困穷，身为之虏。然犹不知所以失之，反瞋目溃围，斩将取旗，以明非战之罪，何其谬之甚欤！高祖数其十罪，盖其大略耳。若夫纤介之失，世所不闻，其可数哉。且乱君之未亡也，人不敢谏；及其亡也，人莫能穷，是以至死而不寤，亦何足怪哉。②

项羽兵败后感慨说：“此天亡我，非战之罪。”徐幹认为这是“欲南反北”，南辕而北辙。他认为，要想夺取天下，必须以仁、智为本。项羽乃无知小人，不受帝王

---

① 徐幹：《中论・佚篇一》，孙启治：《中论解诂》，第 374 页。

② 徐幹：《中论・慎所从》，孙启治：《中论解诂》，第 330～331 页。

之教诲、不习仁义，一味好战喜功，又不能重用范增这样的贤人，最后导致众叛亲离、身死乌江。对于自己的失败，他认识不到应该“尽人事”的道理而认为“天亡我”，完全是本末倒置，何其荒缪！正如荀子所说“错人而思天，则失万物之情”，天与人有不同的职分，错失人事而求诸于天命，就会失去万事万物的情实。徐幹明确以此为标准评判项羽的失败，完全是继承了荀子的思想。

徐幹虽然强调人事，但他并不否认命运的存在，只是他所提到的命运，不是上天强加给人的意志，而是“时遇”：

> 君子日强其所重以取福，小人日安其所轻以取祸。或曰：“斯道岂信哉？”曰：“何为其不信也？世之治也，行善者获福，为恶者得祸。及其乱也，行善者不获福，为恶者不得祸，变数也。知者不以变数疑常道，故循福之所自来，防祸之所由至也。遇不遇，非我也，其时也。夫施吉报凶谓之命，施凶报吉谓之幸，守其所志而已矣。”[①]

徐幹认为，君子每天不断增加任务而求福，小人每天避重就轻以取祸。有人问：“这个道理是否可信？”行善得福、为恶得祸，这是常例；行善不得福、为恶不得祸，这是变例。在这里，徐幹将“常例”看作“人事”，将“变例”看作“天命”，认为聪明的人不要因变例而怀疑常例（“不以变数疑常道”），也就是不应该因“天命”而改变“人事”。至于“命”究竟是什么，徐幹认为是“时”：“遇不遇，非我也，其时也。”“时”是时遇、际遇，是不可确知的、个人不能决定的。徐幹这种“不求知天”及以时遇为天命的看法，与荀子的观点完全相同。

综上所述，徐幹接受了荀子“不求知天”的观点，认为天与人有不同的职分，不应该用天命来干扰人事，理应先“尽人事”而后才可以“听天命”，这就是孟子说的“求之有道，得之有命”（《孟子·尽心上》）。他特别重视人在天、地、人三才中的重要作用，高扬人的价值与尊严，故特别重视人的能动性和人的心智及礼义等人文化成之物。徐幹思想的理论路线，与荀学完全一致，故言徐幹乃荀学一派，实为要论。

（二）对荀子“以礼义为中”思想的继承

徐幹认为天地之间有天道、人道，而人道最为重要。何谓人道？他认为，人道即礼义之道，以礼为根本。《中论·法象》：

---

① 徐幹：《中论·修本》，孙启治：《中论解诂》，第58～59页。

> 夫礼也者，人之急也，可终身蹈而不可须臾离也。须臾离则慆慢之行臻焉，须臾忘则慆慢之心生焉，况无礼而可以终始乎？夫礼也者，敬之经也；敬也者，礼之情也。无敬无以行礼，无礼无以节敬，道不偏废，相须而行。是故能尽敬以从礼者，谓之成人。[①]

礼是人终身所需的东西，不可有一时一刻的背离。只要有所背离，就会出现怠慢的行为；只要有一时忘记，就会出现怠慢的思想，更何况没有礼而能慎始敬终呢！礼，是恭敬的原则；恭敬，是礼的表现。因此，能够竭尽恭敬而从礼的人，就叫作“成人”。由此可见，徐幹将礼看作成人的必备条件，其所论礼之作用，正如荀子所言“礼者，所以正身也”“人无礼则不生”（《修身》），“礼者，人道之极也”（《礼论》）。

徐幹在《中论》中不但屡次言礼，而且又多次提到“中”：

> 古之立国也，有四民焉。执契修版图，奉圣王之法，治礼义之中，谓之士……[②]

> ……然则辩之言必约以至，不烦而谕，疾徐应节，不犯礼教……君子之辩也，欲以明大道之中也，是岂取一坐之胜哉。[③]

> 故君子之于道也，在彼犹在己也。苟得其中，则我心悦焉，何择于彼？苟失其中，则我心不悦焉，何取于此？[④]

> 故恭恪廉让，艺之情也；中和平直，艺之实也……通乎群艺之情实者，可与论道……道者，君子之业也。[⑤]

> 故《易》曰：“艮其辅，言有序。”不失事中之谓也。[⑥]

徐幹屡次提到了“中”，且将“中”与“礼义”“大道”相结合，认为“中”与“礼”有某种密切的联系。刘又铭说：“‘大道之中’一词，其实意味着‘大道的自身就是中’。而‘礼义之中’一词的特别出现，则应该是因为‘礼义’是种种‘中道’中最具有引导、实践参照意义的一个例子。”[⑦]由此可见，“中”也就是礼义。《荀子·

---

① 徐幹：《中论·法象》，孙启治：《中论解诂》，第35～36页。
② 徐幹：《中论·谴交》，孙启治：《中论解诂》，第223页。
③ 徐幹：《中论·核辩》，孙启治：《中论解诂》，第134页。
④ 徐幹：《中论·核辩》，孙启治：《中论解诂》，第139页。
⑤ 徐幹：《中论·艺纪》，孙启治：《中论解诂》，第126～127页。
⑥ 徐幹：《中论·贵言》，孙启治：《中论解诂》，第93页。
⑦ 刘又铭：《徐幹的哲学典范及其荀学性格》，《邯郸学院学报》2013年第1期。

儒效》:“先王之道,人之隆也,比中而行之。曷谓中?曰:礼义是也。道者,非天之道,非地之道,人之所以道也,君子之所道也。”“中”即礼义,人道要依礼义而行,一切都要以礼义为标准。“中”为何能成为礼义?这与礼的性质相关。荀子说:“礼者,人之所履也,失所履,必颠蹶陷溺。所失微而其为乱大者,礼也。”(《大略》)践履是礼的特质,礼是践履的依据,稍微偏离一点就会造成很大的混乱,所以必须不偏不倚。朱熹在《中庸章句》题下注曰:“中者,不偏不倚、无过不及之名。”[①]不偏不倚即“中”,也是礼的原则,故“中”即礼,礼即“中”。《中庸》:“道也者,不可须臾离也;可离,非道也。”徐幹将“道”换成“礼”,认为礼也不可须臾离,也必须要践履(“蹈”):“夫礼也者,人之急也,可终身蹈,而不可须臾离也。”徐幹与《中庸》论道旨意相同,也再次说明礼与道之中庸的关系。故有学者说:“荀子所说的‘礼仪(应为义——笔者注)之中’实际也就是中庸,他的这段言论即受到《中庸》的启发,是在后者的基础发展而来。”[②]荀子、《中庸》、徐幹的思想乃是一路,都是荀学的性格。[③]

将“中”的具体内容规定为“礼”,这是荀子的贡献。荀子不再局限于孔子的“执其两端,用其中于民”的折中、调和的方法,而是将“中”用实际的内容——礼义加以界定。《天论》:“故道之所善,中则可从,畸则不可为,匿则大惑。水行者表深,表不明则陷。治民者表道,表不明则乱。礼者,表也。非礼,昏世也;昏世,大乱也。故道无不明,外内异表,隐显有常,民陷乃去。”正确的道,应该是“中”(不偏不倚)的,礼就是“表”、标准,能够不偏不倚,所以必须“中”——中正。徐幹也屡次言“大道之中”“中和正直”“思中以平之”,这正是对荀子以礼义为中的最好的注解。徐幹曾引用荀子论礼的话说:

> 荀卿曰:“礼恭,然后可与言道之方;辞顺,然后可与言道之理;色从,然后可与言道之致。有争气者,勿与辩也。”孔子曰:“惟君子然后能贵其言、贵其色,小人能乎哉?”仲尼、荀卿先后知之。[④]

徐幹推尊孔子与荀子,将荀子关于礼的观点与孔子之言并重,亦可以看出其荀学的特色。

---

① 朱熹:《四书章句集注》,第17页。

② 梁涛:《荀子与〈中庸〉》,《中国社会科学院研究生院学报》2002年第5期。

③ 参见刘又铭:《徐幹的哲学典范及其荀学性格》,《邯郸学院学报》2013年第1期。

④ 徐幹:《中论·贵言》,孙启治:《中论解诂》,第98~99页。

(三)对荀子名辩思想的继承

徐幹所生活的东汉末年虽然逾荀子之世近500年，但社会形势却惊人的一致：

> 世之衰矣，上无明天子，下无贤诸侯，君不识是非，臣不辨黑白。取士不由于乡党，考行不本于阀阅。多助者为贤才，寡助者为不肖……嗟乎！王教之败，乃至于斯乎！[①]

荀子与徐幹，一个生逢乱世，一个世道衰微；一个上无贤主，一个上无明君；一个礼义不行、教化不成，一个不修道艺、不治德行……要言之，两者都生活在天下大乱、礼乐不兴、刑罚不中的时代，异端邪说并起、诡辩之风盛行，各种奸言邪说纷乱杂扰，无论是政治、社会还是经济、思想上都处在大变动的时期，故他们的时代任务便是在乱世中确立统一的思想和价值标准，因而，正名与辩说便显得尤为重要。荀子说："今圣王没，天下乱，奸言起，君子无埶以临之，无刑以禁之，故辨说也。"(《正名》)故作《正名》一篇以提出正名思想与辩说理论；徐幹也说："仲尼之没，于今数百年矣，其间圣人不作，唐、虞之法微，三代之教息，大道陵迟，人伦之中不定。于是惑世盗名之徒，因夫民之离圣教日久也，生邪端，造异术，假先王之遗训以缘饰之，文同而实违，貌合而情远，自谓得圣人之真也。各兼说特论，诬谣一世之人，诱以伪成之名，惧以虚至之谤，使人憧憧乎得亡，惙惙而不定，丧其故性而不自知其迷也，咸相与祖述其业而宠狎之。"[②]故作《贵言》《核辩》以阐述其正名思想与辩说理论。可以说，二人都晓知时势弊病，深知"名实当则治，不当则乱"(《管子·九守》)的道理，故提出他们的正名理论和由之而衍生出来的辩说理论。尤其是徐幹，他对正名与辩说特别重视，《核辩》曰："先王之法，析言破律、乱名改作者杀之，行僻而坚、言伪而辩、记丑而博、顺非而泽者亦杀之。"[③]因此，若单从他们的名辩理论提出的背景来看，两者对名辩特质、辩说的标准及意义的论述必有相似之处。

徐幹的正名思想与荀子的观点基本一致。荀子说："知者为之分别，制名以指实，上以名贵贱，下以辨同异。""名定而实辨""名闻而实喻"(《正名》)，即正名的目的是使名、实之间成为不可变更的关系，以对事物加以命名和区分。

---

① 徐幹：《中论·谴交》，孙启治：《中论解诂》，第231～232页。

② 徐幹：《中论·考伪》，孙启治：《中论解诂》，第185页。

③ 徐幹：《中论·核辩》，孙启治：《中论解诂》，第139页。

荀子又说："名也者，所以期累实也。"(《正名》)《说文》："期，会也。"段玉裁注："会者，合也。期者，要约之意，所以为会合也。"[1]换句话说，名是用以概括各种事物的，事物不同，名称也就不同。所以，在名与实的关系上，是"制名以指实"，根据"实"的不同而给予不同的"名"。徐幹也持同样的观点，他说：

名者，所以名实也。实立而名从之，非名立而实从之也。故长形立而名之曰"长"，短形立而名之曰"短"，非长短之名先立而长短之形从之也。仲尼之所贵者，名实之名也，贵名乃所以贵实也。夫名之系于实也，犹物之系于时也。[2]

名的作用是确立实际的事物，实立而名从。仲尼之所以重视正名，其实是为了确定实际的事物，名实相符才可以区别事物。由此可见，主张名实相符是二人的一致观点。

事物的名称确立下来，就可以分辨事物了，辩说也就有了依据。荀子说："实不喻然后命，命不喻然后期，期不喻然后说，说不喻然后辨。"(《正名》)认识事物是从"实"开始的，若人们对客观事物不明白，就要给予命名，命名之后还不明白就需要概括判断，概括判断还不明白就需要分析论证，分析论证还不明白就要诉诸辩说。因此，辩说是认识事物最高级的阶段，所以荀子说"君子必辩""君子之于言也无厌"(《非相》)，徐幹也说"君子必贵其言"[3]，并作《核辩》一篇专门对辩说作了论述。关于君子与俗士辩说的区别，徐幹说：

俗士之所谓辩者，非辩也。非辩而谓之辩者，盖闻辩之名而不知辩之实，故目之，妄也。俗之所谓辩者，利口者也。彼利口者，苟美其声气，繁其辞令，如激风之至，如暴雨之集，不论是非之性，不识曲直之理，期于不穷，务于必胜，以故浅识而好奇者见其如此也，固以为辩。不知木讷而达道者，虽口屈而心不服也。夫辩者，求服人心也，非屈人口也。故辩之为言别也，为其善分别事类而明处之也，非谓言辞切给而以陵盖人也。故《传》称《春秋》微而显、婉而辩者。然则辩之言必约以至，不烦而谕，疾徐应节，不犯礼教，足以相称；乐尽人之辞，善致人之志，使论者各尽得其愿，而与之得解；其称也无其名，其理也不独显，若此则可谓辩。故言有拙而

① 许慎撰、段玉裁注：《说文解字注》，中华书局 1981 年版，第 314 页。
② 徐幹：《中论・考伪》，孙启治：《中论解诂》，第 205 页。
③ 徐幹：《中论・贵言》，孙启治：《中论解诂》，第 93 页。

> 辩者焉，有巧而不辩者焉。君子之辩也，欲以明大道之中也，是岂取一坐之胜哉！①

俗士不懂得什么是真正的辩论，他们只知道辩论的名称而不明白辩论的实质，因而只是能言善道罢了。他们寄希望于言辞的滔滔不绝，虽然像狂风暴雨一般犀利，但只是花言巧语而已。真正的辩论在于折服人的内心，善于分辨事物的类目而知道应该怎么处置。所以辩说一定要简约概括，语调要符合节奏，不触犯礼义教化。徐幹认为，君子的辩说“欲以明大道之中也”，目的是阐明宏大的道路——礼义，而不仅仅是为了口舌之争、取得辩说的胜利，所以他说：“博辩过人，未足贵也。”②由此可见，徐幹之所以重视辩说是因为辩说能够肩负起宣扬礼义之道的重担：

> 君子必贵其言，贵其言则尊其身，尊其身则重其道，重其道所以立其教。言费则身贱，身贱则道轻，道轻则教废。故君子非其人则弗与之言，若与之言，必以其方。③

君子一定要重其道而立其教，因而当遇到他人中正不偏、符合礼义之中的观点的时候，就要停下来不要再争论了：

> 故君子之于道也，在彼犹在己也。苟得其中，则我心悦焉，何择于彼？苟失其中，则我心不悦焉，何取于此？故其论也，遇人之是则止矣。遇人之是而犹不止，苟言苟辩，则小人也。④

君子对于道的看法是，在别人那里就好像在自己这里一样，假如得到了公正不偏的解释，那么内心就是愉悦的，因此也就不要再去争论了，否则就是小人了。由此可见，辩说并不是最终目的，能够阐述“大道”（礼义）才是辩说的最高境界。

徐幹以礼义为“中”并认为辩说一定要“明大道之中”的观点继承了荀子的思想。《非相》：“凡言不合先王，不顺礼义，谓之奸言，虽辩，君子不听。法先王，顺礼义，党学者，然而不好言，不乐言，则必非诚士也。”荀子认为只要不依顺礼义的言论都是奸邪的，即使讲得很有条理，君子也不屑一顾。又说“无用

---

① 徐幹：《中论·核辩》，孙启治：《中论解诂》，第134页。
② 徐幹：《中论·虚道》，孙启治：《中论解诂》，第63页。
③ 徐幹：《中论·贵言》，孙启治：《中论解诂》，第93页。
④ 徐幹：《中论·核辩》，孙启治：《中论解诂》，第139页。

之辩，不急之察，弃而不治”（《天论》），没有用的辩论，不符合实际的言谈，都应该予以抛弃。“以仁心说，以学心听，以公心辩”（《正名》），辩说应该出于仁义之心，态度应该至仁至公，唯礼是从。唯礼是从，也就是唯礼义是从，即能够“明大道之中”。

（四）对荀子心性论的继承

与荀子不同，徐幹并没有关于人性论的专门论述，也从未对人性的善恶问题进行界定，但其观点与荀子有相似之处：

> 天生烝民，其性一也。刻肌亏体，所同恶也；被文垂藻，所同好也。此二者常存，而民不治，其身，有由然也。……是以圣人不敢以亲戚之恩而废刑罚，不敢以怨仇之忿而废庆赏。夫何故哉？将以有救也。[①]

> 天地之间含气而生者，莫知乎人。[②]

徐幹认为人性是一致的（“其性一也”），这与荀子“凡人有所同一”（《荣辱》）的人性观相同。不仅如此，他还继承了荀子“以气言性”的传统[③]，认为人“含气而生”。

徐幹虽然不以善恶言性，但他认为人性中有善质和恶质，而且似乎善质更多一些：

> 夫珠之含砾，瑾之挟瑕，斯其性与？良工为之，以纯其性，若夫素然。故观二物之既纯，而知仁德之可粹也。优者取多焉，劣者取少焉，在人而已，孰禁我哉。[④]

珍珠中含有砂砾，美玉中携有斑痕，这都是事物的自然属性。高明的工匠加工他们，使他们的自然属性更加纯粹，显得就像本来如此一样。所以，看到珍珠与美玉的纯粹，就可以知道仁德可以使人性更加纯粹美好。优秀的人吸取仁德多，顽劣的人吸取仁德少，这完全取决于人自己。因此，在《治学》中徐幹再一次说明了人性需要仁道浸染的重要性：

> 学犹饰也，器不饰则无以为美观，人不学则无以有懿德。有懿德，故

① 徐幹：《中论·赏罚》，孙启治：《中论解诂》，第357页。

② 徐幹：《中论·佚篇一》，孙启治：《中论解诂》，第374页。

③ 关于荀子“以气言性”的人性论，参见刘延福：《荀子文艺思想研究》，山东大学出版社2015年版，第94～95页。

④ 徐幹：《中论·修本》，孙启治：《中论解诂》，第48页。

可以经人伦；为美观，故可以供神明。[①]

人虽有美质，而不习道则不为君子。故学者，求习道也。若有似乎画采，玄黄之色既著，而纯皓之体斯亡，敝而不渝，孰知其素欤？[②]

珍珠与美玉需要加工，人也需要进行改造。学习就像修整器物，器物不加修饰就不会美观，人不学习就难以具备美好的品德。人虽然有美质，但是不学礼义之道就不会成为君子。徐幹对学习特别重视，故《中论》的首篇就是《治学》，不仅其体例取自荀子的《劝学》，就连所论述的学习的目的和意义也跟《劝学》一致；甚至里面的很多语句，也与《劝学》及其他篇章相似：

故学者如登山焉，动而益高；如寤寐焉，久而愈足。[③]

倚立而思远，不如速行之必至也；矫首而徇飞，不如修翼之必获也；孤居而愿智，不如务学之必达也。[④]

人虽有美质，而不习道则不为君子。[⑤]

贤者不能学于远，乃学于近，故以圣人为师。[⑥]

昔颜渊之学圣人也，闻一以知十，子贡闻一以知二，斯皆触类而长之，笃思而闻之者也。[⑦]

《荀子》中也有与此相似的语句：

积土成山，风雨兴焉；积水成渊，蛟龙生焉；积善成德，而神明自得，圣心备焉。(《劝学》)

吾尝终日而思矣，不如须臾之所学也，吾尝跂而望矣，不如登高之博见也。(《劝学》)

夫人虽有性质美而心辩知，必将求贤师而事之，择良友而友之。(《性恶》)

学莫便乎近其人……学之经莫速乎好其人，隆礼次之。(《劝学》)

故曰：以近知远，以一知万，以微知明。此之谓也。(《非相》)

---

① 徐幹：《中论·治学》，孙启治：《中论解诂》，第 1 页。
② 徐幹：《中论·治学》，孙启治：《中论解诂》，第 9 页。
③ 徐幹：《中论·治学》，孙启治：《中论解诂》，第 5 页。
④ 徐幹：《中论·治学》，孙启治：《中论解诂》，第 5 页。
⑤ 徐幹：《中论·治学》，孙启治：《中论解诂》，第 9 页。
⑥ 徐幹：《中论·治学》，孙启治：《中论解诂》，第 14 页。
⑦ 徐幹：《中论·治学》，孙启治：《中论解诂》，第 14 页。

以类行杂，以一行万。（《王制》）

由此可见，徐幹以气言性，认为人性必须经过加工改造的理论与荀子“化性起伪”的学说非常近似；其通过学习以成人、成圣的观点更是跟荀子劝学的意指完全一致。

荀子认为“人之性恶”，故主张“化性起伪”，而要想实现“化性起伪”，必须依靠“心”的关键作用。荀子说：“心虑而能为之动，谓之伪。”（《正名》）“人何以知道？曰：‘心。’”（《解蔽》）正因为有了“心”，化性起伪才成为可能。“心”在荀子理论中如此重要，故唐君毅先生说：“荀子言性恶，似对孟子而发；然荀子中心之思想，则在言心而不在言性。”[①]徐幹虽然不认为人性恶，但他同荀子一样，也非常重视“心”。李文献说：“《中论》一书中前后共用了三十次以上之‘心’字，不可说不重视，观其义蕴多同于荀子，专指人能知、能思之感官，其为身之主宰者。”[②]其与荀子论心一样，特别强调心的认知能力，《中论》中以“人心”为词的地方总共出现 4 次，除了《核辩》“夫辩者，求服人心也”，剩下的 3 次都在谈人心的认知作用：

人心必有明焉，必有悟焉，如火得风而炎炽，如水赴下而流速。[③]

人心之于是非也，如口于味也。口者，非以己之调膳则独美，而与人调之则不美也。[④]

群道统乎己心，群言一乎己口。[⑤]

人心莫不有理道，至乎用之则异矣。[⑥]

人心有“明”“悟”，就像口舌能够品尝、鉴别美味一样，这种能力也就是荀子说的“心有征知”；人心能“理道”“群道统乎心”，也就是荀子说的“心知道”（《解蔽》：“人何以知道？曰：‘心。’”）。徐幹对于荀子心论的继承，可见一斑。

综上所述，徐幹作为荀派哲学的一员，对荀子的天道观、礼义观、名辩思想和心性论均有较为明显的承继。马积高先生在《荀学源流》中将《荀子》与《中

① 唐君毅：《中国哲学原论·原性篇》，中国社会科学出版社 2005 年版，第 31 页。

② 李文献：《徐幹中论研究》，（台北）文津出版社 1992 年版，第 137 页。

③ 《中论·治学》，孙启治：《中论解诂》，第 14 页。

④ 《中论·核辩》，孙启治：《中论解诂》，第 139 页。

⑤ 《中论·治学》，孙启治：《中论解诂》，第 9 页。

⑥ 《中论·修本》，孙启治：《中论解诂》，第 42 页。

论》相对照，认为徐幹继承荀学犹多于荀悦等人，“盖其渐渍荀学者甚深，故所论虽多切当世之务，多有未尝言及者，而持论的角度与方法，自然与荀子契合”[①]。徐幹本人也对荀子大加赞赏，并对荀子不受重用而愤愤不平、深感惋惜：“昔荀卿生乎战国之际，而有睿哲之才，祖述尧舜，宪章文武，宗师仲尼，明拨乱之道。然而列国之君以为迂阔不达时变，终莫之肯用也。”[②]根据此段文字，清儒刘熙载坚定地认为二人在思想上有着鲜明的承继关系：“徐幹《中论》，说理俱正而实。《审大臣篇》极推荀卿而不取游说之士，《考伪篇》以求名为圣人之至禁，其指概可见矣。”[③]

第二节 魏晋荀学史

目前学界的普遍观点是魏晋思想史就是玄学史，比如，汤用彤就认为魏晋思想的发展可以分为四期：一是正始时期，以《周易》《老子》为根据，何晏、王弼为代表；二是元康时期，在思想上多受《庄子》学的影响，“激烈派”的思想流行；三是永嘉时期，以向秀、郭象为代表；四是东晋时期，亦可称“佛学时期”。[④] 这种划分方式，无疑能够概括出这一时期最主要的思想潮流，但是也难免会忽视了思想的实际情况——任何思想的发展都是一个循序渐进的过程，新的思想不可能一蹴而就，旧的思想也不会戛然而止。儒学在这一时期虽然不如玄学昌盛，但它仍然存在并发挥着自己的作用，儒家思想仍然会不断地被提起、吸收、转化，有一部分儒者甚至玄学思想家，他们仍然自觉或不自觉受到儒学的影响。在孔孟儒学饱受鄙夷的当时，由于荀学具有不同于思孟学派的独特的理论光芒，部分儒者借助其重实用、重现实的理论内涵，在士人崇尚“自然”的虚浮世风之下拨乱反正，力图重建思想秩序。

一、杜恕对荀子礼法观的继承

杜恕（198～252 年），字务伯，出身于京兆杜陵望族，西汉御史大夫杜延年

---

① 马积高：《荀学源流》，第 220 页。

② 徐幹：《中论・审大臣》，孙启治：《中论解诂》，第 319 页。

③ 刘熙载撰，王气中笺注：《艺概笺注》，贵州人民出版社 1980 年版，第 50 页。

④ 参见汤用彤：《魏晋玄学论稿》，上海古籍出版社 2005 年版，第 109～110 页。

之后，尚书仆射杜畿之子，历仕曹魏明帝、齐王芳二朝。他出身望族，自幼受到父亲尊崇儒术的影响，故出仕后存儒者之志。《三国志·杜恕传》记载："恕推诚以质，不治饰，少无名誉。及在朝，不结交援，专心向公。每政有得失，常引纲维以正言。"[①]这些都体现出他以儒者自居的性格。"恕在朝八年，其议论亢直"[②]，故受到朝中大臣的排挤，"不得当时之和，屡在外任"[③]，后来因为与边将程喜不睦，遭其弹劾，被贬为庶民。被贬后，"著《体论》八篇"[④]。又"著《兴性论》一篇"[⑤]。《隋书·经籍志》有《笃论》四卷，入杂家。另《三国志·杜恕传》中存其奏疏三篇。

杜恕是魏晋时期少有的醇儒。虽然他生活在儒学黯淡、玄学炽热的时代，但他却能够持治较为醇正的儒学，实在难得，这可能与其家学渊源有关。其父杜畿乃尚书仆射，曾经"开学宫，亲自执经教授"[⑥]；其子杜预曾撰写《春秋左氏经传集解》。就现存的资料来看，杜恕的思想主要以继承荀子的礼法思想为主，其《体论》更是关于"礼"的专论。《三国志·杜恕传》裴松之注引《杜氏新书》说：

> 《杜氏新书》曰："以为人伦之大纲，莫重于君臣；立身之基本，莫大于言行；安上理民，莫精于政法；胜残去杀，莫善于用兵。夫礼也者，万物之体也，万物皆得其体，无有不善，故谓之《体论》。"[⑦]

由此可见，杜恕以"礼"为"体"，《体论》八篇主要是论礼，其中《君》《臣》主倡人伦，《言》《行》关乎修身，《政》《法》意在安上理民，《用兵》关乎胜残去杀。东汉刘熙《释名·释言语》："礼，体也，得事体也。"[⑧]简言之，礼是"万物之体"，是万物的法式与规矩，它能够使万物各得其体。比如，礼对于君臣而言，杜恕说：

> 法术之御世，有似铁辔之御马，非必能制马也，适所以梏其手也。人君之数至少，而人臣之数至众，以至少御至众，其势不胜也；人主任术，而

---

① 陈寿撰，裴松之注：《三国志》，第 375 页。

② 陈寿撰，裴松之注：《三国志》，第 380 页。

③ 陈寿撰，裴松之注：《三国志》，第 380 页。

④ 按照严可均的划分，八篇分别为《君》《臣》《言》《行》《政》《法》《听察》《用兵》。

⑤ 陈寿撰，裴松之注：《三国志》，第 380 页。

⑥ 陈寿撰，裴松之注：《三国志》，第 374 页。

⑦ 陈寿撰，裴松之注：《三国志》，第 381～382 页。

⑧ 王先谦：《释名疏证补》，湖南大学出版社 2019 年版，第 150 页。

欲御其臣无术，其势不禁也；俱任术，则至少者不便也。君使臣以礼，则臣事君以忠。[1]

要想保持良好的君臣关系，君王就不能一味地重法任术，必须以礼作为最根本的保障。反过来，臣子也必须要以礼立身、以礼事君：

凡士之结发束修，立志于家门，欲以事君也，宗族称孝焉，乡党称悌焉。及志乎学，自托于师友，师贵其义，而友安其信，孝悌以笃，信义又著，以此立身，以此事君，何待乎法然后为安？[2]

以礼立身就可以“宗族称孝”“乡党称悌”“师贵其义”“友安其信”，礼对于人格修养及和谐的人际关系产生重要的作用。

礼不仅对人伦、立身有着重要作用，对为政的作用也很重大。杜恕以德礼为标准，将为政分为上、中、下三个层次：

孔子曰：“为政以德。”又曰：“导之以德，齐之以礼，有耻且格。”然则德之为政大矣，而礼次之也。夫德礼也者，其导民之具欤？太上养化，使民日迁善，而不知其所以然，此治之上也；其次使民交让，处劳而不怨，此治之次也；其下正法，使民利赏而劝善，畏刑而不敢为非，此治之下也。[3]

杜恕认为治道有三个不同的层次，德礼为上、礼次之、法最下。德礼能够潜移默化地使人迁善，故为最上；一般的礼使人谦让、任劳任怨，故次之；专制于法，只能使民利赏而畏刑，故为下。

为政要以德礼为最上，用兵亦如此：

治家国，理境内，施仁义，布德惠，明劝赏，黜幽昧；功臣附亲，士卒和辑，上下一心，君臣同德，指麾而响应，此上兵之体也；地广民众，主贤将能，国富赏罚信，未至交兵而敌人亡遁，此次兵之体也；知地之形，因险厄之利，明奇正之变，审进退之宜，援枹而鼓之，黄尘四起，乃以决胜，此用兵之下，非兵之体也。[4]

---

① 杜恕：《体论·君一》，严可均辑：《全上古三代秦汉三国六朝文》第二册，第1288页。

② 杜恕：《体论·臣二》，严可均辑：《全上古三代秦汉三国六朝文》第二册，第1288页。

③ 杜恕：《体论·政第五》，严可均辑：《全上古三代秦汉三国六朝文》第二册，第1290页。

④ 杜恕：《体论·用兵第八》，严可均辑：《全上古三代秦汉三国六朝文》第二册，第1292页。

施仁义、布德惠、君臣同德乃上兵之体；主贤将能、国富而赏罚必行，次兵之体；仅仅通晓用兵之术，非兵之体。由此可见，杜恕将礼看成是从个人到国家的最高的准则，礼关乎人伦、政治、军事等各个层面，这一思想完全来源于荀子。

杜恕除继承了荀子礼的思想外，还借鉴了荀子隆礼重法、礼主法辅的观点。他的著述中多有反对法家的言论，比如《体论·君》：

> 险伪浅薄之士，有商鞅、韩非、申不害者，专饰巧辩邪伪之术，以荧惑诸侯，著法术之书，其言云"尊君而卑臣"，上以尊君取容于人主，下以卑臣得售其奸说，此听受之端，参言之要，不可不慎也。①

《议考课疏》：

> 今之学者，师商、韩而上法术，竞以儒家为迂阔，不周世用，此最风俗之流弊，创业者之所致慎也。②

杜恕以儒者自居，故对于儒学之外的别派学说并未从正面加以肯定，尤其是对于法家之弊，他更是认识深刻。但是他毕竟是荀派儒学的传承者，而荀学最大的特点之一便是礼法并用。诸多通过明法利器开疆辟土的历史事实告诉他，若只有礼而无法，定不会实现富国强兵。所以，虽然他特重德礼，认为德治为治化之本，但从未否定刑法在治国中的作用。他的思想，与荀子礼主法辅的思想类似，主张以礼为体、以法为用。《体论·君》：

> 三代之亡，非其法亡也，御法者非其人也。苟得其人，王良、造父，能以腐索御奔驷；伊尹、太公，能以败法御悍民。苟非其人，不由其道，索虽坚，马必败；法虽明，民必叛。奈何乎万乘之主释人而任法哉！③

政治在于治人而不在于治法，三代之亡不在于法而在于人，故君主不能专任于法而不重视人。由此可见，杜恕不重视法并不是因为法可有可无，而是意在强调人的重要性。这一思想便是荀子说的"有治人，无治法"（《君道》）。《体论》中专门有《法》一篇，足见他对于法的重视。《体论·法》曰：

> 夫淫逸盗窃，百姓之所恶也。我从而刑之、残之、刻剥之，虽过乎当，

---

① 杜恕：《体论·君第一》，严可均辑：《全上古三代秦汉三国六朝文》第二册，第1287页。

② 杜恕：《议考课疏》，严可均辑：《全上古三代秦汉三国六朝文》第二册，第1285页。

③ 杜恕：《体论·君第一》，严可均辑：《全上古三代秦汉三国六朝文》第二册，第1288页。

百姓不以为暴者，公也。怨旷饥寒，亦百姓之所恶也。遁而陷于法，我从而宽宥之，虽及于刑，必加隐恻焉，百姓不以我为偏者，公也。[①]

他认为，对于“淫逸盗窃”等百姓所厌恶的，虽然加之于重刑，但百姓并不以为残忍；对于因为“怨旷饥寒”而犯法者，应该有所宽宥，虽然必加之以刑，但仍然要有恻隐之心。为什么要这么做呢？因为法令背后还有一个更重要的东西——情。“法不独立”，刑法的根本应该是公平正义、入情入理，所以法必须不悖于人情（法不外人情），两者应该互参。杜恕深刻认识到这一点，所以他接着说：

我之所重，百姓之所憎也。我之所轻，百姓之所怜也。是故赏约而劝善，刑省而禁奸。由此言之，公之于法，无不可也，过轻亦可，过重亦可；私之于法无可也，过轻则纵奸，过重则伤善。今之为法者，不平公私之分，而辩轻重之文；不本百姓之心，而谨奏当之书：是治化在身而走求之也。[②]

“公之于法”也就是顺乎民心，依乎人情，故无不可；“私之于法”也就是不能顺乎民心、不依乎人情，只专任于“辩轻重之文”，故无可。所以杜恕得出结论说：“是以为法参之人情也，故《春秋传》曰：‘小大之狱，虽不能察，必以情。’”[③]

然而，人情多种多样，并非所有的人情都是刑法的依据，那么，究竟怎样的人情才是刑法的依据呢？或者说怎样的人情才是合理的呢？杜恕认为，只有符合礼的人情才是合理的。他说：

必原父子之亲，立君臣之义，权轻重之叙，测浅深之量，悉其聪明，致其忠爱，然后察之。[④]

父子之亲、君臣之义是人伦，人伦以礼为根本，故合理的人情必须符合礼，礼本身也起源于人情。因而，“法参之人情”也就是说法要以礼为根本。如此看来，杜恕的礼法观仍然没能超过荀子礼主法辅的范围。

---

① 杜恕：《体论·法第六》，严可均辑：《全上古三代秦汉三国六朝文》第二册，第1290页。

② 杜恕：《体论·法第六》，严可均辑：《全上古三代秦汉三国六朝文》第二册，第1290页。

③ 杜恕：《体论·法第六》，严可均辑：《全上古三代秦汉三国六朝文》第二册，第1291页。

④ 杜恕：《体论·法第六》，严可均辑：《全上古三代秦汉三国六朝文》第二册，第1291页。

二、傅玄对荀学理路的继承

傅玄(217～278年),字休奕,生活在魏晋政权快速转换的时代。《晋书·傅玄传》记载:"玄少时避难于河内,专心诵学,后虽显贵,而著述不废。撰论经国九流及三史故事,评判得失,各为区别,名为《傅子》,为内、外、中篇,凡有四部六录,合百四十首,数十万言,并文集百余卷行于世。"①

傅玄的思想,主要表现在《傅子》一书中。在《内篇》完成后,其子傅咸将其送给傅玄的好友侍中王沈,王沈评价说:

> 省足下所著书,言富理济,经纶政体,存重儒教,足以塞杨、墨之流遁,齐孙、孟于往代。每开卷,未尝不叹息也,"不见贾生,自以过之,乃今不及",信矣!②

王沈认为傅玄的著作"存重儒教",论述的都是经国之大计,其成就足以与荀子、孟子媲美。纪昀在《四库全书总目》中说:

> 独元此书所论,皆关切治道,阐启儒风,精意名言,往往而在,以视《论衡》《昌言》皆当逊之。残编断简,收拾于阙佚之余者,尚得以考见其什一,是亦可为宝贵也。③

纪昀认为傅玄关注于治国之道的理论,"开启儒风,精意明言",具有儒家风范;与之相比,王充等人都黯然失色。

然而,对于《晋书》及纪昀等人将其归为儒家的观点,许多学者并不赞同。比如,自《隋书·经籍志》将《傅子》著录在"子部杂家类"后,《旧唐书·经籍志》《宋史·艺文志》《文献通考》等都将其著录于杂家,故余嘉锡认为纪昀将其归入儒家并不合适④;魏明安、赵以武认为"《傅子》不仅内容上兼容各家,而且就其思想倾向而言,也应该归入'杂家类'"⑤,但他们也同时承认《傅子》"以儒法

① 房玄龄等撰:《晋书》,中华书局1974年版,第1323页。

② 房玄龄等撰:《晋书》,第1323页。

③ 纪昀等撰:《四库全书总目》,《景印文渊阁四库全书》第3册,第13页。

④ 余嘉锡认为,"《意林》引《傅子》云:'见虎一毛,不知其斑,道家笑儒家之拘,儒家笑道家之放皆不见本也。'是其学亦兼取诸家,真杂家者流耳。纪文达入之儒家,非是"(刘治立评注:《傅子评注》,天津古籍出版社2010年版,第10页)。

⑤ 魏明安、赵以武:《傅玄评传》,南京大学出版社1996年版,第262页。

兼济为主，儒法二家中又偏于儒，有荀子思想的特性”[①]。按照他们的观点，傅玄是以儒法为主而又偏于儒的思想家，其兼采诸家的特色与荀学的品格极其相似，而且很多内容具有荀子思想的特征。傅玄在呈给晋武帝的疏文中也明显表现出尊儒的特征：

夫儒学者，王教之首也。尊其道，贵其业，重其选，犹恐化之不崇；忽而不以为急，臣惧日有陵迟而不觉也。[②]

由此可见，傅玄的儒者特质显露无遗。

韩非说孔子之后“儒分为八”，而后显于世者唯孟学与荀学。傅玄既然尊崇儒道，那么他究竟属于孟学一派还是荀学一派呢？关于这个问题，学者们的观点是一致的，傅玄属于荀学一派。魏明安等认为傅玄的政论思想“以荀子为宗”[③]。林郁迢说：“取《傅子》稍作考察，即可发现其思想主要继承儒家的荀学系统。”[④]要言之，傅玄对荀子的天人观、人性论、礼法观、认识论皆有所借鉴，而犹以借鉴其礼法观为主。

（一）对荀子天人观的继承

傅玄在给晋武帝的疏文中说：“近者魏武好法术，而天下贵刑名；魏文慕通达，而天下贱守节。其后纲维不摄，而虚无放诞之论盈于朝野，使天下无复清议，而亡秦之病复发于今。”[⑤]“虚无放诞之论”指的就是玄学，可见，在傅玄生活的时代，玄学影响是非常大的。在这样一个时代，傅玄并没有屈从于主流的玄学，而是提出了与之不同的天人观：

盖天地著信而四时不悖，日月著信而昏明有常。[⑥]

天地成岁也，先春而后秋。[⑦]

天为有形之主，君为有国之主。天以春生，犹君之有仁令也；天以秋杀，犹君之有威令也。[⑧]

---

① 魏明安、赵以武：《傅玄评传》，第 263 页。

② 房玄龄等撰：《晋书》，第 1319～1320 页。

③ 魏明安、赵以武：《傅玄评传》，第 254 页。

④ 林郁迢：《略论魏晋荀学之发展》，《汉学研究集刊》2009 年第 9 期。

⑤ 房玄龄等撰：《晋书》，第 1317～1318 页。

⑥ 傅玄：《傅子・义信》，严可均辑：《全上古三代秦汉三国六朝文》第二册，第 1730 页。

⑦ 傅玄：《傅子・法刑》，严可均辑：《全上古三代秦汉三国六朝文》第二册，第 1730 页。

⑧ 傅玄：《傅子・补遗上》，严可均辑：《全上古三代秦汉三国六朝文》第二册，第 1737 页。

在傅玄看来，天地先春而后秋、春生而秋杀，春夏秋冬四时的变化有自己的规律，日月星辰的阴晴圆缺、昼夜的交替也有运行的规则，这些都是自然现象。因此，人君也应该从中吸取经验，像天道运行一样制定并施行自己的政令。由此可见，傅玄对天的认识既没有汉儒“天人感应”的阴阳气化类比观点，也不是玄学家的神秘论调，而是要人们客观认识天地运行的规律，从自然规律中借鉴有利于人道的内容。因此，他反对对天进行臆想和猜测。他说：

> 鸭足何以䏊？鸡足何以䯊？䏊䯊吾不知也，何况问天地乎？①

关于䏊、䯊二字的含义，孙星华释云：“未可知。”“傅玄的本意是要说明，鸡、鸭足是常见之物，而䏊、䯊是什么我都不知道，那么对于人们所不了解的天地，在没有掌握它之前，无法去探索它的本源，因此也就没有必要去做什么猜测。”②傅玄的这一观点，与荀子的“天行有常”及“不求知天”的观点是一致的。

傅玄认为天地运行有其自身的规律，因而他也反对天降灾异的观点。他说：

> 善为政者，天地不能害也，而况于人乎？尧水汤旱，而人无菜色，犹太平也，不亦美乎？晋饥吴懈，而为秦越禽，人且害之，而况于天地乎！③

他不承认世间存在超自然的主宰力量，他认为善于为政的人，天不能降灾异，就好比尧时水灾、汤时旱灾但人民仍无饥色一样，全部取决于人。“天地不能害”，故天、地、人各有其道，互不干涉：

> 天地至神，不能同道而生万物；圣人至明，不能一检而治百姓。故以异致同者，天地之道也；因物制宜者，圣人之治也。既得其道，虽有相害之物，不伤乎治体矣。水火之性相灭也，善用之者，陈釜鼎乎其间，衅之煮之，而能两尽其用，不相害也。天下之物，为水火者多矣，何忧乎相害？何患乎不尽其用也？④

天有天道，人有人道。天地造化，不能用相同的模式而创生万物，这是“天地之道”；同样，圣人治理国家，也不应该用单一的方法治理百姓，而应该“因物制

① 傅玄：《傅子·补遗上》，严可均辑：《全上古三代秦汉三国六朝文》第二册，第1742页。

② 陈见微：《试论傅玄的哲学思想》，《吉林师范学院学报》（哲学社会科学版）1997年第2期。

③ 傅玄：《傅子·问政》，严可均辑：《全上古三代秦汉三国六朝文》第二册，第1735页。

④ 傅玄：《傅子·假言》，严可均辑：《全上古三代秦汉三国六朝文》第二册，第1736页。

宜”,这是“圣人之治(道)”。譬如水火,两者本是相克之物,但是利用好了却能够用它们来蒸煮食物,两者都能尽其用。可见,傅玄像荀子一样特别强调人在天地中的能动作用,主张一定要利用好人道。他说:

> 陆田者,命悬于天也,人力虽修,苟水旱不时,则一年之功弃矣。水田制之由人,人力苟修,则地利可尽。①

旱田不由人,下雨或不下雨只能依靠天;水田由人,人如果能够修建水田就能够充分发挥出土地生养万物的能力,以此他主张天时不如地利,地利不如人和。

(二)对荀子“化性起伪”人性论的继承

在人性善恶的问题上,傅玄这样说:

> 人之性如水焉,置之圆则圆,置之方则方,澄之则淳而清,动之则流而浊。先王知中流之易扰乱,故随而教之,谓其偏好者,故立一定之法。②
>
> 人之性,避害从利。故利出于礼让,即修礼让;利出于力争,则任力争。修礼让,则上安下顺而无侵夺;任力争,则夫子几乎相危,而况于悠悠者乎。③
>
> 木至劲也,可柔而屈。石至坚也,可消而用。况人含五常之性,有善可因,有恶可改者乎!④
>
> 贵其所尚,故礼让兴;抑其所贪,故廉耻存。夫荣利者,可抑而不可绝也。⑤

从上述材料可以看出,傅玄的人性论主要包含以下观点。第一,人性如水,水可随物赋形,人性也会因不同的环境如圆、方、澄、动而具有不同的形态,这一观点颇类似于告子的人性论“性无善无不善”的观点。第二,人性中有善的成分,也有恶的成分,人性可善可恶。第三,人性是可以改变的,故近朱者赤、近墨者黑,先王“随而救之”。第四,人性包含着欲望,对待人性中的恶,如避害从

---

① 傅玄:《傅子·补遗上》,严可均辑:《全上古三代秦汉三国六朝文》第二册,第1740页。

② 傅玄:《傅子·补遗上》,严可均辑:《全上古三代秦汉三国六朝文》第二册,第1737～1738页。

③ 傅玄:《傅子·贵教》,严可均辑:《全上古三代秦汉三国六朝文》第二册,第1732页。

④ 傅玄:《傅子·贵教》,严可均辑:《全上古三代秦汉三国六朝文》第二册,第1732页。

⑤ 傅玄:《傅子·戒言》,严可均辑:《全上古三代秦汉三国六朝文》第二册,第1732～1733页。

利、贪欲等，绝不可以用强力使之消失，而只能借助于礼义，采用抑制的方式。

由此可见，傅玄的人性论继承了魏晋时期从不直言人性善恶的传统，认为人性有善有恶且可以改变。其中，认为人性可善可恶及人性可以改变是对孟子性善论、"四端"说和荀子性恶论、"化性起伪"观点的综合，而人性趋利避害、有耳目之欲和"可抑而不可绝"的观点则是对荀子以欲为性和"养性"说的继承，尤其是其以礼义治性的观点，直接继承了荀子的人性论。

（三）对荀子礼法观的继承

傅玄说："木至劲也，可柔而屈。石至坚也，可消而用。"认为人性如木、石一般"可柔而屈""可消而用"，而礼义正是檃栝与砻厉，荀子说："故枸木必将待檃栝烝矫然后直，钝金必将待砻厉然后利，今人之性恶，必将待师法然后正，得礼义然后治。"（《性恶》）因此，跟荀子一样，他对于礼特别重视，多次讲"礼让兴""修礼义"，高举尊儒重教的大旗。他说：

> 臣闻先王之临天下也，明其大教，长其义节；道化隆于上，清议行于下，上下相奉，人怀义心。亡秦荡灭先王之制，以法术相御，而义心亡矣。①
>
> 礼义者，先王之藩卫也。秦废礼义，是去其藩卫也。夫赍不訾之宝，独宿于野，其为危败，甚于累卵。方之于秦，犹有泰山之安。《易》曰："上慢下暴，盗思代之。"其秦之谓与！②

"夫儒学者，王教之首也。"③在他看来，仁义礼乐之教化才是"大教""义节"，秦之所以灭亡，完全是因为一味任用法术，没有仁义礼乐德化。故在《傅子》一书中，傅玄专门以《仁论》《义信》《礼乐》《贵教》等阐发儒家大义。他说：

> 能以礼教兴天下者，其知大本之所立乎？夫大本旨，与天地并存，与人道俱设，虽蔽天地，不可以质文损益变也。大本有三：一曰君臣，以立邦国；二曰父子，以定家室；三曰夫妇，以别内外。三本者立，则天下正；三本不立，则天下不可得而正。天下不可得而正，则有国有家者亟亡，而立人之道废矣。礼之大本，存乎三者，可不谓之近乎？用之而蔽天地，可不谓之远乎？由近以知远，推己以况人，此礼之情也。④

---

① 傅玄：《掌谏职上疏》，严可均辑：《全上古三代秦汉三国六朝文》第二册，第1721页。
② 傅玄：《傅子·礼乐》，严可均辑：《全上古三代秦汉三国六朝文》第二册，第1730页。
③ 房玄龄等撰：《晋书》，第1319页。
④ 傅玄：《傅子·礼乐》，严可均辑：《全上古三代秦汉三国六朝文》第二册，第1730页。

礼教乃兴天下之“大本”，“大本”也就是名教伦理秩序，建立在“三纲”的基础之上。因此，礼建立在“三纲”的基础上，三纲立则天下正，三纲不立则天下不正，天下不正则国亡。傅玄的这种观点直接承继于荀子。荀子说：“君臣、父子、兄弟、夫妇，始则终，终则始，与天地同理，与万世同久，夫是之谓大本。”(《王制》)明确将“三纲”看成是“大本”，将人伦推高到与天地并存的高度。又说：“天地以合，日月以明，四时以序，星辰以行，江河以流，万物以昌，好恶以节，喜怒以当，以为下则顺，以为上则明，万变不乱，贰之则丧也。礼岂不至矣哉！”(《礼论》)将礼看作修养法则、社会原则和宇宙秩序，以礼修身、以礼治国、通于天地，这些也被傅玄所完全接受。

礼虽然是“大本”，但是只有礼是远远不够的，还需要“法”来维持国家的基本规范和制度，故傅玄跟荀子一样，从不讳言“法”的重要性。在《傅子》中，专门有一篇《法刑》用以论述“法”的观点。对于礼法的关系，他说：

> 治国有二柄：一曰赏，二曰罚。赏者，政之大德也；罚者，政之大威也。①
>
> 末儒见峻法之生叛，则去法而纯仁；偏法见弱法之失政，则去仁而法刑。此法所以世轻世重，而恒失其中也。②

由此可见，治国必须依靠两种东西：礼与法（德与刑）。二者就如同鸟之两翼、车之两轮，缺一不可。如果专任一种，政治就会有所缺失从而走向片面（“失其中”）。因此，傅玄主张礼法相济、德威并用，只有这样才能够“不失其中”。

那么，礼与法的作用是什么呢？傅玄说：

> 立善防恶谓之礼，禁非立是谓之法。法者，所以正不法也。明书禁令曰法，诛杀威罚曰刑。天地成岁也，先春而后秋；人君之治也，先礼而后刑。治世之民，从善者多，上立德而下服其化，故先礼而后刑也。……礼法殊涂而同归，赏刑递用而相济矣。③
>
> 释法任情，奸佞在下，多疑少决，譬执腐索以御奔马。专任刑名，民不聊生；通儒达道，政乃升平。④

---

① 傅玄：《傅子·治体》，严可均辑：《全上古三代秦汉三国六朝文》第二册，第1727页。
② 傅玄：《傅子·法刑》，严可均辑：《全上古三代秦汉三国六朝文》第二册，第1731页。
③ 傅玄：《傅子·法刑》，严可均辑：《全上古三代秦汉三国六朝文》第二册，第1730页。
④ 傅玄：《傅子·释法》，严可均辑：《全上古三代秦汉三国六朝文》第二册，第1735页。

礼用以“立善防恶”，法用来“禁非立是”，故“法”是用来“正不法”的。如果是治世之民，因为从善者多，故先礼而后刑；如果是乱世之民，从善者少，故先刑而后礼。礼法殊途同归，其目的是一致的，因而要交互为用，不可偏废。但无论如何，人君之治，先礼而后刑，故礼仍然是最佳选择，但法也不偏废。由此可见，傅玄虽然主张明德慎罚、礼法并用，但在重要性上，仍然主张以礼为主。傅玄认为，治世之民“先礼而后刑”、乱世之民“先刑而后礼”；荀子也说：“以善至者待之以礼，以不善至者待之以刑。两者分别，则贤不肖不杂，是非不乱。”（《王制》）礼法的作用不一样，故要根据实际情况采取不同的方式。可见，傅玄礼法并用的思想是对荀子礼主法辅观念的继承。

（四）对荀子认识论的继承

前面已经探讨过，傅玄认为人性中有善有恶、可善可恶，因此特别强调礼义在治性中的作用。礼义是治性的客观依据，而要想治性，除了客观依据之外必须要有主观的意识，否则人就没有能力和主动性去改变避害从利、耳目之欲等本性。那么，这种主观性的依据是什么呢？傅玄认为是“心”。他说：

立德之本，莫尚乎正心。心正而后身正，身正而后左右正，左右正而后朝廷正，朝廷正而后国家正，国家正而后天下正。[①]

正心是修身、齐家、治国、平天下之根本，这就叫“所修弥近，而所济弥远”[②]。为什么正心这么重要？因为心是“神明之主，万物之统”[③]，“心为万事主”[④]，是一切人事的根本。这一观点也就是荀子的观点：“心者，形之君也，而神明之主也，出令而无所受令。”（《解蔽》）可见，傅玄与荀子一样，都认为心具有主宰的作用。

那么，如何正心呢？傅玄说：

夫有正心必有正德，以正德临民，犹树表望影，不令而行。……有邪心，必有枉行，以枉行临民，犹树曲表，而望其影之直也。若乃身坐廊庙之内，意驰云梦之野；临朝宰事，情系曲房之娱。心与体离，情与志乖，形神且不相保，孰左右之能正乎哉？忠正仁理存乎心，则万品不失其伦矣。礼

① 傅玄：《傅子·正心》，严可均辑：《全上古三代秦汉三国六朝文》第二册，第1733页。
② 傅玄：《傅子·正心》，严可均辑：《全上古三代秦汉三国六朝文》第二册，第1733页。
③ 傅玄：《傅子·正心》，严可均辑：《全上古三代秦汉三国六朝文》第二册，第1733页。
④ 傅玄：《傅子·正心》，严可均辑：《全上古三代秦汉三国六朝文》第二册，第1733页。

度仪法存乎体，则远迩内外，咸知所象矣。[①]

有正德就会有正心，“忠正仁理存乎心，则万品不失其伦”，由此可见，正德是正心的保障和必然要求，德正心才能正，故应该以礼义正心。这种观点又落实到傅玄“以礼为本”的认识上去了。

傅玄的这一观点是否与荀子的心论类似呢？荀子认为，人通过心而知“道”，但是心也会受到欲望、喜好、始终、远近、薄浅、古今等蒙蔽，这就是“心术之患”(《解蔽》)。如何才能避免受到蒙蔽呢？这就必须“兼陈万物而中县衡”(《解蔽》)，也就是把各种事物排列出来，在中间设置一个正确的标准去衡量。而这个标准便是“道”，也就是礼义之道。[②] 由此可见，荀子认为心可以知“道”，“道”同时又是“正心”的标准。[③] “道”既然是“正心”的标准，其思想也就与傅玄以礼义正心的观点一致了。由此可见，傅玄提出的以礼义治性的观点及以礼义正心的观点，仍脱胎于荀子。

综上所述，傅玄对荀子的天人观、人性论、礼法观和认识论都有所继承，傅玄的理论实脱胎于荀学。[④] 就像荀子由天道自然而认为人有自然的欲求、由人有自然欲求而言性恶、由性恶而重礼仪法度的理论架构一样，傅玄由天道自然而言人有善有恶、由人有善有恶而言礼法相济，故萨孟武说：“傅玄思想颇似西汉儒家，采荀子之说，而接近于法家。”[⑤]魏明安、赵以武也说：“傅玄向往的‘圣人之治’，是取法于荀儒的。”[⑥]

---

① 傅玄:《傅子·正心》，严可均辑:《全上古三代秦汉三国六朝文》第二册，第1733页。

② 荀子在《解蔽》中说:“圣人知心术之患，见蔽塞之祸，故无欲、无恶、无始、无终、无近、无远、无博、无浅、无古、无今，兼陈万物而中县衡焉。是故众异不得相蔽以乱其伦也。何谓衡？曰:道。故心不可以不知道;心不知道，则不可道，而可非道。人孰欲得恣，而守其所不可，以禁其所可？以其不可道之心取人，则必合于不道人，而不合于道人。以其不可道之心与不道人论道人，乱之本也。”

③ 荀子为了解释心能知道与道是正心的标准之间的矛盾，特别提出“心何以知道？曰:虚壹而静”(《解蔽》))的“认知心”，以及“凡以知，人之性也;可以知，物之理也”(《解蔽》)的观点，认为认知是人天生的一种能力，这种能力既可以认识事物，又能够评判事物的价值及优劣。

④ 除了继承了荀子这些思想外，他重农抑商、重民爱民的观点也与荀子类似。

⑤ 萨孟武:《中国政治思想史》，第305页。

⑥ 魏明安、赵以武:《傅玄评传》，第164页。

三、袁準“先仁后法、先教后刑”观对荀子礼法观的继承

袁準，字孝尼，《三国志》无传，生卒年不详。裴松之《三国志·魏书·袁涣传》中注引《袁氏世纪》说：“準字孝尼，忠信公正，不耻下问，唯恐人之不胜己。以世事多险，故常恬退而不敢求进。”[①]“恬退而不敢求进”，说明他受魏晋时风的影响是比较大的，但《晋书·袁瓌传》中所附準传中又说他“以儒学知名，注《丧服经》，官至给事中”[②]，可见袁準乃是一位儒者。魏晋时期袁氏家族累世治儒学，其父袁涣乃主张以经术治国的儒林之士，故袁準必受其影响，其思想亦以经世儒学为主。

袁準的著作，《隋书·经籍志》著录《袁子正论》十九卷，《旧唐书》著录《政论》十九卷、《正书》十五卷，《新唐志》著录《正论》二十卷。以上袁準所著之书至唐宋间均亡，严可均根据《北堂书钞》《太平御览》《通典》《艺文类聚》《群书治要》等有所收录。

袁準是一位经、论兼通的儒家学者，他精于《礼》，曾作《丧服经传》，对于礼的产生及作用也有比较精辟的论述。他说：

> 礼者何也？缘人情而为之节文者也，严父爱亲之情也，尊亲敬长之义也。[③]

他认为礼起源于人情，是根据人情而制定其礼仪的，其基本的来源还是周时即已确定的亲亲、尊尊。傅玄的这一观点，与荀子是完全一致的。荀子说：“三年之丧何也？曰：称情而立文，因以饰群，别亲疏贵贱之节，而弗可损益也。”（《礼论》）杨倞注云：“郑康成曰：称人之情轻重而制其礼也。”[④]人子为父母守丧三年之礼，是称量人情哀恸之轻重而制定的。礼由情、文构成，两者不可或缺，《礼论》认为至备之礼“情文俱尽”说的就是两者的重要性。

在袁準的观念中，仁、义、礼、法是有着严格的先后顺序，他的基本思想是“本之以仁，成之以法”。他说：

---

① 陈寿撰，裴松之注：《三国志》，第253页。

② 房玄龄等撰：《晋书》，第2170页。

③ 袁準：《袁子正书·礼政》，严可均辑：《全上古三代秦汉三国六朝文》第二册，第1773页。

④ 王先谦：《荀子集解》下册，第372页。

治国之大体有四，一曰仁义，二曰礼制，三曰法令，四曰刑罚。四本者具，则帝王之功立矣。……夫仁义礼制者，治之本也；法令刑罚者，治之末也。①

圣人者，以仁义为本，以大信持之，根深而基厚，故风雨不愆伏也。②

在他看来，治国之大体有四种，分别是仁义、礼制、法令、刑罚。其中，仁义、礼制是治国之本，法令、刑罚是治国之末。尤其是仁义，乃是治国的根基，故圣人以仁为本。由此可见，袁準的治国理论，仍然是荀子礼主法辅的观点。

既然仁义礼制是治国之本、法令刑罚是治国之末，那么仅有仁义礼制就可以了吗？袁準说：

无本者不立，无末者不成。③

可见，仁义礼制和法令刑罚缺一不可。为此，他还专门批评了部分儒者“治国不须刑法”的片面认识：

夫礼教之治，先之以仁义，示之以敬让，使民迁善日用而不知也。儒者见其如此，因谓治国不须刑法，不知刑法承其下，而后仁义兴于上也。法令者赏善禁淫，居治之要会。商、韩见其如此，因曰治国不待仁义，不知仁义为之体，故法令行于下也。是故导之以德，齐之以礼，则民有耻；导之以政，齐之以刑，则民苟免。是治之贵贱者也。先仁而后法，先教而后刑，是治之先后者也。夫远物难明，而近理易知。故礼让缓而刑罚急，是治之缓急也。④

儒者认为礼教应该以仁义为根本，以敬让为示意，并潜移默化影响到人民，因此认为治国也就不需要刑法了，这是因为他们不明白刑法承托于下、仁义兴起于上的道理，而法家的观点与此正好相反。礼义与刑法不可偏废，但他们是有先后、贵贱和缓急的：仁义在先、刑法在后，这就是远物难明、近理易知的道理。

---

① 袁準：《袁子正书·礼政》，严可均辑：《全上古三代秦汉三国六朝文》第二册，第1773页。

② 袁準：《袁子正书·悦近》，严可均辑：《全上古三代秦汉三国六朝文》第二册，第1776页。

③ 袁準：《袁子正书·礼政》，严可均辑：《全上古三代秦汉三国六朝文》第二册，第1773页。

④ 袁準：《袁子正书·礼政》，严可均辑：《全上古三代秦汉三国六朝文》第二册，第1773页。

为何礼法不可偏废呢？袁準说：

> 夫仁者使人有德，不能使人知禁；礼者使人知禁，不能使人必仁。故本之者仁，明之者礼也，必行之者刑罚也。……故有刑法而无仁义，久则民忽，民忽则怒也；有仁义而无刑法，则民慢，民慢则奸起也。故曰：本之以仁，成之以法，使两通而无偏重，则治之至也。夫仁义虽弱而持久，刑杀虽强而速亡，自然之治也。[①]

仁义礼制与法令刑罚各有其作用，其产生的效果也就不同，故应该“本之以仁，成之以法”“两通而无偏重”，这才是“治之至”。所以他又说：“明君正其礼，明其法，严其刑，持满不发，以牧万民。犯礼者死，逆法者诛。……是以明君重法慎令。”[②]

综上所述，袁準礼法并用的观点继承了荀子的礼法观，却比荀子更进一步。荀子主张“礼主法辅”，以礼为主，认为“礼者，法之大分、类之纲纪也”(《劝学》)。袁準虽主张“先仁而后法”“先教而后刑”，认为它们有先后、贵贱和缓急之分，但却认为礼法并重、不可偏废，这是对荀学的发展。但他毕竟出身儒家，故仍然把仁义礼制放在第一位。在《厚德》中，他说：

> 恃门户之闭以禁盗者，不如明其刑也；明其刑不如厚其德也。……明者知制之在于本，故退而修德，为男女之礼、妃匹之合，则不淫矣；为廉耻之教，知足之分，则不盗矣；以贤制爵，令民德厚矣。[③]

关闭门户用以阻止盗贼，不如修明刑法；而修明刑法又不如敦厚其德。圣明的君王知晓制度之根本，故退而修德，制定各种礼仪规范，使人民德行厚重。

袁準除了继承并发展了荀子的礼法观外，还对荀子节用裕民、守时利民、无夺农时、节流开源、抑制工商的观点有所继承，提出治国之道在于“俭以足用”“时以生利”“常民之业”“出入有度”“以货均财”，认为“俭则能广”“时则农修”“贵农则谷重”“贱商则货轻”“有常则民壹”“有度则不散”“货布则并兼塞”，

---

① 袁準：《袁子正书·礼政》，严可均辑：《全上古三代秦汉三国六朝文》第二册，第1773页。

② 袁準：《袁子正书·刑法》，严可均辑：《全上古三代秦汉三国六朝文》第二册，第1778页。

③ 袁準：《袁子正书·厚德》，严可均辑：《全上古三代秦汉三国六朝文》第二册，第1775页。

等等。[1] 不仅如此,《袁子正书》有一些话直接来自《荀子》,比如《贵公》:"公道行,即私邪无所隐矣。……一向公,则明不劳而奸自息。"[2]《荀子·君道》:"公道私而私门塞矣,公义明而私事息矣。"

四、阮籍对荀子礼乐观的吸收

阮籍(210～263 年),字嗣宗,魏晋玄学名士,竹林七贤之一,与嵇康同为七贤的精神领袖,其父阮瑀是建安七子之一。《晋书·阮籍传》记载:"籍容貌瑰杰,志气宏放,傲然独得,任性不羁,而喜怒不形于色。……博览群籍,尤好《庄》《老》。""籍本有济世志,属魏、晋之际,天下多故,名士少有全者,籍由是不与世事,遂酣饮为常。"[3]可见,阮籍像许多魏晋名士一样,一开始都有济世之志,后或因形势所迫、或因志趣转移,轻名教而好自然,转为投于玄学。

阮籍虽为玄学名士,但其许多思想如礼法观、音乐观等却多取于儒家。对于这一现象,丁冠之指出,阮籍的《乐论》作于明帝末年,反映的是儒家思想;正始年间致力于儒道结合,《通老论》《通易论》作于此时;正始之后鄙弃礼法,推崇庄子,著《大人先生传》和《达庄论》。[4] 综合上述诸说,似可大体确定:阮籍早年崇儒;中年由儒入老,倾向于儒道(老)结合,晚年入庄,转向儒道(庄)的对立。[5] 由此可见,阮籍的思想中含有儒家的成分是无疑的,尤其是他的礼法观和音乐观,是对荀子礼乐观的继承。

(一)对荀子礼法观的继承

据《世说新语·任诞》引《竹林七贤论》说,"诸阮前世皆儒学"[6]。阮籍受儒家思想影响较深,他"本有济世志",前期观点基本以儒家思想为主,尤其是对儒家的礼法观的接受较多。他自己也说:"昔年十四五,志尚好书诗。被褐怀

---

① 参见林郁迢:《略论魏晋荀学之发展》,《汉学研究集刊》2009 年第 9 期。

② 袁準:《袁子正书·贵公》,严可均辑:《全上古三代秦汉三国六朝文》第二册,第 1776 页。

③ 房玄龄等撰:《晋书》,第 1359～1360 页。

④ 参见丁冠之:《阮籍思想辨析》,《中国哲学史研究》1982 年第 1 期。

⑤ 参见高晨阳:《阮籍评传》,南京大学出版社 1997 年版,第 48 页。

⑥ 转引自张霞:《阮籍礼法思想的制度伦理意蕴》,重庆师范大学硕士学位论文,2013 年,第 20 页。

珠玉，颜闵相与期。”(《咏怀》)儒家的颜渊和闵子骞是他崇敬的儒者，故鲁迅先生认为阮籍等人“其实不过是态度，至于他们的本心，恐怕倒是相信礼教，当作宝贝，比曹操、司马懿们要迂执得多”[①]。在《乐论》及《通易论》中，阮籍首先对当时礼法不兴的社会现实提出了批评，他说：

> 其后圣人不作，道德荒坏，政法不立，智慧扰物，化废欲行，各有风俗。……好勇则犯上，淫放则弃亲，犯上则君臣逆，弃亲则父子乖。乖则交争，则患生祸起……[②]

> 先王既没，德法乖易，上凌下替，君臣不制，刚柔不合，天地不交。[③]

阮籍借由历史现实，提出了具有强烈时代意义的课题——曹魏的名法之制虽然暂时取得了政权上的建立，但同时也带来很多社会问题，其中最大的问题是君臣离心、上下失和、风俗各异。阮籍所处的时代与荀子所生之世有着惊人的相似，针对这一问题，他们不约而同地提出了用儒家的礼乐教化和仁政德治来实现社会安定的方案。荀子认为要“起礼义，制法度”(《性恶》)，在《乐论》中，阮籍则借用孔子的话表达了同样的观点。他说：

> 夫礼者，男女之所以别，父子之所成，君臣之所以立，百姓之所以平也。为政之具，靡先于此。故安上治民，莫善于礼也。[④]

阮籍将礼看作维持人伦秩序的基本保障，它不但可以别男女、成父子、立君臣，而且也是平治百姓的为政根据。因此，礼的作用就由个体上升到社会、国家的层面，成为治国理政的最重要的工具，人君用之则社会和谐、国泰民安、四海升平。阮籍在《通易论》中说：

> 是故圣人以建天下之位，定尊卑之制，序阴阳之适，别刚柔之节。顺之者存，逆之者亡，得之者身安，失之者身危。故犯之以别求者，虽吉必凶；知之以守笃者，虽穷必通。[⑤]

圣人通过礼来确定天下的秩序和万民的法则，并且严格按照相关的法则惩恶

---

① 鲁迅：《魏晋风度及文章与药及酒之关系》，汤一介主编《魏晋玄学研究》，湖北教育出版社 2008 年版，第 68 页。

② 阮籍：《乐论》，郭光校注：《阮籍集校注》，中州古籍出版社 1991 年版，第 56 页。

③ 阮籍：《通易论》，郭光校注：《阮籍集校注》，第 68 页。

④ 阮籍：《乐论》，郭光校注：《阮籍集校注》，第 55 页。

⑤ 阮籍：《通易论》，郭光校注：《阮籍集校注》，73 页。

扬善,故由礼则国家治,非礼则国家消亡。在《乐论》中他表达了同样的观点:

> 弃父子之亲,弛君臣之制,匮室家之礼,废耕农之业,忘终身之乐,崇淫纵之俗。[①]

这些都是礼制的毁损表现在社会风俗中的严重后果,故礼制的重要性不言而喻。

像同时代的许多儒者一样,阮籍不但重视礼的作用,而且还重视法,认为只有礼、法并用才能够实现政治目标。他说:

> 是以失刑者严而不检,丧德者高而不尊,故君子正义以守位,固法以威民。[②]

> 儒者通六艺,立志不可干。违礼不为动,非法不肯言。[③]

刑、德缺一不可。失去刑罚,虽严厉而不受约束;没有德行,虽居高位却不受人尊敬。失刑与失德都会引起各种问题,所以君子一定要以端正的礼义维护其高位,以稳固的刑法来威慑万民,从而让人民"违礼不动,非法不言"。为此,他明确提出"刑教一体"的观点:

> 刑教一体,礼乐外内也。刑弛则教不独行,礼废则乐无所立。[④]

刑法与礼义是一体的,刑法废弛则礼义不能独行,刑法与礼义一定要密切结合。

刑与教虽然是一体的,但是阮籍认为仍然要以礼义为主、以德为先。他说:

> 圣人以道德为心,不以富贵为志……尊显不加重,贫贱不自轻,失不自以为辱,得不自以为荣。[⑤]

"以道德为心"就是要以德为先,圣人有高尚的道德,视富贵如浮云。即使是尊贵显赫的高位也不能打动他,即使是处在卑微低下的低位也不妄自菲薄;失去了不以为耻辱,得到了不以为荣耀。他又说:

---

① 阮籍:《乐论》,郭光校注:《阮籍集校注》,第 56 页。

② 阮籍:《通易论》,郭光校注:《阮籍集校注》,第 71 页。

③ 阮籍:《咏怀诗之六十》,郭光校注:《阮籍集校注》,第 202 页。

④ 阮籍:《乐论》,郭光校注:《阮籍集校注》,第 57 页。

⑤ 阮籍:《大人先生传》,郭光校注:《阮籍集校注》,第 100 页。

天地合其德，则万物合其生，刑赏不用而民自安矣。[1]

德化天下，只要天下以德为先、天地合德，即使不用刑罚和礼义也可以国泰民安。因此，先王的治世应该是这样的：

先王之驭世也，刑设而不犯，罚著而不施……王正其德，公守厥职，上下不疑，臣主无惑。[2]

《孙子·九地》："犯三军之众，若使一人。"曹操注："犯，用也。"[3]先王圣治下的天下，刑法搁置而不用，刑罚清晰而不施。君王都能够以道德修养为先，臣子都能够恪尽职守，君臣之间互不猜疑，君王不被迷惑。

阮籍不但主张礼法结合、不可偏废，而且还认为礼法应该与时俱进、应时而变：

君子者何也？佐圣扶命，翼教明法，观时而行，有道而臣人者也。因正德以理其义，察危废以守其身。故经纶以正盈，果行以遂义，饮食以须时，辩义以作事，皆所以章先王之建国，辅圣人之神志也。[4]

然礼与变俱，乐与时化。故五帝不同制，三王各异造，非其相反，应时变也。[5]

君子不但要"佐圣扶命，翼教明法"，也应该"观时而行""察危废以守其身"，礼、乐、刑、政等都要根据时局的变化应时而变、与时俱进；君王也要根据时代的变化而不断调整治国理政的策略。

综上所述，阮籍虽然是魏晋玄学的旗手，但是他早期的思想仍然以儒家为主，尤其是继承了荀子礼法并用、礼主法辅的思想，既主张"刑教一体"，也要求"以道为心"；他提出的"观时而行""礼与变俱，乐与时化"的观点，与荀子"宜于时通，利以处穷"(《修身》)、"君子时诎则诎，时伸则伸"(《仲尼》)、"与时屈伸""以义应变"(《不苟》)、"与时迁徙"(《非相》)及"诰誓不及五帝，盟诅不及三王，交质子不及五伯"(《大略》)的时变观也是一致的。

---

① 阮籍：《乐论》，郭光校注：《阮籍集校注》，第55页。

② 阮籍：《通易论》，郭光校注：《阮籍集校注》，第71页。

③ 阮籍：《曹操集》，中华书局1959年版，第121页。

④ 阮籍：《通易论》，郭光校注：《阮籍集校注》，第72页。

⑤ 阮籍：《乐论》，郭光校注：《阮籍集校注》，第58页。

(二)对荀子礼乐观的接受

在中国音乐史上,荀子的《乐论》占有重要的地位。章太炎说:“他(荀子)书中的《王制》《礼论》《乐论》等篇,可推独步。”[①]蒋孔阳先生认为,在中国过去占统治地位的“礼乐”思想,最初是由荀况的《乐论》奠定了比较完备的理论基础,然后由《礼记·乐记》加以新的发展,而集大成的。[②] 儒家的乐论思想,以荀子的《乐论》最为完备。《乐论》一篇,将音乐产生的原因、特征、作用等方面论述得极为详切,后来的《礼记·乐记》及《史记·乐书》大量抄袭了《乐论》的原文。[③] 与荀子的《乐论》一样,阮籍也曾作《乐论》,无论是从作品的立意、谋篇布局还是对礼乐特质及礼乐关系的论述,都与荀子如出一辙。不仅如此,阮籍的《乐论》也大量征引《乐论》的原文,我们完全可以将其视作荀子《乐论》在魏晋时期的重现。

关于《乐论》的立意,荀子是从批判墨子的“非乐”思想入手的,目的是为其社会教化功能正名,提出“乐者,天下之大齐也,中和之纪也,人情之所必不免也”(《乐论》)的观点;阮籍则是以回答刘子对“移风易俗,莫善于乐”[④]的质疑为出发点,认为乐乃“天地之体,万物之性”,通过乐可以“天地合其德,则万物合其生,刑赏不用而民自安矣”。[⑤]

关于乐的产生,荀子认为是“人情之所必不免也”(《乐论》),乐产生于人类情感的需要;阮籍则认为来自于“天地之体,万物之性”,是“顺天地之体,成万物之性”[⑥]的产物,似乎与人的情感无关。但是,“情”“性”本来就是一体的,荀子也曾以“情”言“性”,“情”“性”不离,而且也认为“性”是自然的,是“天之就也,不可学,不可事”(《正名》),这种观点与道家的自然人性观非常相似。因此,阮籍虽然主张“心之与声,明为二物”,认为情感与声音是两种不同的事物,但仍然认为乐来自万物之性,与荀子以情论乐的观点并不抵牾。而且他也曾

---

① 章太炎:《国学概论》,上海古籍出版社 1997 年版,第 33 页。

② 参见蒋孔阳:《先秦音乐美学思想论稿》,人民音乐出版社 1986 年版,第 160 页。

③ 关于《乐论》与《礼记·乐记》之间的关系,学界早有论争,大多数学者认为是《乐记》抄袭了《乐论》,笔者亦持此观点。相关论争,详见人民音乐出版社编辑部编:《〈乐记〉论辩》,人民音乐出版社 1983 年版。

④ 阮籍:《乐论》,郭光校注:《阮籍集校注》,第 55 页。

⑤ 阮籍:《乐论》,郭光校注:《阮籍集校注》,第 55 页。

⑥ 阮籍:《乐论》,郭光校注:《阮籍集校注》,第 55 页。

说："先王之为乐也，将以定万物之情，一天下之意也。"[1]"定万物之情"也就是审定万物的情实，自然也包含着人情之情实。

关于音乐的特质，荀子认为"《乐》之中和也"（《劝学》）、"乐也者，和之不可变者也"（《乐论》），将中和之美看作乐的最主要的特征。阮籍直接继承了荀子的这一思想，他说："夫乐者，天地之体，万物之性也。合其体，得其性则和；离其体，失其性则乖。"[2]又说"其声平，其容和"[3]，"舜命夔龙典乐，教胄子以中和之德"[4]，"乐者，使人精神平和"[5]。这都与荀子所说的"和"完全一致。

关于乐的作用，阮籍与荀子的观点并无二致。荀子认为乐对个人、社会、国家都有着重要作用，可以使人"耳目聪明，血气和平"，可以"善民心，其感人深，其移风易俗，天下皆宁"（《乐论》）；阮籍也认为乐可以"使人精神平和，衰气不入"[6]，"人安其生，情意无哀"[7]，可以"日迁善成化而不自知，风俗移易而同于是乐"[8]，认为"男女不易其所，君臣不犯其位，四海同其观，九州岛一其节，奏之圜山而天神下，奏之方丘而地祇上。天地合其德，则万物合其生，刑赏不用而民自安矣"[9]，并且可以使"天地交泰，远物来集"[10]，最终"礼乐正而天下平"[11]。

关于礼与乐的关系，阮籍与荀子的观点完全一致。荀子言乐，每每礼乐并举。他认为，"《礼》之敬文也，《乐》之中和也"（《劝学》），"《礼》言是，其行也；《乐》言是，其和也"（《儒效》），"恭敬，礼也；调和，乐也"（《臣道》）。他认为礼为"外"（"敬文""恭敬"），乐为"内"（"中和""调和"），礼与乐分别发挥着不同的作用，二者不可或缺。不仅如此，荀子认为"《乐》之中和……曷谓中？曰：礼义是也"（《儒效》）。故乐以礼为标准，否则就是郑卫之音。阮籍接受了荀子的观

---

① 阮籍：《乐论》，郭光校注：《阮籍集校注》，第 57 页。
② 阮籍：《乐论》，郭光校注：《阮籍集校注》，第 55 页。
③ 阮籍：《乐论》，郭光校注：《阮籍集校注》，第 57 页。
④ 阮籍：《乐论》，郭光校注：《阮籍集校注》，第 58 页。
⑤ 阮籍：《乐论》，郭光校注：《阮籍集校注》，第 60 页。
⑥ 阮籍：《乐论》，郭光校注：《阮籍集校注》，第 60 页。
⑦ 阮籍：《乐论》，郭光校注：《阮籍集校注》，第 57 页。
⑧ 阮籍：《乐论》，郭光校注：《阮籍集校注》，第 56 页。
⑨ 阮籍：《乐论》，郭光校注：《阮籍集校注》，第 55 页。
⑩ 阮籍：《乐论》，郭光校注：《阮籍集校注》，第 60 页。
⑪ 阮籍：《乐论》，郭光校注：《阮籍集校注》，第 58 页。

点，他也曾多次礼乐连用、礼乐并举，他说：

> 刑教一体，礼乐外内也。刑弛则教不独行，礼废则乐无所立。……礼逾其制，则尊卑乖；乐失其序，则亲疏乱。礼定其象，乐平其心，礼治其外，乐化其内，礼乐正而天下平。[①]

“礼乐外内”“礼治其外，乐化其内”也就是荀子说的礼“敬文”、乐“中和”；“礼废则乐无所立”也就是荀子主张的以礼义为中。

当然，阮籍也有比荀子思想更进一步的地方，比如他特别强调礼乐应该与时俱进，提出了“礼与变俱，乐与时化”[②]的礼乐进化论。但是，这却并不意味着与荀子的思想相左。荀子虽然说“乐也者，和之不可变者也；礼也者，理之不可易者也”(《乐论》)，但是所谓的“不可变”“不可易”并不是说乐和礼是不能变动的，而是指乐的原则“和”与礼的原则“理”是不能变的，与阮籍的观点并不冲突。

综上所述，阮籍的礼法观与礼乐观几乎完全接受了荀子的观点，“其《乐论》要借礼乐建立君臣秩序，其对于礼、乐功能的认识，基本上是《荀子》思想的翻版，阮氏世传的儒学也非天人感应一系，而是植根于自然论，并突出了以刑名为用的特点”[③]，“荀子《乐论》中的核心论点皆为阮籍《乐论》的论述所吸收、弘扬”[④]。阮籍思想中的荀学痕迹，再明显不过了。

五、裴頠

裴頠(267～300 年)，字逸民，出身西晋世族大家，其父裴秀乃西晋开国元勋之一，曾任国子祭酒、尚书左仆射等。裴頠的学问较为复杂，《世说新语·言语》记载，“裴仆射(裴頠)善谈明理，混混有雅致”[⑤]，可见其对玄学颇有研究，但他同时又是反玄学的旗手。《晋书·裴頠传》：

> 頠深患时俗放荡，不尊儒术，何晏、阮籍素有高名于世，口谈浮虚，不

---

① 阮籍：《乐论》，郭光校注：《阮籍集校注》，第 57～58 页。

② 阮籍：《乐论》，郭光校注：《阮籍集校注》，第 58 页。

③ 汪春泓：《玄学背景下阮籍、嵇康之比较》，《文艺理论研究》2002 年第 3 期。

④ 曾春海：《竹林七贤与儒学》，国际儒学联合会编，滕文生主编：《儒学的当代使命：纪念孔子诞辰 2560 周年国际学术研讨会论文集》卷一，九州出版社 2010 年版，第 397 页。

⑤ 余嘉锡：《世说新语笺疏》，中华书局 1983 年版，第 85 页。

遵礼法，尸禄耽宠，仕不事事；至王衍之徒，声誉太盛，位高势重，不以物务自婴，遂相放效，风教陵迟，乃著《崇有》之论以释其蔽……[1]

由此可见，裴頠对于当时清谈名士口谈玄虚、不遵礼法的行为特别不满，故著《崇有》一书以揭示玄风之蔽。其主要观点，乃是儒术礼法。

“崇有”，也就是推崇“有”，这是针对玄虚“贵无”论提出的截然相反的观点。玄学以老子道家为宗，将老子“天地虽广，以无为心”的理论进一步上升到本体论的高度，认为“天地任自然，无为无造，万物自相治理，故不仁也。仁者必造立施化，则物失其真；有恩有为，则物不具存。物不具存，则不足以备载矣”[2]。玄学家认为天地任万物自然生长，不加人力，万物自相治理，故“天道”是不能利用的，也并没有发挥作用。针对这种观点，裴頠提出了不同的看法：

贤人君子，知欲不可绝，而交物有会。观乎往复，稽中定务。惟夫用天之道，分地之利，躬其力任，劳而后飨，居以仁顺，守以恭俭，率以忠信，行以敬让，至无盈求，事无过用，乃可济乎！故大建厥极，绥理群生，训物垂范，于是乎在，斯则圣人为政之由也。[3]

从上面这段话可知，裴頠认为贤人君子知道欲望不可能完全弃绝，只要与外在客观事物交感就会出现各种情况，因此应该观察事物的变化规律，以考定事物的原则和确定自己的努力方向；应该掌握天道，利用天地带给我们的便利（财富）做自己应该做的事情，劳作后享用美味；为官要守仁，居家要恭俭；将忠信看成表率，以谦让来行事；不要有过多的欲望，没有过分的要求，这样做事才能够取得成效。裴頠的这种“有为”观点，显然与玄学的“无为”观完全不同，而与荀子“天人相参”及“制天命而用之”的观点相似。

除此之外，裴頠对荀子的礼学思想也多有借鉴。他认为，礼在政治中具有举足轻重的作用。《崇有论》曰：

故欲衍则速患，情佚则怨博，擅恣则兴攻，专利则延寇，可谓以厚生而失生者也。悠悠之徒，骇乎若兹之衅，而寻艰争所缘。察夫偏质有弊，而睹简损之善，遂阐贵无之议，而建贱有之论。贱有则必外形，外形则必遗

① 房玄龄等撰：《晋书》，第1044页。

② 王弼：《老子注》，楼宇烈：《王弼集校释》上册，中华书局1980年版，第13页。

③ 裴頠《崇有论》，严可均辑：《全上古三代秦汉三国六朝文》第二册，第1648页。

制，遗制则必忽防，忽防则必忘礼。礼制弗存，则无以为政矣。[1]

这段话是从“贵无”论的产生原因来证明其弊端的。当时的社会状况是“厚生而失生”，也就是本来为了使自己得以厚养，但却因为放纵情欲、恣意妄为，反而丧失了自己的性命。“贵无”论者以此而“贱有”，但“贱有”的危害是放浪形骸而不守制度规范、轻视伦理道德、抛弃礼义。礼义被抛弃了，天下就不能治理了。由此可见，裴頠特别重视礼的作用，认为礼义存则国家存，礼义亡则国家亡，礼义是为政最重要的保障。

在上面的引文中，裴頠还提到了人欲的问题。关于欲望，他不像很多儒者那样讳言人欲或提倡禁欲，而是认为欲望的存在是合理的，但是需要节制：

夫盈欲可损，而未可绝有也；过用可节，而未可谓无贵也。[2]

贤人君子，知欲不可绝而交物有会，观乎往复，稽中定务。[3]

欲望过多可以减损，但不可以完全禁绝；物用过奢可以节俭，但不可以说以无为贵。贤人君子知晓欲望不可完全禁绝的道理，故观察事物往返变化的过程，求取事物的适当原则或准则，确定努力的方向（“稽中定务”）。荀子也说：“故人莫贵乎生，莫乐乎安，所以养生安乐者，莫大乎礼义。人知贵生乐安而弃礼义，辟之是犹欲寿而刎颈也，愚莫大焉。”（《强国》）人贵生而乐安，这是人之常情。如果因此而抛弃礼义，就像想要长寿却刎颈自杀一样，愚莫大焉。这跟裴頠认为的“夫盈欲可损，而未可绝有也；过用可节，而未可谓无贵也”的逻辑一致；裴頠主张的“损欲”而不可“绝欲”、“节用”而不可“无用”，以及“稽中定务”的观点，则与荀子“礼者，养人之欲，给人之求”的观点也是一致的。故有学者说：“这样的理路，跟荀子哲学典范正相呼应，它是荀子哲学在魏晋思潮的刺激下所呈现的一个新面貌。”[4]

---

① 裴頠：《崇有论》，严可均辑：《全上古三代秦汉三国六朝文》第二册，第1648页。

② 裴頠：《崇有论》，严可均辑：《全上古三代秦汉三国六朝文》第二册，第1648页。

③ 裴頠：《崇有论》，严可均辑：《全上古三代秦汉三国六朝文》第二册，第1648页。

④ 刘又铭：《荀子的哲学典范及其在后代的变迁转移》，《汉学研究集刊》2006年第3期。

第三节 南北朝荀学史

自魏晋以来，随着玄学的兴起及佛教的传入与兴盛，荀子及荀学的影响力已不复汉时之盛况。这一方面是因为在乱世中文人多避祸以自保，而荀学又过于入世和尚功用，与时代潮流不符；另一方面是因为魏晋以后特别是南北朝时期本就是儒、道、佛交流融通的重要时期，许多处在思想潮流前端的思想家本就融合了三家，因而很难判断其究竟属于哪家哪派。但是，既然是思想的融合，融合后的思想必有所本，哪怕思想家并没有直接点出其引用的理论观点，但这种理论观点的影响必定会以某种方式体现在他们的思想中。在这个时期，荀子及荀学的影响虽然不如两汉及魏晋时期那么广、那么大，但仍然有部分文人自觉或不自觉地接受了荀子的观点，其中的代表人物主要有刘勰、刘昼、颜之推等。

一、刘勰

刘勰（约 465～约 532 年），字彦和，《梁书·刘勰传》云："勰早孤，笃志好学。家贫不婚娶，依沙门僧佑，与之居处，积十余年，遂博通经论。"[①]又《文心雕龙·序志》："齿在逾立，则尝夜梦执丹漆之礼器，随仲尼而南行。"[②]可见，刘勰于儒家典籍无所不通，对孔、孟、荀儒家诸圣也十分推崇。《刘勰传》又云："然勰为文长于佛理，京师寺塔及名僧碑志，必请勰制文。有敕与慧震沙门于定林寺撰经，证功毕，遂乞求出家，先燔鬓发以自誓，敕许之。乃于寺变服，改名慧地。"[③]可见，刘勰又长于佛理，最后燔鬓自誓，决心出家。由此可知，刘勰是一位儒佛兼通的大家，他的思想既受到儒家的影响，也受到佛的影响。然就其《文心雕龙》一书来看，他始终以"征圣""宗经"为指导思想，全书也以儒家经典为作品评论的依据，儒学对其思想的深刻影响可见一斑。不仅如此，"刘勰在《文心雕龙》中推崇的儒家思想，其实已经不是以孔孟为代表的正统儒家思想，

① 姚思廉撰：《梁书》，中华书局 1973 年版，第 710 页。

② 刘勰著，陆侃如、牟世金等译注：《文心雕龙译注》，第 603～604 页。

③ 姚思廉撰：《梁书》，第 712 页。

而是荀子吸收了道家、法家思想所发展了的儒家思想”[①]。那么，刘勰从荀子哪里接受了哪些思想？这主要体现在两个方面：对“明道”“宗经”“征圣”文学观的继承和“虚壹而静”观的阐发。

(一)对荀子“明道”“征圣”“宗经”文学观的继承

荀子在历史上第一次明确提出了“明道”“征圣”“宗经”的文学观，这已经成为学界的共识。刘勰在《文心雕龙》中则明确提出了“原道”“征圣”“宗经”的观点。原，本也，“原道”也就是本于道，从字面上看，与荀子“明道”(明，明之也。“明道”即对道的阐明)的含义相同。那么，刘勰究竟是如何继承荀子的这一思想的？继承之外，又有怎样的发展或差异？

关于“原道”之“道”，学界存在比较大的争议。有的学者认为是“佛道”“佛性”[②]，有的学者认为是“自然之道”“万物自然有文的法则或规律”[③]，有的学者认为是儒道、“圣贤之大道”[④]。在《原道》中，刘勰说：

> 文之为德也，大矣；与天地并生者，何哉？夫玄黄色杂，方圆体分，日月叠璧，以垂丽天之象；山川焕绮，以铺理地之形。此盖道之文也。[⑤]

刘勰并没有直接说“道”是什么，他先解释了“道之文”。从这段文字看，“道之文”指的是一切事物的花纹、色彩、形状，那么，这里的“道”可以理解为“自然之道”，即陆侃如等人所说的“万物自然有文的法则或规律”。然而，道仅仅指的是“自然之道”“自然规律”吗？刘勰接着说：

> 仰观吐曜，俯察含章；高卑定位，故两仪既生矣。惟人参之，性灵所钟，是谓三才。为五行之秀，实天地之心。心生而言立，言立而文明，自然之道也。……夫以无识之物，郁然有彩；有心之器，其无文欤？[⑥]

刘勰用《易经》中的“两仪”及儒家的“三才”来阐释天、地、人相“参”的关系，并认为人是宇宙万物中最特出的，是天地的核心，凸显出人的价值；又说“心生而言立，言立而文明”也是“自然之道”，可见，他所说的“道”理应既包含着“万物

---

① 张少康：《荀学与〈文心雕龙〉》，《北京大学学报》(哲学社会科学版)2015 年第 3 期。

② 马宏山：《论〈文心雕龙〉的纲》，《中国社会科学》1980 年第 4 期。

③ 陆侃如、牟世金：《文心雕龙译注》，第 24 页。

④ 范文澜：《文心雕龙注》(上)，人民文学出版社 1958 年版，第 4 页。

⑤ 刘勰著，陆侃如、牟世金等译注：《文心雕龙译注》，第 96 页。

⑥ 刘勰著，陆侃如、牟世金等译注：《文心雕龙译注》，第 96 页。

自然有文的法则或规律”的“自然之道”,也包含着由这种自然之道而生的、与之相通的“人文化成之道”。这也能够说明为什么刘勰在《原道》中专门讲述并赞扬了孔子集人类文化之大成的光辉学问。紧接着他又说,“观天文以极变,察人文以成化。……道沿圣以垂文,圣因文而明道”①,将自然之道与人文化成之道结合起来,认为人文化成之道是对自然之道的效法。由此可见,刘勰所说的“道”,即自然之道,也指效法自然之道而创立的人文化成之道(尤其是孔子主倡的儒道、礼义之道),两种“道”不但不是矛盾的,而且还是相通的。不仅如此,比较而言刘勰更重视后者,这不仅是因为人是“五行之秀、天地之心”,还有更重要的原因——他在本篇的最后说:“道心惟微,神理设教。光彩玄圣,炳耀仁孝。”②就是说,自然之道是微妙的,应根据这种微妙的道理设教,赞颂孔子等古代圣贤的圣迹和他们宣扬的伦理道德。

刘勰认为文艺源于自然之道及礼义之道的观点,与荀子的明道观是一致的。荀子说:“道者何也?曰:君道也。”(《君道》)还说:“道者,非天之道,非地之道,人之所以道也,君子之所以道也。”(《儒效》)刘勰重视人文化成之道的观点与此完全一致。由此可见,刘勰的“原道”观借鉴并吸收了荀子的“明道”观,荀子“明道”观是刘勰“原道”观的理论来源。

刘勰“征圣”的思想与荀子的观点完全一致。在《征圣》中,刘勰说:

> 夫作者曰“圣”,述者曰“明”。陶铸性情,功在上哲。“夫子文章,可得而闻”;则圣人之情,见乎文辞矣。先王圣化,布在方册;夫子风采,溢于格言。③

刘勰认为,之所以要“征之周、孔”,不仅仅因为其中的著作“志足以言文,情信而辞巧……鉴周日月,妙极机神;文成规矩,思合符契”④,可以借鉴其中的行文法则和写作特点,更是因为圣人在其著作中阐发了许多金科玉律般的真知灼见,即政治教化思想(“政化”)、事迹功业学问(“事迹”)和个人修养理论(“修身”)。换句话说,“征圣”主要不是因为圣人们的圣迹或作品是我们行文的榜样,而主要是学习并践行他们的“道”——礼义之道,“征圣”的目的是“明道”,

---

① 刘勰著,陆侃如、牟世金等译注:《文心雕龙译注》,第101页。
② 刘勰著,陆侃如、牟世金等译注:《文心雕龙译注》,第102页。
③ 刘勰著,陆侃如、牟世金等译注:《文心雕龙译注》,第103～104页。
④ 刘勰著,陆侃如、牟世金等译注:《文心雕龙译注》,第104～105页。

所以他才会在《原道》中说:“道沿圣以垂文,圣因文而明道。”这就是说,“道”依靠圣人表达在文章里,圣人通过文章来阐明“道”。

圣人去今已远,故难以身受其教,而圣人的思想以经典的形式表现、留存下来,所以学习经典也就成为向圣人学习的必要途径,因此刘勰提出要“宗经”。他说:

> 三极彝训,其书言“经”。“经”也者,恒久之至道,不刊之鸿教也。故象天地,效鬼神,参物序,制人纪;洞性灵之奥区,极文章之骨髓者也。①
>
> 三极彝训,训深稽古。致化归一,分教斯五。性灵熔匠,文章奥府。渊哉铄乎!群言之祖。②

天、地、人三才之道体现在经书之中,所谓“经”,就是恒久不变的道理,不可改易的伟大教训。经书取法于天地、征验于鬼神,能够深究事物的规律、制定人类的纲纪,能够深入灵魂深处,表现出文章最根本的东西。因此经书是文化的宝库,是一切文章的祖宗,一定要从经书中吸取教训。

刘勰对于“五经”的认识就是继承荀子而来的。他认为“《诗》主言志……《书》实记言……《礼》以立体,据事剬范……《春秋》辨理,一字见义”③,这与荀子说的“《诗》言是,其志也;《书》言是,其事也;《礼》言是,其行也;《乐》言是,其和也;《春秋》言是,其微也”完全一致。

综上所述,刘勰“原道”“征圣”“宗经”思想,是对荀子“明道”“征圣”“宗经”思想的继承;刘勰不但继承了其“名”,而且继承了其“实”。经由荀子所开创、刘勰开拓后的“明道”“征圣”“宗经”思想,在魏晋南北朝之后获得了长足的发展,在韩愈等“古文运动”者的提倡之下,奠定了中国传统的“文以明道”“文以载道”的文学观。荀子的首创之功和刘勰的接续之力,皆功不可没。

(二)对荀子“虚壹而静”观的继承

刘勰在《文心雕龙·神思》中提到了艺术构思时的“虚静”说。他说:“陶钧文思,贵在虚静,疏瀹五藏,澡雪精神。”④对于“虚静”的义蕴及理论来源,大多数研究者把它同道家的思想联系在一起,比如黄侃在《文心雕龙札记》中将其

---

① 刘勰著,陆侃如、牟世金等译注:《文心雕龙译注》,第110页。
② 刘勰著,陆侃如、牟世金等译注:《文心雕龙译注》,第117页。
③ 刘勰著,陆侃如、牟世金等译注:《文心雕龙译注》,第112~113页。
④ 刘勰著,陆侃如、牟世金等译注:《文心雕龙译注》,第359页。

与庄子说的“惟道集虚”及道家的以无为本的哲学联系在一起，认为“执璇玑以运大象，处户牖而得天倪，惟虚与静之故也”[①]。王元化先生则提出了不同的意见，认为古文学派的刘勰不会不加分辨地将老庄思想吸收到立论严谨、体例周详的《文心雕龙》中，反而是荀子的“虚壹而静”说与刘勰的说法更为接近。[②]

刘勰“虚静”说的学术渊源到底是道家老庄还是儒家荀子，目前仍然有比较大的争议。[③] 刘勰的思想本就融合了儒、释、道三家，就像《文心雕龙》，它虽然以儒家的“征圣”“宗经”为全书的总纲，但刘勰长于佛理，本身也是一个虔诚的佛教徒，在作品中也常用“般若”“圆通”等佛教术语。同样，对于“虚静”，他不像汉代的儒者那样定儒家为一尊，也没有只本于老庄而对其他学派的相关理论熟视无睹。他的“虚静”说既有老庄的道家思想在内，也有荀子“虚壹而静”的理论成分，实在是儒、道两家思想的融合汇通之论。另外，由于荀子“虚壹而静”思想本身即含有道家思想的成分，因此二人都是在融合儒、道的基础上论述其观点的。

荀子是在《解蔽》中提到“虚壹而静”的。《解蔽》一文意在“揭示人之蔽在于主观片面、孤立静止地看待事物；其解蔽之法即在‘虚壹而静’、‘率道而行’，‘兼权而孰计’，‘是以百举而不陷也’”[④]。在文中，荀子认为心需要“虚壹而静”才能够“知道”。“虚”与“臧”相对，“壹”与“两”（“满”）相对，“静”与“动”相对。“虚”是“不以所已臧害所将受”，即不因为既有的知识而影响新知识的接受；“壹”是“不以夫一害此一”，即应该具有“专一”并且“兼知”的能力；“静”是“不以梦剧乱知”，即处心有常、能够摆脱繁杂事务的干扰。荀子的这种观点，与道家尤其与庄子的“虚静”说是有共通之处的。老子主张“致虚极，守静笃。万物并作，吾以观其复”（《道德经·第十六章》），以“虚”“静”为认知万物的重要保

---

① 黄侃：《文心雕龙札记》，上海古籍出版社 2000 年版，第 94 页。

② 参见王元化：《〈神思篇〉虚静说柬释》，《中华文史论丛》第 3 辑，中华书局 1963 年版，第 219～224 页。

③ 关于“虚静”说学术渊源的争论，可参见墨白：《〈神思〉篇“虚静”说释义》，《郑州大学学报》（哲学社会科学版）2002 年第 1 期；张敬雅：《〈文心雕龙·神思〉研究综述》，《西华师范大学学报》（哲学社会科学版）2015 年第 1 期；李金松、黄莺：《〈文心雕龙〉中“虚静”说之学术渊源考辨——兼同王元化先生商榷》，《江西师范大学学报》（哲学社会科学版）2003 年第 4 期；张吉兵：《刘勰“虚静”说两种渊源论辩》，《江西师范大学学报》（哲学社会科学版）2005 年第 4 期。

④ 王天海：《荀子校释》下册，上海古籍出版社 2005 年版，第 833 页。

障，认为只有“虚”“静”才能够“涤除玄览”，体悟天道。《庄子·天道》说：“夫虚静恬淡，寂寞无为者，万物之本也。”将“虚”“静”与“无为”联系起来，上升到万物本源的高度，并提出了“心斋”“坐忘”的方法。荀子“虚静”论消除了庄子以无为本的形而上的意味，而又继承了老庄以虚静为认知万物基本要求的认识论观点，专注于心在认知的时候需要达到的状态；认为只有这样认识才能够“大清明”，才能够“万物莫形而不见，莫见而不论，莫论而失位。坐于室而见四海，处于今而论久远。疏观万物而知其情，参稽治乱而通其度，经纬天地而材官万物，制割大理而宇宙理矣”(《解蔽》)。在这一点上，刘勰将“虚静”作为艺术构思中想象活动的前提条件，与庄子的观点是一致的。刘勰认为，要想腾展想象的翅膀，前提必须是内心虚空静默，只有这样才能够“寂然凝虑，思接千载；悄焉动容，视通万里。吟咏之间，吐纳珠玉之声；眉睫之前，卷舒风云之色”①。两人对于“虚”“静”后所达到的认识及思维发生飞跃现象的论述，无论是在文辞上还是在意蕴上，几乎完全是一致的。

综上，虽然荀子和刘勰的“虚静”观都来源于道家“虚静”说，但二人都对道家的理论进行了变通、化用、转用。他们都涤除了道家“虚静”说虚无缥缈的形而上论调，吸收了其作为认识论要素的合理内核，将其作为自己的理论武器阐释各自的学说。我们虽然不能说刘勰“虚静”说的理论渊源全来自荀子的“虚壹而静”说，但完全可以说刘勰对荀子的虚静说有所继承和借鉴。这不仅仅是一种合理的猜测，也来自刘勰在《文心雕龙》中对荀子的尊崇。刘勰以孟荀并称，说“孟、荀所述，理懿而辞雅”②；又称赞荀子的学术渊博和为政之功，说“荀卿宰邑，故稷下扇其清风，兰陵郁其茂俗”③；还对荀子《赋》和《成相》两篇文章大加赞赏，认为“荀况《礼》《智》……爰锡名号，与‘诗’画境；六义附庸，蔚成大国”④；又称荀子为巨儒，“荀况学宗而象物名赋，文质相称，固巨儒之情也”⑤。凡此种种，无不证明其对荀子及荀学之推崇。刘勰接纳荀子的相关学说并有所新见，也就没有太大的疑问了。

---

① 刘勰：《神思》，刘勰著，陆侃如、牟世金等译注：《文心雕龙译注》，第359页。
② 刘勰：《诸子》，刘勰著，陆侃如、牟世金等译注：《文心雕龙译注》，第260页。
③ 刘勰：《时序》，刘勰著，陆侃如、牟世金等译注：《文心雕龙译注》，第527页。
④ 刘勰：《诠赋》，刘勰著，陆侃如、牟世金等译注：《文心雕龙译注》，第160页。
⑤ 刘勰：《才略》，刘勰著，陆侃如、牟世金等译注：《文心雕龙译注》，第557页。

除了刘勰的“原道”“征圣”“宗经”及“虚静”说对荀学有所借鉴这一点为学界所公认之外，张少康先生还认为：“刘勰在《文心雕龙》中推崇的儒家思想，其实已经不是以孔孟为代表的正统儒家思想，而是荀子吸收了道家、法家思想所发展了的儒家思想。他对道、圣、经的看法是和荀学一致的，所以可以和道、玄、佛等思想熔为一炉。同时，荀子的人性论、发展观、研究方法，也对刘勰有深刻的影响。”①张氏之言，可备一说。

二、刘昼

刘昼（514～565 年），字孔昭，北齐学者、思想家。据《北齐书》记载，刘昼“在皇建、太宁之朝，又频上书，言亦切直，多非世要，终不见收采。”“自谓博物奇才，言好矜大……容止舒缓，举动不伦”②。由此可见刘昼见识广博、敢于直言，但也有骄横自大、举止不伦的毛病，故后人多有贬抑之语。对于其著作，史书并无确切记载，今人一般将《刘子》一书看作是其作品。③

对于《刘子》一书的学派归属，历史上争议不断，马端临《经籍考》列其为道家，余嘉锡认为“昼好老庄之学，故上书抵佛，此书之归心道家以此也”④，《旧唐志》将其列为杂家。但也有将其归之于儒家者，如郑樵《通志略》。南北朝时的文人多杂取诸家学说，无论将其归之于何家何派，《刘子》中的儒家思想是不容磨灭的。明代李维桢在《刘子叙》中说：“《刘子》咀英吐华，成一家言，其大指不谬于圣人，是所谓千里一贤犹比肩，百世而遇犹旦暮也，而必屏诸门墙外，无乃已甚乎？”⑤“大指不谬于圣人”，说的就是他的儒家思想特色。就《刘子》一书来看，刘昼不但继承了孔孟，并且对荀子思想的接受犹多，这主要体现在以下几个方面。

（一）对荀子人性论的借鉴

在《防欲》《去情》《清神》《韬光》等篇中，刘昼就性、情、欲作了区分。《防欲》：

---

① 张少康：《荀学与〈文心雕龙〉》，《北京大学学报》（哲学社会科学版）2015 年第 3 期。

② 李百药撰，陈勇等标点：《北齐书》，吉林人民出版社 1995 年版，第 314～315 页。

③ 参见傅亚庶：《刘子作者辨证》，刘昼著，傅亚庶校释：《刘子校释》，中华书局 1998 年版，第 614 页。

④ 余嘉锡：《四库提要辩证》第二册，中华书局 1980 年版，第 839 页。

⑤ 刘昼著，傅亚庶校释：《刘子校释》，第 548 页。

人之禀气，必有性情。性之所感者，情也；情之所安者，欲也。情出于性而情违性，欲由于情而欲害情。情之伤性，性之妨情，犹烟冰之与水火也。烟生于火而烟郁火，冰出于水而冰遏水。故烟微而火盛，冰泮而水通；性贞则情销，情炽则性灭。是以珠莹则尘埃不能附，性明则情欲不能染也。①

这段话是刘子人性论的总纲。在这段话中，刘子对性、情、欲作了区分：性情乃人秉自然天地之气所生，出于自然；情是人性与外物交感后的产物；欲是"情之所安"，即安于性情之上。故性—情—欲是先后相继、由内而外的，但从本质上言，三者都是禀气而生的。

刘昼以气言性及性、情、欲三分的方法是来源于荀子的。荀子说："生之所以然者谓之性。性之和所生，精合感应，不事而自然谓之性。"(《正名》)杨倞注："和，阴阳冲和气也……言人之性，和气所生，精合感应，不使而自然。"②故荀子也是以气言性，与刘昼同。又说："性者，天之就也；情者，性之质也；欲者，情之应也。"(《正名》)性禀气而生；情乃性之质体，是性的内容；欲是情感与外物交感的结果。荀子将情看成性的质体，这似乎与刘昼认为的情为性之所感不同，但他接着又说"以所欲为可得而求之，情之所必不免也"(《正名》)，认为欲望可以满足就去追求，这是人情不能避免的，这就与刘昼"情之所安者，欲也"的观点是一致的。由此可见，刘昼论性、情、欲的观点虽然与荀子有所不同，但其言说的理路及基本内容是大致相似的，尤其是以气言性及由性而情、由情而欲的观点，两人的观点几乎是相同的。

除了上述相似外，刘昼"刳情""约欲"的观点跟荀子的"节用御欲"的观点也非常相似。刘昼说：

声色芳味，所以悦人也，悦之过理，还以害生。故明者刳情以遣累，约欲以守贞。食足以充虚接气，衣足以盖形御寒。靡丽之华，不以滑性，哀乐之感，不以乱神。处于止足之泉，立于无害之岸，此全性之道也。③

声音、颜色、气味、味道，都可以使人感到愉悦，但是如果超过了理(礼)，就会妨碍生命了，所以聪明的人"刳情以遣累，约欲以守贞"。他说："人有牛马，放逸

---

① 刘昼著，傅亚庶校释：《刘子校释》，第 10 页。

② 王先谦：《荀子集解》下册，第 412 页。

③ 刘昼著，傅亚庶校释：《刘子校释》，第 10～11 页。

不归，必知收之；情欲放逸而不知收之，不亦惑乎？”[①]就是说，人不能放任自己的情欲，必须有所嚼勒，这种观点与荀子主张的“以礼节情”“以礼约欲”“节用御欲”是一致的。荀子说：“虽为天子，欲不可尽。欲虽不可尽，可以近尽也；欲虽不可去，求可节也。……道者，进则近尽，退则节求，天下莫之若也。”（《正名》）虽然天子的欲望没有尽头，但是可以无限接近尽头；虽然欲望不能舍弃，但是可以节制。礼义之道就是尽量使欲望得到满足，同时又加以节制。所以荀子认为，“今人之性恶，必将待师法然后正，得礼义然后治”（《性恶》），“节用御欲，收敛蓄藏以继之也”（《荣辱》），“人无礼则不生”（《修身》）。

当然，刘昼的人性论也有与荀子不太一致的地方，比如他认为“情出于性而情违性”[②]，主张“无情以接物”[③]、“禁欲于脆微”[④]等，但这并不妨碍其对荀子人性论的借鉴；这些不一致的地方，恰恰体现出荀学“宜于时通，利以处穷”（《修身》）、“与时迁徙”（《非相》）的时变观和实用主义的精神。

（二）对荀子崇学贵教观点的继承

刘昼认为人的情、欲并不美，他说：“身之有欲，如树之有蝎。树抱蝎则还自凿，身抱欲则还自害。故蝎盛则树折，欲炽则身亡。”[⑤]故而主张“刳情”“约欲”。如何“刳情”“约欲”？他特别重视“学”的重要性，专作《崇学》以明其义。他说：

> 青出于蓝而青于蓝，染使然也；冰生于水而冷于水，寒使然也；镜出于金而明于金，莹使然也；戎夷之子，生而同声，长而异语，教使然也。山抱玉而草木润焉，川贮珠而岸不枯焉，口内滋味而百节肥焉，心受典诰而五性通焉。故不登峻岭，不知天之高；不瞰深谷，不知地之厚；不游六艺，不知智之深。远而光华者，饰也；近而愈明者，学也。故吴竿质劲，非筈羽而不美；越剑性利，非淬砺而不铦；人性譞慧，非积学而不成。沿浅以及深，披暗而睹明，不可以传闻称，非得以泛滥善也。[⑥]

---

① 刘昼著，傅亚庶校释：《刘子校释》，第 11 页。
② 刘昼著，傅亚庶校释：《刘子校释》，第 10 页。
③ 刘昼著，傅亚庶校释：《刘子校释》，第 20 页。
④ 刘昼著，傅亚庶校释：《刘子校释》，第 11 页。
⑤ 刘昼著，傅亚庶校释：《刘子校释》，第 10 页。
⑥ 刘昼著，傅亚庶校释：《刘子校释》，第 37 页。

刘昼的这段文字，简直是对荀子《劝学》的复制，就算将其加入《劝学》当中，也并不违和。在这段话中，刘昼不但特别强调学习的重要性，而且也提到"人学为礼仪""心受典诰而五性通焉""不游六艺，不知智之深"，"礼仪""典诰""六艺"指的都是儒家的典籍与文化，可见其崇学的内容几乎全为儒家之道。《荀子》首篇就是《劝学》，在此篇中，荀子不但重视学习的重要性，也屡次强调学习要"始乎诵经，终乎读礼"，"学至乎《礼》而止"，强调"原先王，本仁义，则礼正其经纬也"。如同荀子以"人之性恶"而崇学贵教的观点一样，刘昼因情、欲不美而崇学贵教，其对荀学之接受可见一斑。

（三）对荀子乐论的接受

在人性改造的过程中，荀子认为不但要依靠礼法，还要依靠乐。礼法是外在规范，是一种强制原则，这就需要乐的柔性原则加以调和，故他说："礼乐之统，管乎人心。"（《乐论》）在《刘子》一书中也有专门论述音乐的篇章，即《辨乐》。刘昼的音乐观，几乎全部体现在这一篇中；其音乐思想，几乎全盘接受了荀子的《乐论》。先看《刘子·辨乐》：

> 乐者，天地之齐，中和之纪，人情之所不能免也。人心喜则笑，笑则乐，乐则口欲歌之，手欲鼓之，足欲舞之。歌之舞之，乐发于音声，形于动静，而入于至道。音声动静，性术之变，尽于此矣。故人不能无乐，乐则不能无形，形则不能无道，道则不能无乱，先王恶其乱也，故制雅乐以道之。使其声足乐而不淫，使其音调伦而不诡，使其曲繁省而廉均，足以感人之善心，不使放心邪气得接焉，是先王立乐之情也。①

再看《荀子·乐论》：

> 夫乐者，乐也，人情之所必不免也，故人不能无乐。乐则必发于声音，形于动静，而人之道，声音、动静、性术之变尽是矣。故人不能不乐，乐则不能无形，形而不为道，则不能无乱。先王恶其乱也，故制《雅》《颂》之声以道之，使其声足以乐而不流，使其文足以辨而不諰，使其曲直、繁省、廉肉、节奏足以感动人之善心，使夫邪污之气无由得接焉。是先王立乐之方也。

无论是音乐的产生、音乐的特质还是音乐的作用，刘昼与荀子的观点，甚至遣

① 刘昼著，傅亚庶校释：《刘子校释》，第 61 页。

词造句，都几乎完全相同。无怪乎刘昼本人也说："儒者，晏婴、子思、孟轲、荀卿之类也。顺阴阳之性，明教化之本，游心于六艺，留情于五常，厚葬久服，重乐有命，祖述尧舜，宪章文武，宗师仲尼，以尊敬其道。"[①]他的儒者身份及对荀子的继承，亦可以从其对荀卿的尊崇看得出来。

① 刘昼著，傅亚庶校释：《刘子校释》，第520页。

第三章　隋唐荀学史略

从 581 年杨坚灭北周建立隋朝，到 618 年被农民起义军推翻，隋朝只维持了 37 年便短寿而亡，而此后的唐朝则维系了近三百年（618～907 年），成为中国历史上最伟大的封建王朝之一。在中国历史上，只有被普遍尊奉的文化规范所支持，政治支配才能成功，政府行为也才能被普遍接受，这几乎是不言而喻的。因此，作为皇帝，必须重视若干事情，如统一的度量衡、货币，标准的文字，所有建筑物的规则体制，更标准的音阶，必须普遍适用的新历法，惯于实际生活的种种规范，等等。[①] 秦如此，汉如此，隋及唐亦如此，几乎毫无例外。隋朝的建立结束了南北分裂、社会混乱的局面。为了确立皇权的合法性，帝王通过创立科举制度收拢文人，并利用、扶植儒学树立政治权威。比如，开皇三年（583 年）杨坚下诏："行仁蹈义，名教所先，厉俗敦风，宜见褒奖。"[②]开皇九年（589 年）诏曰："朕祗承天命，清荡万方。百王衰敝之后，兆庶浇浮之日，圣人遗训，扫地俱尽，制礼作乐，今也其时。"[③]唐朝建国之初亦如此，发动"玄武门之变"夺权的李世民对于确立自己政权的合法性有着更为强烈的愿望，于是除了在文化政策上继续秉承开放外，更以儒学为本，撰修《五经正义》、颁布新的"五礼"以垄断话语权。终于，"统一的国家有了统一的思想与文化"[④]。

然而，儒学在隋朝及唐朝的地位是不一样的。严格地说，儒学在隋朝仅仅

① 参见葛兆光：《中国思想史》（下），复旦大学出版社 2009 年版，第 2 页。

② 魏徵等撰：《隋书》，第 19～20 页。

③ 魏徵等撰：《隋书》，第 34 页。

④ 葛兆光：《中国思想史》（下），第 4 页。

作为政治上的工具被统治者所尊崇，他们从心底里是不信奉儒学的。比如，隋文帝以“我兴由佛法”自诩，大肆崇佛佞僧，曾于开皇元年(581年)“普诏天下，任听出家，仍令计口出钱，营造佛像”[①]。因此，儒学在隋朝的地位实际上不如佛学，统治者信奉的是佛教。隋朝名士李士谦(523～588年)感慨地说：“佛，日也；道，月也；儒，五星也。”[②]以日、月、星来对佛、道、儒进行排名，儒学明显处于末流。隋代的儒生更是鄙俗不堪，即使是后来最为著名的“二刘”——刘焯(544～610年)与刘炫(546～613年)，一个“怀抱不旷，又吝啬于财，不行束脩者，未尝有所教诲，时人以此少之”[③]；一个趁着朝廷“购求天下遗逸之书”之机，“伪造书百余卷”“取赏而去”[④]。故儒学在隋代不但没有大的发展，反而不如以前了。唐朝自高祖起就“颇好儒臣”，唐太宗自己曾说：“朕今所好者，惟在尧舜之道、周孔之教，以为如鸟有翼，如鱼有水，失之则死，不可暂无耳。”[⑤]并命令孔颖达等人考定五经。五经既定，经文和经义基本上得到统一，朝廷亦重视儒学及儒生，这样看来儒学似乎得到了复兴。然而，经文和经义的统一既是儒学的大幸，也暗含着不幸。“当一个朝代建立起来，不仅‘四海承平，夷狄朝贡’，而且‘万民富庶，朝政清平’，一切看上去都那么完美的时候，似乎思想的使命结束了，因为思想似乎失去了批评的对象，于是，它会迅速地沦落为一种依附于经典的知识，并在考试制度的挟迫下，被简约为一些无意味的文本或公式，只是作为记忆和背诵的内容存在。”[⑥]故陈寅恪先生认为，当时的儒学“止限于记诵章句，绝无意义之发明”[⑦]。一直到了中唐以后，在韩愈的倡导之下，儒学才随着古文运动的兴起得到了一定程度的重振和复兴。由此可见，隋唐(包括魏晋南北朝)时期的儒学，实际上处于一种曲折发展的过程中，主要起了一个承上启下的作用：上承两汉儒学，发展了儒学在文字训诂及典章制度完善上的学

① 魏徵等撰：《隋书》，第1099页。

② 魏徵等撰：《隋书》，第1754页。

③ 魏徵等撰：《隋书》，第1719页。

④ 魏徵等撰：《隋书》，第1720页。

⑤ 袁枢：《通鉴纪事本末》卷二九《贞观君臣论治》，《景印文渊阁四库全书》第348册，第270页。

⑥ 葛兆光：《中国思想史》(下)，第5页。

⑦ 陈寅恪：《论韩愈》，转引自刘桂生、张步洲编：《陈寅恪学术文化随笔》，中国青年出版社1996年版，第148页。

问;下启宋明儒学,为宋明理学重思辨、重哲理奠定了坚实的基础。

在这个承上启下的过渡时期,荀学的地位是怎样的呢?很显然,与儒学相对黯淡一致,在隋唐时期,荀学并不像在两汉时期那么受人瞩目,甚至可以说,隋唐时期是荀学地位的转折期——如果说荀学在两汉尤其是西汉占据着儒学中心地位的话,那么在这一时期却因韩愈"大醇而小疵"的评断,几乎被从儒家道统中除名。但是,如果我们因此就认为荀学在隋唐时期隐而不显、一蹶不振的话,那就大错特错了。正如谭嗣同所说,"两千年来之学,荀学也"[①]。中国儒学史上"阳孟阴荀"的实际情况几乎从未发生过改变,隋唐时亦如此。"魏晋至隋唐时期(尤其是南北朝时期),儒家《礼》学受到极大重视,儒者大都注重研习《三礼》,统治者也常以《礼》学为指导思想的理论依据。儒家的'内圣外王'之道被做了片面地发挥。可以说,这一时期得到较为长足发展的是荀学而非孟学,是'外王'之道而非'内圣'之学。"[②]即使是以尊孟抑荀而著称的韩愈,其实际仍然是一位"孟皮荀骨"的人,而且"大概是历史上第一个'孟皮荀骨'的儒者"[③]。

自三国两晋南北朝直至唐,荀子与孟子在士人心目中的地位几乎在伯仲之间。虽然说《荀子》一书在唐之前没有人为其作注,但是荀子学说几乎都是受到褒扬的,比如司马迁以孟子、荀子合传,董仲舒作书美荀卿,刘向将荀子、孟子、董仲舒齐名等,甚至许多人在他们的著作与言行中将荀子放在孟子的前面加以赞扬。直到唐末宋初,唐儒基本上还是将孟荀齐名,等量齐观,并没有因韩愈的道统论而刻意贬抑荀子。因此,从整个隋唐时期来看,荀子在儒家中的地位与唐前并没有太大的变化,唐中期以前,荀子的地位甚至高于孟子,韩愈道统论及对荀子"大醇而小疵"的判定并未真正影响到唐代的荀学接受。

---

① 谭嗣同:《仁学》,蔡尚思、方行编:《谭嗣同全集》,第 337 页。

② 赵吉惠、郭厚安、赵馥洁等主编:《中国儒学史》,中州古籍出版社 1991 年版,第 504 页。

③ 刘又铭:《荀子的哲学典范及其在后代的变迁转移》,《汉学研究集刊》2006 年第 3 期。

第一节　荀学在隋唐的升降

荀子及荀学在隋唐时期的地位变迁，可以以韩愈为界限。韩愈之前，儒者对荀学的态度总体上以褒扬为主；韩愈之后，随着"道统"论的重建，部分儒者受到韩愈"大醇而小疵"说的影响，非议荀子的现象开始增多。但总体来看，荀子在隋唐儒学中仍与孟子齐名甚至是高于孟子的，唐代仍然是荀学的闪耀时期。

自隋至中唐，在时儒的眼中荀子的地位是高于孟子的，大多数儒家都将荀子放在了孟子的前面，称之为荀、孟。[①] 比如，隋朝经学家刘炫在《孝经述议序》中言：

> 孔氏参订时验，割析毫厘；文、武交畅，德刑备举，乃至管、晏雄霸之略，荀、孟儒雅之风；孙、吴权谲之方，申、韩督责之术。[②]

刘炫将荀子放在了孟子前面，认为二人能够承传儒道，有儒雅之遗风。

据《文中子》记载，郑国公魏徵（580～643 年）在谈到儒学传承的时候，曾提及荀子与孟子的贡献：

> 《周礼》，公旦所裁，《诗》《书》，仲尼所述，虽纲纪颓缺而节制具焉。荀、孟陈之于前，董、贾伸之于后，遗谈余义，可举而行。[③]

魏徵认为，虽然纲纪废弛，但《周礼》《诗》《书》等六经蕴含着丰富的纲领规范，荀子、孟子等人对此多有承继，可羽翼六经。同样，宰相长孙无忌（594～659 年）在《进五经正义表》中谈到六籍之文时也说："姬孔发挥于前，荀孟抑扬于后。"[④]肯定荀子的同时，先荀而后孟。

持同样观点的唐儒还有很多，宰相于志宁（588～665 年）在《太子少师中书令开府仪同三司并州都督上柱国固安昭公崔敦礼碑》中说：

---

① 周炽成曾对汉唐时期先荀后孟的现象进行归类，分为"与道统有关者""与文统有关者""与儒门有关者""见之于唐诗者"四类。（周炽成：《从先荀后孟之说看汉唐荀孟关系以及荀子在儒学中的地位》，《社会科学》2017 年第 5 期）

② 刘炫：《孝经述议序》，胡平生：《孝经译注》，中华书局 1996 年版，第 64 页。

③ 王福畤：《录唐太宗与房魏论礼乐事》，董诰等编：《全唐文》卷一六一，中华书局 1983 年版，第 1647 页。

④ 长孙无忌：《进五经正义表》，董诰等编：《全唐文》卷一三六，第 1374～1375 页。

崇荀、孟儒雅之风，郦申、商文峻之法，可谓廊庙之环宝，朝序之宗从者焉。①

其观点与刘炫相同，认为荀、孟有儒雅之风。

唐初政治家、史学家，编修《周书》的令狐德棻(580～666年)也说：

尧、舜、汤、武居帝王之位，垂至德以敦其风；孔、墨、荀、孟禀圣贤之资，弘正道以励其俗。②

他认为孔、墨、荀、孟有圣贤的资质，能够弘扬正道。

诗人卢照邻在《驸马都尉乔君集序》中说：

昔文王既没，道不在于兹乎？尼父克生，礼尽归于是矣。其后荀卿、孟子，服儒者之褒衣；屈平、宋玉，弄词人之柔翰。礼乐之道，已颠坠于斯文；《雅》《颂》之风，犹绵连于季叶。③

《南阳公集序》：

自获麟绝笔，一千三四百年。游、夏之门，时有荀卿、孟子。④

卢照邻认为，在孔门传承中，荀子、孟子均发挥了重要的作用。

初唐四杰之一的杨炯(650～693年)在《王勃集序》中赞颂王勃祖父文中子王通说：

闻风睹奥，起予道唯，摧摩三古，开阐八风。始摈落于邹、韩，终激扬于荀、孟。⑤

杨炯认为王通有荀子、孟子之文风，也是将荀子放在孟子的前面。

开元年间名相，政治家、文学家、诗人张九龄(673～740年)在《故辰州泸溪令赵公碣铭并序》中，也是先言荀，后言孟：

有唐泸溪令晋国赵君，讳某，字某，终于其位。呜呼！鲁史既没，称行者不在兹乎？荀孟以来，论命者亦何谓也？放其言而无苟，作合乃迁；行其志而不回，与权必遂。⑥

---

① 于志宁：《太子少师中书令开府仪同三司并州都督上柱国固安昭公崔敦礼碑》，董诰等编：《全唐文》卷一四六，第1471页。

② 令狐德棻等撰：《周书》，中华书局1971年版，第825页。

③ 李云逸校注：《卢照邻集校注》，中华书局1998年版，第301页。

④ 李云逸校注：《卢照邻集校注》，第313页。

⑤ 郭绍虞主编：《中国历代文论选》第2册，上海古籍出版社1992年版，第12页。

⑥ 张九龄著，刘斯翰校注：《曲江集》，广东人民出版社1986年版，第663页。

诗人、散文家李华(715～766年)《质文论》:

愚以为将求致理,始于学习经史。《左氏》《国语》《尔雅》《荀》《孟》等家,辅佐五经者也。[①]

他认为《荀子》《孟子》等典籍可以佐五经,并将《荀子》置于前。

散文家独孤及(725～777年)《毗陵集》附录:

后世虽有作者,六籍其不可及已。荀、孟朴而少文,屈、宋华而无根。有以取正,其贾生、史迁、班孟坚云尔。[②]

他认为荀子与孟子的文章虽然质朴但是缺少文采,屈原、宋玉的文章光彩照人但是缺少根本。这种评价只针对荀子、孟子作品的艺术性而言,并不涉及文道的传统。

散文家柳冕(730～804年)在其文中屡次提及荀、孟,且在论述时屡以荀子在前、孟子在后:

文章本于教化,形于治乱,系于《国风》;故在君子之心为志,形君子之言为文,论君子之道为教。《易》云'观乎人文,以化成天下',此君子之文也……行之者惟荀、孟、贾生、董仲舒而已。[③]

文章,技艺之流也。故夫子末之……至若荀、孟、贾生,明先王之道,尽天人之际,意不在文,而文自随之,此真君子之文也。[④]

文而知道,二者兼难,兼之者大君子之事。上之尧、舜、周、孔也,次之游、夏、荀、孟也,下之贾生、董仲舒也。[⑤]

柳冕在谈到能够明道的"君子之文"时,总是将荀子放在孟子的前面,而其他诸子的排序都以时间为先后,这一安排明显是有意为之,足见荀子在他心目中的地位。

唐中期诗人戴叔伦(732～789年)也曾先荀后孟称赞荀子。《意林序》曰:

三圣相师,大易光著,天地之功立矣,经传之功生焉,辅成一德,谓之六学。汉收秦业,其道方兴,置讲习训授之官,明君臣父子之体。虽礼乐

---

① 李华:《质文论》,董诰等编:《全唐文》卷三一七,第3213页。

② 梁肃:《常州刺史独孤及集后序》,《全唐文》卷五一八,第5261页。

③ 柳冕:《与徐给事论文书》,《全唐文》卷五二七,第5356～5357页。

④ 柳冕:《谢杜相公论房杜二相书》,《全唐文》卷五二七,第5354页。

⑤ 柳冕:《答徐州张尚书论文武书》,《全唐文》卷五二七,第5358页。

文缺，亦足以新忠孝仁义之大纲。至如曾孔荀孟之述，其□盖数百千家，皆发挥隐微，羽翼风教。①

戴氏赞许荀、孟二人，认为能够羽翼风教，也是先荀后孟。

吏部侍郎、少时即以文章著称的许孟容（743～818 年）也将荀子置于孟子之前，称赞荀子曰：

游、夏、荀、孟、李斯、谊之徒，是宜学者十驾百已，钻仰而宪章者也。②

唐代中期杰出的政治家、文学家裴度（765～839 年）在《寄李翱书》中称赞荀文说：

荀、孟之文，左右周、孔之文也。理身、理家、理国、理天下，一日失之，败乱至矣。③

他认为荀子、孟子之文能左右周、孔，有修身、齐家、治国、平天下的效用。

宰相、文学家权德舆（759～818 年）《比部郎中崔君元翰集序》曰：

荀况、孟轲，修道著书，本于仁义，经术之枝派也。④

他将荀、孟并提，认为能本于仁义之道，乃经术之枝派。另，其《唐故通议大夫梓州诸军事梓州刺史上柱国权公文集序》曰：

自孔门偃、商之后，荀况、孟轲，宪章六籍。⑤

同样先荀后孟，肯定荀子对六经的贡献。

由是观之，初唐及盛唐时期，时儒对荀子的评价依然延续了以往的观点，不仅很少有人对荀子提出批评，而且大都认为荀子能够羽翼六经、增光孔氏，与孟子的地位相当、各有千秋。虽然从时间上来看荀子后于孟子数十年，但儒者大多先言荀、后言孟，更加尊崇荀子。当然，这一时期内也有先孟后荀的说法，如《隋书·经籍志·子部》曰："仲尼祖述前代，修正六经，三千之徒，并受其义。至于战国，孟轲、子思、荀卿之流，宗而师之，各有著述，发明其指。"⑥《隋书·儒林传》曰："故仲尼顿挫于鲁君，孟轲抑扬于齐后，荀卿见珍于强楚，叔孙

---

① 戴文进：《戴叔伦诗文集笺注》，南京师范大学出版社 2013 年版，第 352 页。

② 许孟容：《穆公集序》，《全唐文》卷四七九，第 4898 页。

③ 裴度：《寄李翱书》，《全唐文》卷五三八，第 5461 页。

④ 权德舆撰，郭广伟点校：《权德舆诗文集》，上海古籍出版社 2008 年版，第 506 页。

⑤ 权德舆撰，郭广伟点校：《权德舆诗文集》，第 517 页。

⑥ 魏徵等撰：《隋书》，第 999 页。

取贵于隆汉。”[①]但这种情况是比较少见的。

就现有的资料来看，韩愈首开尊孟抑荀的先河。《读荀》：

孔子删《诗》《书》，笔削《春秋》；合于道者著之，离于道者黜去之。故《诗》《书》《春秋》无疵。余欲削荀氏之不合者，附于圣人之籍，亦孔子之志欤！孟氏醇乎醇者也；荀与扬，大醇而小疵。[②]

《原道》：

斯吾所谓道也，非向所谓老与佛之道也。尧以是传之舜，舜以是传之禹，禹以是传之汤，汤以是传之文、武、周公，文、武、周公传之孔子，孔子传之孟轲，轲之死，不得其传焉。荀与扬也，择焉而不精，语焉而不详。[③]

韩愈认为，荀子虽然“大醇”，但是仍有“小疵”之瑕，故难以与孟子“醇乎醇”匹敌。在儒道的传承中，荀子由于“择焉而不精，语焉而不详”，因此便没有了地位。

虽然韩愈在道统中排除了荀子，但是他总体上对荀子还是给予肯定的，比如《送孟东野序》言“孟轲、荀卿以道鸣者也”[④]，《进学解》言“荀卿守正，大论是弘”[⑤]，他的思想“是荀学一路”[⑥]。韩愈的道统论及尊孟抑荀的观点提出来以后，并没有产生多大的反响，其真正产生影响应该是在宋明理学出现并蔚然成风之后。

皇甫湜（777～835年）是韩愈的弟子，他在谈及孟、荀时，曾经先荀而后孟[⑦]；在论及人性论时，他对二人有褒有贬。《孟荀言性论》：

---

① 魏徵等撰：《隋书》，第1705页。

② 韩愈著，马其昶校注，马茂元整理：《韩昌黎文集校注》，上海古籍出版社2014年版，第41页。

③ 韩愈著，马其昶校注，马茂元整理：《韩昌黎文集校注》，上海古籍出版社2014年版，第20页。

④ 韩愈著，马其昶校注，马茂元整理：《韩昌黎文集校注》，上海古籍出版社2014年版，第261页。

⑤ 韩愈著，马其昶校注，马茂元整理：《韩昌黎文集校注》，上海古籍出版社2014年版，第53页。

⑥ 刘又铭：《荀子的哲学典范及其在后代的变迁转移》，《汉学研究集刊》2006年第3期。

⑦ 皇甫湜《谕业》：“若数公者，或传符于帝宰，或受命于神工，或凤翥词林，或虎踞文苑，或抗衡荀孟，或攘袂班扬，皆一时之豪彦，笔砚之麟凤。”

孟子曰：人之性善。荀卿曰：其善者，伪也。是于圣人皆一偏之论也。推而言之，性之品有三：下愚、中人、上智是也。圣人言性之品亦有三：可上、可下、不移是也。黄帝生而神灵，幼而徇齐；文王在母不忧，在师不烦；后稷不坼不副，克岐克嶷，谓上智矣。齐桓公以管仲辅之则理，以易牙辅之则乱。子夏出，见纷华而悦入，闻仁义而乐之，谓中人矣。越椒之生，熊虎之状，叔鱼之生，溪壑之心，谓下愚矣。是故有生而恶者，得称性善乎哉。有生而善者，得称性恶乎哉。故曰：孟子、荀卿之言，其于圣人，皆一偏之说也。穷理尽性，唯圣人能之，宜乎。微言绝而异端作，大义乖而一偏之说行。孟子大儒也，荀卿亦大儒也，岂特开异门，故持曲辩哉。盖思有所未至，明有所不周耳。即二子之说，原其始而要其终，其于辅教化、尊仁义，亦殊趋而一致，异派而同源也。何以明之？孟子以为恻隐之心，人皆有之；是非之心，人皆有之，性之生善，由水之趋下，物诱于外，情动于中，然后恶之焉。是劝人汰心源，返天理者也。荀卿曰：人之生，不知尊亲长，习于教，然后知焉；人之幼，不知礼让长，习于教，然后知焉。是劝人黜嗜，欲求良善也。一则举本以推末，一则自叶而流根，故曰二子之说，殊趋而一致，异派而同源也。虽然，孟子之心，以人性皆如尧、舜，未至者斯勉矣。荀卿之言，以人之性皆如桀、跖，则不及者斯怠矣。《书》曰：唯人最灵，《记》曰：人生而静，感于物而动，则轲之言合经为多矣，故为尤乎。①

他认为虽然孟子和荀子都是大儒，他们的人性论“辅教化、尊仁义，亦殊趋而一致，异派而同源”，同源而异出，但都是“一偏之论”，是“思有所未至，明有所未周”，即思考了但不精至，知晓了但不周全——一个是“举本以推末”，一个是“自叶而溯根”，均有所“未至”和“不及”。

杨倞(生卒年不详)是唐宪宗年间人，他的《荀子注》是现存最早的《荀子》注本。在序言中，他充分肯定了孟子及荀子的贡献，认为孔氏之道赖以不绝者，孟、荀之功不可磨灭：

陵夷至于战国……则孔氏之道几乎息矣，有志之士所为痛心疾首也！故孟轲阐其前，荀卿振其后。观其立言指事，根极理要，敷陈往古，掎挈当世，拨乱兴理，易于反掌，真名世之士，王者之师。又其书亦所以羽翼六

① 皇甫湜：《皇甫持正文集》，上海古籍出版社1994年版，第34～36页。

> 经，增光孔氏，非徒诸子之言也。盖周公制作之，仲尼祖述之，荀、孟赞成之，所以胶固王道，至深至备，虽春秋之四夷交侵，战国之三纲弛绝，斯道竟不坠矣。[①]

在杨倞看来，孟、荀二子同为孔门大宗，其学皆出于孔子，但后世对二人的评价有着明显的差异，忽略了对荀书的整理，故作《荀子注》为荀子鸣不平，赞扬荀子的贡献并阐发荀学义理。

晚唐时期，部分儒者因李斯焚书坑儒而罪及荀子，诗人陆龟蒙（？～约 881 年）即是一例。《甫里集·大儒评》：

> 世以孟轲氏、荀卿子为大儒。观其书不悖孔子之道，非儒而何？然李斯尝学于荀卿，入秦干始皇帝，并天下，用为左丞相。一旦诱诸生，聚而坑之，复下禁曰："天下敢有藏百家语，诣守尉烧之，偶语诗书者弃市。"
>
> 孔子之于弟子也，自仲由、冉求以下，皆言其可使之才。及其仁，则曰不知也。斯闻孔子之道于荀卿，位至丞相，是行其道得其志者也。反焚灭诗书，坑杀儒士，为不仁也甚矣。不知不仁，孰谓况贤？知而传之以道，是昧观德也。虽斯具五刑，而况得称大儒乎？吾以为不如孟轲。[②]

陆龟蒙认为，世人皆谓荀子为大儒的说法值得商榷，因为李斯焚书坑儒之罪与荀子脱不了干系，理由有二：如果荀子不能看清李斯的为人而传道于他，最终反而戕害了儒道，这说明荀子非贤人；如果荀子知晓李斯为人而传之以道，就证明荀子具有大过错。因此，荀子有着不可推卸的责任，所以荀子不如孟轲。

唐末时期，时人在论及孟荀的时候也多先孟后荀。如司空图（837～907年）《送草书僧归楚越》："虽孟、荀复生，岂拒之哉？"[③]《文中子碑》："道，制治之大器也，儒守其器者耳。故圣哲之生，受任于天，不可斫之以就其时。仲尼不用于战国，致其道于孟、荀而传焉，得于汉成四百之祚。"[④]五代徐铉（916～991年）《九叠松赞（并序）》也说："呜呼！荀、孟、屈、贾之徒，岂斯松之类邪？"[⑤]

当然，这一时期中也有为荀子鸣不平者，比如针对陆龟蒙将李斯之祸归于

---

① 《杨倞序》，王先谦：《荀子集解》上册，第 51 页。

② 陆龟蒙著，柏俊才选注：《陆甫里小品》，文化艺术出版社 1997 年版，第 40 页。

③ 周绍良主编：《全唐文新编》第 4 部第 3 册，吉林文史出版社 2000 年版，第 9933 页。

④ 周绍良主编：《全唐文新编》第 4 部第 3 册，第 9949 页。

⑤ 徐铉撰，李振中校注：《徐铉集校注》，中华书局 2018 年版，第 696 页。

荀子的观点，林慎思（844～880年）曾予以反驳，《伸蒙子·由天》：

赵女有巧饰容者，越女见之，谓倾国之态难移矣，岂知习之而反自胜邪？郢人有善调歌者，巴人闻之，谓贯珠之音可夺矣，岂知习之而反不及邪？且颜容喉舌，天然也，妍丑清浊岂有同乎？盖以齐庄运动，不得无师矣。仲尼昔师于老氏也，后设其教则大于老氏焉，是师其齐庄也，妍丑岂由于老氏乎？韩非、李斯昔师于荀卿也，后行其道则反于荀卿焉，是师其运动也，清浊岂由于荀卿乎？若使人有能否可褒责其师也，则妍丑清浊亦可移于人，不由天矣。①

林慎思认为，正如仲尼以老子为师但其思想观点却不由老子决定一样，李斯、韩非虽然以荀子为师，但他们的行为也不是由荀子所决定的。

晚唐时期，还有一位诗人值得我们关注，他就是杜牧（803～853年）。他不但在《论相》一文中称赞荀子为“大儒”，而且还在《三子言性辩》中明确主张性恶：

孟子言人性善，荀子言人性恶，扬子言人性善恶混。曰喜、曰哀、曰惧、曰恶、曰欲、曰爱、曰怒，夫七者情也，情出于性也。夫七情中，爱、怒二者，生而能自。是二者性之根，恶之端也。乳儿见乳，必拿求，不得即啼，是爱与怒与儿俱生也，夫岂知其五者焉。既壮，而五者随而生焉。或有或亡，或厚或薄，至于爱、怒，曾不须臾与乳儿相离，而至于壮也。君子之性，爱怒淡然，不出于道。中人可以上下者，有爱拘于礼，有怒惧于法也。世有礼法，其有逾者，不敢恣其情；世无礼法，亦随而炽焉。至于小人，虽有礼法，而不能制，爱则求之，求之不得即怒，怒则乱。故曰爱、怒者，性之本，恶之端，与乳儿俱生，相随而至于壮也。凡言性情之善者，多引舜、禹；言不善者，多引丹朱、商均。夫舜、禹二君子，生人已来，如二君子者凡有几人？不可引以为喻。丹朱、商均为尧、舜子，夫生于尧、舜之世，被其化，皆为善人，况生于其室，亲为父子，蒸不能润，灼不能热，是其恶与尧、舜之善等耳。天止一日月耳，言光明者，岂可引以为喻。人之品类，可与上下者众，可与上下之性，爱怒居多。爱、怒者，恶之端也。荀言人之性恶，比

① 林慎思：《伸蒙子》卷下，《知不足斋丛书》第10集，古书流通处景印本。

于二子，荀得多矣。[1]

杜牧从批评孟子的性善论和扬雄的性善恶混说入手，认为人性中的爱与怒是“性之本，恶之端”，与生俱来，相伴终生，先于其他五种情感——喜、哀、惧、恶、欲而生，后者是人成长过程中随着爱与怒而产生的。接着他又以舜、禹及丹朱、商均正反两方面的例子来说明人类之中为善者像日月一样稀少，而拥有爱、怒的人居多，故荀子的性恶论比孟子、扬雄的人性论要高明得多。

综上可知，韩愈之后先荀后孟的提法少了，孟荀并重、先孟后荀的多了，而且有部分儒者开始质疑荀子。但总体来看，韩愈的道统论与“大醇而小疵”的看法对荀子地位影响并不像后人想象的那么大，时儒还是总体上肯定荀子的。

第二节 隋唐诸儒对荀学的接受

总的来说，隋唐时期的儒学倾向于经世致用，对于儒家精神义理的追求则相对有所不足，因此这就与荀学的特质相融。就荀学的接受而言，王通、韩愈、柳宗元、刘禹锡等都对荀学经世致用的内容加以吸收，到唐后期，荀学“闪耀着光辉，特别是荀子的天人相分说得到了空前的阐扬”[2]。

一、王通

统一南北之后，隋朝统治者随即对文化思想进行统一。就儒学而言，隋代有两大系统：以刘焯（544～608 年）、刘炫（约 546～约 613 年）为代表的经学派和以王通（584～617 年）为代表的经世学派。经学派专注于注经，延续的是汉代的经学传统。刘焯、刘炫虽然聪慧绝顶、能够学究天人，但其思想却未能超出经学章句的范围，更缺乏济世救民的宏伟抱负而鄙俗不堪，真正对儒学有所贡献的是王通。王通，字仲淹，“初唐四杰”之一王勃的祖父。生于世代冠冕之家，学术渊源深厚，是一个志怀天下的经世之儒。在他死后，门人弟子私谥为“文中子”，著有《太平十二策》《续六经》《中说》等。《文中子・王道》：

甚矣！王道难行也。吾家顷铜川六世矣，未尝不笃于斯，然亦未尝得

① 杜牧著，陈允吉校点：《杜牧全集》，上海古籍出版社 1997 年版，第 67～68 页。

② 马积高：《荀学源流》，第 230 页。

宣其用，退而咸有述焉，则以志其道也。”盖先生之述曰《时变论》六篇，其言化俗推移之理竭矣。江州府君之述曰《五经决录》五篇，其言圣贤制述之意备矣。晋阳穆公之述曰《政大论》八篇，其言帝王之道著矣。同州府君之述曰《政小论》八篇，其言王霸之业尽矣。安康献公之述曰《皇极谠义》九篇，其言三才之去就深矣。铜川府君之述曰《兴衰要论》七篇，其言六代之得失明矣。余小子获睹成训，勤九载矣。服先人之义，稽仲尼之心，天人之事，帝王之道，昭昭乎！[①]

王通六世祖王玄则著有《时变论》，言变化风俗的道理；五世祖王焕著有《五经决录》，言圣贤著作的内涵；四世祖王虬著有《政大论》，言帝王之道；三世祖王彦著有《政小论》，言王霸之道；祖父王一著有《皇极谠义》，言天、地、人三才的关系与地位；父亲王隆著有《兴衰要论》，以史为鉴言六代得失；王通自长安归著《六经》，继承家学，确立了一生为之奋斗的三个目标：征圣人之意、言天人之事、谈帝王之道。从这个人生目标中，我们不但能够看出他对儒学推崇，也能看出其传承荀学的思想脉络；或者说，王通以儒者的立场，有意或无意地用荀学的范式诠释和发扬着儒学。两人不但在观点上有诸多一致之处，而且其理论路线也非常相似。

（一）对荀子“天生人成”思想的化用

天人问题一直是中国哲学的核心问题，中国人的宇宙观与人生观等价值体系都是在对于天人关系的探讨中建立起来的，帝制时期的统治者在证明其政权合法性的时候总是将君权神授作为最基本的条件，故天人问题一直都是历代思想家所热衷的话题，无论是诸子百家还是儒、释、道，都对这个问题进行过无数次的探讨。比如司马迁立志“究天人之际，通古今之变，成一家之言”[②]，其首先要探究的就是天人问题；北宋哲学家邵雍说“学不际天人，不足谓之学”[③]，等等。王通对于天人关系问题也是特别关注的。他说：“余小子获睹成训，勤九载矣。服先人之义，稽仲尼之心，天人之事，帝王之道，昭昭乎！”[④]

与荀子一样，王通的天人观建立在对天、地、人相参的基本认知上。在《文

① 马天祥译注：《中说》，中华书局 2020 年版，第 2 页。

② 班固撰，颜师古注：《汉书》，第 2068 页。

③ 邵雍：《邵雍集》，中华书局 2010 年版，第 156 页。

④ 马天祥译注：《中说》，第 2 页。

中子·立命》中，他说：

薛收曰："敢问天神、人鬼，何谓也？周公其达乎？"子曰："大哉！周公。远则冥诸心也。心者非他也，穷理者也，故悉本于天；推神于天，盖尊而远之也，故以祀礼接焉。近则求诸己也，己者非他也，尽性者也，卒归之人；推鬼于人，盖引而敬之也，故以飨礼接焉。古者观盥而不荐，思过半矣。"薛收曰："敢问地祇。"子曰："至哉！百物生焉，万类形焉。示之以民，斯其义也。形也者，非他也，骨肉之谓也。故以祭礼接焉。"收曰："三者何先？"子曰："三才不相离也，措之事业，则有主焉，圜丘尚祀，观神道也；方泽贵祭，察物类也；宗庙用飨，怀精气也。"收曰："敢问三才之蕴。"子曰："至哉乎问！夫天者，统元气焉，非止荡荡苍苍之谓也；地者，统元形焉，非止山川丘陵之谓也；人者，统元识焉，非止圆首方足之谓也。乾坤之蕴，汝思之乎？"[①]

从这段话中，我们可以看出王通的天人观几乎全都来源于荀子：

第一，将天看成是自然运行的规律，以"元气"论天，断绝了天的神秘意味，否定了天人感应及天降灾异的观点。在《文中子·周公篇》中，他说："《诗》《书》盛而秦世灭，非仲尼之罪也；虚玄长而晋室乱，非老、庄之罪也；斋戒修而梁国亡，非释迦之罪也。《易》不云乎：苟非其人，道不虚行。"[②]王通认为秦朝的灭亡与孔子没有任何关系，东晋的灭亡与老庄没有任何关系，梁朝的灭亡与佛教没有任何关系，同样，人事的兴废也与天地没有任何关系，关键在于人的行为。故他又在《文中子·魏相》中说"天不为人怨咨而辍其寒暑，君子不为人之丑恶而辍其正直"[③]，在肯定自然规律性的同时割断了天人之间的感应关系。这种思想，完全是对荀子"天行有常，不为尧存，不为桀亡"(《天论》)及"天不为人之恶寒也辍冬，地不为人之恶辽远也辍广"(《天论》)观点的复制。

第二，通过对"三才不相离"的论说，提出了天、地、人相参的观点，认为三者有不同的特点和不同的作用，不能将其混淆。这种观点也来自于荀子。荀子说："天有其时，地有其财，人有其治，夫是之谓能参。"(《天论》)"参"，三也。"天、地、人能三也"就是三者之间要形成相对独立而又交互为用的关系。

---

① 马天祥译注：《中说》，第 295 页。
② 马天祥译注：《中说》，第 128 页。
③ 马天祥译注：《中说》，第 274 页。

第三，在天、地、人三者当中，王通更重视人的作用和价值。他虽然说“三才不相离也”，但也坚定地认为居于主导地位的是人。《文中子·魏相》：

薛收问《易》。子曰：“天地之中非他也，人也。”收退而叹曰：“乃今知人事修，天地之理得矣。”[①]

天、地、人虽然互相联系、不可分离，但是只有人才能够掌握并利用自然规律，只有通过人的活动才能展现出天地的精神。荀子也说：“道者，非天之道，非地之道，人之所以道也，君子之所道也。”（《儒效》）“天地生君子，君子理天地。”（《王制》）可见，两人的观点完全相同。

除此之外，王通还明确提出“天生人成”的观点，而这正是荀子思想的核心内容。他说：

天生之，地长之，圣人成之。故天地立而《易》行乎其中矣。[②]

天地生我而不能鞠我，父母鞠我而不能成我，成我者夫子也。道不啻天地父母，通于夫子，受罔极之恩。吾子汩彝伦乎？[③]

与荀子一样，王通明确区分了天与人不同的职分，认为天生万物，地长万物，圣人使万物臻于完善，这样才能够尽其才用；天地生我却不能抚养我，父母抚养我却不能使我成才，使我成才的是圣人。

由此可见，王通的天人观几乎就是对荀子天人观的复制。他虽然也曾提到神、鬼的问题，但他像荀子一样剥离了其中的迷信成分，以“神道设教”的文化含义加以解释。他说：

推神于天，盖尊而远之也。故以祀礼接焉。……推鬼于人，盖引而敬之也，故以飨礼接焉。[④]

推崇天上的神，是为了敬而远之；各种鬼神的说法，是为了让人敬而远之。这种观点也就是荀子说的“君子以为文”：

日月食而救之，天旱而雩，卜筮然后决大事，非以为得求也，以文之也。故君子以为文，而百姓以为神。以为文则吉，以为神则凶也。（《天论》）

① 马天祥译注：《中说》，第 270～271 页。

② 马天祥译注：《中说》，第 270 页。

③ 马天祥译注：《中说》，第 26 页。

④ 马天祥译注：《中说》，第 295 页。

发生日食和月食,人们就会敲盘打鼓呼救;干旱来临,人们就会祭祀求雨。占卜之后才能决断大事,这些都不是因为真的能够求到什么,只是用来文饰政事而已,百姓却认为这是神仙显灵;认为文饰政事就是好事,认为是神仙显灵,那就大错特错了。

(二)对荀子礼乐之道的继承

王通以"天生人成"思想为基本原则,认为天地只有生人之功,而没有养成之功,养成要依靠圣人;圣人早已仙逝,故依靠圣人,也就是要依靠圣人之道。他重视圣人之道的观点,贯穿于其整个思想和著作之中。

王通所处的时代,天下初定,佛学兴盛而儒学地位日趋低落。他描述当时的情形说:"冠礼废,天下无成人矣;昏礼废,天下无家道矣;丧礼废,天下遗其亲矣;祭礼废,天下忘其祖矣。"[①]面对礼崩乐坏的情形,他感叹说:"上失其道,民散久矣。"[②]"甚矣,王道难行也。"[③]"帝王之道其暗而不明乎!"[④]"道之不胜时已久,吾将若之何?"[⑤]故王通一生以"明王道"为己任,对恢复王道政治有一种强烈的历史使命感,他的奋斗目标之一便是"议帝王之道":

> 卓哉!周、孔之道。其神之所为乎?顺之则吉,逆之则凶。[⑥]
>
> 不知道,无以为人臣,况君乎?[⑦]

"王道"就是礼义之道、周孔之道。礼义之道是处世的准则,一定要时刻遵守,否则就会凶险;不懂得礼义之道,不能为人臣,更不能为人君。

什么是礼义之道?王通认为礼义之道的核心内容是以"仁义"为核心的"五常":

> 问道。子曰:"五常一也。"[⑧]
>
> 仁义其教之本乎?先王以是继道德而兴礼乐也。[⑨]

---

① 马天祥译注:《中说》,第 192 页。
② 马天祥译注:《中说》,第 328 页。
③ 马天祥译注:《中说》,第 2 页。
④ 马天祥译注:《中说》,第 7 页。
⑤ 马天祥译注:《中说》,第 9 页。
⑥ 马天祥译注:《中说》,第 13 页。
⑦ 马天祥译注:《中说》,第 309 页。
⑧ 马天祥译注:《中说》,第 224 页。
⑨ 马天祥译注:《中说》,第 196 页。

五常，也就是仁、义、礼、智、信。五常之中最根本的是仁、义，五者缺一不可，共同组成一个整体，缺少了任何一个，整体也就不存在了。如何将仁、义落实到现实生活中？这就需要遵守切实可行的礼乐制度。为了强调礼乐的重要性，王通不仅特别作了《礼乐篇》来阐述其观点，而且在《文中子》一书中，他像荀子一样屡次将礼、乐并举，多达21次。他说：

> 二帝、三王，吾不得而见也，舍两汉将安之乎？大哉！七制之主。其以仁义公恕统天下乎！其役简，其刑清，君子乐其道，小人怀其生。四百年间，天下无二志，其有以结人心乎？终之以礼乐，则三王之举也。[①]

二帝三王（唐尧、虞舜、夏禹、商汤、周武王）现今已无缘得见，故我们只能效法距离我们较近的两汉。汉代的贤君能以仁义公正治天下，君子喜爱其道义，小人能安于生计，四百多年天下无异心，他们靠什么团结人心？这就是自始至终崇尚并施行礼乐。故汉世之所以清明，都是因为能够施行礼乐之治。所以，即使是有仁义，也必须依靠礼乐制度。为此，他还特别批评了时人认为有“仁”就不需要“礼”的错误观点：

> 或曰：“君子仁而已矣，何用礼为？”子曰：“不可行也。”或曰：“礼岂为我辈设哉？”子不答，既而谓薛收曰：“斯人也，旁行而不流矣，安知教意哉？有若谓先王之道，斯为美也。”[②]

有的人认为君子只要“仁”就不需要“礼”了，王通则说不可行；如果别人再问的时候，他就不屑于回答这个问题了。“王道盛则礼乐从而兴焉”[③]，即王道与礼乐相辅相成、互为依存，王道盛则礼乐兴，礼乐兴则王道盛。

荀子也特别重视礼乐的作用，礼乐是他“在政治上永恒的乡愁”[④]。荀子不但是中国思想史上第一个将礼、乐对举而论的儒者，而且他“第一个比较系统地谈到了礼与乐的关系，谈到了‘礼乐’的起源、性质和作用，从而奠定了我国‘礼乐’思想的理论基础”[⑤]。荀子说：“乐行而志清，礼修而行成。”“先王导之以

---

① 马天祥译注：《中说》，第59页。

② 马天祥译注：《中说》，第186页。

③ 马天祥译注：《中说》，第77页。

④ 徐复观：《中国艺术精神》，春风文艺出版社1987年版，第21页。关于礼、乐在荀子思想中的重要性，可参见刘延福：《荀子文艺思想研究》，第164～172页。

⑤ 蒋孔阳：《先秦音乐美学思想论稿》，人民文学出版社1986年版，第176～177页。

礼乐，而民和睦。”“先王之道，礼乐正其盛者也。”（《乐论》）荀子也特别强调仁义礼乐相辅相成、互相依存的特点，认为“仁、义、礼、乐，其致一也。君子处仁以义，然后仁也；行义以礼，然后义也；制礼反本成末，然后礼也。三者皆通，然后道也”（《大略》）。荀子将王道与礼乐联系起来，强调礼乐社会作用的观点，与王通完全一致。

不仅如此，王通还将五伦之礼上升到“与太极合德，神道并行”的高度，这也是与荀子相同的地方。他说：

> 子游孔子之庙，出而歌曰：“大哉乎！君君臣臣，父父子子，兄兄弟弟，夫夫妇妇，夫子之力也。其与太极合德，神道并行乎?”王孝逸曰：“夫子之道，岂少是乎?”子曰：“子未三复‘白圭’乎？天地生我而不能鞠我，父母鞠我而不能成我，成我者夫子也。道不啻天地父母，通于夫子，受罔极之恩。吾子汩彝伦乎?”孝逸再拜谢之，终身不敢臧否。[①]

天地、父母虽然生我、养我，但他们只能使我像一个自然存在的人，并不能使我成才、让我明道。让我明道的是孔子，是礼义之道、礼乐之道，所以说五伦“与太极合德，神道并行”。荀子在谈礼的时候也认为五伦能够“与天地同理，与万世同久”，他说：“君臣、父子、兄弟、夫妇，始则终，终则始，与天地同理，与万世同久，夫是之谓大本。”（《王制》）

（三）对荀子明道、征圣、宗经观的继承

荀子是最早明确提出明道、征圣、宗经观点的儒者，王通虽然没有用这些明确的词语来说明自己对圣人之道和典籍的尊崇，但其思想却是与此相通的。

“明道”，也就是“明王道”、明礼义之道，这是王通思想的核心，也是他人生三大目标之一。“文中子之教，继素王之道，故以《王道篇》为首。”[②]“《书》以辩事，《诗》以正性，《礼》以制行，《乐》以和德，《春秋》《元经》以举往，《易》以知来。先王之蕴尽矣。”[③]他作《续六经》就是想仿效孔子，使先王之道能够延续下去。

“征圣”，也就是以圣人为师。“稽仲尼之心”是王通人生的三大目标之一。他将王道、礼义之道看成“周孔之道”，认为“天地生我而不能鞠我，父母鞠我而不能成我，成我者夫子也”，并借用薛收的话说：

---

① 马天祥译注：《中说》，第 26 页。

② 马天祥译注：《中说》，第 323 页。

③ 马天祥译注：《中说》，第 247～248 页。

> 今乃知天下之治，圣人斯在上矣；天下之乱，圣人斯在下矣。圣人达而赏罚行，圣人穷而褒贬作，皇极所以复建而斯文不丧也。不其深乎？[①]

圣人受重用，天下便太平清明；圣人不受重用，天下便大乱。圣人得志，则赏罚分明；圣人不得志，则寄寓褒贬的文章出现；依靠圣人，帝王统治的准则得以复建，礼乐制度也就不会沦丧了。《中说·天地》：

> 吾视千载已上，圣人在上者，未有若周公焉。其道则一，而经制大备，后之为政，有所持循。吾视千载而下，未有若仲尼焉。其道则一，而述作大明，后之修文者，有所折中矣。千载而下，有申周公之事者，吾不得而见也；千载而下，有绍宣尼之业者，吾不得而让也。[②]

周公使天下"经制大备"，孔子使经典"述作大明"。在当时的社会情势下，儒者虽不能振兴周公之业，但却可以效法孔子著书立说，应该以圣人为师，以圣人遗教作为验证的准则。这种观点，与荀子将圣人看作"人道之极"(《礼论》)、"以圣王为师"(《解蔽》)的征圣论完全一致。

"宗经"，也就是推崇经典，以经典为宗。王通用了九年时间研习祖传六世家学，他说："王道之驳久矣，礼乐可以不正乎？大义之芜甚矣，《诗》《书》可以不续乎？"[③]于是他作《续六经》，以表明他对六经的推崇和"绍宣尼之业"的志向，可惜后来遗失了。关于经典的价值，王通说：

> 昔圣人述史三焉：其述《书》也，帝王之制备矣，故索焉而皆获；其述《诗》也，兴衰之由显，故究焉而皆得；其述《春秋》也，邪正之迹明，故考焉而皆当。此三者，同出于史而不可杂也。故圣人分焉。[④]
>
> 《春秋》《元经》于王道，是轻重之权衡，曲直之绳墨也，失则无所取衷矣。[⑤]

王通认为，《书》完备了帝王的制度，《诗》展现了世事兴衰的缘由，《春秋》明确了邪正之分。对于王道政治，《春秋》《元经》就像可以称量轻重的权衡、可以测曲直的绳墨，没有它们就不能够归于中道了。此外，他又提出了"《书》以辩事，

① 马天祥译注：《中说》，第11页。
② 马天祥译注：《中说》，第61页。
③ 马天祥译注：《中说》，第59页。
④ 马天祥译注：《中说》，第6页。
⑤ 马天祥译注：《中说》，第95页。

《诗》以正性,《礼》以制行,《乐》以和德,《春秋》《元经》以举往,《易》以知来"[①]的观点,这与荀子说的"《诗》言是其志也,《书》言是其事也,《礼》言是其行也,《乐》言是其和也,《春秋》言是其微也"(《儒效》)的观点也是一致的。

(四)对荀子"通变观"与"法后王"思想的继承

在"法先王"还是"法后王"的问题上,荀子既主张"法先王",也主张"法后王"。荀子认为,先王既能够为礼义"立文"[②],又能够"明礼义"[③],还能够"审礼"[④]以行,故必须"法先王"。然而,"文久而灭,节族久而绝"[⑤],时间久了先王之道也就难以详知了,因此"欲观圣王之迹,则于其粲然者矣,后王是也"(《非相》),同时也主张"法后王"。由此可见,在荀子的心目中先王与后王并无本质上的差异,只有详略之别,因此一定要做到"明通而类"(《不苟》):"通"就是"不变"、是"一",只有"通"才能够"万物得其宜,事变得其应"(《儒效》),做到"以近知远,以一知万"(《非相》)、"以古持今,以一持万"(《儒效》),因此"万"就是多、是"变"。"通"是"变"的前提,"变"是知"通"后的权变、时变。很显然,荀子"法后王"的思想,是其"举措则时"(《强国》)、"宗原应变"(《非十二子》)的"通变观"的具体体现。[⑥]

王通虽然没有明确提出"法后王"的观点,但由于他的通变观与荀子完全一致,所以在论述先王之道、礼义之道的时候非常重视"时异事变"。在《文中子·周公》中,他通过区分"道"与"器"的方式阐述了自己的通变观:

> 温彦博问:"嵇康、阮籍何人也?"子曰:"古之名理者,而不能穷也。"曰:"何谓也?"子曰:"道不足而器有余。"曰:"敢问道器。"子曰:"通变之谓

---

① 马天祥译注:《中说》,第247～248页。

② 《荀子·礼论》:"先王案为之立文,尊尊亲亲之义至矣。"

③ 《荀子·富国》:"先王明礼义而一也。"

④ 《荀子·君道》:"古者先王审礼以方皇周浃于天下,动无不当也。"

⑤ 《荀子·非相》:"妄人者,门庭之间,犹可诬欺也,而况于千世之上乎!……五帝之外无传人,非无贤人也,久故也。五帝之中无传政,非无善政也,久故也。禹汤有传政而不若周之察也,非无善政也,久故也。传者久则论略,近则论详;略则举大,详则举小。愚者闻其略而不知其详,闻其详而不知其大也,是以文久而灭,节族久而绝。"

⑥ 关于荀子的"通变观"及其在儒学上的贡献,可参阅陈昭瑛《"通"与"儒":荀子的通变观与经典诠释问题》(陈昭瑛:《儒家美学与经典诠释》,(台北)台湾大学出版中心2005年版,第91～115页)在这篇文章中,作者认为在先秦儒家典籍中论"通""权"最多的是荀子,且荀子是最早在通变观中论及"古今"之变的理论家。

道，执方之谓器。”[1]

王通认为嵇康、阮籍善于谈名理但却不能够穷其变，他们或失于不足、或失过度，是“道不足而器有余”。何谓“道”“器”？“道”就是运动变化的规律、是通变，即能够把握事物运动变化的规律；“器”就是静止、稳定的形体，是执方，即墨守成规、不知变通，嵇康、阮籍等人墨守成规、不知通变，就是这一类人。他强调说：

通其变，天下无弊法；执其方，天下无善教。[2]

通晓事物发展变化的规律，则天下没有弊漏之法；偏执于一隅，则天下没有善于教化者。因此，当王通的门人房玄龄请求学习王通“遵王道，推霸略，稽今验古”的《太平十二策》时，他说：“时异事变，不足习也。”[3]认为时间不同，情形有变，应该随时而变通，故以前的著作现今就不一定值得再学习了。

正因为有这种“时异事变，不足习也”的通变观，王通在尊崇先王及仲尼的同时，也对近古两汉的“七制之主”大加赞赏。他说：

二帝、三王，吾不得而见也，舍两汉将安之乎？大哉！七制之主。其以仁义公恕统天下乎！其役简，其刑清，君子乐其道，小人怀其生。四百年间，天下无二志，其有以结人心乎？终之以礼乐，则三王之举也。[4]

我们不能见到二帝、三王，因此舍弃距今更近的两汉又能去往哪里？汉代的七位贤君，使天下之人四百多年没有二心，这是何其伟大！因此，虽然三王制定了崇尚礼乐的根本，但我们切不可专以遥不可及的二帝三王为效法的偶像，而应以两汉的七位贤君为当世效法的榜样。我们效法三王，是因为他们自始至终崇尚礼乐，这是不变的根本，也就是“通”；现在效法两汉七位贤君，因为“其役简，其刑清”，这是“时异事变”，是“变”。王通的这种观点，也就是荀子既要“法先王”又要“法后王”的观点。

---

① 马天祥译注：《中说》，第113页。

② 马天祥译注：《中说》，第117页。

③ 马天祥译注：《中说》，第259页。

④ 马天祥译注：《中说》，第59页。

综上所述,作为在儒学道统中起着承上启下作用的隋代大儒[①],王通的许多思想与荀学有着千丝万缕的联系。可惜今人从未对其有所关注,更没有人对二人的思想传承有过探究,实乃荀学史上一大遗憾。

二、韩愈

陈寅恪先生在《论韩愈》一文中说:

> 唐代之史可分前后两期,前期结束南北朝相承之旧局面,从后期开启赵宋以降之新局面,关于政治社会者如此,关于文化学术者亦莫不如此。退之者,唐代文化学术史上承前启后转旧为新关捩点之人物。[②]

陈先生认为,韩愈是唐代儒学中的关键性人物,在他的倡导下,古文运动声势浩大地开展并实践开来,儒学由此逐渐得以重振和复兴。除此之外,在荀学史上,韩愈也是关键性的人物,他对荀子作出的"大醇而小疵"的评断,在许多黜荀者"添油加醋"地过度引申后形成了"排荀"的风气,使荀学广受诟病长达千余年。从第一个意义上说,韩愈对儒学具有继往开来、阐述圣功的作用;从第二个意义上说,韩愈实乃荀学的"罪人",是荀子说的只能够"观于道之一隅,而未之能识"(《解蔽》),有"心术之患"(《解蔽》)的人。因为到了韩愈这里,孟子依然是"醇乎醇",荀子却成了"大醇而小疵"了。

韩愈对荀子的评价并不高,甚至有了"扬孟抑荀"的味道,然而有趣的是,

---

① 比如皮日休、司空图、孙复、石介等都将王通看成儒家道统中的一员。皮日休说:"夫孟子、荀卿,翼传孔道,以至于文中子……文中之道,旷百世而得室授者,惟昌黎文公焉。"(皮日休:《请韩文公配享太学书》,《全唐文》卷七六九,第8349~8350页)司空图说:"道,制治之大器也……仲尼不用于战国,致其道于孟荀而传焉,得于汉成四百之祚。五胡继乱,极于周齐,天其或者生文中子以致圣人之用,得众贤而廓之,以俟我唐,亦夫命也。"(司空图:《文中子碑》,《全唐文》卷八〇九,第8506页)孙复说:"自夫子没,诸儒学其道、得其门而入者鲜矣,唯孟轲氏、荀卿氏、扬雄氏、王通氏、韩愈氏而已。彼五贤者,天俾夹辅于夫子者也。"(孙复:《上孔给事书》,《全宋文》第19册,中华书局1983年版,第292页)石介说:"孔子殁,扬墨作,道大坏也,孟子存之。战国盛,仪秦起,道大坏也,荀况存之。汉祚微,王莽篡,道大坏也,扬雄存之。七国弊,王纲圮,道大坏也,文中子存之。齐梁以来,佛老炽,道大坏也,吏部存之。"(石介:《救说》,《全宋文》第29册,第310页)

② 陈寅恪:《论韩愈》,《金明馆丛稿初编》,三联书店2009年版,第332页。

韩愈虽然贬低荀子并且推崇孟子，但是他的思想“是荀学一路”[①]。

（一）韩愈对荀子“大醇而小疵”的判定

就荀子在儒学中的地位而言，自司马迁将孟、荀并举之后，论者在谈及儒学时总是将两者放在一起，甚至还有许多人将荀子放在孟子的前面。如前所述，在韩愈生活的唐代，许多人仍然先言荀而后言孟。然而，到了韩愈，这种千年来孟荀并列的局面被打破了，他在《读荀》及《原道》中首开扬孟而抑荀之风。《读荀》：

> 及得荀氏书，于是又知有荀氏者也。考其辞，时若不醇粹；要其归，与孔子异者鲜矣。抑犹在轲、雄之间乎？……孟氏，醇乎醇者也；荀与扬，大醇而小疵。[②]

此文名曰《读荀》，实际上是对孟子、荀子及扬雄的综合评论。韩愈在梳理圣人之道在后世的传承状况时，认为荀子、扬雄不在道统之内。在评价荀子时，他认为荀学的旨归虽然与圣人之道无异（“要其归，与孔子异者鲜矣”），但是考究其辞，却有“不醇粹”的情况，处在孟轲与扬雄之间，所以他希望能够像孔子删《诗》《书》、笔削《春秋》一样“削荀氏之不合者”。他评价荀子说“大醇而小疵”，即大体能传圣人之道，但也存在“不醇粹”的情况。在《原道》中，他再次谈到了荀子的“不醇粹”：

> 斯吾所谓道也，非向所谓老与佛之道也。尧以是传之舜，舜以是传之禹，禹以是传之汤，汤以是传之文、武、周公，文、武、周公传之孔子，孔子传之孟轲，轲之死，不得其传焉。荀与扬也，择焉而不精，语焉而不详。[③]

按照他的说法，儒家道统的传承路线是尧、舜、禹、汤、文王、武王、周公、孔子、孟子，孟子死后，这条道统也就断了，至于荀子与扬雄，他们对于圣人之道的阐发不精当、不全面，故不应该算在道统里面。韩愈所说的这条道统的路线，后来被儒家奉为不易之论，自此以后，荀子在儒家的地位日益下降，到了明嘉靖

---

① 刘又铭：《荀子的哲学典范及其在后代的变迁转移》，《汉学研究集刊》2006 年第 3 期。

② 韩愈著，马其昶校注，马茂元整理：《韩昌黎文集校注》，第 41 页。

③ 韩愈著，马其昶校注，马茂元整理：《韩昌黎文集校注》，第 20 页。

九年(1530年),荀子被罢祀,连在文庙吃冷猪肉的资格都没有了。[①]

将荀子排斥在道统之外,是否意味着韩愈认为荀子的思想毫无可取?显然并非如此。他在《进学解》中曾经高度评价荀子的贡献,认为荀子能"守正""大论是弘",能够"吐辞为经,举足为法,绝类离伦,优入圣域",这可是很高的评价。[②] 既然荀子能够"优入圣域",这也意味着荀子仍在道统之内。如何看待韩愈这一看似矛盾的观点?周炽成说:"韩愈对荀子、扬雄的不同看法,也可用时间先后来解释:年轻时肯定其在道统之地位,后来则拒之于道统外。随着年龄增大,韩愈更自信,对两人的评价降低,事实上暗示自己接上孟子。他大胆地把荀扬排除于道统之外,表明他思想上更成熟、更定型。"[③]这种观点,从韩愈思想历程的发展上看是说得通的[④],但这似乎不能说明一个更深层次的问题:在道统的传承上,摇摆的为什么是荀子而不其他人?我们认为,韩愈排斥荀子并不是因为荀学非圣人之道,他自己也曾说荀书"与孔子异者鲜矣",而是由于荀子的人性论太过于"另类",与孟子的性善论格格不入;又因为荀子的批判精神太为强烈,除孔子外几乎所有的儒者都受到了他的批评,这对奉行中庸之道的传统儒者来说不异于"异端"。韩愈提倡复古运动,目的是"道济天下之溺",恢复地位日益陨落的儒道,故他必须以最大的可能获得绝大多数儒者的支持。孟子的内圣之说自汉以后逐渐成为儒者的共识,其性善论的观点及"扩而充之"的理论路线与孔子"仁者爱人""修己以安人"的观点相符,因而也就最易受到儒者的认同;相反,若以荀子的性恶说作为理论资源,反对者必定众多。扬孟抑荀的效果要比扬荀抑孟的效果更好,韩愈自然也就选择前者了。

由此可见,韩愈虽然认为荀子"大醇而小疵",但总体上还是认同荀子在儒学上的贡献的。他虽然将荀子排斥在道统之外,但仍然认为荀子能够"守正""优入圣域"。荀子在韩愈心目中的地位,并非许多论者说的完全是贬抑。不仅如此,韩愈还吸收了荀学中许多有益于建立其"道统"的思想,根据自己的需

---

① 荀子从祀孔子是宋神宗元丰七年(1084年),这说明从官方意识上看,荀子的地位虽然不及孟子,但至少在宋代仍然被尊奉为传圣人之道的人物。

② 韩愈著,马其昶校注,马茂元整理:《韩昌黎文集校注》,第53页。

③ 周炽成:《唐宋道统新探》,《哲学研究》2016年第3期。

④ 实际上,《进学解》的写作时间是晚于《原道》与《读荀》的。(张明、胡磊:《论韩愈的荀学观》,《学习与探索》2016年第11期)

要进行了创造性转化。

(二)韩愈的人性论及由此所引发的荀学理路

韩愈尊崇孟子,以孟子为“醇乎醇”,以荀子为“大醇而小疵”,但在人性论上,他既不赞成孟子的性善论,也不赞成荀子的性恶论,而是提出了“性三品”的说法。他的人性论观点,主要集中在“五原”(《原道》《原性》《原毁》《原人》《原鬼》)中的《原性》。在这一篇中,韩愈说:

> 性也者,与生俱生也;情也者,接于物而生也。性之品有三,而其所以为性者五;情之品有三,而其所以为情者七。
>
> 曰何也?曰:性之品有上中下三。上焉者,善焉而已矣;中焉者,可导而上下也;下焉者,恶焉而已矣。其所以为性者五:曰仁、曰礼、曰信、曰义、曰智。上焉者之于五也,主于一而行于四;中焉者之于五也,一不少有焉,则少反焉,其于四也混;下焉者之于五也,反于一而悖于四。性之于情视其品。情之品有上中下三,其所以为情者七:曰喜、曰怒、曰哀、曰惧、曰爱、曰恶、曰欲。上焉者之于七也,动而处其中;中焉者之于七也,有所甚,有所亡,然而求合其中者也;下焉者之于七也,亡与甚,直情而行者也。情之于性视其品。
>
> 孟子之言性曰:人之性善;荀子之言性曰:人之性恶;扬子之言性曰:人之性善恶混。夫始善而进恶,与始恶而进善,与始也混而今也善恶,皆举其中而遗其上下者也,得其一而失其二者也。……曰:然则性之上下者,其终不可移乎?曰:上之性,就学而愈明;下之性,畏威而寡罪;是故上者可教,而下者可制也。其品则孔子谓不移也。[①]

与荀子一样,韩愈认为性是一种与生俱来的自然属性,可分为上、中、下三品:上品之性,只有善;中品之性,可是善也可以恶;下品之性,只有恶。区分的标准是它们是否具有仁、礼、信、义、智五种德性:上品之性,能够以一种(主要是“仁”)为主导,兼具其他四种德性;中品之性,对某一德性或是不足,或是有些违背,其他四德也混杂不纯;下品之性,完全背离五种德性。性受到外物的影响而产生七情,这七种情感分别是喜、怒、哀、惧、爱、恶、欲,也可以分为上、中、下三品:上品的情感能够控制得恰当,中品的情感或超出了七情、或有所欠缺,

---

① 韩愈著,马其昶校注,马茂元整理:《韩昌黎文集校注》,第22~24页。

但都能够恰当合中；下品的情感，或者缺失，或者过度，完全是率性而为。

韩愈的性三品说实际上存在着很大的矛盾。既然仁、礼、信、义、智五种德性是人性的内容，那么人性本然应该是善的，那就无所谓恶，因此他的人性论就是性善论；既然是性善论，那他就不应该接着说无论是荀子的性恶论还是孟子的性善论、扬雄的善恶混合论都是“举其中而遗其上下者也，得其一而失其二者也”，即提到中品而忽略了上下两品，得到其中一个方面而忽略了另外两个方面。他又试图用孔子“唯上知与下愚不移”来调和性善说与三品说的矛盾，认为上、下两品虽不可改变，但“上者可教，而下者可制”，通过教导可以使上品之性越发明显，下品之性因畏惧权威就会减少罪过。可见韩愈论性的目的既不是为了从理论上阐明性的含义及表现，也不是为了纯粹的口舌之争，而是为了实现其经世致用的目的，即如何使“上之性，就学而易明；下之性，畏威而寡罪”，“中焉者，可导而上下也”，实现“君子居其位，则思死其官；未得位，则思修其辞以明其道”①。那么，君子居其位或不居其位，如何才能实现各自的价值？韩愈认为必须依靠圣人创制的礼乐刑政：

> 民之初生，固若禽兽夷狄然；圣人者立，然后知宫居而粒食，亲亲而尊尊，生者养而死者藏。是故道莫大乎仁义，教莫正乎礼乐刑政。施之于天下，万物得其宜；措之于其躬，体安而气平。②（着重号为笔者加）

圣人不但教会了人们相生相养的生活方法，还制定了各种规范以端正人们的行为：制定礼节以区分尊卑，制定音乐以宣泄郁愤之情，制定政令以督促懒散的行为，制定刑罚以铲除不法之徒。若没有圣人，人都像禽兽、夷狄那样；有了圣人，人才会和谐地生活在自然之中。所以说“道莫大乎仁义，教莫正乎礼乐刑政”，施行礼乐刑政于天下，则万物各得其宜；施行礼乐刑政于个人，则身体安好，志气平顺。

由此可见，韩愈乃是通过性三品说以阐述其主张施行礼乐刑政的政治诉求，其所有学说的归宿都在于对以礼乐刑政为根本的治世之道的阐述与弘扬，这一理论路线与荀子相呼应。荀子认为人之性恶，故特别推崇礼乐刑政对人性的矫正作用，持外王之道，并倡言“明道”“征圣”“宗经”。韩愈认为人性有

---

① 韩愈著，马其昶校注，马茂元整理：《韩昌黎文集校注》，第126页。

② 韩愈著，马其昶校注，马茂元整理：《韩昌黎文集校注》，第282页。

上、中、下三品，认为“上者可教”，“下者可制”，“中者可道”(“中焉者，可导而上下也”)，故亦特别推崇礼乐刑政对人性的矫正作用，作《原道》以倡言儒家道统，此即“明道”；强调“如古之无圣人，人之类灭久矣”[①]，此即“征圣”；特别重视古代典籍的价值，认为先王之教“其文：《诗》《书》《易》《春秋》”，此即“宗经”。所以有学者说：“韩愈大概是历史上第一个‘孟皮荀骨’的儒者……与其说他是以孟子哲学为标准来论断荀子哲学，不如说他是以自己未曾意识到的荀子哲学的‘理想型’为标准来论断荀子哲学。”[②]荀子的隆礼、重法、尊君的政治观，在韩愈看来也许可以采用，以应和安史之乱后儒者对稳定政治时局的呼声。再说，唐太宗的“为君之道”或多或少与荀子“法后王”“霸王道杂之”的思想有着相通之处，也就是说，经历东汉末年以来的长期沉寂之后，荀子思想在唐代开始复苏，韩愈并非凭着个人的爱好随意地“复活”这个哲人。[③] 韩愈作为关注现实、具有救世情怀的思想家，其风格更与隆礼重法、注重躬行实践的荀子相契合。[④]

(三)对荀子礼乐刑政之道的继承

韩愈宣扬“道统”而为后人所重视，其论说无时无刻不以弘扬儒道为旨归，那么他所说的“道”究竟是什么？《原道》：

> 夫所谓先王之教者，何也？博爱之谓仁；行而宜之之谓义；由是而之焉之谓道；足乎己，无待于外之谓德。[⑤]

韩愈认为，“仁”就是博爱，而“义”就是要得体适宜地将仁落实到具体的行为中。“道”就是沿着“仁义”往前走，自身具备“仁义”，无须依赖外界而到达自得自乐的地步叫作“德”。“仁”与“义”为意义确定的名词，因此叫“定名”；“道”与“德”是比“仁”与“义”更高一层的抽象的概念，它们需要以“仁”“义”限定和充实，所以叫“虚位”。韩愈接着说：

> 凡吾所谓道德云者，合仁与义言之也，天下之公言也；老子之所谓道

---

① 韩愈著，马其昶校注，马茂元整理：《韩昌黎文集校注》，第 17 页。

② 刘又铭：《荀子的哲学典范及其在后代的变迁转移》，《汉学研究集刊》2006 年第 3 期。

③ 参见张文浩：《韩愈复活荀墨之动因及其融贯精神》，《文艺评论》2012 年第 2 期。

④ 参见张明、胡磊：《论韩愈的荀学观》，《学习与探索》2016 年第 3 期。

⑤ 韩愈著，马其昶校注，马茂元整理：《韩昌黎文集校注》，第 19 页。

德云者，去仁与义言之也，一人之私言也。[1]

仁义就是儒家之“道”的具体内容，这种道的传承由尧舜禹汤直至孟轲，孟轲之后也就中断了，韩愈所要接续的也就是孟子。

仁义之道如此重要，那么如何才能实现并延续下去？或者说，道的现实性与实在性如何得以落实？韩愈认为必须依靠先王之教，所以他在《原道》中再次阐释了何为仁义道德，并将其与先王之教结合起来。他说：

夫所谓先王之教者，何也？博爱之谓仁；行而宜之之谓义；由是而之焉之谓道；足乎己，无待于外之谓德。其文《诗》《书》《易》《春秋》，其法礼乐刑政，其民士农工贾，其位君臣、父子、师友、宾主、昆弟、夫妇，其服麻丝，其居宫室，其食粟米果蔬鱼肉：其为道易明，而其为教易行也。是故以之为己，则顺而祥；以之为人，则爱而公；以之为心，则和而平；以之为天下国家，无所处而不当。[2]

先王之教就是教人以仁义道德，而要想施行先王之教，必须有“教材”，这就是体现圣人之言的《诗》《书》《易》《春秋》等典籍。同时，要想施行先王之教，不但要有“教材”，要教会他们“内容”，而且还要教会他们如何将“内容”践行到生活中，这就需要依靠体现仁义道德的具体法式——礼、乐、刑、政。因此，礼乐刑政在圣人之道中占有重要的地位，有礼乐刑政就能够“为道易明”“为教易行”并以此教育人；有礼乐刑政就能够使人笃行仁义道德，将仁义道德落实到每一个人身上；有礼乐刑政就能修己而治人，治理国家，放之四海而皆准（“无所处而不当”）。

韩愈论“道”的观点与荀子是一致的。荀子说：“道者，非天之道，非地之道，人之所以道也，君子之所以道也。”（《儒效》）在天、地、人三者之中，荀子最重视人道，而人道就是礼义之道、礼乐之道、礼乐刑政之道。韩愈也是按照此理路来认识“道”的。在《原人》中，他说：

天道乱，而日月星辰不得其行；地道乱，而草木山川不得其平；人道乱，而夷狄禽兽不得其情。天者，日月星辰之主也；地者，草木山川之主也；人者，夷狄禽兽之主也；主而暴之，不得其为主之道矣。是故圣人一视

---

① 韩愈著，马其昶校注，马茂元整理：《韩昌黎文集校注》，第15页。

② 韩愈著，马其昶校注，马茂元整理：《韩昌黎文集校注》，第19～20页。

而同仁，笃近而举远。①

有天道、有地道、有人道。天地为日月星辰、草木山川之主，人为夷狄、禽兽之主，“道”使人成为万物的灵长，故如果人掌控生灵而不得其道（“主而暴之”），那么就不懂得为主之道，因此圣人以“博爱之仁”（《原道》：“博爱之谓仁。”），对天地万物“一视而同仁”，只有这样才能够通过人道而明了宇宙之道、天地之道（“笃近而举远”）。韩愈这种以人道为本而能识天地之道的观点，正是化用了荀子以人道为道的理论。

韩愈重视礼乐刑政的观点也与荀子的礼法观相同。荀子特别重视礼乐刑政的作用。比如，他非常重视礼乐的作用，认为“乐行而志清，礼修而行成……礼乐之统，管乎人心”（《乐论》），又将礼、法分别看为“治之始”（《王制》）与“治之端”（《君道》），认为“隆礼至法则国有常”（《君道》）、“治之经，礼与刑，君子以修百姓宁”（《成相》），将礼、法、刑看作为政的保障。由此可见，不仅两者的礼乐刑政观是一致的，其理论依据、理论构架也是一致的。

韩愈受荀学影响的另外一个证据表现在杨倞的《荀子注》中。在此书中，杨倞曾 8 次引用“韩侍郎云”等语，此“韩侍郎”即韩愈。② 书中 8 条引韩愈语见表 3-1 所列。

表 3-1　杨倞《荀子注》引韩愈语统计表

序号	篇目	所注语句	韩愈注语
1	《劝学》	口耳之间则四寸耳，曷足以美七尺之躯哉！	则，当为“财”，与“才”同。[1]
2	《修身》	加惕悍而不顺，险贼而不弟焉。	“惕”与“荡”同字，作“心”边“易”，谓放荡凶悍也。[2]
3	《非相》	仲尼之状，面如蒙倛。	四目为方相，两目为倛。[3]
4	《非相》	故君子之度己则以绳，接人则用抴。	枻者，檠枻也，正弓弩之器也。[4]

① 韩愈著，马其昶校注，马茂元整理：《韩昌黎文集校注》，第 28 页。

② 参见霍生玉：《韩愈注释过〈荀子〉吗？——唐代杨倞〈荀子注〉中“韩侍郎”考》，《古籍研究》2013 年第 2 期。

续表

序号	篇目	所注语句	韩愈注语
5	《解蔽》	桀蔽于末喜、斯观，而不知关龙逢，以惑其心而乱其行。	斯，或当为斟。斟观，夏同姓国，盖其君当时为桀佞臣也。[5]
6	《性恶》	唯贤者为不然。	韩侍郎作《性原》曰："……"[6]（省略内容为韩愈《原性篇》全文）
7	《成相》	复慎、墨、季、惠，百家之说诚不详。	或曰：季梁也。[7]
8	《成相》	得益、皋陶、横革、直成为辅。	此论益、皋陶之功，横而不顺理者革之，直者成之也。[8]

注：[1]王先谦：《荀子集解》，第 13 页。
[2]王先谦：《荀子集解》，第 34 页。
[3]王先谦：《荀子集解》，第 74 页。
[4]王先谦：《荀子集解》，第 85 页。
[5]王先谦：《荀子集解》，第 388 页。
[6]王先谦：《荀子集解》，第 444～445 页。
[7]王先谦：《荀子集解》，第 460 页。
[8]王先谦：《荀子集解》，第 463 页。

杨倞引韩愈的这 8 次注文，总共涉及《劝学》《修身》《非相》《解蔽》《性恶》《成相》6 篇文章。除了这 8 条注文，韩愈到底还有没有更多《荀子》的注解现在不得而知，但这至少能够证明他曾认真研读过《荀子》。他在《读荀》一文中，也对荀子进行了充分肯定："考其辞，时若不粹；要其归，与孔子异者鲜矣。"①既然如此肯定荀子，而且又曾仔细研读过《荀子》，那么或多或少地接纳荀子的观点是很可能的。

三、柳宗元

与韩愈一样，柳宗元（773～819 年）也是古文运动的倡导者，两人保持了深

① 韩愈著，马其昶校注，马茂元整理：《韩昌黎文集校注》，第 41 页。

厚的友谊，韩愈《赠别元十八协律六首·其三》中曰："吾友柳子厚，其人艺且贤。"[①]柳宗元在《送僧浩初序》中也说："儒者韩退之与余善。"[②]在弥留之际，柳宗元曾嘱托韩愈为其作墓铭，韩愈不负所托作《祭柳子厚文》，称赞柳宗元的文才并对其才高而不为用的遭遇愤愤不平。两人虽为至交，但在哲学观点与政治观念上有较明显的不同，他们的好友刘禹锡在《祭韩吏部文》中说："子长在笔，予长在论。持矛举盾，卒不能困。时惟子厚，窜言其间。"[③]说的是韩愈文采飞扬，刘禹锡善于议论，每当两人辩论激烈而又难解难分之时，柳宗元总会出面调停，这形象地说明了韩、刘、柳三人亲密无间的关系和不同的学术性格。通过三人的书信交游和观点论争，我们可以看出他们对于时弊的深刻剖析及对荀子思想的接纳和继承。就柳宗元来说，他主要吸收和借鉴了荀子自然天道观、人之性恶的人性论和以人道为主的道论等内容。

(一)对荀子天人观的继承

韩愈并没有专门针对天人关系的探讨，但他在《答刘秀才论史书》中曾说："夫为史者，不有人祸，则有天刑，岂可不畏惧而轻为之哉！"[④]在《与卫中行书》中说："贵与贱、祸与福存乎天。"[⑤]《答陈生书》："所谓顺乎在天者，贵贱穷通之来，平吾心而随顺之，不以累于其初。"[⑥]认为人世间会有天刑人祸，贵贱祸福存乎天，应顺天而行，这些话可以窥见其思想中带有较明显的天人感应意味。《天说》是柳宗元针对韩愈的天人观而作的一篇论辩文章，里面记载了韩愈的天人观：

> 韩愈谓柳子曰："若知天之说乎？吾为子言天之说。今夫人有疾痛、倦辱、饥寒甚者，因仰而呼天曰：'残民者昌，佑民者殃！'又仰而呼天曰：'何为使至此极戾也？'若是者，举不能知天。夫果蓏、饮食既坏，虫生之；人之血气败逆壅底，为痈疡、疣赘、瘘痔，虫生之；木朽而蝎中，草腐而萤飞，是岂不以坏而后出耶？物坏，虫由之生；元气阴阳之坏，人由之生。

---

① 韩愈：《赠别元十八协律六首》，曾国藩编纂：《十八家诗钞》，岳麓书社1991年版，第460页。

② 柳宗元：《送僧浩初序》，《柳宗元集》第二册，中华书局2006年版，第673页。

③ 刘禹锡：《祭韩吏部文》，《刘禹锡集》下册，中华书局1990年版，第605页。

④ 韩愈著，马其昶校注，马茂元整理：《韩昌黎文集校注》，第744页。

⑤ 韩愈著，马其昶校注，马茂元整理：《韩昌黎文集校注》，第217页。

⑥ 韩愈著，马其昶校注，马茂元整理：《韩昌黎文集校注》，第197～198页。

……吾意有能残斯人使日薄岁削，祸元气阴阳者滋少，是则有功于天地者也；繁而息之者，天地之仇也。今夫人举不能知天，故为是呼且怨也。吾意天闻其呼且怨，则有功者受赏必大矣，其祸焉者受罚亦大矣。子以吾言为何如？”[①]

韩愈认为，人世间有灾难与疾病，就像瓜果腐烂会长蛆虫、树木腐烂会有蛀虫、草腐烂了会有虫子盘旋一样，人类损害了天地的元气，故才会受到天的惩罚；如果谁能够消灭伤害天地元气的人，天就会赏赐他，即“有功者受赏必大矣，其祸焉者受罚亦大矣”。可见，在韩愈看来天具有人格神的意味，它不但能够生养人，还能够赏善罚恶，主持世间的公平和正义。这种观点，实际上是汉以来天人感应与天降灾异说的延续。

针对韩愈的这种观点，柳宗元提出了质疑和反驳。他说：

彼上而玄者，世谓之天；下而黄者，世谓之地；浑然而中处者，世谓之元气；寒而暑者，世谓之阴阳。是虽大，无异果蓏、痈痔、草木也。假而有能去其攻穴者，是物也，其能有报乎？繁而息之者，其能有怒乎？天地，大果蓏也；元气，大痈痔也；阴阳，大草木也，其乌能赏功而罚祸乎？功者自功，祸者自祸，欲望其赏罚者大谬；呼而怨，欲望其哀且仁者，愈大谬矣。子而信子之义以游其内，生而死尔，乌置存亡得丧于果蓏、痈痔、草木耶？[②]

柳宗元认为，天处于上，地处于下，元气满满处于中间，寒冷、暑热的东西，世人称之为阴阳。天地元气等虽然很庞大但是与瓜果、痔疮、草木没有太大的区别，它们都是自然存在的东西，对人事没有任何赏罚的功能。“功者自功，祸者自祸”，有功劳的人自然有功劳，有灾祸的人自然有灾祸，这与天没有任何关系。所以，期望得到上天赏赐和惩罚是十分荒谬的。他告诫韩愈应该恪守仁义永存于天地之间的信仰，不可以将生死存亡寄托于外在的自然事物上。由此可见，柳宗元认为天地万物纯粹为自然事物，生生死死有其自然的规律；同样，处在天地之间的人，不应该相信所谓的天命而应该专注于人事。他在《答刘禹锡天论书》中也说：

生植与灾荒，皆天也；法制与悖乱，皆人也，二之而已，其事各不

① 柳宗元：《天说》，《柳宗元集》第二册，第441～442页。

② 柳宗元：《天说》，《柳宗元集》第二册，第442～443页。

相预。[1]

天与人有不同的职分，事物的生存繁衍及各种灾荒，都是自然现象（天），法制与悖乱则是社会现象（人），这是两个不同的领域，天与人之间是不相干预的（“天人不相预”）。因此，要懂得天与人的分别，不能相信天人感应和天降灾异。在《断刑论下》中，他更是一针见血地指出神学天命论是统治阶级愚弄民众的工具：

且古之所以言天者，盖以愚蚩蚩者而，非为聪明睿哲者设也。[2]

在他看来，古时候之所以倡言天命，完全是捏造出来愚弄人民的，聪明睿智的人是不会相信这一套的。

在《天对》中，柳宗元以回答屈原《天问》的形式，再一次阐述了自然天的观点。他说：

本始之茫，诞者传焉。鸿灵幽纷，曷可言焉！ 曶黑晣眇，往来屯屯，厖昧革化，惟元气存，而何为焉！[3]

柳宗元认为，宇宙渺茫悠远，关于天地诞生之前的事情都是荒诞之说，不足为信；昼夜更替、明暗的变化，包括世间万物都是由混沌的元气构成的，元气是宇宙的基础，天地绝不是由某种超人类的力量控制着。在《非国语·三川震》中，他又将人与天区分开来，针对伯阳父把地震与周代灭亡联系在一起的观点，他批评说：

山川者，特天地之物也。阴与阳者，气游乎其间也。自动自休，自峙自流，是恶乎与我谋？ 自动自竭，自崩自缺，是恶乎为我设？[4]

他指出，山川是天地中的自然事物，阴阳之气运行于山川之间。山川的变化崩裂，与人类没有任何关系。这种以自然论天，认为“天人不相预”以及元气论的观点显然受到了荀子的影响。因此，有学者认为“柳宗元发扬荀学多于孟学，尤其是形上学方面的自然主义”[5]。

---

① 柳宗元：《答刘禹锡天论书》，《柳宗元集》第三册，第 817 页。

② 柳宗元：《断刑论下》，《柳宗元集》第一册，第 91 页。

③ 柳宗元：《天对》，《柳宗元集》第二册，第 365 页。

④ 柳宗元：《非国语·三川震》，《柳宗元集》第四册，第 1269 页。

⑤ 王煜：《柳宗元、刘禹锡显扬荀学而未佞佛论》，《新亚学术集刊》1982 年第 3 期。

（二）对荀子人道观的继承

建立在自然天道观的基础上，柳宗元将“人”的地位加以凸显，特别强调人在自然界中的能动性。他说：

> 是故受命不于天，于其人；休符不于祥，于其仁。惟人之仁，匪祥于天；匪祥于天，兹惟贞符哉！未有丧仁而久者也，未有恃祥而寿者也。①

柳宗元指出，帝业不是上天授命的，而是完全由人事决定的，其关键在于民心向背；天道的祥瑞，也与国家的兴衰没有任何的关系，而在于为政者是否能够以人为本。不存在丧失仁政而长久的国家，也不会因为天降祥瑞而江山永固。换言之，人们要知晓天与人的不同职能，人道重于天道。他在《断刑论下》中也表达了同样的观点：

> 或者务言天而不言人，是惑于道者也。胡不谋之人心，以熟吾道？吾道之尽，而人化矣。是知苍苍者焉能与吾事，而暇知之哉？②

在《禬说》中，他说：

> 夫圣人之为心也，必有道而已矣，非于神也，盖于人也。③

《时令论上》中说：

> 圣人之道，不穷异以为神，不引天以为高，利于人，备于事，如斯而已矣。④

由此可见，在天道与人道的关系上，柳宗元认为应该以人道为本，绝不能因天道而错失人道。这种观点明显是借鉴了荀子“道者，非天之道，非地之道，人之所以道也，君子之所道也”（《儒效》）、“明于天人之分”（《天论》）以及不应该“错人而思天”（《天论》）的观点。

柳宗元重视人道，故他与韩愈一起倡导“文以明道”。明道论是柳宗元思想体系的核心。在《答韦中立论师道书》中，他明确表现出以明道为己任的志向：

> 始吾幼且少，为文章，以辞为工。及长，乃知文者以明道，是固不苟为炳炳烺烺，务采色、夸声音而以为能也。凡吾所陈，皆自谓近道。……抑

---

① 柳宗元：《贞符》，《柳宗元集》第一册，第35页。
② 柳宗元：《断刑论下》，《柳宗元集》第一册，第90页。
③ 柳宗元：《禬说》，《柳宗元集》第二册，第458页。
④ 柳宗元：《时令论上》，《柳宗元集》第一册，第85页。

之欲其奥，扬之欲其明，疏之欲其通，廉之欲其节，激而发之欲其清，固而存之欲其重，此吾所以羽翼夫道也。[①]

他说，自己年轻的时候，写文章多重视文采；等年纪大了，才知道文章应该以明道为宗旨，因此就不再刻意追求文采了。

柳宗元不但主张写文章应该以明道为宗旨，还认为儒者的一生都应该为明道而努力。比如，他鼓励求学者应该“不患不显，患道不立尔”[②]，又说“苟一明大道，施于人世，死而无憾”[③]。那么，究竟什么样的道才值得毕生追求呢？在《与吕道州论非国语书》一文中，他说：

近世之言理道者众矣，率由大中而出者咸无焉。其言本儒术，则迂回茫洋而不知其适；其或切于事，则苛峭刻核，不能从容，卒泥乎大道。甚者好怪而妄言，推天引神，以为灵奇，恍惚若化而终不可逐。故道不明于天下，而学者之至少也。[④]

在《时令论下》中说：

立大中，去大惑，舍是而曰圣人之道，吾未信也。[⑤]

他指出，现在讲大道理的人很多，但是知晓道的精髓的人是没有的。虽然人们也洋洋洒洒地论道，但是却没有正确的观点。他认为只有由“大中”而出的道才是真正的道，申明大道就应该申明“大中之道”。何谓“大中之道”？他说：

圣人之为教，立中道以示于后。曰仁、曰义、曰礼、曰智、曰信，为之五常，言以为常行也。[⑥]

“大中之道”是圣人立教的根本，“大中之道”的具体内容就是仁、义、礼、智、信之五常，而五常之中又以仁义为根本：

圣人之所以立天下，曰仁义。仁主恩，义主断。恩者亲之，断者宜之，而理道毕矣。蹈之斯为道，得之斯为德，履之斯为礼，诚之斯为信，皆由其所之而异名。[⑦]

---

① 柳宗元：《答韦中立论师道书》，《柳宗元集》第三册，第873页

② 柳宗元：《答韦珩示韩愈相推以文墨事书》，《柳宗元集》第三册，第882页。

③ 柳宗元：《贞符并序》，《柳宗元集》第一册，第30页。

④ 柳宗元：《与吕道州论非国语书》，《柳宗元集》第三册，第822页。

⑤ 柳宗元：《时令论下》，《柳宗元集》第一册，第89页。

⑥ 柳宗元：《时令论下》，《柳宗元集》第一册，第88页。

⑦ 柳宗元：《四维论》，《柳宗元集》第一册，第78页。

圣人以仁义而立天下，仁就是爱人，义就是处世得当，仁与义都包含在道、德、礼、信之中。能高蹈仁义就是道，得到仁义就是德，履行仁义就是礼，努力求成就是信，这都是由仁义推导出来的。尤其是“履之斯为礼”的观点，将礼看作施行仁义的实践方法，这与儒家传统的观点是一致的。

众所周知，荀子思想的核心是礼，但这并不意味着他所讲的礼与仁义无关，恰恰相反，荀子是先秦儒者中用“仁义”一词最多的一位。根据统计，在以提倡仁义而闻名的《孟子》中，“仁义”一词出现了 27 次，而在《荀子》中却出现了 32 次，比《孟子》还多了 5 次。在荀子的思想中，“仁”不但是统治者必须要具备的基本素质，比如《议兵》曰“仁人之兵”，《富国》曰“仁人之用国”，《荣辱》曰“仁人在上”；也是汤、武等圣王之所以王天下的主要原因，比如《非十二子》曰“仁人之事毕，圣王之迹著矣”，《儒效》曰“先王之道，仁之隆也”，《议兵》中荀子的弟子陈嚣说“先生议兵，常以仁义为本”。可见，仁义在荀子思想中似乎占据了最高的地位，他甚至有的时候将“礼义之统”与“仁义之统”混在一起，将两者的作用等同起来。比如《荣辱》曰：“今以夫先王之道，仁义之统，以相群居，以相持养，以相藩饰，以相安固耶？”“群居”“持养”“藩饰”“安固”等都是礼的功能，荀子没有用“礼义之统”而用“仁义之统”加以概括，由此可见，礼义跟仁义在荀子的观念中并没有根本的区别，二者几乎是同一个概念，荀子也经常把它们混同来用。

由此可见，将仁义看作礼的根本，是荀子论礼的一个特色，也是与柳宗元以仁义礼智信为“大中之道”相一致的地方。同样，荀子也经常将“中”与“道”结合起来论述，他所强调的中正之道也就是以礼义为中的礼义之道。在《儒效》中，他说：

> 先王之道，仁之隆也，比中而行之。曷谓中？曰：礼义是也。道者，非天之道，非地之道，人之所以道也，君子之所道也。

先王之道以仁为根本，应该遵循中正之道而行之。什么是中正之道？中正之道也就是礼义之道，故荀子曾多次提到“礼义之中”[①]的观点。正因为道要符合礼义之中，道才能成为衡量一切的标准：“道者，古今之正权也。”（《正名》）

① 《不苟》篇中曾连续出现过三次。

(三)对荀子性恶论的借鉴

柳宗元的人性观与孟、荀均有不同。在《天爵论》中,他首先对建立在孟子性善论基础上的"天爵"[1]一说提出了自己的观点。他说:"仁义忠信,先儒名以为天爵,未之尽也。"[2]他认为,孟子将仁义忠信看成是"天爵"的观点并不全面,有进一步探讨的必要。那么,这是否意味着他是性恶论者呢?当然不是。他说:

> 道德之于人,犹阴阳之于天也;仁义忠信,犹春秋冬夏也。[3]

这句话是说:人天生的道德,就像天有阴阳一样;天有阴阳,故表现为春夏秋冬;人有道德,故表现为仁义忠信。他接着说:"道德与五常,存乎人者也。"[4]所以柳宗元仍然是一位坚定的性善论者。

既然柳宗元是一位坚定的性善论者,那他为什么认为"天爵"一说"未之尽"呢?在《封建论》中有这样一段话:

> 彼其初与万物皆生,草木榛榛,鹿豕狉狉,人不能搏噬,而且无毛羽,莫克自奉自卫,荀卿有言"必将假物以为用"者也。夫假物者必争,争而不已,必就其能断曲直者而听命焉。其智而明者,所伏必众;告之以直而不改,必痛之而后畏;由是君长刑政生焉。故近者聚而为群。群之分,其争必大,大而后有兵有德。[5]

这句话的意思是说,在人类的初始阶段,世间野草树木杂乱,野兽成群四处奔跑,人不能够像野兽那样啃咬搏杀,也不能像飞鸟一样翱翔天际,只能像荀子说的那样"假物以为用",充分利用外物来完善自己。然而,由于人们都会借用外物满足自己的欲望,因此必定会引起争乱,争乱不已人们才会找到能够明断是非的人并听从他的命令,于是就产生了君长、刑法与政令。由此可见,柳宗元虽然认为人性是善的,但同时也认为人会因生存的需要而产生争斗等恶行。换句话说,善性并不一定会让人从善,人也有可能向恶,故需要建立社会秩序以避免更大的争斗。

---

① 《孟子·告子上》:"仁义忠信,乐善不倦,此天爵也;公卿大夫,此人爵也。"
② 柳宗元:《天爵论》,《柳宗元集》第一册,第79页。
③ 柳宗元:《天爵论》,《柳宗元集》第一册,第80页。
④ 柳宗元:《天爵论》,《柳宗元集》第一册,第80页。
⑤ 柳宗元:《封建论》,《柳宗元集》第一册,第70页。

柳宗元的这种观点，与荀子的人性论有相似之处。首先，柳宗元的性善论是“潜在”的人性向恶论。柳宗元虽然主张人性本善，但却认为由于生存环境的限制，这种善性不可避免地、“潜在地”使人产生争斗。这种观点，与荀子“人生而有欲，欲而不得，则不能无求；求而无度量分界，则不能不争；争则乱，乱则穷”(《礼论》)的观点是一致的。其次，两人在论证人性论的思路上具有相似性。柳宗元认为，人性是善的，但却“潜在”向恶；荀子认为，虽然人性是恶的，但是却“潜在”向善，因为人具有能够向善的材质。《解蔽》：“凡以知，人之性也。”《性恶》：“然而涂之人也，皆有可以知仁义法正之质。”两人论证的方向虽然相反，但是思路方法却比较一致。最后，柳宗元关于人君及政权产生的观点也与荀子的观点相似。柳宗元认为争乱产生了“君长刑政”的需要，荀子也认为争乱产生了人君与礼法刑政的需要。“使欲必不穷于物，物必不屈于欲。两者相持而长，是礼之所起也。”(《礼论》)由此可见，虽然柳宗元与荀子的人性论观点不同，但两人无论是在思路上还是在某些观点上都存在着某种相似或一致之处。

综上所述，虽然柳宗元的人性论与荀子的人性论观点上并不一致，但他却借鉴了荀子在化性起伪过程中所采用的理论路线。这种借鉴，更多的是一种隐性接受而非显性接受。如果说韩愈之学是“孟皮荀骨”的话，柳宗元的理论则是一种比韩愈之学更明显的“孟皮荀骨”。

四、刘禹锡

有证据表明，刘禹锡(772～842年)参与了韩愈与柳宗元关于天人关系的论争。在《祭韩吏部文》中，刘禹锡谈及三人经常进行观点交流的情况：“子长在笔，予长在论。持矛举盾，卒不能困。时惟子厚，窜言其间。”[①]刘禹锡并不仅从中调停二人的论争，对两人的观点也作了进一步的审视，在柳宗元天人观的基础上进行了改进与完善。他的天人观，仍然来源于荀子的自然天道观。

刘禹锡曾作《天论》三篇来阐述自己的自然观。在《天论上》中，他首先对当时非常流行的两种天人观进行了陈述：

> 世之言天者二道焉。拘于昭昭者则曰：“天与人实影响：祸必以罪降，

---

① 刘禹锡：《祭韩吏部文》，《刘禹锡集》下册，第605页。

> 福必以善俫，穷阨而呼必可闻，隐痛而祈必可答，如有物的然以宰者。”故阴骘之说胜焉。泥于冥冥者则曰：“天与人实刺异：霆震于畜木，未尝在罪；春滋乎堇荼，未尝择善；跖、蹻介焉而遂，孔、颜焉而厄，是茫乎无有宰者。”故自然之说胜焉。余友河东解人柳子厚作《天说》，以折韩退之之言，文信美矣，盖有激而云，非所以尽天人之际。故余作《天论》，以极其辩云。[①]

这两种天人观分别是：主张天人感应，认为天能降祸福、赏善罚恶，比如韩愈；认为天是自然的、天人不相干，天不能干预人事和主宰人类的命运，比如柳宗元。刘禹锡赞成柳宗元的观点，但同时又认为他的观点并不能很好地说明天人关系，因此作《天论》“以辩其极”，对柳宗元的观点作进一步补充和发挥。

首先，与柳宗元一样，刘禹锡也继承了荀子的气论自然观。荀子在《王制》中说：“水火有气而无生，草木有生而无知，禽兽有知而无义，人有气、有生、有知，亦且有义，故最为天下贵也。”刘禹锡在《天论下》中说：

> 今夫人之有颜、目、耳、鼻、齿、毛、颐、口，百骸之粹美者也，然而其本在夫肾、肠、心、腹。天之有三光、悬宇，万象之神明者也，然而其本在乎山川五行。浊为清母，重为轻始。两位既仪，还相为庸，嘘为雨露，噫为雷风。乘气而生，群分汇从，植类曰生，动类曰虫。倮虫之长，为智最大，能执人理，与天交胜，用天之利，立人之纪。[②]

在他看来，人的耳、目、口、鼻等是身体最美的东西，它们的根本在于内脏；高悬于上空的日、月、星辰是宇宙最明亮的，它们的本源在于山川五行之气；清澈轻微的天，来自于浑浊厚重的地；天地就位以后互相发生作用，于是产生了雨露风雷，随后又产生了动物与植物；人也产生于自然之中，但人是万物中最有智慧的。很显然，刘禹锡的这一观点，来源于荀子的气论自然观。

其次，刘禹锡继承了荀子的自然天道观，这也是他与柳宗元一致的地方。刘禹锡认为，天地万物的运行是自然的，毫无意志可言，为此他还提出了“数”与“势”两个概念：

> 天形恒圆而色恒青，周回可以度得，昼夜可以表候，非数之存乎？恒

① 刘禹锡：《天论上》，《刘禹锡集》上册，第 67 页。

② 刘禹锡：《天论下》，《刘禹锡集》上册，第 72～73 页。

高而不卑，恒动而不已，非势之乘乎？今夫苍苍然者，一受其形于高大，而不能自还于卑小；一乘其气于动用，而不能自休于俄顷。又恶能逃乎数而越乎势邪？[①]

刘禹锡认为，天的形状永远是圆的，颜色永远是青的，天地运行的周数和回合与昼夜的长短都是可以测算出来，因为“数”存在于其中；天永远是高的而不卑下、永远运行而不停止，则是由于“势”存在于其中。“数”代表着天地的运行都有一定的规律，“势”意味着规律的存在就会造成不以人的意志为转移的客观必然性，所以天地万物“恶能逃乎数而越乎势邪”，都逃脱不了客观规律性和客观必然性的约束。

既然天地运行有规律可循，那么认为上天能够赏善罚恶的观点就是错误的，这种思想产生的原因是“人道不明”：

天恒执其所能以临乎下，非有预乎治乱云尔；人恒执其所能以仰乎天，非有预乎寒暑云尔。生乎治者，人道明，咸知其所自，故德与怨不归乎天；生乎乱者，人道昧，不可知，故由人者举归乎天。非天预乎人尔！[②]

天能凭它的作用俯视下界，但是并不能够干预人间的治乱兴衰；人能够凭借自己的能力仰望星空，但不能够干预四时变化。生活在太平盛世，人道清明，都会知道其中的缘由，故不求之于天；生活在乱世，人道愚昧，不知道其中的缘由，故将人间的治乱兴衰都归于上天的赏罚。

最后，刘禹锡明确提出了“天与人交相胜，还相用”的观点，这是对荀子“制天命而用之”的发展。在《天论上》中，刘禹锡提出了天与人的区别。他说：

天，有形之大者也；人，动物之尤者也。天之能，人固不能也；人之能，天亦有所不能也。故余曰：天与人交相胜耳。其说曰：天之道在生植，其用在强弱；人之道在法制，其用在是非。[③]

刘禹锡认为，天是有形之物中最大的，人是动物界中最特别的。天的能力，人做不到；人的能力，天也做不到。所以说天和人“交相胜”，有各自的作用和长处。天道是生养万物，其作用是使万物强壮或衰弱；人道在于法律和制度，其

---

① 刘禹锡：《天论中》，《刘禹锡集》上册，第 71 页。

② 刘禹锡：《天论上》，《刘禹锡集》上册，第 69 页。

③ 刘禹锡：《天论上》，《刘禹锡集》上册，第 67～68 页。

作用是明辨对错是非。“天之所能者，生万物也；人之所能者，治万物也。”[①]天生万物、人治万物，这种将天与人不同的作用区分开来的观点，很显然是对荀子“明于天人之分”观的继承。

天与人的职能各不相同、各有优势与长处，人可以掌握自然规律并利用自然资源为人类服务，所以他又在“交相胜”的基础上提出了“还相用”的观点。他说：

万物之所以为无穷者，交相胜而已矣，还相用而已矣。天与人，万物之尤者耳。”[②]

万物之所以会无穷无尽，都是因为“交相胜”，“还相用”。“交相胜”指的是天人有不同的职能和作用、长处，“还相用”说的是天人之间互相依靠、交互为用；作为“治万物”的人来说，更是能够凭借自己的智慧发现和利用规律，充分利用自然：

然则天非务胜乎人者也。何哉？人不幸则归乎天也。人诚务胜乎天者也。何哉？天无私，故人可务乎胜也。[③]

这段话的意思是说：虽然天与人“交相胜”，但是天不一定要胜过人，为什么这么说呢？因为所谓的天胜过人只不过是人在遭遇不幸的时候将命运归之于天而已。人确实可以胜过天，为什么这么说呢？因为天没有私心，故人可以胜天。刘禹锡这种人定胜天的观点，显然是受到荀子“制天命而用之”思想的影响。

那么，为什么说天没有私心，人能够胜天呢？刘禹锡主要从以下两方面作了说明。一是人有足够的聪明才智，拥有足够的能力。他说：“植类曰生，动类曰虫。倮虫之长，为智最大，能执人理，与天交胜，用天之利，立人之纪。”[④]人在动物界中是最有智慧的，能够利用人的能力掌握自然规律。这与荀子说的“人有气、有生、有知，亦且有义，故最为天下贵”(《王制》)的观点一致。二是人能够在群体生活中建立纲纪规则，即“倮虫之长”的人能够“立人之纪”。纲纪规

---

① 刘禹锡：《天论上》，《刘禹锡集》上册，第 68 页。
② 刘禹锡：《天论中》，《刘禹锡集》上册，第 71 页。
③ 刘禹锡：《天论中》，《刘禹锡集》上册，第 70 页。
④ 刘禹锡：《天论下》，《刘禹锡集》上册，第 72 页。

则,也被刘禹锡称为"法"。他说:"人能胜乎天者,法也。"①他举例说:

> 夫旅者,群适乎莽苍,求休乎茂木,饮乎水泉,必强有力者先焉;否则虽圣且贤莫能竞也。斯非天胜乎?群次乎邑郛,求荫于华榱,饱于饩牢,必圣且贤者先焉;否则强有力莫能竞也。斯非人胜乎?②

一群旅行的人,他们在荒野中,都想寻找茂密的树木遮阴休息,寻找清凉的泉水饮用,身强体壮的人肯定能够占先,哪怕是圣贤也争不过他们;到了城邑中,都想寻找华丽的房屋居住,寻找美味的食物饱餐,这时候必定是圣贤优先,哪怕是身强力壮的人也不能和他们相争。为什么会有这么大的区别呢?这就是"天胜"与"人胜"的区别。在荒野中,人完全依靠优胜劣汰的自然法则而生存;在城邑中,完全依靠人类制定的纲纪规则而生存。纲纪规则能够决定是非,故刘禹锡接着说:"是非存焉,虽在野,人理胜也;是非亡焉,虽在邦,天理胜也。"③可见,刘禹锡认为礼、乐、刑、政等纲纪规则("人理")对于规范人的行为、战胜优胜劣汰的自然法则("天理")具有决定性的作用,这与荀子认为人之性恶,必须通过"礼、义、文、理"(礼、法、刑、政)以"化性起伪",以及通过"礼"(实际上仍然包含礼、法、刑、政)才能够"制天命而用之"的观点是一致的。④

由上可知,刘禹锡几乎完全接受了荀子的天道观,他不仅继承了荀子以"气"为万物基础的自然观,而且还整合了荀子"制天命而用之"的观点,提出了天人"交相胜、还相用"的观点,在一千年后再一次回应了荀子的思想。无论是荀子还是刘禹锡,他们的天道观的重心都在于强调人事,在天人关系中高扬人的价值。

---

① 刘禹锡:《天论上》,《刘禹锡集》上册,第 68 页。

② 刘禹锡:《天论中》,《刘禹锡集》上册,第 69～70 页。

③ 刘禹锡:《天论中》,《刘禹锡集》上册,第 70 页。

④ 实际上,荀子是在谈到了礼在人类社会中的巨大作用之后,才谈到人应该通过礼"制大命而用之"的。

第四章　宋代荀学史略

宋代是一个特殊的时代。明代史学家陈邦瞻在《宋史纪事本末叙》中说：

> 宇宙风气，其变之大者有三：鸿荒一变而为唐、虞，以至于周，七国为极；再变而为汉，以至于唐，五季为极；宋其三变，而吾未睹其极也。变未极则治不得不相为因，今国家之制，民间之俗，官司之所行，儒者之所守，有一不与宋近者乎？非慕宋而乐趋之，而势固然已。舟行乎水而不得不视风以为南北，治出乎人而不得不视世以为上下。……大抵宋三百年间，其家法严，故吕、武之变不生于肘腋；其国体顺，故莽、卓之祸不作于朝廷；吏以仁为治而苍鹰乳虎之暴无所施于郡国，人以法相守而椎埋结驷之侠无所容于闾巷，其制世定俗，盖有汉、唐之所不能臻者。[①]

在陈邦瞻看来，中国历史上曾经有三次重大转变时期：一是唐、虞至战国，二是秦至汉，三是唐至宋。在这三次转变中，唐至宋的转变最值得称道，因为宋朝三百年间，未曾发生过吕后、武周之变，也未曾遇到王莽、董卓之祸；而且当下的国家制度、民间风俗、法律法规及儒者的精神都效法宋代。他认为宋代许多政治制度上的优势，如家法严、国体顺、以仁为治等，都是汉、唐之时所不能比拟的。由此可见，唐宋之际的变革对后世影响巨大，广泛影响到上至国家制度、下至百姓风俗信仰等方方面面。

唐宋之际的变革对中国社会文化影响最大的莫过于士大夫政治地位的空前提高和由之而来的儒学重振。钱穆先生在《国史大纲》中将中国历史上士阶

---

① 陈邦瞻：《宋史纪事本末》第3册，中华书局1977年版，第1191～1192页。

层的活动分为四个不同的时期，其中最后一个时期是晚唐至宋代。对于这一时期的士阶层活动，他说："晚唐门第衰落，五代长期黑暗，以迄宋代而有士阶层之新觉醒。此下之士，皆由科举发迹，进而出仕，退而为师，其本身都系一白衣、一秀才，下历元明清一千年不改。"[①]在宋代，"其时社会已不再有门第，政府以考试取士，而进士皆出自白衣"[②]。随着社会关系的变革和贵族门阀政治的衰落，宋代大量的"白衣"之士积极参与政治和文化建设，并在其中起着决定性的作用，这与"上品无寒门，下品无士族"的魏晋南北朝时期形成了鲜明的对比。再加上宋代推行重文抑武的治国方策，"不杀士大夫"[③]，"与士大夫治天下"[④]，士大夫的政治热情空前高涨，这直接导致了儒学的重振。宋人陈亮说："本朝以儒立国，而儒道之振独优于前代。"[⑤]儒道在宋代的地位空前提高，就连宋仁宗也感慨说"寒儒逢景运"[⑥]。也正因为士人及儒学逐渐占据了政治的中心，他们要求重新建立能够统摄和指导整个社会政治、经济、文化生活的思想世界的要求变得异常强烈。"要从根本上确立国家的权威和民族的信心，不仅要使人民认同国家的合法性，更主要地应当依赖于人们对于这个国家的同一文明和共同伦理的认同，而认同的同一性基础，只能是超越个体生命、政治权利、地理区域的普遍真性理……正是在这种心情下，超越自然与社会的'道'，或为政治国家、道德伦理、宇宙构架、自然知识提供同一性依据的'理'，才会被提出来。"[⑦]由此可见，理学的产生来源于士人理想主义的要求，而在建立这种理想主义的过程中，思想家必定会上溯古代寻找理论支撑，于是韩愈的"道统"观点就被重新发掘出来，他所说的儒道"轲之死，不得其传焉"及荀子"大醇而小疵"的观点被宋儒接受并误读，荀学在宋儒的心目中几乎彻底失去了地位。不仅如此，荀学重实践、重实用与功利的理论特色，以及"人之性恶"、"天人之

---

① 钱穆：《国史大纲》，商务印书馆1996年版，第561页。

② 钱穆：《再论中国社会演变》，《国史新论》，生活·读书·新知三联书店2001年版，第49页。

③ 王夫之：《宋论》，上海商务印书馆1936年版，第4页。

④ 李焘：《续资治通鉴长编》，中华书局2004年版，第5370页。

⑤ 李幼武：《陈亮言行录》，陈亮著，邓广铭点校：《陈亮集》（增订本）中华书局1987年版，第538页。

⑥ 陈岩肖《庚溪诗话》卷上记载："景祐元年所赐诗末句曰：'寒儒逢景运，报国合如何？'"（丁福保辑：《历代诗话续编》上册，中华书局1983年版，第163页）

⑦ 葛兆光：《中国思想史》（下），第179～180页。

分”、“法后王”、重礼法的观点也不利于理想主义思想的建构；而孟子言性善、重内省、倡仁义的道德理想主义思想，客观上与理学家善言“天下”与“太平”、“道”与“理”、“心”与“性”的思想相契合，于是他们一拍即合，《孟子》顺理成章地成为“四书”之一，取得了与《论语》同尊的地位，并成为科举考试的指定教材，与孟学有较大分歧的荀学的地位也就可想而知。

宋儒尊孟抑荀，这并不意味着荀子及荀学在宋代没有任何的影响，只不过这种影响在以孟为尊、理学大行其道的态势下，通过隐性的方式存在着。虽然很少有儒者像以前那样直接以荀子为宗、高举荀学的大旗，但是从宋初孙复、石介、苏洵、陈襄，再到苏轼、朱熹、叶适，他们的思想或多或少都受到荀子的影响。荀子的思想在宋代继续以隐性的方式展现着它的影响力。

第一节　宋儒对荀学的继承

虽然理学在宋代兴起并逐渐占据了儒学主导地位，但在宋儒当中，相当一部分人并没有一味地接受理学，尤其是在北宋时期，理学尚处于初创阶段，因而其影响力还不够大，故当时许多儒者尚能保持较为独立的学术品格。虽然他们像前辈学者一样对荀子多有贬抑，甚至明确提出了黜荀或反荀的主张，但荀子的思想已经渗透到他们的观念之中，在他们的思想中或隐或现地呈现出荀学的某些内容或思路。

一、欧阳修

欧阳修（1007～1072 年）对荀子的态度是充满矛盾的。在《郑荀改名序》中，他称赞荀子的学说“最近于圣人”，认为“世之学者，苟如荀卿，可谓学矣”[①]。然而，在《本论下》中他又对荀子的人性论提出批评，认为“荀卿之说谬焉”：

> 昔荀卿子之说，以为人性本恶，著书一篇，以持其论。予始爱之，及见世人之归佛者，然后知荀卿之说谬焉。[②]

可以看出，欧阳修一开始对荀子的《性恶》一文是非常赏识的，但是后来却认为

---

① 参见欧阳修：《郑荀改名序》，《欧阳修全集》上册，中国书店 1986 年版，第 289 页。

② 欧阳修：《本论下》，《欧阳修全集》上册，第 123 页。

"卿之说谬焉"。他的态度为什么会有如此大的转变?他自己说:"及见世人之归佛者,然后知荀卿之说谬焉。"可见,这与其辟佛的主张是分不开的。据《记旧本韩文后》记载,欧阳修十分尊崇韩愈,自幼就喜欢读韩愈的作品:

> 予少家汉东,汉东僻陋无学者,吾家又贫无藏书。州南有大姓李氏者,其子尧辅颇好学。予为儿童时,多游其家。见其弊筐贮故书在壁间,发而视之,得唐《昌黎先生文集》六卷,脱落颠倒,无次序;因乞李氏以归。读之,见其言深厚而雄博,然予犹少,未能悉究其义,徒见其浩然无涯,若可爱。①

欧阳修少时家贫无藏书,自从在邻家获得脱落颠倒而无次序的《昌黎先生文集》后就喜欢上了韩愈,深觉其文"深厚而雄博"。众所周知,韩愈尊儒排佛的思想非常强烈,这种思想也影响到了欧阳修。他对佛教的排斥,比之韩愈有过之而无不及。在《本论下》中,他再一次表现出强烈的辟佛思想:

> 昔孔子叹为俑者不仁,盖叹乎启其渐而至于用殉也。然则为佛者,不犹甚于作俑乎!……今佛之法,可谓奸且邪矣。盖其为说,亦有可惑人者。②

孔子批判用木俑以殉葬的行为,担心会逐渐发展成人殉。欧阳修认为佛教的危害比始作俑者还要严重,因为佛法"奸且邪"而且还能够"惑人"。正因认为佛教有如此大的危害,所以他才会像韩愈一样坚决辟佛;也正是站在辟佛的立场上,他对荀子人性论的观点从"始爱之"到斥其为"谬焉"。

那么,荀子的人性论与欧阳修辟佛又有怎样的关系?佛教认为众生皆有佛性,教人去恶为善,百姓因此才会对此归顺信服。荀子讲"人之性恶",认为人皆存恶念,也是教人去恶从善,与佛法相似。"恨屋及乌",辟佛必辟荀。相反,他对孟子的性善论倒是十分赞赏。在《监试玉不琢不成器赋》中,他提到了"性虽本善"的观点:

> 且夫人务其师,玉贵其德,性虽本善,不学则弗至于道。质虽至美,不琢则弗成其饰。③

他认为,人善玉美,但是人不学不知道,玉不琢不成器,学习和雕琢在修养的过

① 欧阳修:《记旧本韩文后》,《欧阳修全集》上册,第536页。

② 欧阳修:《本论下》,《欧阳修全集》上册,第124页。

③ 欧阳修:《监试玉不琢不成器赋》,《欧阳修全集》上册,第543页。

程中至关重要。在《赠学者》一诗中，他再一次表明了这一观点：

人禀天地气，乃物中最灵。性虽有五常，不学无由明。轮曲揉而就，木直在中绳。坚金砺所利，玉琢器乃成。仁义不远躬，勤勤入至诚。学既积于心，犹木之敷荣。根本既坚好，蓊郁其干茎。尔曹宜勉勉，无以吾言轻。[①]

人是万物的灵长，人性中虽然有仁、义、礼、智、信，但是不学习便无法彰显，就像木头需要烤弯才能制成车轮、需要绳墨才能修直，金属需要磨砺才能锋利，璞玉需要雕琢才能生辉。

由此可知，欧阳修人性论的根本目的不在于探讨人性善恶，而在于强调学习及磨砺的重要性。他认为即使人性是善的，“不学无由明”，也要通过对仁义礼乐的不断学习来完善自己。这一思想，与荀子重视礼义教化和积学的观点完全一致。特别是“性虽有五常，不学无由明。轮曲揉而就，木直在中绳。坚金砺所利，玉琢器乃成”几乎全部引用了荀子在《劝学篇》中说的“木直中绳，輮以为轮，其曲中规，虽有槁暴，不复挺者，輮使之然也。故木受绳则直，金就砺则利，君子博学而日参省乎己，则知明而行无过矣”。

在《答李诩第二书》中，欧阳修明确表明探讨人性并不是论说的主要目的。他说：

今世之言性者多矣，有所不及也，故思与吾子卒其说。修患世之学者多言性，故常为说曰：“夫性，非学者之所急，而圣人之所罕言也。”《易》六十四卦不言性，其言者，动静得失吉凶之常理也；《春秋》二百四十二年不言性，其言者，善恶是非之实录也；《诗》三百五篇不言性，其言者，政教兴衰之美刺也；《书》五十九篇不言性，其言者，尧舜三代之治乱也；《礼》《乐》之书虽不完，而杂出于诸儒之记，然其大要，治国修身之法也。六经之所载，皆人事之切于世者，是以言之甚详。[②]

欧阳修用六经的例子，来说明人性善恶的问题并不是圣人所专注的内容；即使典籍中提及了人性的问题，其目的绝不止于言性，而是“戒人慎所习与所感，而勤其所以率之者”[③]。紧接着，他又批评了现在的学者喜欢“好为性说”的行为：

---

① 欧阳修：《赠学者》，《欧阳修全集》上册，第 367 页。

② 欧阳修：《答李诩第二书》，《欧阳修全集》上册，第 319 页。

③ 欧阳修：《答李诩第二书》，《欧阳修全集》上册，第 320 页。

> 今之学者，于古圣贤所皇皇汲汲者学之行之，或未至其一二，而好为性说，以穷圣贤之所罕言而不究者，执后儒之偏说，事无用之空言，此予之所不暇也。[1]

他认为现在的部分学者不认真研读、理解经典的奥义，反而空谈人性，实在是舍本逐末的行为。相反，真正的学者应该“不究性之善恶论”。对孟子、荀子、扬雄三人的人性论，欧阳修认为，无论是何种论断，都“始异而终同”，论说虽有不同，但是最终目的是一致的，即重视“以仁义礼乐为急”之“教”。[2] 由此可知，欧阳修从重视仁义礼乐之教的角度，整合了三人的人性论。他反对世人“执后儒之偏说，事无用之空言”的行为，不仅对三子论性有着清醒的认知和把握，而且认为对于人性论的探讨绝不能止于纯粹的理论层面——理论探讨最终要运用到社会实践中，经世致用、强烈的入世精神、推行仁义礼乐教化，才是欧阳修论说的最终目的。

由此可见，欧阳修完全从经世致用的角度谈论人性善恶问题。这种观点，与荀子经世之学的精神是一致的。荀子从争斗不已的社会现实中看到了人性的弊端，他不相信人能够通过内省的方式而实现修齐治平，故对儒学进行反思和改造，进而从性恶论入手论述其经世之学，警醒世人重视礼法教化和积习。欧阳修虽然不赞成荀子人性恶的观点，但是他却采取了像荀子一样的路径，以经世致用作为其思想的最终旨归。

在《与张秀才第二书》中，欧阳修提出了儒者要“务为道”的观点。他说：

> 君子之于学也，务为道，为道必求知古，知古明道，而后履之以身，施之于事，而又见于文章而发之，以信后世。其道，周公、孔子、孟轲之徒常履而行之者是也；其文章，则六经所载至今而取信者是也。其道易知而可法，其言易明而可行。及诞者言，乃以混蒙虚无为道，洪荒广略为古，其道难法，其言难行。[3]

在他看来，真正的儒者应该“通乎天地人之理，而兼明古今治乱之原”[4]，不仅要通晓内圣之理，而且要通晓外王之学，君子之学要“务为道”、通经致用。他告

---

① 欧阳修：《答李诩第二书》，《欧阳修全集》上册，第 320 页。

② 欧阳修：《答李诩第二书》，《欧阳修全集》上册，第 320 页。

③ 欧阳修：《与张秀才第二书》，《欧阳修全集》上册，第 481 页。

④ 欧阳修：《颁贡举条制敕》，《欧阳修全集》上册，第 575 页。

诫学子“为道必求知古”,“知古”就是知晓周公、孔子、孟子等人所创制和弘扬的周孔之道、礼义之道。从这个意义上说,“知古”就是以圣人之言为征,即“征圣”;不仅要“知古”,还要“明道”,“明道”就是明晓圣人之道;圣人之遗言遗教,“见于文章而发之”,乃“六经所载至今而取信者是也”,因此要“宗经”;“知古”“明道”的最终目的是“履之以身,施之于事”,也就是践行。这些观点,是对荀子“明道”“征圣”“宗经”的继承,也是对荀子专注于人道和经世致用思想的发展。欧阳修与荀子的思想有如此相通之处,这也能很好地说明他为什么认为荀子之学“最近于圣人”了。《郑荀改名序》:

> 三代之衰,学废而道不明……圣人之学几乎其息。最后荀卿子独用《诗》《书》之言,贬异扶正,著书以非诸子,尤以劝学为急。……汉诸大儒贾生、司马迁之徒,莫不尽用荀卿子,盖其为说最近于圣人而然也。①

除此之外,欧阳修还继承了荀子“不求知天”和“明于天人之分”的观点,提出了“不绝天于人,亦不以天参人”的观点。他说:

> 自尧、舜、三代以来,莫不称天以举事。孔子删《诗》《书》不去也。盖圣人不绝天于人,亦不以天参人。绝天于人则天道废,以天参人则人事惑。故常存而不究也。②

他认为,自古以来,世人多“称天以举事”,但是孔子却删掉《诗》《书》中与之有关的内容,因为圣人“不绝天于人,亦不以天参人”,认为天道与人道之间既有联系,同时又有区别。因此,如果完全否认天道与人道的联系,则天道废弛;如果认定天人之间存在着感应,则人道废弛。很显然,欧阳修的这种思想明显承接了荀子“明于天人之分”和以人道为主的观点。对此,南宋的胡寅曾批评欧阳修的《司天考》说:“夫天人无二道,心迹不可判,此孔、孟之学也。于《司天考》,而见欧阳氏之分天于人,于论为人后,而见欧阳氏之别心于迹。使其概乎有闻,则其论不至若是傎,而使天下之为父子者不定也。”③认为欧阳修区分天人的观点如同颠倒了父子之间的关系,不是真正的孔孟之学。

要言之,欧阳修的天道观与荀子的天道观一致之处主要有以下三点。

首先,欧阳修认为天道自然,日月星辰、四时代序等都是自然事物、自然现

---

① 欧阳修:《郑荀改名序》,《欧阳修全集》上册,第288～289页。

② 欧阳修撰,徐无党注:《新五代史》,中华书局1974年版,第705页。

③ 胡寅:《读史管见》(二),岳麓书社2011年版,第1060页。

象，天是自然的存在，并不具备至上神的意味。在《原弊》一文中，他说：

何谓不量天力之所任？此不知水旱之谓也。夫阴阳在天地间腾降而相推，不能无愆伏，如人身之有血气，不能无疾病也。故善医者不能使人无疾病，疗之而已；善为政者不能使岁无凶荒，备之而已。尧、汤大圣，不能使无水旱，而能备之者也。古者丰年补救之术，三年耕必留一年之蓄，是凡三岁期一岁以必灾也，此古之善知天者也。今有司之调度，用足一岁而已，是期天岁岁不水旱也。故曰不量天力之所任。是以前二三岁，连遭旱蝗而公私乏食，是期天之无水旱，卒而遇之，无备故也。[①]

天地有阴阳之气，就如同人身有血气，都是自然的现象，不存在神秘的主宰力量；水旱就像人身的疾病，也是自然的，即使是尧、汤这样的圣王，也会遇到水旱等自然灾害。善于"知天"的人知晓这个道理而能够防患于未然，这就叫"不量天力之所任"。欧阳修的这种观点，其实就是荀子说的"强本而节用，则天不能贫；养备而动时，则天不能病；修道而不贰，则天不能祸。故水旱不能使之饥，寒暑不能使之疾，祆怪不能使之凶"(《天论》)。特别是他说的"三年耕必留一年之蓄"的观点，与荀子说的"养备而动时，则天不能病"(《天论》)是完全一致的。

其次，在明确提出"不绝天于人，亦不以天参人"的天人之分的基础上，欧阳修提出了"治乱在人而天不与"的观点。在《易或问》中，欧阳修说"君子顺天休名""自天佑之，吉无不利"和"天垂象，见吉凶，圣人象之"等语句时，明确指出"止于人事而已矣，天不与也"，即《易》及《系辞》的目的是让人关注人事。[②]在解释《谦》卦之《彖传》以及《否》卦、《泰》卦之《彖传》时，他说：

呜呼！圣人之于《易》也，其意深，其言谨。《谦》之《彖》曰："天道亏盈而益谦，地道变盈而流谦，鬼神害盈而福谦，人道恶盈而好谦。"圣人之于事，知之为知之，不知为不知，所以言出而万世信也。……故天地鬼神不可知其心，而见其迹之在物者，则据其迹曰亏盈，曰变流，曰害福。若人则可知者，故直言其情曰好恶。故曰其意深而言谨也。然会而通之，天地神人无以异也。使其不与于人乎，修吾人事而已；使其有与于人乎，与人之

① 欧阳修：《原弊》，《欧阳修全集》上册，第423页。
② 欧阳修：《易或问》，《欧阳修全集》上册，第430页。

情无以异也，亦修吾人事而已。夫专人事，则天地鬼神之道废；参焉，则人事惑。使人事修则不废天地鬼神之道者，《谦》之《彖》详矣。治乱在人而天不与者，《否》《泰》之《彖》详矣。推是而之焉，《易》之道尽矣。[①]

在欧阳修看来，圣人在制定及解释《易》的各种卦象、卦辞及解释卦辞的《彖传》的时候，都以"知之为知之，不知为不知"为基本原则。《易经》及《易传》的最终目的都意在警醒人们"修吾人事而已"。换句话说，是要人们在天人关系中重视人事，知晓"治乱在人而天不与"的道理。这种观点，实际上与荀子"善为《易》者不占"(《天论》)的观点一致。二人都在强调天地运行有其自身的规律，在处理天人关系时一定要重人事而轻天命。

最后，在提出"治乱在人而天不与"及反对天命的基础上，欧阳修还像荀子一样反对"异端之说"和"诡怪之言"。在《新五代史》中，他对自秦、汉以来学者多以龟、龙、麟、凤、驺虞为祥瑞之兆的观点提出批评。他说：

呜呼！自秦、汉以来，学者多言祥瑞，虽有善辨之士，不能祛其惑也！予读《蜀书》，至于龟、龙、麟、凤、驺虞之类，世所谓王者之嘉瑞，莫不毕出于其国，异哉！[②]

欧阳修认为，龙、凤、麟、龟，虽然有的比较少见、有的比较常见，但都只是自然界中的鸟兽而已，根本不是什么"祥瑞"。比如被看成祥瑞之兆的凤，它们"或出于庸君缪政之时，或出于危亡大乱之际"[③]，在治世和乱世中都曾经出现，这怎么会是祥瑞呢？比如麟，如果是瑞兽，为什么"前有治世如尧、舜、禹、汤、文、武、周公之世，未尝一出，其一出而当乱世"[④]？至于以龟为"王者难致之瑞"，以驺虞为仁兽，这些都是"诡怪之言"，是不可考究的、毫无根据的，自然也就是不可相信的。

此外，欧阳修还对汉以来的"天人感应"及天降灾异的观点提出了批评。在《新唐书·五行志序》中，欧阳修用类似唯物主义的观点解释了各种灾异现象：

夫所谓灾者，被于物而可知者也，水旱、螟蝗之类是已。异者，不可知

① 欧阳修：《易或问》，《欧阳修全集》上册，第430～431页。

② 欧阳修撰，徐元堂注：《新五代史》，第794～795页。

③ 欧阳修撰，徐元堂注：《新五代史》，第795页。

④ 欧阳修撰，徐元堂注：《新五代史》，第795页。

其所以然者也，日食、星孛、五石、六鹢之类是已。孔子于《春秋》，记灾异而不著其事应，盖慎之也。[①]

“灾”，是可以通过自然现象而知晓的，比如水旱、蝗虫；“异”，是人们不能够知其所以然的现象，比如日食、彗星等。对于这些灾异之事，孔子也只是记载其现象而不记载其与人事的关系，是因为谨慎的态度。后世之人曲说其事而归之于天命，这与圣人的观点不相符。正因如此，欧阳修才会作《新唐书·五行志》，目的是“著其灾异而削其事应”[②]，即像孔子一样“记灾异而不著其事应”，祛除蒙蔽在“灾异”说上的神秘主义的意味。欧阳修的这种观点，是对荀子以“星坠、木鸣”为自然现象，以及“强本而节用，则天不能贫；养备而动时，则天不能病；修道而不贰，则天不能祸”(《天论》)的观点的借鉴。二人对于天道自然、重人道、反对天人感应及天降灾异的论说，几乎是完全一致的。

综上所述，欧阳修虽然表现出了尊孟的思想，但是他不仅仍然将荀子纳入儒家的道统，而且能够充分吸收与借鉴荀子经世致用的思想和重人事、轻天命的自然天道观，这在以理学为主的宋代儒学中难能可贵；同时，这也再一次证明了荀学在尊孟抑荀封建时代顽强的生命力。如果说欧阳修所推崇的韩愈是一位“孟皮荀骨”的荀学接受者的话，他的这种“孟皮荀骨”比韩愈更强烈、更深刻，同时也比韩愈更加“直白”。

二、李觏

荀学的核心是在“天生人成”原则基础上提出来的礼法观，尤其是礼学思想。在北宋，对荀子礼学思想吸收最为彻底的是被称为“盱江先生”的李觏(1009～1059年)。他的《礼论》成书于宋仁宗明道元年(1032年)，在书中，他以荀子的礼学思想为参考，对礼的产生、实质、作用等进行了详细的探究和考察，并以此建立其思想体系。北宋政治家、“庆历四谏官”之一的余靖(1000～1064年)曾经赞扬这一著作：“李君秀才……所示《礼论》七篇，推进《礼经》，准的世教。派仁义，赞刑政，正其本于礼，成一家之言。工古人之未工，导名王之要道。岂止独步江表，校声名于后俊者哉！开益蒙蔽，不胜降叹。”[③]由是观之，

---

① 欧阳修、宋祁撰：《新唐书》，中华书局1975年版，第873页。

② 欧阳修、宋祁撰：《新唐书》，第873页。

③ 转引自姜国柱：《李觏评传》，南京大学出版社1996年版，第43页。

李觏的思想以礼为核心，重视仁义刑政，受到时儒的肯定。

(一)礼的起源

关于礼的起源，李觏和荀子的观点是大致相同的，均认为礼与人的欲望是分不开的。他说：

> 夫礼之初，顺人之性欲而为之节文者也。人之始生，饥渴存乎内，寒暑交乎外。饥渴寒暑，生民之大患也。食草木之实、鸟兽之肉，茹其毛而饮其血，不足以养口腹也。被发衣皮，不足以称肌体也。圣王有作，于是因土地之宜，以殖百谷；因水火之利，以为炮燔烹炙。①

李觏认为，礼产生于人对自然资源的欲望，是圣王为合理满足人的需求而制定的。换言之，人有饥渴如同世有寒暑，于是圣王因地制宜，以满足人的基本欲求，礼就产生了。从字面意义上看，李觏似乎认为礼来源于欲望的满足，与荀子说的“人之性恶……化性起伪”(《性恶》)、“制礼义以分之”(《礼论》)的观点并不相同，故有的学者认为“李觏一反其说。李觏认为礼所以顺人之性情而为之节文，非矫饰人之性情而为之堤防也”②。但是，如果我们仔细体会这段文字就会发现，李觏所说“夫礼之初，顺人之性欲而为之节文者也”，与荀子说的礼可以“养人之欲，给人之求”(《礼论》)，从其根源来说并没有根本性的区别。不仅如此，李觏在说礼可以满足人的欲望时并不认为可以无休止、无节制地满足，他依然认为礼的最大作用是荀子说的“明分使群”：

> 夫妇不正，则男女无别；父子不亲，则人无所本；长幼不分，则强弱相犯，于是为之婚姻，以正夫归。为之左右奉养，以亲父子。为之伯仲叔季，以分长幼。……此礼之大本也。③

李觏认为，礼可以发挥“分”“别”的作用，使夫妇、父子、长幼有别；通过礼之分，不仅能够使夫妇得以正、父子得以亲、长幼得以分，还可以君臣得以辨，使上下有别、各司其职。这种观点，其实也就是荀子一直在强调的“辨莫大于礼，礼莫大于分”(《非相》)。

---

① 李觏：《礼论第一》，《李觏集》，中华书局2011年版，第6页。

② 赵军政、张斌、赖井洋：《李觏与荀子礼论的异同》，《汉中师范学院学报》(社会科学版)2000年第1期。

③ 李觏：《礼论第一》，《李觏集》，第6～7页。

(二)礼的作用

礼可以通过“分”来实现夫妇、父子、长幼、君臣之间的群居合一，因此，无论是对个人还是对社会群体、国家都发挥着至关重要的作用。荀子说“人无礼则不生，事无礼则不成，国家无礼则不宁”(《修身》)，礼可以“上事天，下事地，尊先祖而隆君师”(《礼论》)。李觏接纳了荀子的这一观点，而且又将其作了详细的阐释。他说：

> 定君臣，别男女，序长幼，兴廉让，立谏争，设选举，正刑法，为衣食，起宫室，具器皿，异亲疏，次上下，列官府，纪文书，筑城郭，治军旅，亲师傅，广学问，为号令，律式禄，位班次，车马服御，官守民业，言而必中，行而必果者。谓之非礼可乎？……总而言之，又皆礼矣。[①]

由此可见，在李觏的心中，礼不仅能够“明分使群”，而且对于人类生活的方方面面都产生了重要的影响，从衣食住行到法律制度、经济政治、国家社会，有礼则天地有序、政通人和，无礼则诸事不行、国家混乱。他又说：

> 夫礼，人道之准，世教之主也。圣人之所以治天下国家，修身正心，无他，一于礼而已矣。[②]

他将礼看作人道的准绳、教化的主导，认为小到修身，大到治国平天下都离不开礼。这与荀子将礼看成是“人道之极”的观点是完全相同的。

(三)礼法关系

众所周知，荀子既“隆礼”又“重法”，礼与法在荀子的观念中具有一致性。他既说“礼义者，治之始”(《王制》)，又说“法者，治之端”(《君道》)。从词义上来看，“始”与“端”并没有太大的差别，指的都是开始、开端的意思，但是在荀子的思想中，礼与法又有着较大的不同，比如他说：“礼者，法之大分，类之纲纪也。”(《礼论》)将礼看成是法的根本，法是礼的延伸，法是由礼衍生出来的。根据荀子的观点，法的设立是为了辅佐礼乐教化，与礼一样，都是为了矫正人性，只是在先后及重要性上不同——礼主法辅而已。对于这种关系，荀子在《正名》中曾经有过相关的理论探讨：

> 状变而实无别而为异者，谓之化。有化而无别，谓之一实。此事之所

---

① 李觏：《礼论第三》，《李觏集》，第 11 页。

② 李觏：《礼论第一》，《李觏集》，第 5 页。

以稽实定数也，此制名之枢要也。

荀子认为，事物的形状发生变化但是实质没有区别的叫“化”（变化），有“化”但是实质没有区别还是同一种东西叫“一实”（同一实物）。礼与法，就属于“状变而实无别而为异者”，虽然形状有所不同、名称有所差异，但是“实无别”，因此叫作“一实”。换句话说，礼与法同体而异名。

李觏在论述礼与法的关系时，则直接化用荀子“状变而实无别而为异者，谓之化”的理论。在谈到乐、刑、政、仁、义、智、信与礼的关系时，他将乐、刑、政看作“礼之支”“礼之大用”，将仁、义、智、信看作“礼之别名”。他说：

> 饮食、衣服、宫室、器皿、夫妇、父子、长幼、君臣、上下，师友、宾客、死丧、祭祀，礼之本也。曰乐，曰政，曰刑，礼之支也。而刑者，又政之属矣。曰仁，曰义，曰智，曰信，礼之别名也。是七者，盖皆礼矣。[①]

李觏认为，礼、乐、刑、政、仁、义、智、信等八者都是礼，稍有不同的是，乐、刑、政是礼的别支，仁、义、智、信是礼的别名。礼、乐、刑、政就像人的筋骨体骸一样，是“同生于人而异其称者”，也就是荀子讲的“状变而实无别而为异者”（《正名》）。其中，乐、刑、政是“礼之用”，它们“同出于礼而辅于礼”，是用以辅助礼的，这与荀子礼与法同体而异用的观点是一致的。

（四）对荀子义利观的继承

荀子被后儒诟病，除了因为他的性恶论、天人之分的观点之外，还因为他言义而不避利，认为义与利为人之“两有”。《大略》：

> 义与利者，人之所两有也。虽尧、舜不能去民之欲利，然而能使其欲利不克其好义也。虽桀、纣亦不能去民之好义，然而能使其好义不胜欲利也。

利与义是人的“两有”，虽然两者并不对等，应该先义而后利，但是这种不避言利的思想与孔子“君子喻于义，小人喻于利”（《论语·里仁》）、孟子“王何必曰利，亦有仁义而已矣”（《孟子·梁惠王上》）的观点十分不同，故在孟子不断升格的宋代，荀子的观点无异于异端。李觏不仅继承了荀子“义利两有”的观点，认为利欲乃人所固有，并提出了“人非利不生”的观点。

对儒者贵义贱利的观点，李觏提出了自己的看法。他说：

---

① 李觏：《礼论第一》，《李觏集》，第5～6页。

愚窃观儒者之论，鲜不贵义而贱利，其言非道德教化则不出诸口矣。[①]

他认为，儒者大多贵义而贱利，出口就是道德教化，讳言利欲。但是，人如果没有利欲，就如吃不饱、没有平常心一样，即使有礼义教化、尧舜复起，也不能够教导好。可见，对于儒者讳言利欲的行为，李觏是不赞成的。他又说：

利可言乎？曰：人非利不生，曷为不可言？欲可言乎？曰：欲者人之情，曷为不可言？言而不以礼，是贪与淫，罪矣。不贪不淫而曰不可言，无乃贼人之生？反人之情？世俗之不喜儒以此。[②]

"人非利不生"，利欲与人情、人性是分不开的，都是与生俱来的。如果完全抛弃利和欲，就是"贼人之生，反人之情"；只要是不奢求、不过度，利欲没有什么可讳言的。为此，他又举了商汤、武王及孔子的例子加以说明，认为如果没有利欲，商汤、武王不能以七十里、百里而称王天下，孔子也就不会说"七十而从心所欲不逾矩"。

人虽然"非利不生"，但是利欲本身并非善的东西，更不是越多越好，因此李觏认为人虽然可以追求利欲的满足，但是必须要有所节制，不能让利欲无休止地发展下去：

形同则性同，性同则情同。圣人之形与众同，而性情岂有异哉？然则众多欲而圣寡欲，非寡欲也，知其欲之生祸也。……圣人寡欲，故能得所欲，众人多欲，以所欲奉他人耳。[③]

圣人与众人并没有什么特别大的不同，他们的形体和性情都是一样的，然而，圣人知道多欲会生出祸端，故他们是寡欲的，普通人则正好相反。正因为圣人寡欲，所以自己的欲望能够被满足；正因为普通人多欲，最终才会以自己所欲求的东西奉养他人。可见，李觏主张寡欲、节欲，反对欲求的无度，而荀子也主张要节欲，这是两者相一致的地方。《荀子·正名》：

欲虽不可去，求可节也……欲虽不可去，所求不得，虑者欲节求也。道者，进则近尽，退则节求，天下莫之若也。

荀子认为，人的欲望虽然没有尽头，但是可以接近尽头；欲望虽然不能舍弃，但是可以节制。按照"道"（即礼义之道）行事，可以在允许的情况下满足欲望，在

① 李觏：《富田策第一》，《李觏集》，第 138 页。

② 李觏：《原文》，《李觏集》，第 342 页。

③ 李觏：《损欲》，《李觏集》，第 245 页。

不允许的情况下节制欲望。

综上所述，在宋朝，能有一个像李觏这样敢于立异、不与理学合流的儒者，是难能可贵的。在尊孟抑荀的大环境下，他充分吸收和借鉴了荀子的礼学思想，对于礼的来源、本质、作用以及义、利关系进行了系统论述，可以说是荀子礼学思想在宋代的代言人。当然，李觏的思想也有与荀子不合的地方，比如他不赞成荀子的性恶论，认为性有三品，等等。

三、司马光

在北宋史学史、政治史上，司马光(1019～1086 年)的名字并不陌生，但在整个中国思想史与哲学史上，这个名字略显黯淡。究其原因，这与孟子的"升格"运动有着密切的关系，他因主张"疑孟"、推崇荀子与扬雄而不合于当时的主流思想。在这场孟子升格运动中，孟子被宋代重心性与天理之学的理学家们所推崇，司马光尊荀疑孟的思想显得十分另类，这与荀学的处境颇为相同。既然司马光尊荀疑孟，那么，他从荀子那里借鉴了什么？或者说，荀子的思想到底如何影响司马光的？他的思想展现出怎样的荀学特质？

(一)对荀子天人观的吸收

司马光的天人观明显受到荀子"明于天人之分"思想的影响。在《迂书·天人》中，他说：

> 天力之所不及者，人也，故有耕耘敛藏；人力之所不及者，天也，故有水旱螟蝗。[1]

司马光将天与人作了区分，他认为天与人有不同的作用，同时也各有所限：天所不能做而人能够做的，叫"人"；人所不能做而天能做的，叫"天"。比如农事，在耕种收获的时候，人们必须竭尽全力，这是上天无法代替的；但是也有人所不能决定的，付出并非一定会有回报，比如丰收或歉收，这是受天时影响的。这种思想，显然是受到了荀子"明于天人之分"观点的影响，与荀子所主张的"天有其时，地有其财，人有其治，夫是之谓能参"(《天论》)如出一辙。

在《易说·说卦》中，司马光以"阳""阴""中"来解释天、地、人三才的关系：

---

① 司马光：《迂书·天人》，《司马文正公传家集》，(台湾)商务印书馆 1965 年版，第 909 页。

三才者，天，阳也；地，阴也；人者，阴阳之中也。[1]

天是阳，地是阴，人居于天地之间，故为“阴阳之中”，“中”也就代表着必须与阴阳交互为用，在三者最和谐的状态下才能够发挥作用。不但人要以“中”为原则，天地宇宙万物都要以此为原则：

齐，中也。阴阳不中则物不生，血气不中则体不平，刚柔不中则德不成，宽猛不中则政不行，中之用其至矣乎！[2]

在《答范景仁书》一文中，司马光更是直接引用荀子《天论》“养备而动时，则天不能病也”，证明了“中”的重要性：

人之所为苟不失其中，则天之所施虽过，亦弗能伤矣。木朽而蝎处焉，肉腐而虫聚焉。人之所为不得其中，然后病袭焉。故曰：“养备而动时，则天不能病也。”[3]

只要人能够充分发挥自己的作用，“不失其中”，则天对人的影响是有限的，天不能够伤害到人；反之，如果“不得其中”，则疾病袭身。所以，人们只要尽力让自己的行为“不失其中”，便不用过于忌惮天的影响。为了说明这个道理，司马光引用了荀子“养备而动时，则天不能病也”一语。其解释也符合此语的语境及荀子“明于天人之分”的思想原则。

由此可见，两人在天人观上存在高度一致之处：荀子认为只要能区分清楚天与人的不同职分，并根据不同的情况做出反应，天就不能“贫”“病”“祸”，故应充分发挥人的作用；司马光也认为人只要能够“不失其中”，即使“天之所施虽过”，依然可以“弗能伤”。在《迂书・士则》中，他再一次提出了类似的看法：

智愚勇怯，贵贱贫富，天之分也；君明臣忠，父慈子孝，人之分也。僭天之分，必有天灾；失人之分，必有人殃。[4]

天之职分不同，如果僭越天职，必有天灾；如果失去人的作为，则必有人殃。“天有其时，地有其财，人有其治”（《天论》）才是正确而恰当的“三才”观、天人观。

---

① 司马光撰，邓秉元等点校：《易说　书仪　中庸大学广义　古文孝经指解》，上海人民出版社2023年版，第179页。

② 司马光：《潜虚》，（台北）中国子学名著集成编印基金会，1978年，第61页。

③ 司马光：《答范景仁书》，《司马文正公传家集》，第752页。

④ 司马光：《迂书・士则》，《司马文正公传家集》，第907页。

在“天人之分”的基础上，司马光提出了他对于命运的看法。他说：

何谓违天之命？曰：天使汝穷，而汝强通之；天使汝愚，而汝强智之。若是者，必得天刑。……人之刑罚，刑赏其身；天之刑罚，刑赏其神。故天之所赏者，其神闲静而逸乐，以考终其命。天之所刑者，其神劳苦而愁困，以夭折其生。彼虽偻然而白首，犹贰负之臣桎梏而处诸石下，虽逾千岁，恶足称寿哉！①

从字面上看，司马光似乎相信天命，认为天决定了人的生死祸福。但实际上，司马光在这里所说的“天”并不是人格神的“天”、主宰的“天”，而是那些神秘的、不能解释、不可控制的力量，类似于宇宙秩序与规律。他说这段话的目的并不是相信天命，而是让人们在适应这种秩序或规律的基础上，既不任意妄为，也不无所作为，要断开天命与人事的关联。荀子也曾说：“天有常道矣，地有常数矣，君子有常体矣。君子道其常，而小人计其功。”（《天论》）天地有客观规律可循，君子也有人道需要遵守。人只要能够“道其常”，专注于人事，坚守正道并矢志不渝就是君子；反之，如果不守正道、勉强为之，汲汲营营于现实的功利，就是小人了。

（二）对荀子人性论与师法礼义观的借鉴

司马光的人性论，既不同于孟子的性善论，也不同于荀子的性恶论。在《性辩》一文中，他说：

孟子以为人性善，其不善者，外物诱之也；荀子以为人性恶，其善者，圣人教之也，是皆得其一偏而遗其大体也。夫性者，人之所受于天以生者也，善与恶必兼有之。②

无论是孟子的性善说还是荀子的性恶论，都是“得其一偏而遗其大体”，一斑窥豹、挂一漏万。他认为，人既有善性，也有恶性，但每个人的人性中善恶的多少有所不同，故有圣人之性、中人之性和愚人之性：

故虽圣人不能无恶，虽愚人不能无善，其所受多少之间则殊矣。善至多而恶至少，则为圣人；恶至多而善至少，则为愚人；善恶相半，则为中人。圣人之恶不能胜其善，愚人之善不能胜其恶，不胜则从而亡矣。故曰：惟

---

① 司马光：《迂书·士则》，《司马文正公传家集》，第906～907页。

② 司马光：《性辩》，《司马文正公传家集》，第821页。

上智与下愚不移。①

人性中皆有善恶，圣人善多恶少，愚人恶多善少，中人善恶参半，因此如何抑恶扬善成就君子人格，便成为其理论的重要课题。为此，司马光特别重视“学”：

虽然，不学则善日消而恶日滋，学焉则恶日消而善日滋，故曰：惟圣罔念作狂，惟狂克念作圣，必曰圣人无恶，则安用学矣；必曰愚人无善，则安用教矣。②

人如果不学，则善不能长、恶不能消，故唯有通过不断学习才能由愚而智、由贤入圣；即使是孔圣人，力学五十又五年才能够成圣，更何况是中人和愚人，故勤学在人性修养的过程中占据主导性的地位。为此，他还用稻粱与藜莠的例子加以说明：

譬之于田，稻粱藜莠，相与并生，善治田者，耘其藜莠而养其稻粱，不善治田者反之。善治性者，长其善而去其恶，不善治性者反之。③

善于耕稼的人，必须去除藜莠等蔓草而长养稻粱等庄稼，不善于耕稼的人正好相反；善于治性的人亦如此，必须长养其善性而去除其恶性，不善于治性的人正好相反。可见，司马光在论述人性的时候，重点关注的不再是人性的善恶问题，而是如何长善去恶，重视后天努力，这与荀子认为“人之性恶”，重视积习及礼义法度“化性起伪”的理论路线是一致的，故他在批评荀子性恶论的同时，也同时肯定了荀子重视师法礼义的观点：

荀子以为争夺残贼之心，人之所生而有也，不以师法礼义正之，则悖乱而不治，是岂可谓之不然乎？然殊不知慈爱羞愧之心亦生而有也，是知藜莠之生于田，而不知稻粱之亦生于田也。④

司马光认为，荀子的性恶论就好像只知道田地里有藜莠而不知有稻粱一样，只看到了人性中的恶而忽略了人性中的善，因而是不恰当的。通过这段话我们能够看出，他虽然批评了荀子的性恶论，但是依然认为荀子以师法礼义端正人性的观点是正确的。换句话说，虽然他们的人性观不同，但是在人的修养问题上两人的关注点是一致的——都认为人性中有恶的成分，人性可以通过后天

① 司马光：《性辨》，《司马文正公传家集》，第821页。
② 司马光：《性辨》，《司马文正公传家集》，第821页。
③ 司马光：《性辨》，《司马文正公传家集》，第821页。
④ 司马光：《性辨》，《司马文正公传家集》，第821页。

加以改造，并且认为师法礼义是矫正人性的最重要的手段。

(三)对荀子心论的借鉴与发展

荀子以人之性恶为切入点，认为人心在化性起伪的过程中起着关键性的作用，故特别强调“解蔽”及“虚壹而静”的工夫。司马光在论述后天努力对人性修养的作用时，也特别强调人心的作用，他说：

> 故君子好学不厌，自强不息……发于心，形于身，裕于家，施于国，格于上下，被于四表，虽尧舜周孔，莫不本于是矣。呜呼，舍是而云道者，皆不足学也。[①]

司马光认为，即使是尧、舜、周、孔这样的圣王、圣人，他们在修养学习的过程中都先“发于心”，然后才能够实现修、齐、治、平。因此，心在后天学习中处于源发性的地位，一切都由心开始。这一认知，与荀子将心看成“形之君也”(《解蔽》)、“神明之主”(《解蔽》)，并且依靠心来“化性起伪”的观点是一致的。

心在修养的工夫论上居于源发性和主导地位，但是由于人有各种性情欲望，在面对这些性情欲望的时候，人心难免会受到遮蔽，因而需要“解蔽”：

> 不轨之民，非不知穿窬探囊之可羞也，而冒行之，驱于饥寒故也。失节之臣，亦非不知反君事仇之可愧也，而忍处之，逼于刑祸故也。……譬如逐兽者不见泰山，弹雀者不觉露之沾衣也，所以然者，物蔽之也。[②]

司马光根据人皆有善恶的人性论，认为即使是不轨之民、失节之臣也会有羞耻心、愧疚心，但是由于饥寒与刑祸，他们依然会铤而走险。为学的人亦如此，他们会因各种利欲、迫害、威慑等作出不恰当的举动，对于仁义廉耻也可能会不思、不顾甚至不知，这就好比追逐野兽的人不知身处泰山之中，用弹弓打鸟的人不知道露水沾衣一样。是什么导致了这种情况？概言之，是“物蔽之也”。他不止一次提到了物蔽的危害：

> 人之情莫不好善而恶恶，慕是而羞非。然善且是者盖寡，恶且非者实多。何哉？皆物诱之也，物迫之也。桀纣亦知禹汤之为圣也，而所为与之反者，不能胜其欲心故也。盗跖亦知颜闵之为贤也，而所为与之反者，不能胜其利心故也。[③]

---

① 司马光：《四言铭系述》，《司马文正公传家集》，第 836 页。

② 司马光：《致知在格物论》，《司马文正公传家集》，第 808～809 页。

③ 司马光：《致知在格物论》，《司马文正公传家集》，第 809 页。

人虽有善心，都可以“好善而恶恶，慕是而羞非”，但是为什么实际情况与之相反？这都是因为“物诱之”“物迫之”，人都有“欲心”“利心”。因此，要想修身养性，必须要祛除“欲心”“利心”，即要正心；要想正心，必须要去除物蔽之祸。这种观点，与荀子在《解蔽》中说的“欲为蔽，恶为蔽，始为蔽，终为蔽，远为蔽，近为蔽，博为蔽，浅为蔽，古为蔽，今为蔽”是相同的。

如何去除物蔽之祸？司马光借鉴了荀子“虚壹而静”的观点。在《答韩秉国书》中，他解释了何为“虚”“静”：

> 然所谓虚者，非空洞无物之谓也，不以好恶利害蔽其明是也。①

司马光认为，“虚”并非空洞无物，而是指不让好恶、利害等遮蔽其清明，这与荀子所说的“不以所以藏害所将受”一致。在《答秉国第二书》中他又对“虚”“静”作了解释：

> 荀卿、《大学》所谓虚静定者，非寂然无思虑也。虚者不以欲恶蔽其明也，静者不以怵迫乱其志也，定者不以得丧易其操也。②

“虚”“静”并非让人没有思虑，而是不让欲恶遮蔽其清明、不让怵迫乱其心志；“虚”“静”而后能够“定”，“定”就是不让外物轻易地改变自己的操守，让心能够应物而不为物所动、不受物遮蔽而有所坚守。只有这样，人心才能够“执一以应万”，“止于一而无不周”：

> 心感于物，为善，为恶，为吉，为凶，无不至焉。必也执一以应万，守约以御众，其惟正乎！夫正而遇祸犹为福也，求仁得仁，又何悔？故心正则事无不吉，而“悔亡”也。③

“执一以应万”，“止于一而无不周”，这是理想的认知能力和认知状态，有了这种能力，即使面对事物的千变万化也能够应对自如而不受其扰。荀子也说：“虚壹而静，谓之大清明。”在这种状态下，“万物莫形而不见，莫见而不论，莫论而失位。坐于室而见四海，处于今而论久远，疏观万物而知其情，参稽治乱而通其度，经纬天地而材官万物，制割大理，而宇宙里矣”（《解蔽》）。他还曾多次说“以一知万”（《非相》）、“以一持万”（《儒效》）、“以一行万”（《王制》），其理论

---

① 司马光：《答韩秉国书》，《司马文正公传家集》，第 766 页。

② 司马光：《答秉国第二书》，《司马文正公传家集》，第 768 页。

③ 司马光撰，邓秉元等点校，《易说　书仪　中庸大学广义　古文孝经指解》，第 80 页。

指涉，也包含通过“虚壹而静”以应万变的含义。

综上所述，虽然司马光明确反对荀子的性恶论，但是他的天人观、人性论、心论等都与荀子有相似之处。他的天人有分、重视人道的思想，与荀子的人道观完全相同；他从人性有善有恶的角度出发，重视师法礼义的理论路线，与荀子从人性恶的角度重视师法礼义的理论路线相一致；他重视人心的作用、强调“虚”“静”的观点，则几乎完全接纳了荀子的观点。因此，抛却其人性论不言，司马光的思想实在是与荀学“天生人成”的原则相一致，故可将司马光看作北宋荀学的第一位代言人。

四、王安石

以变法而闻名的王安石（1021～1086 年），二十二岁便高中进士。在任宰相期间，他主持了熙宁变法，以改革时弊、富国强兵为目标。指导王安石变法的思想是“新学”，新学不同于以前的儒学，它虽然以儒学为宗，但是又不拘泥于儒学传统。新学敢于融合百家学说，反对以章句之学为主的旧经学，主张通经致用，乃是致用之学。梁启超说：“荆公之学，内之在知命厉节，外之在经世致用，凡其所以立身、行己，与夫施于有政者，皆其学也。”[①]虽然王安石在晚年对佛道表现出比较浓厚的兴趣，但其思想主要以儒学为主。他曾经自述求学之道：

> 某愚，不识事务之变，而独古人是信。闻古有尧、舜也者，其道大中至正常行之道也。得其书，闭门而读之，不知忧乐之存乎己也。穿贯上下，浸淫其中，小之为无间，大之为无崖岸，要将一穷之而已矣。”[②]

在闭门读书的过程中，他以儒道宗并广泛涉猎：

> 故某自百家诸子之书，至于《难经》、《素问》、《本草》，诸小说无所不读，农夫、女工，无所不问，然后于经为能知其大体而无疑。盖后世学者与先王之时异矣，不如是不足以尽圣人故也。[③]

王安石认为，时移世易，当世的学者应该无所不读、无所不问，只有这样才能够

---

① 梁启超：《王安石传》，海南出版社 1993 年版，第 204 页。

② 王安石：《上张太傅书二》，《王安石全集》第 7 册，复旦大学出版社 2016 年版，第 1367 页。

③ 王安石：《答曾子固书》，《王安石全集》第 6 册，第 1314 页。

尽圣人之道。他的这种不囿于门户、广采诸说而以儒学为主导的治学精神，与荀子作为儒家集大成者的品格是相通的。也正是在这种治学精神的影响下，他虽然明言荀子“好妄”“不察理”，认为“后世之士，尊荀卿以为大儒而继孟子者，吾不信矣”[①]，并且将荀子从儒家道统中排除，但是却大量吸收并借鉴荀子的观点。他不仅“发展了荀学务实求是、因时制变的进步思想路线”，而且他的新学“与荀学的外王经世取向显然是一致的”[②]。

(一)对荀子“天生人成”原则的借鉴

荀子思想的原则是“天生人成”——“天地生之，圣人成之”(《富国》)、“天地生君子，君子理天地”(《王制》)。在这一思想的指导下，荀子提出天人之分和人之性恶的观点，重视师法礼义在化性起伪及社会国家中的作用。王安石继承了荀子“天生人成”的思想，也主张天人之分、强调人道的重要性，但他同时也有所发挥，更强调天人之间的联系和统一。

一方面，王安石像荀子一样区分了天道与人道。他说：

> 始而生之者，天道也；成而终之者，人道也。[③]
>
> 远而尊者，天道也；迩而亲者，人道也。[④]

天道“始而生”，人道“成而终”，将天道看作生之始，将人道看作终之成，这与荀子说的“天地生之，圣人成之”之义完全一致。在对待天的态度上，王安石说“远而尊”。远，意味着天与人世距离遥远，暗含着天道不能决定人道的意味；尊，意味着要对天有所敬畏，暗含天道与人道有某种内在的关联。他说：

> 天道升降于四时。其降也，与人道交；其升也，与人道辨。冬日，上天与人道辨之时也，先王于是乎以天道事之；秋则犹未辨乎人也，先王于是乎以人道事之。[⑤]

这是王安石解释宋神宗关于郊祀后稷和宗祀文王的一段文字。他认为，人道与天道既可以相交，也可以分辨。当天道与人道相交时，先王以人道事天；当天道与人道相分辨时，先王以天道事天。这种相交又相辨的观点，实际上是对

① 王安石：《周公》，《王安石全集》第 6 册，第 1164 页。
② 张曙光：《外王之学：〈荀子〉与中国文化》，河南大学出版社 1995 年版，第 161 页。
③ 王安石：《郊宗议》，《王安石全集》第 6 册，第 1139 页。
④ 王安石：《郊宗议》，《王安石全集》第 6 册，第 1139 页。
⑤ 王安石：《郊宗议》，《王安石全集》第 6 册，第 1139 页。

天人合一与天人之分观点的折中和综合。

另一方面，虽然王安石折中了天道与人道的关系，但是他并不认为天道与人道同等重要，他总是以人道解释天道，重人事而轻天命。在《洪范传》中，他既对“天有是变，必由我有是罪以致之”的灾异说进行了批评，也对“灾异自天事耳，何豫于我”这种完全隔断天人联系的观点进行了反驳，他说：

> 人君固辅相天地以理万物者也，天地万物不得其常，则恐惧修省，固亦其宜也。今或以为天有是变，必由我有是罪以致之；或以为灾异自天事耳，何豫于我，我知修人事而已。盖由前之说，则蔽而葸；由后之说，则固而怠。不蔽不葸，不固不怠者，亦以天变为己惧，不曰天之有某变必以我为某事而至也，亦以天下之正理考吾之失而已矣，此亦“念用庶证”之意也。①

他认为，人君是帮助天地治理万物的，故应该效法天。当天地万物发生变故时，应该“恐惧修省”，即应该及时调整自己的理政方法。那种“天有是变，必由我有是罪以致之”的灾异说“蔽而葸”，即受到天的蒙蔽而恐惧天，也就是荀子说的“蔽于天而不知人”(《解蔽》)、“错人而思天”(《天论》)。而“灾异自天事耳，何豫于我”等完全隔断天人联系的观点“固而怠”，即固执而怠慢。因而，人们应该以“不蔽不葸，不固不怠”的理性态度，以天下之正理(人道)考正自己的得失，不要简单地将天象与人事一一对应。这种从现实人事的角度阐释天人关系、重视人事的观点，很显然与汉唐时期的天人感应论、灾异说和谶纬之学有着明显的区别，而更加类似于荀子的天道自然和以人道为主的观点。

熙宁年间，自然灾害频繁发生，反对变法的保守派吕诲说：“方今天灾屡见，人情未和，惟在澄清，不宜挠浊，如安石久居庙堂，必无安静之日。”②认为王安石从政不利于救灾，天下必不得安宁。不仅如此，很多大臣更无端指责王安石，认为天灾乃王安石所致：“旱由安石所致，去安石，天必雨。”③针对这种毫无道理可言的指责，王安石明确提出“水旱常数，尧舜所不免……但当修人事以应之……盖天道远，先王虽有官占，而所信者人事而已”④。这种观点，也明显

① 王安石：《洪范传》，《王安石全集》第6册，第1190页。

② 吕诲：《论王安石》，吕祖谦：《宋文鉴》，中华书局1992年版，第766页。

③ 脱脱等撰：《宋史》，中华书局1977年版，第10548页。

④ 脱脱等撰：《宋史》，第10547页。

体现出王安石对人事及人道的重视。

以上是王安石的天人观与荀子相似的地方，当然，两者的天人观也存在较大的差异。比如，王安石认为道德来源于天，天赋予了道德价值的根源："古之言道德所自出而不属之天者，未之有也。尧者，圣人之盛也，孔子称之曰'惟天惟大，惟尧则之'，此之谓明天……至后世则不然，仰而视之曰：'彼苍苍而大者何也？其去吾不知其几千万里，是岂能如我何哉？吾为吾之所为而已，安取彼？'于是遂弃道德，离仁义，略分守，慢形名，忽因任，而忘原省，直信吾之是非，而加人以其赏罚。"[①]他认为，古代的圣人不仅效法天，更是将道德仁义的根源归之于天；后世割裂天人关系的看法，不仅不能够正视天，而且还使道德仁义失去了存在的根源，结果就是"天下大乱"。由此可见，王安石不仅对荀子的天人观有所借鉴，而且更将其与天人感应观相折中、融合。

（二）与荀子人性论的暗合

就人性论而言，王安石与孟子、荀子的观点皆有所不同，他说：

> 孟子言人之性善，荀子言人之性恶。夫太极生五行，然后利害生焉，而太极不可以利害言也。性生乎情，有情然后善恶形焉，而性不可以善恶言也。此吾所以异于二子。……荀子曰："陶人化土而为埴，埴岂土之性也哉？"夫陶人不以木为埴者，惟土有埴之性焉，乌在其为伪也？且诸子之所言，皆吾所谓情也、习也，非性也。[②]

他认为，性就像太极，太极生五行，五行生利害；情生于性，有情然后善恶才会出现。故"性不可以善恶言"，如同太极不可以言利害。从这个意义上说，王安石的人性论应该是"性无善无恶说"，这种观点虽类似于荀子说的"性者，本始材朴也"，但王安石显然不同意荀子的观点，为此他还以"陶人化土而为埴"加以驳斥。

既然"性不可以善恶言"，善恶又从何而来呢？在《性情》一文中，王安石说：

> 性、情一也。世有论者曰"性善情恶"，是徒识性情之名而不知性情之实也。喜、怒、哀、乐、好、恶、欲未发于外而存于心，性也；喜、怒、哀、乐、

① 王安石：《九变而赏罚可言》，《王安石全集》第6册，第1211页。

② 王安石：《原性》，《王安石全集》第6册，第1234页。

好、恶、欲发于外而见于行，情也。性者情之本，情者性之用，故吾曰性、情一也。……彼徒有见于情之发于外者为物之所累，而遂入于恶也，因曰情恶也，害性者情也。是曾不察情之发于外者而为外物之所感，而遂入于善乎！①

王安石认为，性与情互为体与用的关系，"性情一也"，其实质都是喜、怒、哀、乐、好、恶、欲，只是"未发于外而存于心"的时候叫"性"，"发于外而见于行"叫"情"。故善恶是相对于情而言的，不是对于性而言的，"性不可以善恶言"；性既可以导出善，也可以导出恶，性可以为善，也可以为恶。

那么，如何为善？王安石像荀子一样，特别重视"慎习"：

习于善而已矣，所谓上智者；习于恶而已矣，所谓下愚者；一习于善，一习于恶，所谓中人者。上智也、下愚也、中人也，其卒也命之而已矣。有人于此，未始为不善也，谓之上智可也；其卒也去而为不善，然后谓之中人可也。②

王安石认为上智、中人、下愚是因其习于善或习于恶所造就的，并非真的是天生的。通过学习，恶者可以改过迁善；如果不学习，善自然也就得不到发展，也有失掉的可能。这种以人性中蕴含着恶的成分因而人需要通过学习而改过迁善的观点，与荀子重视师法积习以化性起伪的理论路线非常相近。由此可见，王安石的人性论虽然与荀子有所不同，但也有暗合之处。

(三)对荀子礼乐思想的借鉴

像荀子重视礼一样，王安石也特别重视礼的作用，但他对荀子的礼论也是持批判的态度的。

呜呼，荀卿之不知礼也！其言曰："圣人化性而起伪。"吾是以知其不知礼也。知礼者贵乎知礼之意，而荀卿盛称其法度节奏之美，至于言化，则以为伪也，亦乌知礼之意哉？故礼始于天而成于人，知天而不知人则野，知人而不知天则伪。圣人恶其野而疾其伪，以是礼兴焉。③

王安石从两个方面论述了荀子礼论的不足之处。一方面，他从礼义道德的本源入手，认为"礼始于天而成于人，知天而不知人则野，知人而不知天则伪"，由

---

① 王安石：《性情》，《王安石全集》第6册，第1218页。

② 王安石：《性说》，《王安石全集》第6册，第1235～1236页。

③ 王安石：《礼论》，《王安石全集》第6册，第1198页。

于荀子隔断了礼与天的联系，认为“圣人化性而起伪”，礼完全是人为的，与天无关，因而忽略了礼与天相合的一面，“是不知天之过”。另一方面，他虽然肯定了荀子礼论的价值，但是由于荀子“知人而不知天”，将礼看作违背天性的强制性的规范，会使百姓不乐于接纳；百姓完全是因为担心位高者厌恶、刑罚的责罚而屈从，被动地去遵循，因而只是在外表上遵循礼节罢了。由此可见，王安石对荀子礼论的批判主要针对的就是其割裂天人关系、否定礼能够贯通天人的思想。

虽然王安石批判荀子割裂天人的理论思想，但是同时也认同荀子重礼的主张，认为荀子的礼论是“有见而云”，这是他与荀子相同的地方。比如，他像荀子一样特别肯定礼乐刑政在社会中的共同作用。在《老子》一文中，他说：

> 故昔圣人之在上而以万物为己任者，必制于四术焉。四术者，礼、乐、刑、政是也，所以成万物者也。故圣人唯务修其成万物者，不言其生万物者，盖生者尸之于自然，非人力之所得与矣。[①]

王安石认为，“道”有本末，“本”出乎于自然，乃“万物之所以生”，是人力所不能参与的，故人应该无言、无为；“末”涉乎形器，乃“万物之所以成”，是需要借助人力以成的事情，故应该有言、有为。[②] 古代的圣人以“万物之所以成”为己任，因此他们制作礼、乐、刑、政四术以成就万物。王安石对老子“抵去礼乐刑政而唯道之称”是持反对意见的，认为老子“不察于理而务高之过矣。……废礼、乐、刑、政于天下，而坐求其无之为用也，则亦近于愚矣”[③]。由此可见，王安石在论述天人关系时，既尊重天的生成价值，同时更重人的积极意义，依然与荀子的“天生人成”思想相一致，并且都认为礼、乐、刑、政在成万物中发挥着重要的作用。

除了在礼乐的价值及作用上的共识，关于礼与乐之间的关系，两人也有相一致的地方。为了阐述礼乐的关系，王安石专门有《礼乐论》一文。文中曰：

> 礼者，天下之中经；乐者，天下之中和。礼乐者，先王所以养人之神，正人气而归正性也。是故大礼之极，简而无文；大乐之极，易而希声。简

---

① 王安石：《老子》，《王安石全集》第 6 册，第 1230 页。

② 参见王安石：《老子》，《王安石全集》第 6 册，第 1230 页。

③ 王安石：《老子》，《王安石全集》第 6 册，第 1230、1231 页。

易者，先王建礼乐之本意也。[1]

王安石认为礼乐是修养的核心，养人之性莫过于礼乐，就像养人之形气莫过于衣食一样。不仅如此，他还认为礼是“天下之中经”，乐是“天下之中和”，将礼乐上升到与天地同理的地位，将礼乐的作用由修气养身上升到移风易俗、主导社会生活的层面，这与其“务为有补于世”[2]的经世致用思想是一致的，同时也与荀子的礼乐观完全一致。

值得注意的是，王安石在论述礼的时候还借鉴了荀子“法后王”的观点。

古之人以是为礼，而吾今必由之，是未必合于古之礼也；古之人以是为义，而吾今必由之，是未必合于古之义也。夫天下之事，其为变岂一乎哉？固有迹同而实异者矣。今之人諰諰然求合于其迹，而不知权时之变，是则所同者古人之迹，而所异者其实也。事同于古人之迹而异于其实，则其为天下之害莫大矣，此圣人所以贵乎权时之变者也。[3]

王安石认为，古人的礼、义现在来实行并不一定合适。天下之事“迹同而实异”，因此一定要通权达变、因时制宜，不可固守其道、不懂变通。这好比如果太古之道能够行万世而不变的话，圣人也就不会制作礼义了，所以“识治乱者当言所以化之之术”，能够“贵乎权时之变”。这种反对盲目崇古、反对食古不化的时变观，与荀子“举措以时”的“法后王”观点是相通的，成为其主张变法的思想来源。

在《上仁宗皇帝言事书》中，王安石再次表明了他的“先王”与“后王”的观点：

夫以今之世，去先王之世远，所遭之变、所遇之势不一，而欲一二修先王之政，虽甚愚者，犹知其难也。然臣以谓今之失，患在不法先王之政者，以谓当法其意而已。[4]

“法其意”也就是上面说的效法“迹同而实异”之“实”，先王与后王之道从实际上而言并无区别，都是“以仁义礼信修其身而移之政”，但也要懂得“权时之变”，不要盲目追求复古。从这个意义上说，“法先王”还是“法后王”最关键的

---

① 王安石:《礼乐论》,《王安石全集》第 6 册,第 1200 页。

② 王安石:《上人书》,《王安石全集》第 6 册,第 1369 页。

③ 王安石:《非礼之礼》,《王安石全集》第 6 册,第 1215 页。

④ 王安石:《上仁宗皇帝言事书》,《王安石全集》第 6 册,第 750 页。

是效法其“实”而非效法其“迹”。这种观点，与荀子说的“欲观圣王之迹，则于其粲然者矣，后王是也”(《非相》)的思想是一致的。

五、叶适

虽然理学在宋明时期占据学术的主流，但也有不与理学合流的非主流派，比如集永嘉事功学之大成的叶适(1150～1223年)就是非主流派儒者的一位代表。叶适，字正则，号水心居士，温州永嘉(今浙江省温州市)人，晚年讲学于永嘉城外水心村，世称“水心先生”。叶适的思想，优先考虑事功而不侈谈心性，具有强烈的批判精神，对朱熹及其他理学家，甚至是三代之后的许多儒者都多有批评。他的哲学思想，建立在经验主义的立场之上，对经验所不能把握的事物，均持怀疑的态度。所有这些，无不显示出其荀学的性格，故有学者说：“叶适与荀子存在着内在的思想联系。”[①]

荀子对诸子的批判，均建立在其经验论与实用主义精神的基础之上。关于荀学的这一特质，王恩洋说：“今有甚高之理想，甚玄之思辨，然而无事物之根据，则徒属妄想。无实际之效用，则仅成戏论。故其为学也，论理必求验证，论事必求功用。”[②]正是在这种经验论哲学与实用主义思想的影响下，荀子对思孟学派提出了严厉的批评，认为思孟学派“僻违而无类，幽隐而无说，闭约而无解”(《非十二子》)，即不知统类、邪僻违理、闭塞不通，一句话——迂阔而无用。这种精神，在荀学上主要有以下表现。论人性以人性中有“本始材朴”，认为知识道德是非先验存在的；论天人则曰“不求知天”，对天不加臆测；论人道则以实际生活中能够体验到的人道为主，破除天道的迷信意味；论礼乐则重其利害得失之功效，以其有利于“化性起伪”及国家政治而肯定之；论辩说则重实用而贱浮词，尊中道而恶诡辩；论先王与后王，则既“法先王”也“法后王”，因为“文久而灭，节族久而绝”(《非相》)；论为学及格物致知时重博学假物，重积累及符

---

① 张涅：《叶适与荀子的思想关系》，《浙江海洋学院学报》(人文科学版)2001年第1期。

② 王恩洋：《荀子学案》，《王恩洋先生论著集》第8卷，四川人民出版社2001年版，第567页。

验，等等。[①] 荀学的此种特质，与以先验论为基础的孟子道德理想主义思想有着鲜明的区别，对后世影响深远。后世的许多儒者，尤其是宋以后、清以前的许多儒者，他们虽然名义上反对荀学的这一特质及其所生发出来的人性论、天人观等，但实际上却接受了其合理内核并转化运用到自己的理论体系中，移花接木，为自己的理论所服务，叶适正是其中的一位。

叶适是南宋三大学派中事功学派的一员。事功学派主张学以致用，其开创者薛季宣反对当时"语道不及事"与"清谈脱俗之论"，提出"务为深醇盛大，以求经学之正；讲明时务本末利害，必周知之，无有空言，无戾于行"的观点，主张将治学的重点放在学以致用上。[②] 故有学者直接将事功学派的另一位代表人物陈亮视为南宋"功利主义"学派的代表人物。[③] 叶适作为事功学派的代表人物之一，与荀子一样"都属于儒家的非主流派，有相同的思想本旨和追求"[④]。虽然他对荀子及荀学多有批判[⑤]，但其理论的荀学属性是显而易见的。

首先，强烈的实用主义思想倾向。叶适本身是事功学派的一员，他说：

> 故永嘉之学，必弥纶以通世变者。[⑥]
>
> 善为国者，务实而不务虚，择福而不择祸。[⑦]

叶适将事功之学概括为"弥纶以通世变"，即博学多能、经世致用。"务实而不务虚"更说明了其重实用而轻玄谈的观点。为了阐明这一观点，他还特别针对道学家们所津津乐道的董仲舒"仁人正谊不谋利，明道不其功"一语展开了批评，他说：

> "仁人正谊不谋利，明道不其功"，此语初看极好，细看全疏阔。古人以利与人而不自居其功，故道义光明。后世儒者行仲舒之论，既无功利，

---

① 关于荀子经验论与实用主义哲学的更多论述，参见拙作：《荀子诗学研究》，人民出版社 2019 年版，第 79～103 页。

② 参见漆侠：《浙东事功派代表人物陈亮的思想与朱陈"王霸义利之辨"》，《河北大学学报》（哲学社会科学版）2001 年第 3 期。

③ [美]田浩：《功利主义儒家——陈亮对朱熹的挑战》，姜长苏译，江苏人民出版社 1997 年版。

④ 张涅：《叶适与荀子思想关系》，《浙江海洋学院学报》（人文科学版）2001 年第 1 期。

⑤ 参见叶适：《习学记言序目》，中华书局 1977 年版，第 645～654 页。

⑥ 叶适：《温州新修学记》，刘公纯等点校：《叶适集》第一册，中华书局 1961 年版，第 178 页。

⑦ 叶适：《奏札》，刘公纯等点校：《叶适集》第二册，第 617 页。

则道义者乃无用之虚语尔；然举者不能胜，行者不能至，而反以为诟于天下矣。①

叶适反对空谈义理而忽视事功的行为，认为董仲舒说的“仁人正谊不谋利，明道不其功”是“疏阔”的，因为如果倡言舍弃功利效用，道义就是无用之虚语。他又说：

虽有精微深博之论，务使天下之义理不可逾越，然亦空言也。②

即使言论再精微深博，若无实际致用，也仅仅是空言而已。由此可见，叶适认为所有的理论学说都应该以功利效用为旨归，道义的最终目的是有利有用，凡是无用的道义都是空谈。这种思想，与荀子的观点是一致的。

其次，叶适针对程朱理学与陆氏心学空谈性命天理的思想提出批评，提出了具有唯物主义精神的“道不离器”的观点和重视辨合符验的思想。他说：

古诗作者无不以一物立义，物之所在，道则在焉，物有止，道无止也。非知道者不能该物，非知物者不能至道。道虽广大，理备事足，而终归之于物，不使散流，此圣贤经世之业，非习为文词者所能知也。③

叶适认为，“物”是“道”的基础和前提，“物”存“道”才能存。“道”虽然广大精深，但最终也要落脚于“物”。又说：

上古圣人之治天下，至矣。其道在于器数，其通变在于事物。④

他认为“道”存在于具体的事物之中，不能离开事物而倡谈大道，一切理论均应该验证于器与物，空谈性命天理是不懂得道不离器的道理。以此为依据，他认为为学应该以辨合符验为原则：

……无验于事者其言不合，无考于器者其道不化，论高而实违，是又不可也。⑤

“无验于事”即不能验证于人事，“无考于器”即不能考证于器物。凡是不能够验证于人事及器物的理论，无论其如何高谈阔论、高蹈超然，都是不切实际的理论、不得要领的论辩，必须予以抛弃。根据这一理论，他对程朱理学及陆氏

① 叶适：《习学记言》，上海古籍出版社 1992 年版，第 201 页，

② 叶适：《始议二》，刘公纯等点校：《叶适集》第三册，第 759 页。

③ 叶适：《习学记言序目》，《习学记言》，第 702 页。

④ 叶适：《总义》，刘公纯等点校：《叶适集》第三册，第 693 页。

⑤ 叶适：《总义》，刘公纯等点校：《叶适集》第三册，第 694 页。

心学等道学家所倡言的“无极”“太极”“皇极”等进行了重新解释，破除了其形而上的种种神秘主义的色彩。他说：

“易有太极”，近世学者以为宗旨秘义。按卦所象惟八物……又因《彖》以明之……独无所谓“太极”者，不知《传》何以称之也？……传《易》者将以本原圣人，扶立世教，而亦为太极以骇异后学，后学鼓而从之，失其会归，而道日以离矣。又言“太极生两仪，两仪生四象”，则文浅而义陋矣。[①]

近世学者以“易有太极”为《易经》中的神秘宗旨，但《易经》本身却没有这种说法，这是《易传》的作者将其加在上面的。近世学者以此为“宗旨秘义”“骇异后学”，后世学者“鼓而从之”，已经失去了其原有的本义了；“太极生两仪，两仪生四象”之说，则更加文浅义陋了。叶适不止一次地对高谈阔论而无用的学说提出了严厉的批评：

高谈者远述性命，而功业为可略；精论者妄推天意，而以夷夏无辨。[②]

高谈阔论者虽对性命、天意多有论述，但是于成就功业、抵抗外辱毫无作用。

荀子在《非十二子》中也曾对故弄玄虚而无实际用处的思孟学派提出了批评，他认为子思、孟子根据古代的传说臆造出“五行”之说，这种说法“甚僻违而无类，幽隐而无说，闭约而无解”，然而“子思唱之，孟轲和之”，社会上那些无知的儒生不知道子思、孟子说得不对，反而“受而传之”，认为是孔子和子弓的学说而推崇，这都是子思、孟子的罪过。《非十二子》中的这段文字，无论是行文逻辑还是结构框架、行文旨归，完全与叶适对程朱及陆氏的批评一致。

再次，与荀子重义而不避利的观点一致，叶适也反对将道德义理与功利剥离开来的观点。他的义利观可以用“崇义以养利，隆礼以致力”[③]来加以概括，这不仅体现在他对董仲舒“仁人正谊不谋利，明道不其功”一语的批评上，而且还体现在他对朝廷制定政策的评说上：

盖以吾之仁义行于其间，而讨除天下不仁不义之人，而忧知利为患也，是故放觉屏远而不言。其言者，明之以不齿之罚，使虽酒食之微而皆

① 叶适：《习学记言序目》，第 47 页。

② 叶适：《上殿札子 · 淳熙十四年》，刘公纯等点校：《叶适集》第三册，第 832 页。

③ 叶适：《士学上》，刘公纯等点校：《叶适集》第三册，第 674 页。

不得以自肆。故其上下习为辞逊而不可争，以为如是天下大利何求而不成。[1]

叶适先肯定了仁义为制定政策之原则，但同时也认为不能对利避而不谈，仁义之政的落脚点还是利。儒家传统的义利观，产生了为富不仁的儒家价值观，这种价值观将仁义道德与利对立起来，使得有这种价值观的士人只为自己聚财，而不为国家理财，这是与古之圣人相违背的。他说：

是故以天下之财产与天下共理之者，大禹、周公是也。[2]

即使是大禹、周公这样的圣人，也重视理财，将天下的财产与天下一同加以治理，故他曾专门作《财计》为理财正名：

理财与聚敛异，今之言理财者，聚敛而已矣。非独今之言理财者也，自周衰而其义失，以为取诸民而供上用，故谓之理财。而其善者，则取之巧而民不知，上有余而下不困，斯其为理财而已矣。故君子避理财之名，而小人执理财之权。夫君子不知其义而徒有仁义之意，以为理之者必取之也，是故避之而弗为。小人无仁义之意而有聚敛之资，虽非有益于己而务以多取为悦，是故当之而不辞，执之而弗置。[3]

叶适区别了聚敛（聚财）与理财，认为现在的理财只是聚敛而已，真正的理财应该是"取之巧而民不知，上有余而下不困"，能够上下皆能得其利。遗憾的是，君子不知道理财的确切含义，徒有仁义之义却认为理财就是聚财，因而避之不理；小人无仁义之意，却以聚财为要。天下无人可理财的现象真的太严重了。

义利关系是先秦儒家重要的辩题之一。孟子主张重义轻利、"舍生而取义"，荀子则义、利并举，认为两者缺一不可。叶适的思想更接近于荀子。荀子《大略》：

义与利者，人之所两有也。虽尧、舜不能去民之欲利，然而能使其欲利不克其好义也。虽桀、纣亦不能去民之好义，然而能使其好义不胜欲利也。

"人之所两有"，也就是说两者不可或缺，既不能够缺少义，也不能够缺少利，即使像尧舜这样的圣王都不能够去民之利。但是，义与利并不是对等的，在处理

---

① 叶适：《管子》，刘公纯等点校：《叶适集》第三册，第706页。
② 叶适：《财计上》，刘公纯等点校：《叶适集》第三册，第658页。
③ 叶适：《财计上》，刘公纯等点校：《叶适集》第三册，第657～658页。

两者的关系时要“以义制利”，“以义应变”，义比利更重要，故“义胜利者为治世，利克义者为乱世”(《大略》)。不仅如此，在荣辱之别上，“先义而后利者荣，先利而后义者辱”(《荣辱》)，很显然义是重于利的。这种观点，与叶适强调的以仁义为原则的义利观是一致的。

最后，叶适对荀子“法先王”与“法后王”思想进行了整合。在谈到“三代”问题的时候，叶适说：

> 举三代而不遗两汉，道上古而不忽方来，仁、义、礼、乐绳绳乎其在天下也。①

> 故夫昔以不知道为患，而今以能明道为忧也。夫上有治，下有教，而道行于天地万物之中，使无以异于汉、唐、三代之世，然后可以无憾。②

叶适认为，无论是古人倡言的仁、义、礼、乐还是道统论者所提到的“道”，其实质内容并没有变化，三代之前与三代之后并没有本质上的区别，三代之前可以流行于天下，三代之后亦可以流行于天下。换句话说，我们应该掌握先王与后王之“实”，而不要太在意于时间先后之“虚”。无论是先王还是后王，只要是所奉行的“道”没有变化，都是值得效法的。时间的先后并不是决定性的因素，只要仁义礼乐之道存在着，就可以像三代一样实现长治久安。

叶适这种观点与荀子论述先王与后王的观点基本相同。在论述先王的时候荀子说：“不闻先王之遗言，不知学问之大也。”(《劝学》)“凡言不合先王，不顺礼义，谓之奸言。”(《非相》)将先王之道看作言说与是非的标准，故主张“法先王，统礼义，一制度，以浅持薄，以古持今，以一持万”(《儒效》)。但“文久而灭，节族久而绝”(《非相》)，故他又说：“欲观圣王之迹，则于其粲然者矣，后王是也。”(《非相》)由此可见，在他的心目中，先王与后王没有实质的区别，只是先王距今久远，很多制度礼仪都已经佚失，故应该以距今为近的后王为效法的对象。换句话说，荀子在先王、后王、三代的认识上，确实与叶适的观点一致，是重“实”而轻“虚”的。

---

① 叶适：《王通》，刘公纯等点校：《叶适集》第三册，第743页。

② 叶适：《总述》，刘公纯等点校：《叶适集》第三册，第727页。

第二节 理学家的荀子学

如果说其他的儒者还能够给荀子及荀学留一点儒家的"面子"的话,宋代的理学家则显得"铁面无私",不仅没有肯定荀子在儒学上的贡献,而且一直试图将荀子从儒家的道统中扯下来,欲"除之而后快"。从理学家的思想来看,他们的观点不但与荀学格格不入、毫无交集,而且还试图撇清与荀学的关系,将荀学看作"瘟神"而唯恐避之不及。然而,批评的过程也是借鉴、吸收与改造的过程,理学家在批评荀子的同时,总会被动地、不自觉地受到荀子思想的影响,对其有所借鉴、吸收、改造。对此,蔡仁厚先生说:"荀子倡性恶说,故宋明理学家皆贬说荀子。但在历代大儒之中,其学术性格最与荀子相似的,却正是号称'集北宋理学家之大成'的朱子。"①这是荀学影响到理学的一个缩影。惠吉星也说:"荀学是理学家无法绕过的一座理论高峰,构成了理学家思想建树的重要资源和动力。"②

一、张载

理学家对荀子批评最激烈的就是其性恶论。清儒谢墉说:"(荀子——笔者注)顾以嫉浊世之政,而有《性恶》一篇,且诘孟子性善之学而反之,于是宋儒乃交口攻之矣。"③钱大昕说:"宋儒所訾议者唯《性恶》一篇。"④在宋代,孟子的性善论是人性论的主流,但这并不代表着宋儒的人性论与荀子毫无瓜葛,"荀子的性恶论则以批判的方式被整合,成为理学人性论体系中的有机组成部分"⑤。

刘又铭在《荀子的哲学典范及其在后代的变迁转移》一文中将"基于自然元气的本体宇宙观"看作荀子的哲学"典范"。⑥ 以气为本源是荀子哲学思想中

---

① 蔡仁厚:《荀子与朱子:荀朱二家心性论之比较及其在儒学中的地位》,《鹅湖学志》1988年第1期。

② 惠吉星:《荀子对宋代理学的影响》,《邯郸学院学报》2012年第4期。

③ 谢墉:《荀子笺释·序》,王先谦:《荀子集解·考证上》上册,第13页。

④ 钱大昕:《荀子跋》,王先谦:《荀子集解·考证上》上册,第15页。

⑤ 惠吉星:《荀子对宋代理学的影响》,《邯郸学院学报》2012年第4期。

⑥ 参见刘又铭:《荀子的哲学典范及其在后代的变迁转移》,《汉学研究集刊》2006年第3期。

的重要内容，荀子是“气一元论的发轫者”[①]。荀子不但在《王制》中说：“火有气而无生，草木有生而无知，禽兽有知而无义，人有气、有生、有知，亦且有义，故最为天下贵也。”而且还多次提出了“血气”“治气”等概念。张载（1020～1077年）是北宋五子（周敦颐、邵雍、张载、程颢、程颐）之一，王夫之称赞他“上承孔、孟之志，下救来兹之失，如皎日丽天，无幽不烛，圣人复起，未有能易焉者也”[②]。他创立的学派被称为“关学”，与周敦颐的“濂溪之学”、二程的“洛学”、朱熹的“闽学”并称为“濂、洛、关、闽”四个学派。在人性论上，他创造性地提出了“天地之性”和“气质之性”的双重人性论，其关于“气质之性”的论述，对荀子的人性论多有所借鉴。

张载哲学的核心命题是元气本体论。在他看来，气未聚而无形的状态叫“太虚”，“太虚”是气的原始状态，气因聚散变化而形成万物；气之所以能聚散，是因为其虚实、动静、聚散、清浊的本性，在于它们的相感相荡。以此为基础，他吸取了古代哲学尤其是易学中朴素辩证法的内核，提出了“一物两体”的说法：

> 一物两体，气也；一故神（两在故不测），两故化（推行于一）。[③]

张载认为，万物皆有两体，即阴、阳两个对立面，正是由于虚实、动静、聚散、清浊等既相对立又能转化的存在，气才能够聚散以生万物。在这种气的本体论基础上，张载提出了自己的人性论：

> 由太虚，有天之名；由气化，有道之名；合虚与气，有性之名；合性与知觉，有心之名。[④]
>
> 通万物而谓之道，体万物而谓之性。[⑤]

太虚之气就是天，道是气的运行变化，太虚之气的运行变化产生了物，物本身蕴含了性。由此可见，性分为两种，一种是未气化成物之前的气的本性，即“天地之性”；另外一种是气化成物之后物的特性，即“气质之性”。“天地之性”是纯善的，“气质之性”有善有不善，因为“一物两体”，如同阴阳有别、聚散有异

---

① 郭志坤：《旷世大儒：荀况》，河北人民出版社 2001 年版，第 216 页。

② 王夫之：《张子正蒙注・序论》，中华书局 1975 年版，第 3 页。

③ 张载：《正蒙・参两篇》，章锡琛点校：《张载集》，中华书局 1978 年版，第 10 页。

④ 张载：《正蒙・太和篇》，章锡琛点校：《张载集》，第 9 页。

⑤ 张载：《正蒙・乾称篇》，章锡琛点校：《张载集》，第 64 页。

一样。

张载认为天地之性是人性的本质，是永恒常在的。他说："天地之性，久大而已矣。"[①]"天授于人则为命，人受于天则为性。"[②]这种天地之性是纯一的、纯善的，是每个人所具有的，从根本上讲，是与宇宙同一的，它具有两个特点：其一，它是永恒与普遍的，即"天地之性，久大而已矣"；其二，它是至善无恶的。张载说："天本无心，及其生成万物，则须归功于天，曰：此天地之仁也。"[③]又说："天地以虚为德，至善者虚也。"[④]"纤恶必除，善斯成性矣；察恶未尽，虽善必粗矣。"[⑤]故天地之性无不善，这是由其太虚之气的纯善无恶决定的。

天地之性是本体的，人人都具有的，意味着人人都有成为圣人的可能，但是在现实中却并非人人都成了圣人，因为除了天地之性外，还有气质之性。天地之性是纯善的，气质之性则有善有恶。他说："形而后有气质之性，善反之则天地之性存焉。故气质之性，君子有弗性者焉。"[⑥]气质之性是在万物有形之后存在的，君子不会让它受到杂染；又说："有无虚实通为一物者，性也；不能为一，非尽性也。饮食男女皆性也，是乌可灭？"[⑦]"饮食男女"也就是气质之性的表现，气质之性也就有了善恶。

气质之性有善恶，人可以通过修养来"变化气质"：

> 为学大益，在自(能)[求]变化气质，不尔[皆为人之弊]，卒无所发明，不得见圣人之奥。故学者先须变化气质。[⑧]

变化气质也就是将气质之性中恶的内容去除掉，只留下善的成分。如何能够变化气质？张载主张"知礼成性"：

> 知及之而不以礼性之，非己有也；故知礼成性而道义出，如天地设位而易行。[⑨]

---

① 张载：《正蒙·诚明篇》，章锡琛点校：《张载集》，第24页。
② 张载：《张子语录·语录中》，章锡琛点校：《张载集》，第324页。
③ 张载：《经学理窟·气质》，章锡琛点校：《张载集》，第266页。
④ 张载：《张子语录·语录中》，章锡琛点校：《张载集》，第326页。
⑤ 张载：《正蒙·诚明篇》，章锡琛点校：《张载集》，第23页。
⑥ 张载：《正蒙·诚明篇》，章锡琛点校：《张载集》，第23页。
⑦ 张载：《正蒙·乾称篇》，章锡琛点校：《张载集》，第63页。
⑧ 张载：《经学理窟·义理》，章锡琛点校：《张载集》，第274页。
⑨ 张载：《正蒙·至当篇》，章锡琛点校：《张载集》，第37页。

知礼才能够成性,因此礼在道德修养中起到了重要的作用。知礼也就能够"穷理":

> 盖礼者理也,须是学穷理。[①]
>
> 万物皆有理,若不知穷理,如梦过一生。[②]

能够知礼"穷理"才能够知晓天地之性,守礼也就遵守了天理,礼上升到了天理的高度。张载的这一思想奠定了理学的基础。

那么,如何知礼并守礼?张载认为学习是最根本、最重要的途径。他认为"为学大益,在自能变化气质",只有"下学"才能够"上达":

> 克己,下学上达交相养也,下学则必达,达则必上,盖不行则终何以成德?[③]
>
> 穷理即是学也,所观所求皆学也。[④]

"穷理"必须要通过学习的方式,只有学习才能够穷理,只有学习才能够将气质之性中恶的内容去除以成就天地之性。人能学习,便能够穷理、知礼、受礼;人若不能学,则气质之性便不能完全向善。更进一步,张载将学习的方法概括为三对六句:"言有教,动有法;昼有为,宵有得;息有养,瞬有存。"[⑤]

张载将性分为"天地之性"与"气质之性"的观点,既与孟子的性善论不同,也与荀子的性恶论不同,但同时对二人都有所继承。孟子认为人性有天赋之"四端",纯然为善而无恶,这大约等于张载说的"天地之性";荀子的性恶论以性、情、欲为一体,认为善乃人为("伪"),非得之于天,故特别重视师法礼义在化性起伪中的作用,这与张载认为"气质之性"有善有恶以及将"学"看作变化气质关键的主张相通。故从表面上看,张载的人性论似乎与荀子的性恶论完全不同,但是每当谈到人性中恶的因素,尤其是涉及人性改造的现实问题时,他明显又对荀子的人性论有所吸收与借鉴,甚至将荀子通过学习及师法礼义化性起伪的思想作为理论依据乃至思想支撑。这种对荀子思想"隐性"接受的现象不但体现在张载的身上,也体现在其他宋代理学家的身上。

---

① 张载:《张子语录·语录下》,章锡琛点校:《张载集》,第326页。

② 张载:《张子语录·语录中》,章锡琛点校:《张载集》,第321页。

③ 张载:《横渠易说·下经·大壮》,章锡琛点校:《张载集》,第130页。

④ 张载:《张子语录·语录下》,章锡琛点校:《张载集》,第330页。

⑤ 张载:《正蒙·有德篇》,章锡琛点校:《张载集》,第44页。

二、二程

理学家当中，二程对荀子人性论的攻击尤为尖锐，其中程颐（1033～1107年）的诘难最多。但两人的人性论，亦多有与荀子相合之处。

程颢（1032～1085 年）有大量论述人性论的文字，但他却没有直接对荀子的人性论进行过辩驳。关于人性，程颢是这么说的：

> "生之谓性"，性即气，气即性，生之谓也。人生气禀，理有善恶，然不是性中元有此两物相对而生也。有自幼而善，有自幼而恶，是气禀有然也。善固性也，然恶亦不可不谓之性也。盖"生之谓性"、"人生而静"以上不容说，才说性时，便已不是性也。凡人说性，只是说"继之者善"也，孟子言"人性善"是也。夫所谓"继之者善"也者，犹水流而就下也。皆水也，有流而至海，终无所污，此何烦人力之为也？有流而未远，固已渐浊；有出而甚远，方有所浊。有浊之多者，有浊之少者。清浊虽不同，然不可以浊者不为水也。如此，则人不可以不加澄治之功。故用力敏勇则疾清，用力缓怠则迟清，及其清也，则却只是元初水也。亦不是将清来换却浊，亦不是取出浊来置在一隅也。水之清，则性善之谓也。故不是善与恶在性中为两物相对，各自出来。此理，天命也。顺而循之，则道也。循此而修之，各得其分，则教也。自天命以至于教，我无加损焉。此舜有天下而不与焉者也。①

> 盖上天之载，无声无臭，其体则谓之易，其理则谓之道，其用则谓之神，其命于人则谓之性，率性则谓之道，修道则谓之教。②

程颢认为人性有两种，一是"生之谓性"，也就是气禀之性；一是"天命之谓性"，也就是天命之性。"生之谓性"的说法，这似乎与告子"生之谓性"的观点一致，也与荀子以生言性的观点有相似之处，尤其是他提出的"然恶亦不可不谓之性"的观点。

程颐关于人性及修养的观点与程颢几乎完全相同，只是在某些名称上作了一些改造。程颐对荀子的性恶论提出了严厉的批评，认为其"大本已失"：

---

① 程颢、程颐著，王孝鱼点校：《二程集》上册，中华书局 2004 年版，第 10～11 页。

② 程颢、程颐著，王孝鱼点校：《二程集》上册，第 4 页。

韩退之言“孟子醇乎醇”，此言极好，非见得孟子意，亦道不到。其言“荀、扬大醇小疵”，则非也。荀子极偏驳，只一句“性恶”，大本已失。扬子虽少过，然已自不识性，更说甚道？[①]

之所以认为荀子的性恶说“大本已失”，是因为程颐像程颢一样将人性看作本然善的。他也将性分为两种，一是“理性”或“性”，二是“才”或“气质之性”。第一种也就是程颢说的“天命之性”，第二种也就是程颢说的“气禀之性”。他说：

称性之善谓之道，道与性一也。……性之本谓之命，性之自然者谓之天，自性之有形者谓之心，自性之有动者谓之情。凡此数者皆一也。[②]

程颐认为性就是“理”，“理”无不善故性无不善。之所以有善恶，并不是因为性的善恶，而是因为“才”不一样：

性出于天，才出于气；气清则才清，气浊则才浊。[③]

性无不善，而有不善者才也。性即是理，理则自尧、舜至于途人，一也。才禀于气，气有清浊。禀其清者为贤，禀其浊者为愚。[④]

“气清则才清，气浊则才浊。”人的本性是“理”，因而是至善的；“气”有清浊则“才”有清浊。“才”也就是材料、材质，就像树木的材质或直或曲，人的材质也会有善有恶。正因为气有清浊、才有不同，所以需要通过发掘先天的善质并涵养“气”以“变化气质”。至于如何变化气质，程颐认为要“与理为一”，即明天理、穷物理。

首先，明天理。明天理，需要“用敬”：

敬只是主一也。主一，则既不之东，又不之西，如是则只是中。既不之此，又不之彼，如是则只是内。存此，则自然天理明。[⑤]

“敬”才能“主一”，“主一”即有所标准、有主见，之后就不会变动，就会得“中”。什么是“敬”？“敬”就是不为物欲、杂念、邪气所牵引，如此就会明白天理。如何“敬”？程颐认为需要“思”来摒弃人欲：

甚矣欲之害人也。人之为不善，欲诱之也。诱之而弗知，则至于天理

① 程颢、程颐著，王孝鱼点校：《二程集》上册，第 262 页。
② 程颢、程颐著，王孝鱼点校：《二程集》上册，第 318 页。
③ 程颢、程颐著，王孝鱼点校：《二程集》上册，第 252 页。
④ 程颢、程颐著，王孝鱼点校：《二程集》上册，第 204 页。
⑤ 程颢、程颐著，王孝鱼点校：《二程集》上册，第 149 页。

灭而不知反……然则何以窒其欲？曰：思而已矣！[①]

欲望能够害人，人之所以不为善，是因为欲望的诱惑；人受到欲望诱惑而不自知，就会泯灭天理而不知反抗。如何抵制欲望？只有通过“思”——思考、思索、思想才能够存天理、灭人欲。

其次，穷物理。穷物理需要致知：

今人欲致知，须要格物。……自一身之中，至万物之理，但理会得多，相次自然豁然有觉处。[②]

随事观理，而天下之理得矣。天下之理得，然后可以至于圣人。[③]

格物才能够致知，致知才能够知道事物之理。经常格物、懂得格物，便能够豁然开朗而得到真知、知晓天理，知晓天理，然后才能够成为圣人，只有成为圣人，才能够与理为一。

由此可见，程颐与荀子的人性论建立在不同的理论基础上，其观点也有着较为明显的区别。但两人都谈到了人性中的恶的问题，都承认恶的存在；气质之性的观点，与荀子亦有相似之处。比如，明代薛应旗认为，程颐“恶亦不可不谓之性”的观点乃取自荀子，“孟子言性善，荀子言性恶。要之，善者其常也，恶亦不可不谓之性也。程子之言，盖有所取尔也。”[④]

三、朱熹

朱熹(1130～1200年)是理学的代表人物，他以孟子为宗，明确反对荀子，许多观点与荀子截然不同，比如在天道观上荀子认为天是自然的，并不具备道德的含义，人与天有不同的职分；在人性论上荀子以生为性、以情欲为性，认为人之性恶。朱熹则相信天道，认为德性来源于天，性命来源于天。不仅如此，他还确立了性善的本体地位，像二程一样，将性分为天地之性和气质之性。然而，虽与荀子观点不同，朱熹却大量吸收、借鉴并改造了荀学的内容，这是一件非常有意思的事情。故李泽厚先生说他“高举‘四端’‘性善’的孟子大旗，来构

---

① 程颢、程颐著，王孝鱼点校：《二程集》上册，第319页。

② 程颢、程颐著，王孝鱼点校：《二程集》上册，第181页。

③ 程颢、程颐著，王孝鱼点校：《二程集》上册，第316页。

④ 薛应旂：《薛子庸语》，《续修四库全书》第940册，上海古籍出版社2002年版，第77页。

建此荀学”，认为朱熹“举孟旗，行荀学”，“朱学为荀学”。[1] 朱学是否真的是荀学，目前尚不能完全加以肯定，但是至少在认识论上，朱熹的确对荀学多有吸收借鉴。

（一）心与性

朱熹论性，其观点几乎与张载及二程完全相同。他以理本气末的宇宙本体论思想，将性分为“天地之性”与“气质之性”。他说：

> 天地之性，是理也。才到有阴阳五行处，便有气质之性，于此便有昏明厚薄之殊。[2]

“天地之性”是“理”的体现，“气质之性”来源于“天地之性”，是“天地之性”随着阴阳五行而成就于万物的。故“气质之性”既包含着其本身，也含有“天地之性”的内容，是二者的结合：

> 性非气质，则无所寄；气非天地，则无所成。[3]
>
> 有气质之性，无天命之性，亦做人不得；有天命之性，无气质之性，亦做人不得。[4]

“天地之性”与“气质之性”关系密切，如果没有“天地之性”，就不会有“气质之性”；如果没有“气质之性”，则“天地之性”也无法在世间展现出来。由此可知，“天地之性”为“体”，“气质之性”为“用”；“天地之性”纯然是理，“气质之性”则理、气相杂。

关于性的善恶，朱熹认为人性本然纯善：

> 然其本然之理，则纯粹至善而已，所谓天地之性是也。[5]

为此，他也用水的例子来解释：

> 性如水，流于清渠则清，流入污渠则浊。气质之清者、正者，得之则全，人是也；气质之浊者、偏者，得之则昧，禽兽是也。气有清浊，人则得其清者，禽兽则得其浊者。人大体本清，故异于禽兽；亦有浊者，则去禽兽不

---

① 参见李泽厚：《伦理学补注》，《探索与争鸣》2016 年第 9 期；《举孟旗行荀学——为〈伦理学纲要〉一辨》，《探索与争鸣》2017 年第 4 期。

② 黎靖德编，王星贤点校：《朱子语类》第 6 册，中华书局 1986 年版，第 2381 页。

③ 黎靖德编，王星贤点校：《朱子语类》第 1 册，第 67 页。

④ 黎靖德编，王星贤点校：《朱子语类》第 1 册，第 64 页。

⑤ 朱熹：《四书或问》，《景印文渊阁四库全书》第 197 册，第 489 页。

远矣。[1]

性像水一样，水本然是清的，只是在实际的生活中，盛水的容器有清浊，水便有了清浊；人之性本然是善的，但因禀气有别，善恶贤愚就会各有不同。根据这种观点，他对孟子、荀子、扬雄、韩愈的人性论均有所批评：

程子谓："论性不论气，不备；论气不论性，不明，二之则不是。"孟子只论性，不论气，便不全备。论性不论气，这性说不尽；论气不论性，性之本领处又不透彻。荀、扬、韩诸人虽是论性，其实只说得气。荀子只见得不好人底性，便说做恶。扬子见半善半恶底人，便说善恶混。韩子见天下有许多般人，所以立为三品之说。就三子中，韩子说又较近。他以仁义礼智为性，以喜怒哀乐为情，只是中间过接处少个"气"字。[2]

孟子言性，只说得本然底，论才亦然。荀子只见得不好底，扬子又见得半上半下底，韩子所言却是说得稍近。盖荀、扬说既不是，韩子看来端的见有如此不同，故有三品之说。然惜其言之不尽，少得一个"气"字耳。程子曰："论性不论气，不备；论气不论性，不明。"盖谓此也。[3]

朱子以程子"论性不论气，不备；论气不论性，不明"为理论基础，认为论人性必须既要论"性"，又要论"气"。"性"即"理"，乃天命纯善之性；"气"即气质禀赋。他认为，孟子只论"性"，言性善而忽略"气"，只重视人性的本然（"本然底"），因此是不全备的。荀子、扬雄、韩愈他们所说的性其实只是在论"气"：荀子只论"气"，言性恶而忽略"性"（"理"），只看到人性的不善（"不好底"）；扬雄也只是论"气"，言人性善恶混，只是看到人性的"半善半恶底"；韩愈比荀、扬较为近正，他虽然以仁义礼智为性、以喜怒哀乐为情，但是没有用"气"将它们关联在一起，故言有所不尽。

朱子从气质之性出发，认为现实世界中有恶的存在，因此必须在本性之善的基础上，凭借后天的不断努力，修养以向善。在这个过程中，心的作用显得尤为重要。朱熹论心，与后来的陆王心学十分不同，而与荀子论心的观点颇为相似。在《象山年谱》中，记载了朱熹与陆象山"鹅湖之会"：

鹅湖之会，论及教人。元晦之意，欲令人泛观博览，而后归之约。二

---

① 黎靖德编，王星贤点校：《朱子语类》第1册，第73页。

② 黎靖德编，王星贤点校：《朱子语类》第1册，第78页。

③ 黎靖德编，王星贤点校：《朱子语类》第1册，第70页。

陆之意，欲先发明人之本心，而后使之博览。朱以陆之教人为太简，陆以朱之教人为支离，此颇不合。先生更欲与元晦辩，以为尧舜之前何书可读？复斋止之。[①]

在为学的方法上，朱熹主张博观而后精深，陆象山则主张要先发明本心，然后再博览群观。朱熹认为陆象山的方法过于简略，陆象山认为朱熹的方法则过于支离。二人之所以观点相左，最重要的原因是认识论的不同。陆象山将“心”看作道德主体，认为“心”就是“理”，具有形而上的意义；朱熹论心建立在理本气末的宇宙本体论基础上，将“心”看作“性”“气”合一的具体事物，只是一个认知主体而没有形而上的意义。劳思光先生认为，朱氏之“心”则本身属于“气”，乃一经验意义之“主体”，故只有“知”理之能力；而由未知到知一段工夫，以及知后无失之工夫，均需处处用力；故必须强调格物致知说以及读书讲论等。[②] 朱熹将心看作认知心的观点，与荀子认知心的观点非常相似。

对于心与性、情的关系，朱熹说：

性对情而言，心对性情言。合如此是性，动处是情，主宰是心。[③]

性者，理也。性是体，情是用。性情皆出于心，故心能统之。[④]

朱熹将性、情与心相对而言，认为性与情是动与静、体与用的关系，而两者皆出于心，心能够统领、统摄、主宰性与情。为了更好地说明这一关系，他进一步解释说：

心，主宰之谓也。动静皆主宰，非是静时无所用，及至动时方有主宰也。[⑤]

理在人心，是之谓性。性如心之田地，充此中虚，莫非是理而已。心是神明之舍，为一身之主宰。性便是许多道理，得之于天而具于心者。发于智识念虑处，皆是情，故曰“心统性情”也。[⑥]

心是能动的，有静也有动，静是未发，动是已发；无论已发还是未发，心的主宰

---

① 陆九渊著，钟哲点校：《陆九渊集》，中华书局 1980 年版，第 491 页。

② 参见劳思光：《新编中国哲学史》第 3 卷(上)，广西师范大学出版社 2005 年版，第 274 页。

③ 黎靖德编，王星贤点校：《朱子语类》第 1 册，第 89 页。

④ 黎靖德编，王星贤点校：《朱子语类》第 7 册，第 2513 页。

⑤ 黎靖德编，王星贤点校：《朱子语类》第 1 册，第 94 页。

⑥ 黎靖德编，王星贤点校：《朱子语类》第 7 册，第 2514 页。

性一直都发挥着作用，统领着性情，这充分说明了心的独立性和认知性。

心为什么具备主宰性？朱熹认为心有“虚灵”。他说：

心者，气之精爽。[①]

心官至灵，藏往知来。[②]

虚灵自是心之本体，非我所能虚也。耳目之视听，所以视听者即其心也，岂有形象。然有耳目以视听之，则犹有形象也。若心之虚灵，何尝有物！[③]

灵处只是心，不是性，性只是理。[④]

心与性不同。性是理，心则是人体之气中最精妙的部分。同时性又与心有关，有性才会有心，性是根本，但心不是性；心能够识性（理），性（理）需要通过心得以认知。心的独特之处是有“虚灵”，也就是具备认知及主宰的功能。由此可见，朱熹所谓的心只具备认知及主宰的作用，能够认知仁义道德，但本身并不具备仁义道德，因而是一种认知心而非道德心。

朱熹将性与心二分，把心看成认知心的观点，与荀子论心的核心要义是一致的。

一方面，荀子也将性、心二分。《正名》曰：

欲不待可得，而求者从所可。欲不待可得，所受乎天也；求者从所可，受乎心也。所受乎天之一欲，制于所受乎心之多，固难类所受乎天也。

欲望是天生的，是不用得到就已经拥有的；追求欲望的人认为可以得到才去争取，则是受心驱使。因而，人的自然欲求是受制于心的。“所受乎天”与“所受乎心”的对比说明“天”（可以理解为“性”）与“心”是相对的、被治与治的关系（即荀子“天人之分”的天人观），心扮演着节制性的角色，因而心不能等同于性。因而薛保纶先生说：“荀子的性中无心，心在性外。”[⑤]

另一方面，与朱熹一样，荀子论心不但将心、性二分，而且也认为两者不可分离：

---

① 黎靖德编，王星贤点校：《朱子语类》第 1 册，第 85 页。

② 黎靖德编，王星贤点校：《朱子语类》第 1 册，第 85 页。

③ 黎靖德编，王星贤点校：《朱子语类》第 1 册，第 87 页。

④ 黎靖德编，王星贤点校：《朱子语类》第 1 册，第 85 页。

⑤ 薛保纶：《荀子的心学》（上），《哲学与文化》1978 年第 5 期。

> 若夫目好色，耳好听，口好味，心好利，骨体肤理好愉佚，是皆生于人之情性者也，感而自然，不待事而后生之者也。(《性恶》)

与目好色、耳好听、口好味、形体好佚等生理上的知觉与感觉一样，心也有好利的欲望。所有这些都“生于人之情性者也”，都是“感而自然，不待事而后生之者”。按照荀子以生为性的观点，很显然“心”与目、耳、口、鼻、形体一样属于天赋之“性”。因而，从“心好利”的自然情欲及“感而自然”的天生义上来说，心离不开性。

心虽然离不开性，但是心并不等同于性。心如果是性，就无法治性——因为“人之性恶”。在荀子看来，性是心的来源，但心本身并不是性。这与朱熹认为心不是性的观点一致。荀子认为心具有主宰性、情的作用，是化性起伪的关键。《解蔽》：

> 心者，形之君也，而神明之主也，出令而无所受令。自禁也，自使也，自夺也，自取也，自行也，自止也。

“心”居于中虚之位，统治着耳、目、鼻、口、形等五官，故而荀子称之为“天君”。“天君”是自然感官之主宰，所以荀子又说“心”是“形之君”和“神明之主”，“出令而无所受令”，它“出令以使百体，不为百体所使也”，既是形体感官的主宰，也是人的意识的主宰，因而具有“自由意志”。[①] 同时，人之所以能够知“道”，也正是由于“心”的作用，因而“心”也是“道”的“工宰”。陈奂说：“工宰者，工，官也。官宰，犹言主宰。”[②]“心”是“道”的主宰，因而它也就是悟道、体道、行道的主宰与关键，是“化性起伪”的核心与关键。所以，“化性起伪”之所以能够实现，就在于“心”能够发挥主宰的作用。

(二)心与物

朱熹认为心具有认知的作用，在认知的过程中，要有认知的主体与认知的对象，即要有“我”(“心”)和“物”。他说：

> 致知，是自我而言；格物，是就物而言。[③]

这段话主要说明了人心的认知能力。在这里，朱熹再一次强调了心的认知作用，不仅如此，他还将心、物对举，认为万物具有可以被人心认知之理。

---

① 参见王先谦：《荀子集解》下册，第 397 页。

② 转引自王先谦：《荀子集解》下册，第 423 页。

③ 黎靖德编，王星贤点校：《朱子语类》第 1 册，第 292 页。

荀子在讲到认知心的时候，也提到了物与我之间的这种关系。《解蔽》：

> 凡以知，人之性也；可以知，物之理也。

荀子认为人都有认知的能力，这种能力是人生来就有的（“性”）；可以被知晓，这也是事物的基本属性。这种观点，与朱熹“知在我，理在物”的说法完全一致。

（三）万与一

人可以知物，物可以被知，那么，人可以穷尽事物之理吗？朱熹说：

> 盖人心之灵莫不有知，而天下之物莫不有理，惟于理有未穷，故其知有不尽也。[①]

朱熹认为，由于事物可知之理是无穷尽的，因此认知也就是无穷尽的。为了说明这个道理，他还特别提到“万”与“一”、“多”与“一”的关系：

> 上而无极、太极，下而至于一草、一木、一昆虫之微，亦各有理。一书不读，则阙了一书的道理；一事不穷，则阙了一事道理；一物不格，则阙了一物道理。须着逐一件与他理会过。[②]

即使微小如一草、一木、一昆虫，也都各有其理，故要想格物致知，必须要一件一件地予以理会。然而，按照这个道理，完全认知世间万物几乎是不可能的。既然认知是无穷尽的，人不可能认知所有的事物与事理，因此，认知既需要“多”，更需要“一”：

> 一心具万理。能存心，而后可以穷理。[③]
>
> 万物各具一理，而万理同出一原。[④]
>
> 理一分殊，合天地万物而言，只是一个理。[⑤]

既然万物只有一个理、同出一原，只要把握了这个同一的“理”“原”，就能够把握它们的本质、认识它们的规律，“多”也就能够包含在“一”中，认识也就能够“穷理”了。

---

① 朱熹：《四书章句集注》，第 6～7 页。

② 黎靖德编，王星贤点校：《朱子语类》第 1 册，第 295 页。

③ 黎靖德编，王星贤点校：《朱子语类》第 1 册，第 154 页。

④ 朱熹：《经筵讲义》，《朱子全书》第 20 册，上海古籍出版社、安徽教育出版社 2002 年版，第 708 页。

⑤ 黎靖德编，王星贤点校：《朱子语类》第 1 册，第 114 页。

在认识的过程中，荀子也意识到认识的有限性。《解蔽》：

> 凡以知，人之性也；可以知，物之理也。以可以知人之性，求可以知物之理而无所疑止之，则没世穷年不能偏也。

事物是无限的，而人的认知是有限的。如果以人的认知去无穷尽地认识万物，就算是没世穷年也不能够实现。如何解决这一矛盾？他也特别强调要掌握好“多”与“一”、“万”与“一”的关系。他曾多次提到“以一知万”“以一持万”“以一行万”。《非相》：

> 欲观千岁则数今日，欲知亿万则审一二，欲知上世则审周道，欲知周道则审其人所贵君子。故曰：以近知远，以一知万，以微知明。此之谓也。

《王制》：

> 以类行杂，以一行万，始则终，终则始，若环之无端也，舍是而天下以衰矣。

在荀子的眼中，“多”就是“万”“杂”“变”，“一”就是“道”“类”“常”“贯”。荀子认为，世间万物纷杂烦扰，这就是“万”；虽然纷杂烦扰，但是总有规律可循，这叫作“体常而尽变”；世间万物的规律，这便是“道”；“道”只有一个，因此又叫作“一”。掌握了这种“以一知万”“以一持万”“以一行万”的能力，就是“知通统类”(《儒效》)。

由此可见，朱熹与荀子虽然都认为万物纷杂而难以全部认知，但是只要掌握了认知的方法，懂得了事物变化的规律和万物之理，就能够把握事物的本质。两人关于“多”与“一”关系的论述，其核心观点完全一致。

(四)知与止

万物纷杂，要想格物致知、穷究事物之理，除了要掌握并运用恰当的方法，还要有所“止”。朱熹说：

> 止者，所当止之地，即至善之所在也。[①]

朱熹借用《大学》中“止于至善”与“知止而后能定”等语，认为格物致知要有界限。接着，他又用《大学》中的话说明了所“止”之地：

> 谓有物必有则，如父止于慈，子止于孝，君止于仁，臣止于敬，万物庶事莫不各有其所。得其所则安，失其所则悖。所谓“止其所”者，即止于至

---

① 朱熹：《四书章句集注》，第3页。

善之地也。[①]

朱熹认为,"止于至善"具体到人事关系上,就是止于仁、敬、慈、孝等人伦纲常。由此可见,格物致知以穷究事物之理的最终目的乃是从对事物的认识上升到伦理纲常的高度,即穷物理的最终目的是穷人理。

荀子在讲到心的认知功能的时候,也提到了要有所止。《解蔽》:

> 故学也者,固学止之也。恶乎止之?曰:止诸至足。曷谓至足?曰:圣王。圣也者,尽伦者也;王也者,尽制者也。两尽者,足以为天下极矣。故学者,以圣王为师,案以圣王之制为法,法其法,以求其统类,以务象效其人。

《劝学》:

> 故学至乎《礼》而止矣。夫是之谓道德之极。

同朱熹一样,荀子认为如果认识"无所疑止"(《解蔽》),则末世穷年不能穷尽对万事万物的认识,因此一定要有所止。就为学而言,荀子认为应该止于圣王、圣人,止于礼,因为在荀子的心目中礼是"人道之极",是人世间的最高准则。礼包含着仁义等伦理道德规范,故与朱熹说的止于仁、敬、孝、慈等伦常的观点是一致的。

(五)积与习

格物致知是一个由少到多再由多到一的过程,在这个过程中,积累与学习就显得尤为重要,前面在论述"多"与"一"的关系时已经谈到过这个问题。对于积习,朱熹认为:

> 蒋端夫问:"'致知在格物。'胸中有见,然后于理无不见。"曰:"胸中如何便有所见?譬如婴儿学行,今日学步,明日又步,积习既久,方能行。天地万物莫不有理。手有手之理,足有足之理,手足若不举行,安能尽其理!格物者,欲究极其物之理,使无不尽,然后我之知无所不至。物理即道理,天下初无二理。"[②]

> 然学者未能便得会恁地,须且致其知,工夫积累,方会知至。[③]

针对蒋端夫认为只要"胸中有见"就会"于理无不见"的观点,朱熹反驳说格物

① 黎靖德编,王星贤点校:《朱子语类》第1册,第268页。
② 黎靖德编,王星贤点校:《朱子语类》第1册,第294页。
③ 黎靖德编,王星贤点校:《朱子语类》第1册,第301页。

致知并非胸中有见就能于理无不见，而应该像婴儿学步一样，今日学一步，明日学一步，积习既久，方能行走自如。换言之，格物致知一定要依靠积累的工夫，没有积累，就不可能豁然贯通。“朱熹一方面承认人的内心本有天赋的道德原则，同时又强调认识的直接对象是具体事物之理，只有通过具体的学习的积累过程才能最终使内心的原则彰显出来。”[①]

荀子曾多次提到积习的重要性。他认为“真积力久则入”(《劝学》)，只有真心诚意、日积月累、力行持久，才能够真正深入到学习中，最后才能够成为君子、成为圣人。《劝学》：

> 积土成山，风雨兴焉；积水成渊，蛟龙生焉；积善成德，而神明自得，圣心备焉。故不积跬步，无以致千里；不积小流，无以成江海。骐骥一跃，不能十步；驽马十驾，功在不舍。锲而舍之，朽木不折；锲而不舍，金石可镂。

在荀子看来，积累是获得一切成功的必由之路，人的修养也需要通过不断的积累才能修成，圣人就是因“积善而全尽”，君子也是不断积累礼义而成就的，至于农夫、工匠、商贾等无不如此。

(六)虚与静

朱熹认为本然的性是纯善的，但是情则有善有恶，故保持清明的心就显得尤为重要。所以，他的修养工夫论的重点便是如何使心能够保持清明的状态以合于本然之性，他曾引用荀子“虚壹而静”的观点来说明学习之法：

> 荀子亦言：“心卧则梦，偷则自行，使之则谋。”彼言“偷”者，便是说那不好底意。若曰“使之则谋”者，则在人使之如何耳。谋善谋恶，都由人，只是那偷底可恶，故须致知，要得早辨而豫戒之耳。[②]

“心卧则梦，偷则自行，使之则谋”是荀子用以解释“虚壹而静”的大清明之心的，意思是人在睡着时心就会做梦，思想不集中、意志不坚定的时候就会胡思乱想，使用的时候就会思考谋虑。朱熹对这句话的解释基本上符合荀子的原意。

那么，如何阻止心的“偷行”？朱熹特别提到了荀子的“虚壹而静”说：

> 语敬子曰：“读书须是心虚一而静，方看得道理出。而今自家心只是

① 陈来：《宋明理学》，华东师范大学出版社2004年版，第142页。

② 黎靖德编，王星贤点校：《朱子语类》第2册，第331页。

管外事，硬定要如此，要别人也如此做，所以来这里看许多时文字，都不济事，不曾见有长进。是自家心只在门外走，与人相抵拒在这里，不曾入得门中，不知屋里是甚模样。这道理本自然，不消如此。如公所言，说得都是，只是不曾自理会得公身上事，所以全然无益。只是硬椿定方法抵拒将去，全无自然意思，都无那活底水，只是聚得许多死水。”李曰：“也须是积将去。”曰：“也只积得那死水，那源头活水不生了。公只是每日硬用力推这车子，只见费力。若是有活水来，那车子自转，不用费力。”[①]

朱熹认为，读书分两种，一种是“在门外走”，一种是“入得门中”。“在门外走”指的是心纠缠于外在的事物而不懂得回归本然的状态；“入得门中”是把心从专注于外在琐事的状态中解脱出来，使之能够向内思索，回归原本虚灵明觉的状态中。前者好像是“死水”，后者好像是“活水”。学习应该像后者一样，这样才能够不费力，使车子自己转动。反之则如每日用力推车，费力而车子不能转动。由此可见，虽然朱熹也肯定荀子“虚壹而静”的观点，但是他所关注的是如何通过“虚壹而静”找到虚灵明觉、本然的心体状态，这种心最终还是指向于本然为善的性的，是由外而内的，是向内求；荀子则主张通过“虚壹而静”使心能够“大清明”，并以此“化性起伪”，“以心治性”，是由内而外的，是向外求。虽然两人关注点有所不同，但都强调学习，强调心必须具有虚壹而静的特质，在这一点上是一致的。

（七）知与行

朱熹重视格物致知的学问，但他同时认为格物致知只是开始，其最终指向于行，即要知行合一。他说：

学之之博，未若知之之要；知之之要，未若行之之实。[②]

学、知、行是一个由始到终、由浅到深、由表及里的过程。学必须要有知，知必须要施行，施行之后才能实现学习的目的。因此，学与用、知与行是一致的：

学不止是读书，凡做事皆是学。且如学做一事，须是更经思量方得。然只管思量而不学，则自家心必不安稳，便是殆也。[③]

读书是学习，做事也是学习，而且在做事的过程中，也需要思量、思考；同时，只

---

① 黎靖德编，王星贤点校：《朱子语类》第7册，第2884页。

② 黎靖德编，王星贤点校：《朱子语类》第1册，第222页。

③ 黎靖德编，王星贤点校：《朱子语类》第2册，第584页。

思考而不学习，做事时就会不知其所以然，这也是不对的。所以，学与思、做必须统一起来，知与行必须相结合。他说：

知、行常相须，如目无足不行，足无目不见。论先后，知为先。论轻重，行为重。①

致知、力行，用功不可偏。偏过一边，则一边受病。②

只有两件事：理会，践行。③

学者以玩索、践履为先。④

致知与力行不可偏废，必须要统一起来，就像人的眼与足一样，“目无足不行，足无目不见”。不仅如此，致知的目的是力行，故“论先后，知为先。论轻重，行为重”。学者一定既要致知，又要力行，而且要以践履为旨归，因为“行”还能够检验“知”：

愚谓知而未能行，乃未能得之于己，岂特未能用而已乎？然此所谓知者，亦非真知也。真知则未有不能行者。⑤

朱熹认为，如果“知”而不能“行”，则不是真知，真知没有什么是不能够实行的。

朱熹的这种知行观，与荀子的观点是一致的。《儒效》：

不闻不若闻之，闻之不若见之，见之不若知之，知之不若行之，学至于行之而止矣。行之，明也。明之为圣人。圣人也者，本仁义，当是非，齐言行，不失豪厘，无它道焉，已乎行之矣。故闻之而不见，虽博必谬；见之而不知，虽识必妄；知之而不行，虽敦必困。

在荀子看来，君子与小人之别在于一个能够知而行，一个不知且不行。故知与行必不可少。在闻、见、知、行的关系上，行是最后的目的，也是检验知的途径。行之后才能明，明才能成为圣人。

综上所述，作为理学的集大成者，朱熹不但对于荀子的批评非常激烈，而且在诸如人性论等方面都与荀子有极大分歧。但是，思想的发展及任何一种学说的形成都是在不断回顾、借鉴、吸收的基础上总结前贤、超越前贤，朱子学

① 黎靖德编，王星贤点校：《朱子语类》第1册，第148页。

② 黎靖德编，王星贤点校：《朱子语类》第1册，第148页。

③ 黎靖德编，王星贤点校：《朱子语类》第1册，第149页

④ 黎靖德编，王星贤点校：《朱子语类》第1册，第149页。

⑤ 郭齐、尹波点校：《朱熹集》，四川教育出版社1996年版，第3781页。

与荀学的关系也是如此。正如有的学者所说:“……就更为细部的内容来说,荀学所涉及的知识及心性课题,虽未被采用甚至被排斥摒弃,但并不代表荀学所牵涉到的欲、义、群、分、量、功……等等话语(discourse),在宋代思想论域中是缺席的。”[①]荀子的心论与朱熹的心论,确实存在着诸多知识、方法与理论路线上的相似,朱子理学中的荀学特色是毋庸置疑的。

① 周志煌:《物类与伦类:荀学观念与近现代中国学术话语》,(台北)洪叶文化事业有限公司2013年版,第193～194页。

第五章　明代荀学史略

理学的影响是巨大的，它不仅深深影响到了南宋时期的学术文化、社会风尚及士人心态等，也对后来的元、明时期产生了广泛的影响。这一影响，不仅使元明时期的儒家主流思想都以此为理论基础，围绕着它作进一步的完善与深化、总结与发展，而且也导致了后来反理学的种种运动。因此，在理学兴盛的时代，作为理学批判对象的荀子及荀学长时间隐而不显，继续承受着理学家的不断攻击。这种情况，在元代及明中期以前尤为明显。

在官方否定荀子的同时，也有部分明代士人对荀子及荀学展现出浓厚的兴趣，这一兴趣普遍建立在对理学反思的基础上并且与资本主义萌芽的出现密切相关。随着城市、商业以及交通的发展，在逐渐发达的造纸术与印刷术推动下，思想和学术上的交流与传播变得越来越频繁，更为重要的是人们的思想越来越解放，再加上讲学风气的重新盛行，促进了新思想的产生和交流。特别是在心学崛起并开始与理学分庭抗争之后，一直受到理学压制的荀学逐渐走上舞台，思想家将其看成对抗理学的武器，对其进行了肯定和弘扬。所以，明代的荀学可以明显地分为前后两个时期：前期为理学笼罩下的荀学，后期为心学思潮下的荀学。荀学的这两种不同境遇以心学的兴盛为分界点，时间上大致以明中期为界。

第一节 荀学在明代的升降

理学扬孟而抑荀，自程朱以来，他们对荀子的贬抑态度是一脉相承的。明代以理学立国，明末东林党首领之一的高攀龙（1562～1626年）在回忆明初理学得势的状况时说，明太祖“首立太学，命许存仁[①]为祭酒，一宗朱氏之学，令学者非《五经》、孔孟之书不读，非濂、洛、关、闽之学不讲”[②]，朱元璋明确科举取士以朱熹注的“四书”和宋儒注的“五经”为教材，天下翕然向风；永乐二年（1404年），明成祖严厉惩罚了诋毁理学的朱友季：“饶州儒士朱友季诣阙献书，专诋周程张朱之学。成祖大怒，遣行人押还，令有司声罪杖遣，悉焚其所著书，曰：‘无误后人。’”[③]永乐十二年（1414年），为了崇尚理学，明成祖“益张而大之，命儒臣辑五经四书大全，而传注一以濂洛关闽为主……别以诸儒之书，类为《性理全书》，同颁布天下”[④]，命令胡广、杨荣等儒臣对四书五经及周敦颐、二程、张载、朱熹等理学家的著作重新编纂，《明太宗实录》卷一五八记载：

> 五经四书，皆圣贤精义要道。其传注之外，诸儒议论有发明余蕴者，尔等采其切当之言，增附于下。其周、程、张、朱诸君子性理之言，如《太极通书》《西铭》《正蒙》之类，皆六经之羽翼。然各自为书，未有统会。尔等亦别类聚成编。二书务极精备，庶几以垂后世。[⑤]

明成祖认为周、程、张、朱等人的著作“皆六经之羽翼”，肯定了程、朱等理学家对儒学的贡献。为此，他还亲自为《性理大全》作序曰：

> 夫道之在天下，无古今之殊；人之禀受于天者，亦无古今之异。
>
> 切思圣王之治，一本于道。所谓道者，人伦日用之理，初非有待于外也。厥初圣人未生，道在天地；圣人既生，道在圣人；圣人既往，道

---

① 元朝著名学者许谦之孙，明太祖任命其为国子祭酒。

② 陈鼎编著：《东林列传》，广陵书社2007年版，第38页。

③ 严有禧：《漱华随笔·诋毁程朱》，上海商务印书馆1936年版，第3～4页。

④ 高攀龙撰：《高子遗书　高子遗书未刻稿·崇正学辟异说疏》，凤凰出版社2011年版，第122～123页。

⑤ 《明太宗实录》卷一五八，“永东十三年甲寅”，（台北）“中央研究院”历史语言研究所，1962年，第1803页。

在《六经》。[①]

明成祖将理学家所说的“道”看作天地间绝对而普遍的真理和治国的基本准则，认为它规定了士人及世人的阅读方向和为人准则，这样，理学凭借政治权力被确立和巩固下来。理学一尊也就意味着荀学在当时是没有任何地位的，这不仅表现在理学家对荀子的拒斥上，也表现在官方对荀子从祀孔子的态度上。明嘉靖九年(1530 年)，在首辅张璁建请孔庙礼制变革之议的倡言下，荀子被罢祀，至今再无复祀，荀子遇到了千年最大之危机——官方上的否定。[②]

明中期以后，随着经济的发展以及城市、商业、交通、印刷术与造纸术的发达，知识的广泛传播带来了思想上的开放与转型，特别是私塾书院的兴盛，给思想的自由表达与王学的兴盛提供了便利条件，程朱理学遇到了几百年来最大的危机。从万历年间开始，王学已经开始取代理学在社会生活中逐渐风靡起来。作为宋代理学的延续与修正，王学的盛行标志着知识、思想与信仰上自由风气的到来，知识、思想与信仰由一元走向多元。既然理学一尊的局面被打破，那么先前受到理学压制的思想便逐渐展露出来，越来越多的士人开始重新挖掘被理学家所忽略的荀学理论资源。这种发掘，或是为了反对理学，或是以此建构新的理论。但无论如何，荀学似乎重新绽放出生命力，由边缘逐渐走向中心，到了清朝，则完全实现了这种转变，荀学逐渐得以复兴并再次成为可以与孟学并驾齐驱的学说。

一、理学家对荀子的贬抑

《明史·儒林传序》说：

> 原夫明初诸儒，皆朱子门人之支流余裔，师承有自，矩矱秩然。曹端、胡居仁笃践履，谨绳墨，守儒先之正传，无敢改错。[③]

由此可见，明初诸儒皆以朱子为师、以理学为宗，其思想都是对程朱理学的传承。在这一前提之下，荀子不受待见也就不言而喻了。

宋濂(1310～1381 年)是明初儒学的代表人物。《明史》本传记载：“(宋濂)

---

① 胡广等纂修：《性理大全》(一)，山东友谊出版社 1989 年版，第 10～11 页。

② 参见刘延福：《出入“道统”：荀子从祀孔庙的历程及其内涵》，《湖南师范大学社会科学学报》2023 年第 2 期。

③ 张廷玉等撰：《明史》，中华书局 1974 年版，第 7222 页。

首用文学受知，恒侍左右，备顾问。……而一代礼乐制作，濂所裁定者居多。”[①]可见，作为开国文臣之首，他深得器重。宋濂的儒学，以朱子之学为正，因此对于荀子持批判态度。在《诸子辩·荀子》一文中，他对《荀子》一书的概况及荀子的生平做了简要的论述，然后说：

> 然况之为人，才甚高而不见道者也。由其才甚高，故立言或弗悖于孔氏；由其不见道，故极言性恶，及讥讪子思、孟轲不少置。学者其务知道哉！至若李斯虽师卿，于卿之学懵乎未之有闻。先儒遂以为病，指卿为刚愎不逊、自诩太过之人，则失之矣。[②]

荀子“才甚高而不见道”取自程颐“荀卿才高”之说，“刚愎不逊、自许太过”出自苏轼，“不见道”则是唐宋诸儒对荀子的基本评判。宋濂认为，荀子才高故能够立言不悖于孔氏，但是由于言性恶且不知孔道真谛，且多讥讪子思、孟子，因而不能算作真正的儒者。虽然如此，但他也认为苏轼因李斯曾事荀卿而认为荀子刚愎不逊、自诩太过，则不符合实际的情况。由此可见，宋濂虽批评荀子，但是对于先儒因李斯而责备荀子之事是不赞成的。

与宋濂同时的胡翰（1307～1381年）对荀子“法后王”的思想进行了批评。胡翰为元末明初浙东文人中的代表人物之一，《明史》称其文章与宋濂、王祎相上下。胡翰的文学思想以“明道”“宗经”为主，这一观点虽然源自荀子，但他的思想主要源自朱熹之学，故对荀子也极为贬斥。在《慎习》一文中，他将荀子“法后王”的思想看成是秦以后天下大乱的重要原因。他说：

> 由秦以来，天下之变数矣，议者莫不慨然，欲追复先王之旧，历汉唐千数百年，而卒循乎秦人之敝者，此岂其势难而力不足哉！荀卿子曰：“法后王，一天下制度。”又曰：“法二后王谓之不雅。”盖卿有以启之也。自卿之论兴，其徒李斯用之以相秦，凡可以变古者，莫不假秦之柄，奋其恣睢之心而为之。虽商鞅之刻薄，不若是之烈也。[③]

胡翰认为，自从李斯用荀子“法后王”思想相秦之后，后世凡是言变古的人“莫不假秦之柄，奋其恣睢之心而为之”，这直接导致了秦以来的天下之动乱。因此，他认为即使是商鞅之刻薄，亦不如荀子“法后王”思想影响之恶劣。

---

① 张廷玉等撰：《明史》，第3784～3788页。

② 宋濂著，顾颉刚标点：《诸子辩》，朴社，1926年，第32页。

③ 胡翰：《慎习》，黄宗羲编：《明文海》第1册，中华书局1987年版，第819页。

方孝孺(1357～1402年)是宋濂的弟子,被宋濂赞为当世奇才。他崇尚经学,视经学为文章之首与治国之首术,对朱子学也极为推崇,故对荀学的批评比宋濂更为激烈。在《读荀子》及《读法言》中,他对荀子的性恶论及不合于孔道的观点进行了批评。在《读荀子》中,他说:

> 排击破碎先圣人之道,以伸其嵬琐一曲之偏智。若杨朱、墨翟、宋钘、列御寇、庄周、慎到之徒是也。孟子生乎其时,惧圣人之道败坏于邪说,乃敷扬孔子之意而攻黜之,然后复定。盖彼之说偏驳易辨,故其入人也浅,可指其过而声之也。
>
> 若荀卿者,剽掠圣人之余言,发为近似中正之论,肆然自居于孔子之道而不疑,沛乎若有所宗,渊乎执之而无穷,尊王而贱霸,援尧舜,摭汤武,鄙桀纣,俨若儒者也。及要其大旨,则谓人之性恶,以仁义为伪也。妄为蔓衍不经之辞,以蛆蠹孟子之道,其区区之私心,不过欲求异于人,而不自知卒为斯道谗贼也。盖数家者偏驳不伦,故去之也易。荀卿似乎中正,故也多惑之。……夫欲摈悖道之书而不用,必自荀卿始。何者?其言似是而实非也。[①]

方孝孺将道之不明归罪于杨朱、墨翟、宋跰、列御寇、庄周、慎到以及荀子等人,同时,他又对这些人的学说作了区分。他认为,虽然杨朱等人险怪诡僻、涣散浩博,但是却偏驳易辨、入人也浅,因而"去之也易";况且孟子生乎其时,故能够"敷扬孔子之意而攻黜之"。荀子之言则不同,其"剽掠圣人之余言,发为近似中正之论",而且"尊王而贱霸,援尧舜,摭汤武,鄙桀纣,俨若儒者",故"世多惑之"。且当时无人可以纠正其谬说,因而其书能够相传至今。他得出结论:"夫欲摈悖道之书而不用,必自荀卿始。"认为荀书"言似是而实非",是有悖圣王之道的典型与罪魁,必须加以摈除。由此可见,在方孝孺的眼中,荀子之言不但毫无价值,而且危害极大,必除之而后快。在《读法言》中,他也表达了类似的观点:

> 扬雄子云《法言》十三篇。子云为此书,尝自拟《论语》,而后世大儒或侪诸荀卿。其自拟者僭也,侪以荀卿者亦非也。《论语》述圣人言行,犹天

---

① 方孝孺:《读荀子》,方孝孺著,徐光大校点:《逊志斋集》,宁波出版社2000年版,第111页。

地之化，子云方且窃之焉，雕镂藻绘而蕲类之，其僭甚哉！然自圣人没，明道者莫尚于子思、孟子，彼荀卿者，乃攘袂讦斥，而诋生民之性为恶，其妄孰甚焉！子云则不然，措言持论不敢违乎圣人，至其为善恶混之说，及以韦玄成与颜子并称，皆其不智而过言耳，非若卿之妄也。曰子云胜卿与？曰否。卿才高而果于大言，故其过多。子云才劣而笃于好古，故其过少。其未闻道则一也。[①]

方氏认为，荀子不遗余力地非议子思、孟子，诋毁生民之性为恶，这些都是妄言；扬雄虽然认为人性善恶混，并有不当之语，但这都是因为他不聪明，而不是像荀子一样妄言，故将扬雄与荀子看作同道中人并不恰当。可见，他与程颐“荀卿才高，其过多。扬雄才短，其过少”的看法一致，认为荀卿不如扬雄，二人均不能优入圣域。

胡居仁(1434～1484 年)，字叔心，世称“敬斋先生”。他的思想以程朱“涵养须用敬，进学在致知”为纲领，对于荀子，他的观点与其他理学家完全相同。对荀子的性恶论，他进行了严厉的批评。他说：

荀子只性恶一句，诸事坏了。是源头已错，末流无一是处，故其以礼义教化为圣人所造作伪为，以矫人之性而化人之恶，殊不知天高地下，万物散殊，而礼制行矣。此皆吾性中所具之理，圣人因而品节制作之，礼义教化既成，又足以正其情，养其性，节其欲，成其德，此足见礼乐教化，自吾性中出，圣人因而成之，则其性善无疑矣。孟子言性善，在本原上见得是，故百事皆是；荀子在本原上见错，故百事皆错。[②]

胡居仁区分了孟子性善论与荀子性恶论的优劣，认为性善论在本源上是对的，故“百事皆是”；他赞成程颐说的荀子言性恶“大本已失”的观点，认为言性恶是“源头已错”，既然源头已错，那么便“诸事坏了”“百事皆错”，其他的言论便“无一是处”。

除此之外，胡居仁还区分了性善论与性恶论，认为孟子与荀子关于性的定义不同：

孟子在良知良能上体验，故曰性善。荀子在情欲交动处看，故曰性

① 方孝孺：《读法言》，方孝孺著，徐光大校点：《逊志斋集》，第 117 页。

② 熊赐履：《学统》(二)，山东友谊出版社 1990 年版，第 1719～1720 页。

恶。依孟子说，则礼乐教化，皆吾性中事。依荀子说，是指气质物欲为真性，故以礼乐教化为伪为也。[①]

他认为，孟子所说的性为天地之性，荀子所说的性为气质物欲之性。孟子从人的良知良能上言人性善，故礼乐教化皆自内出；荀子则从人的情欲上言性恶，故礼乐教化皆自外来。这一观点抓住了孟、荀人性论的最大不同之处，并对孟、荀学说的理论进路做了较为精辟的概述，实在难能可贵。

孝宗时期的程敏政（1446～1499年）亦对荀子极为不满，他不但主张罢祀荀子，而且对荀子"天子无妻，告人无匹，四海之内无客礼"的观点提出尖锐的批评，认为这种观点是无稽之谈、见识浅陋：

荀卿曰：天子无妻，告人无匹也，四海之内无客礼，告无敌也。甚哉，卿言之不经！其流至于开废黜之祸，侈尊大之心，将所谓一言而丧邦者乎？[②]

程敏政认为荀子的这种观点乃不经之谈，容易使君王"开废黜之祸，侈尊大之心"，乃所谓的"一言而丧邦"。

王氏心学产生之后，受其思想的影响，抑荀的论调逐渐变少，但仍有一部分人对荀子依旧持贬斥的态度。罗钦顺（1465～1547年）是王阳明心学产生后极力维护程朱理学的儒者，他在论及荀子的时候，基本上以程朱理学的观点为主：

"择焉而不精，语焉而不详"，此言以议杨子云可也；荀卿得罪于圣门多矣，"不精"恶足以蔽之？如苏氏所论："喜为异说而不让，敢为高论而不顾。"乃为切中其膏肓之病尔。且如《非十二子》及《性恶》等篇，类皆反复其词，不一而足，不可谓不详矣，颠倒谬戾，一至于此，尚何详略之足议耶？韩昌黎之待荀卿，未免过于姑息矣。[③]

罗氏认为，韩愈"择焉而不精，语焉而不详"的评价只适合评扬雄而不适合荀子，苏轼说的"喜为异说而不让，敢为高论而不顾"最能够说明荀子之病。因而，他与朱熹一样，赞成程颐"韩子责人甚恕"的观点，认为韩愈评荀子之语过于姑息。

---

① 熊赐履：《学统》（二），第1720～1721页。

② 程敏政：《读荀子》，转引自刘桂荣：《论荀辑要》，第81页。

③ 熊赐履：《学统》（二），第1721～1722页。

明代关学的重要传人冯从吾(1557～1627 年)也对荀子非议思孟的观点进行了批评,并且再次将焚坑之祸归罪于荀子。在《少墟集》卷十四《论荀卿非十二子》中,他说:

> 呜呼! 卿一非思孟,而李斯遂焚书坑儒,以促秦二世之亡,非学遂以亡人之国也。学可非乎哉,祸秦者斯,而祸斯者卿也。[①]

冯从吾认为,荀子因为"一念之胜心",希图通过非议思孟的方式继承仲尼之统;荀子非议孟子性善及法后王的观点,诋毁思孟之学的根本,实在是不可救药;因为荀子非议思孟,他的弟子李斯才会焚书坑儒导致秦二世之亡,故而祸乱秦国的是李斯,而祸乱李斯的是荀子。

汪应蛟(? ～1628 年)是明后期服膺理学的徽州学者。对于荀子,他继承了苏轼及程朱等人的观点,认为荀子不识性。在《汪子中诠》卷五,他批评荀子说:

> 苏轼论荀卿"敢为高论异说而不顾,愚人之所惊,小人之所喜",可谓中荀病矣。夫论不高不足以谡闻,说不异不足以耸众,此索隐行怪所为争鸣于世也。持此一念,已不可与入尧舜之道,即义让千乘,行高洗耳,君子弗齿,况徒恣横议以炫愚俗乎哉? 后世学者不务遵圣人涂辙,而务标新帜以为异,是皆荀卿之徒矣。[②]

汪应蛟赞成苏轼批评荀子"敢为高论异说而不顾,愚人之所惊,小人之所喜"的观点,认为荀子为了能够争鸣于世而标新立异、"索隐行怪";荀子不识性,以人性为恶、尧舜为伪,乃"以戕贼为养""以桀纣为诚"[③],不认识性命之原,祸乱千年以来的圣人学术。

二、荀子的罢祀

与理学家贬斥荀子相适应,荀子在孔庙中的地位岌岌可危。从宋濂开始,明儒就不断倡议罢祀荀子,终于在嘉靖九年(1530 年),在首辅张璁的议请之

---

① 冯从吾:《少墟集·论荀卿非十二子》,转引自刘桂荣:《论荀辑要》,第 93 页。

② 汪应蛟:《汪子中诠》卷五,转引自张平平:《汪应蛟人性论探析》,《乐山师范学院学报》2011 年第 7 期。

③ 汪应蛟:《汪子中诠》卷五,转引自张平平:《汪应蛟人性论探析》,《乐山师范学院学报》2011 年第 7 期。

下，荀子最终被罢祀，失去了享用孔庙里“冷猪头肉”[①]的权利，这意味着官方对荀子在儒家道统中地位的否定。在知识与权利互为犄角的封建时期，当权者的否定也就意味着知识的彻底失势，荀子遭遇了一千多年来最为沉重的打击。

荀子被罢祀反映了理学在明代的胜利，因为提倡罢祀的儒者或官员几乎都极为推崇理学。主张罢祀荀子并非自明代始，早在南宋末年，儒者熊鉌在《祀典议》中对荀子及扬雄能够从祀孔子而大儒董仲舒不在其列的现象愤愤不平。[②] 他说：

> 独一董仲舒，学最正，行最醇，顾不得秩在从祀，而扬雄美新投阁，不能掩《纲目》莽大夫之书；荀况以性为恶，以礼为伪，大本已失，更学何事？至今二人上敢与孟子同列，下犹不失与王通、韩愈并称。向微文公品论权衡之定，则孟子终贬，而荀、扬辈偃然得在弟子列矣，世教不明至此，可胜叹哉！……凡若此类，首宜损益，决不可以唐开元一时礼官无识之轻议，遂以为千万不刊之定典也。……且如从祀之典，仲舒当在所益，扬雄、马融之类当在所损，此皆不可一日不正者，岂可习之为安，而以毁撤为嫌乎！[③]

根据熊鉌的观点，“两庑从祀，理宜损益”，孔庙中的从祀者理应有所增减。董仲舒之学最醇正，故理应从祀；荀子以性为恶、以礼为伪，故“大本已失”，因此其当与扬雄、马融等罢祀。他对荀子“大本已失”的论述，与程颐的观点一致。

入明以后，儒者对于荀子从祀孔子的现状愈加不满。作为明代开国文臣之首的宋濂也对荀子能够获祀孔庙的状况极为反对。他说：

> 国学祀先圣孔子，以颜子等七十二贤配，诸州但以先师颜子配。今也杂置而妄列，甚至荀况之言性恶，扬雄之事王莽，王弼之宗庄、老，贾逵之忽细行，杜预之建短丧，马融之党附势家，亦厕其中，吾不知其为何说也？[④]

宋濂将荀子与扬雄、王弼、贾逵、杜预、马融并称，认为他们或言有不足、或事有

---

① 郭沫若说：“文庙里面的冷猪头肉才没有荀子的份，这怕就是那些言‘术’的窜杂成分误了他吧！”（郭沫若：《十批判书》，中国华侨出版社 2007 年版，第 181 页）

② 关于荀子在明代孔庙中的罢祀，参见刘延福：《出入“道统”：荀子从祀孔庙的历程及其内涵》，《湖南师范大学社会科学学报》2023 年第 2 期。

③ 熊鉌：《熊勿轩先生文集》，商务印书馆 1936 年版，第 51～52 页。

④ 宋濂：《宋学士全集・孔子庙堂议》，《丛书集成新编》第 67 册，（台北）新文丰出版公司 1985 年版，第 272 页。

不义，因此不能够配享孔庙。他因荀子言性恶而主张罢祀荀子，这种观点与宋儒熊鉌并无二致。

明孝宗时，礼科右给事中张九功又上奏荀子不宜从祀。他说：

> 臣尝观国学及郡县学从祀儒先有当黜者，而后之真儒有当入者，若兰陵伯荀况，言或近于黄、老，术实杂于申、韩。身托黄歇，不羞悖乱之人；学传李斯，遂基坑焚之祸。以性为恶，以礼为伪，以尧、舜为矫饰，以子思、孟轲为乱天下者。是以程子讥其甚偏驳，而朱子书为兰陵令，乃系之以楚，以深鄙之也。……学失大本……岂宜列诸从祀哉！[1]

张九功认为荀子言论驳杂，既有黄老之言，也有申韩之术；又曾事奉春申君此等悖乱之人，并有一个焚书坑儒的弟子；此外还言性恶、以礼为伪等，"学失大本"，故极力主张将其黜祀。

与此同时，程敏政亦上奏请求罢祀荀子：

> 洪武二十九年，行人司司副杨砥建议请黜扬雄、进董仲舒，太祖高皇帝嘉纳其言而行之。主张斯道以淑人心，可谓大矣。然荀况、扬雄实相伯仲，而况以性为恶，以礼为伪，以子思、孟子为乱天下，以子张、子夏、子游为贱儒，故程子有"荀卿过多""扬雄过少"之说，今言者欲并黜况之祀，宜也。[2]

程敏政以朱元璋罢礼扬雄、增祀董仲舒为参照，认为荀子与扬雄伯仲之间，而且荀子主张人性恶、以礼为伪，非议子思、孟子及子张、子夏、子游，且前儒程颐又言荀子不及扬雄，故建议罢祀荀子。

荀子虽然在明初就遭众大臣提议罢祀，但是由于皇帝并不支持，故能够一直在孔庙安坐，这种情况在明世宗嘉靖九年（1530 年）戛然而止，首辅大学士张璁提议罢祀荀子的主张最终得到了明世宗的支持。在奏议中，张璁就改革孔庙祭典的必要性进行了论述，针对罢祀荀子的问题，全文引用了程敏政《奏考正祀典》的内容，并最后综述说：

> 臣谨详敏政所奏，率多正论可采。[3]

---

① 薛瑄撰，孙玄常等点校：《薛瑄全集》（下），山西人民出版社 1990 年版，第 1628～1629 页。

② 程敏政：《篁墩文集》，《景印文渊阁四库全书》第 1252 册，第 172～173 页。

③ 孔继汾：《阙里文献考》，上海古籍出版社 2019 年版，第 99 页。

连同荀子一起被罢祀的还有申党、公伯寮、秦冉、颜何、戴圣、刘向、贾逵、马融、何休、王肃、杜预、吴澄。对于此奏议，翰林院编修徐阶、侍读学士兼吏科都给事中夏言、十三道监察御史黎贯等提出异议，但是明世宗不但斥责了他们，贬谪徐阶为福建延平府推官，而且还亲自申述，并以孔子"名不正则言不顺，言不顺则事不成"之语为孔庙祭典改革进行辩解。不久之后，荀子等人便被罢祀孔庙。从宋神宗元丰七年（1084 年）至明世宗嘉靖九年（1530 年），荀子仅从祀 444 年便被移出孔庙。

罢祀荀子从表面上看是朝臣意见不合、明争暗斗的产物，实际上是儒家思想逐步统一、程朱理学不断获得官方认可并走向主流、定于一尊的必然结果。在这个过程中，明儒以程朱等訾议荀子"以行为恶、以礼为伪"、非子思孟子、"全是申韩"等论断为根据，认为荀子既不能够传注经典，也不能够"崇德报功而垂世教"，故没有资格从祀孔子。极力主张罢祀荀子的程敏政说：

> 臣闻古圣王之治天下，必以祀典为重，所以崇德报功而垂世教、淑人心也。……先师孔子有功德于天下、于万世，天下祀之、万世祀之，则其庙庭之间侑食之人，岂可苟焉而已？必得文与行兼、名与实副，有功于圣门而无疵于公议者，庶足以称崇德报功之意。[①]

在他看来，"有功于圣门而无疵于公议"是从祀的基本要求与原则，荀子因为思想驳杂而受到理学家的批判，明显不符合这个原则，所以理应被罢黜。荀子的思想因与理学不符而被罢祀，也就顺理成章了。

三、王学之后荀子地位的提升

明代中期以后，已经与政权密切结合在一起的理学出现了危机。明代统治者以理学作为文化专制政策的基本内容，将知识分子的思想禁锢在程朱理学之中，以四书五经及《四书集注》为主要内容进行八股取士，此政策使广大士人一生消磨于无用的章句之中，而这些缺少关怀与超越意识的内容导致士人们"两耳不闻窗外事，一心只读圣贤书"，后果是"与之交谈，两目瞪然视，舌本强不能对"[②]。明末的范景文曾描绘理学的这种危机："今之治攻具者，生吞注

---

① 程敏政：《篁墩文集》，《景印文渊阁四库全书》第 1252 册，第 170 页。

② 宋濂：《大明故中顺大夫礼部侍郎鲁公神道碑》，《景印文渊阁四库全书》第 1224 册，第 106 页。

疏之剩语以为理学，襞绩策论之蠹括以为经济。”[①]王学诞生之后，对理学带来了极大的冲击，因此嘉靖皇帝不得不下诏，贬斥王阳明“放言恣肆，诋毁先儒，号召门徒，声附虚和，用诈任情，坏人心术，近年士子传习邪说皆其倡导”，下令督察院“榜谕天下，敢有踵袭邪说，果于非圣者，重治不饶”。[②]

王学的产生在思想界的意义除了体现在学术思想的发展与演进，还表现在士人思想的解放上。众所周知，王学既是朱子之学的延续，更是朱子之学的修正。在修正的过程中，原先被士人奉为不刊之教的理学观点被不断质疑而产生动摇，这其中就包含程朱等理学家对荀子及荀学的认知。原先被理学家贬抑的荀学，逐渐被重新提了出来加以认识，并获得越来越多儒者的肯定。这对荀子及荀学来说，确实是一大幸事。

作为王学的奠基者及领袖，王阳明对理学家贬斥荀子及荀学的观点进行了修正。比如，对于理学家极力批评荀子的性恶论“大本已失”“大本不立”的观点，王阳明则认为“未可尽说他不是”：

> 性无定体，论亦无定体，有自本体上说者，有自发用上说者，有自源头上说者，有自流弊处说者。总而言之，只是一个性，但所见有浅深尔。若执定一边，便不是了。……荀子性恶之说，是从流弊上说来，也未可尽说他不是，只是见得未精耳。[③]

王阳明认为，荀子论性是从人性的流弊上说的，因此，荀子论性恶只是有点不精审，不能完全说他错。由此可见，王阳明已经反思理学家“极偏驳”“大本不立”的观点，开始为荀子正名。在《传习录》中，他又对程颢否定荀子“诚”的观点进行了分析，他说：

> 志道问：“荀子云‘养心莫善于诚’，先儒非之，何也？”先生曰：“此亦未可便以为非。诚字有以工夫说者。诚是心之本体，求复其本体，便是思诚的工夫。明道说‘以诚敬存之’，亦是此意。《大学》‘欲正其心，先诚其意’。荀子之言固多病，然不可一例吹毛求疵。大凡看人言语，若先有个

---

① 范景文：《来禽馆文集序》，《范文忠公文集》卷六，《丛书集成初编》第 2456 册，商务印书馆 1936 年版，第 99 页。

② 参见《明世宗实录》卷九十八，“嘉靖八年二月甲戌”，（台北）“中央研究院”历史语言研究所，1984 年，第 2299 页。

③ 王阳明著，张怀承注译：《传习录》，岳麓书社 2003 年版，第 317 页。

意见，便有过当处。‘为富不仁’之言，孟子有取于阳虎，此便见圣贤大公之心。”[①]

荀子提出“养心莫善于诚”，意思是君子修养身心最好的方法是“诚”。程颢对此提出了疑问，认为既然已经“诚”了，就意味着心已经得到完满的修养了，就没有必要再存养身心了，言外之意“诚”不是工夫，而是心的本体。王阳明认为程颐的看法是有问题的，因为《大学》里就说“欲正其心，先诚其意”，程颢自己也说“以诚敬存之”，说的都是修养的工夫。他得出结论：虽然荀子的学说有较多问题，但是决不能因为一言而吹毛求疵、以偏概全。他告诫人们，阅读别人的作品的时候如果有成见，认识就会有不足。例如同样一句“为富不仁”，在孟子与在阳虎那里是不一样的，孟子用阳虎的话来证明自己的观点，这就叫不因人废言。

王阳明之后，有越来越多的儒者在评价荀子的时候更为客观。有“中州杰士”之美誉的崔铣（1478～1541 年）不畏强权，不但敢于反对宦官刘瑾专权，而且还曾上书嘉靖皇帝弹劾因“大礼议”事件[②]而升官、主张罢祀荀子的首辅张璁。他学宗程朱，认为“圣人之学，程子发其微，朱子排其伪。程子犹曾子也，朱子犹孟子也”[③]，但他并非信守不变，同时也对程朱的不足之处提出批评。不仅如此，他还排斥阳明心学，“诋阳明不遗余力，称之为霸儒”[④]。对于荀子，他并不赞成程朱的观点，他说：

荀卿其杰儒哉。众晦而独明之也难，群倡而往和之也易。战国何时也，荀子宗孔氏，谈王道，解蔽言，心不堕空寂，屡困而不易守。先儒疾其性恶之愤言，乃右扬雄，非决衡之论乎。[⑤]

崔铣充分肯定了荀子对儒道的贡献，认为他是“杰儒”，能够在战国之时“众晦

① 王阳明著，张怀承注译：《传习录》，第 109 页。

② 正德十六年（1521 年），武宗朱厚照驾崩。因朱厚照无子，其堂弟朱厚熜以“兄终弟及”的方式登基，按照皇统继承规则，朱厚熜要承认孝宗是“皇考”，享祀太庙，而自己的生父只能称“本生父”或“皇叔父”。朱厚熜却在即位后下诏令群臣议其生父兴献王为“皇考”，按皇帝的尊号和祀礼对待，张璁等人迎合上意，主张在宪宗与武宗之间，加入睿宗（兴献王朱祐杬）。

③ 崔铣：《士翼》，《景印文渊阁四库全书》第 714 册，第 456 页。

④ 黄宗羲著，沈芝盈点校：《明儒学案》，中华书局 2008 年版，第 1154 页。

⑤ 崔铣：《崔氏洹词・松窗寤言》，转引自刘桂荣：《论荀辑要》，第 82 页。

而独明”，宗源孔氏、恪守王道而不更易。不仅如此，他还替荀子的性恶说进行了辩解，认为性恶是荀子的“愤言”。因此，他认为宋儒对其不如扬雄的见解是值得反思的。

杨慎(1488～1559年)是“大礼议”事件中与崔铣意见一致的大臣，他曾因“大礼议”事件而屡受廷杖，但从未改变意志。对于当时的理学及心学，他均持批判的态度，故对于理学家一味贬斥荀子的做法，他也是不支持的。他说：

> 宋人讥荀卿，云卿之学不醇，故一传于李斯而有坑焚之祸。此言过矣。孔子曰：“与其进也，不与其退也。”弟子为恶，而罪及师，有是理乎？若李斯可以累荀卿，则吴起亦可以累曾子矣。[①]

杨慎认为宋人说荀子“不醇”是在讥讽荀子，以李斯之祸而罪荀卿的说法“过矣”。他以孔子“与其进也，不与其退也”反驳宋儒，认为如果因李斯而罪荀卿，那么也要以吴起而罪曾子。

嘉靖年间，学者陆粲(1494～1551年)校注《荀子》，有《注荀卿子》一书，惜不传，今存《注荀卿子序》一文。在文中，他对宋儒及时人讥讽荀子的观点提出疑问，并对李斯师荀子之事进行辩解，其观点基本与崔铣、杨慎等人相同。他说：

> 或曰荀卿者，意广而为学阔疏，议论大抵矫亢失中，又时讥切孟子，以故近世儒者或颇黜其书。吾亦甚恨卿之不遭孟子也。使夫得游，从焉，与相切磋而去其蔽，则卿固可为醇儒哉。然自孔氏没，七十子之徒散亡既尽，教益衰，学士大夫争骛于权利，而卿独修先王之言，卓然不阿时好，彼所谓豪杰士也。非耶，战国之世，儒者厄穷，孟子既困于齐梁以终，而卿亦老无所遇，晚乃适楚。楚既衰矣，而黄歇当国，未见其有可仕者也。方天下日被秦虐，吴之故墟，去中国稍阔远，兵车不及，卿将托焉以卒老欤。非有意于干歇也。卿没后，李斯相秦，以并天下。斯虽尝游其门而卒叛去，乃用异说以残民，废先王之道，盖其徒之不肖者也。而或者谓卿之学有以使之。夫学焉而失其真，自孔氏之门不能无杂，而独卿欤？其师善医，其弟子蓄蛊以杀人，非师之罪也。议者以斯故病卿，亦良过矣。[②]

---

① 杨慎：《丹铅余录》，转引自刘桂荣：《论荀辑要》，第83页。

② 陆粲：《注荀卿子序》，转引自刘桂荣：《论荀辑要》，第84页。

陆粲阐明了校订《荀子》的缘由，并对宋儒批评荀子提出异议。他认为荀子虽然不是醇儒，但能够“修先王之言，卓然不阿时好”，实乃豪杰之士。至于荀子事黄歇之事，他也为荀子作了辩解，认为荀子并非有意事奉黄歇，乃是不得已而为之。至于李斯师荀而后焚书坑儒，他认为“其师善医，弟子蓄蛊以杀人，非师之罪也”，不能以此来怪罪、污蔑荀卿。由此可见，陆粲不但为荀子辩解，而且对荀子也是大致认同的。

震川先生归有光（1507～1571 年）是明确提出要为荀子翻案的散文大家，著《荀子汇函》一卷，其思想还深受荀学的影响。对于荀子之贡献，他完全反对宋儒及理学家的观点，认为荀子可以与孟子并驾齐驱，其思想的精到处“孟子不能过”：

> 当战国时，诸子纷纷著书，惑乱天下。荀卿独能明仲尼之道，与孟子并驰。顾其为书者之体，务富于文辞，引物连类，蔓衍夸多，故其间不能无疵。至其精造，则《孟子》不能过也。自扬雄、韩愈皆推尊之，以配孟子。迨宋儒，颇加诋黜，今世遂不复知有荀氏矣。悲夫！学者之于古人之书，能不惑于流俗而求自得于心者，盖少也。①

归有光不但对《荀子》一书进行了整理，而且肯定荀子在道统中的地位，认为荀子“能明仲尼之道，与孟子并驰”；不仅如此，荀子的理论“至其精造，则孟子不能过也”。对于宋儒诋黜荀子的现象，他也为荀子鸣不平，认为自宋儒诋毁之后，“世遂不复知有荀氏矣”，并且感慨说：“学者之于古人之书，能不惑于流俗而求自得于心者，盖少也。”归有光重新肯定荀子，清儒徐世昌认为其“论荀子颇得深处，褒贬皆极允当”②。

明代对荀子最为赞赏的人是李贽（1527～1602 年）。李贽的思想融合了儒、释、道三家，他敢于触势逆俗，以过人的胆识和非凡的洞见，对传统的思想与文化进行反思。他对于宋儒以来贬抑荀子的观点极为不满，努力为荀子张目、鸣不平，并试图为荀子“翻案”。在《宋人讥荀卿》一文中，他对宋儒讥讽荀子的观点提出了严厉的批评：

> 宋人谓卿之学不醇，故一传于李斯，即有坑儒焚书之祸。夫弟子为恶

---

① 归有光：《震川先生集》（上），上海古籍出版社 2007 年版，第 20 页。

② 转引自杨峰：《归有光研究》，复旦大学博士学位论文，2006 年，第 50 页。

而罪及师，有是理乎？若李斯可以累荀卿，则吴起亦可以累曾子矣。《盐铁论》曰："李斯与苞丘子同事荀卿，而苞丘子修道白屋之下。"卓吾子曰：使李斯可以累荀卿，则苞丘子亦当请封荀子矣。[①]

李贽用吴起师承曾子的例子来反驳前人将焚坑之祸归罪于荀卿的观点，这与陆粲等人的看法一致。他同时又用苞丘子事荀卿的例子来请封荀子，足见他对荀子的推崇。在《荀卿　李斯　吴公》一文中，他说：

升庵先生曰："以荀卿大儒，而弟子有焚书坑儒之李斯；以李斯为师，而弟子有治行第一之吴公。人之贤否，信在自立，不系师友也。"卓吾子曰：能自立者必有骨也。有骨则可借以行立；苟无骨，虽百师友左提右挈，其奈之何！一刻无人，一刻站不得矣。然既能行立，则自能奔走求师，如颜、曾辈之于孔子然。谓其不系师友，亦非也。[②]

升庵先生指的是杨慎。杨慎认为荀卿有焚书坑儒的弟子李斯，李斯有治行第一的弟子吴公，故贤与不肖皆在是否能够自立。能自立的人必有骨气，无骨气者即使师友不断提挈，也不能自立。然而既然能够站立行走，那一定会奔走求师，所以说一个人的成败与师友也有一定的关系。由此可见，李贽既认为李斯之祸与荀子无关，也认为与其有一定的关联，毕竟"教不严，师之惰"。但是无论如何也不能以此罪责老师，因为最主要的原因还是在自己。

李贽不但为荀子"翻案"，对于孟子与荀子的地位，他还敢于冒宋明以来之"大不韪"，将荀子置于孟子之上，称荀子为"德业儒臣"之首。在《藏书・德业儒臣》中，他说：

荀与孟同时，其才俱美，其文更雄杰，其用之更通达而不迂，不晓当时何以独抑荀扬孟轲也。中间亦尊周孔，然非俗所以尊者；亦排墨子，亦非十二子，然亦非世俗之所以排所以非者。[③]

李贽认为，荀子之文比孟子更雄杰，而且更加实用，具有"通达而不迂"的特质。此外，他还赞扬了荀子敢于质疑、勇于批评的行为，认为荀子"所尊""所排"与世俗的"所尊""所排"有所不同。对此，马积高先生说："盖李氏为学，最重创

---

① 李贽：《宋人讥荀卿》，张建业主编：《李贽文集》第1卷，社会科学文献出版社2000年版，第205～206页。

② 李贽：《荀卿　李斯　吴公》，张建业主编：《李贽文集》第1卷，第205页。

③ 李贽：《德业儒臣》，张建业主编：《李贽文集》第2卷，第597页。

新，'以孔子之是非为是非'（《焚书·赞刘谐》），尚在他反对之列，当然更反对以流俗之是非为是非。故他评量前人，并不要求其道尽与己合，而更注意其是否有某种创造性。……荀子于百家之说皆以己意去取，不守一隅，这当然更应为他所推崇了。唐以来批评荀子者或谓其不够'醇'，或讥其'駁'与'求异'，李氏恰恰欣赏其能'异'，不困守陈言，可谓独具慧眼，不妨说是荀子在千古中一知己。"①

人称"长水先生"的沈懋孝（1537～1612年）曾作《荀卿非十二子说》一文，专门为荀子非子思孟子的思想进行辩解。他对于荀子礼论的阐发十分精当，他说：

> 卿之于道，殆有见矣。其非二子，与二子相发。所谓庄生畔仲尼，所以助仲尼也。……故卿之意，谓救时弊者莫如礼。人之初生，固若未雕未琢，然必习之以礼，而后文章出焉，经纬成焉。三尺之童离襁褓，立严师之侧，规矩日就，知见日充；东邻之子，纫而无训，蠢然木强耳。……譬之璞，然思孟言璞主乎玉者也。虽教人琢磨，直指其中所有，卿之言璞，主乎琢磨者也。必教人琢磨，乃可出其中之所有，以成器而致天下之用，此其意志所入不同，未始不相发也。……韩愈氏云：荀也择焉不精，小疵大醇，可谓笃论。已如李斯韩非辈之所为，归狱于卿，曰弃灭先王之礼自卿始。夫二子学卿，卿恶得辞其责乎？然而失卿之意矣。卿之学，重礼者也，非蔑礼者也；尊圣崇经者也，非畔经者也。千载蒙不白之疑，吾故表卿论学大旨，竢夫折衷道术者。②

沈懋孝认为，孟子与荀子的理论虽然不同，但是却可以互相感发，就好比庄子与孔子的理论可以互相感发一样。沈氏抓住了荀学的核心问题——礼与习，认为荀子之所以言性恶、非思孟，是为了强调"救时弊者莫如礼""教人琢磨"，因而荀子从大体上来说自然是"大醇"，即韩愈所言"大醇而小疵"。至于韩非、李斯之罪，则跟荀子的关系并不大。他概括说："卿之学，重礼者也，非蔑礼者也；尊圣崇经者也，非畔经者也。"沈懋孝对荀子重礼、重习思想的把握，其眼光已经远远超过了前人。无独有偶，沈懋孝的同年挚友，晚明著名的政治家、文

① 马积高：《荀学源流》，第286～287页。

② 沈懋孝：《荀卿非十二子说》，转引自刘桂荣：《论荀辑要》，第88页。

学家和史学家于慎行(1545～1607年)也著有《荀卿非十二子说》。在文中,他提到了荀子言礼意在"琢磨"的同时又有所发明,认为荀子非子思孟子是有所不得已而为之,是为了"取礼教琢磨以成经纬",即强调礼的作用;荀学的特点是"治名实功利之说",即重视礼义的功利实用价值;荀子因为子思孟子的理论不能够实用,不能够"速得其效",所以才会非子思孟子。[①] 沈懋孝将荀学概括为"治名实功利之说",可谓抓住了荀学经验论的特质,后来王恩洋、牟宗三等人对荀子经验论哲学的论证与其有相通之处。

明末的王学家中,也曾有人对程朱等人讥讽荀子的行为进行反思,周汝登(1547～1629年)就是其中的一位。在《圣学宗传》中,他不但大量引述了《荀子》的内容,而且对其中的《赋篇》大加赞赏,更对荀子的性恶论进行了辩解。在《荀卿》一文中,他说:

> 荀子之言,世所诋者,"性恶"。而程子云:"善固性也,恶亦不可不谓之性。"则其立言非尽无谓也。况《性恶》篇终,深明"人可为禹",谓"有其质,有其具",与"人皆可为尧舜"之旨,有二乎哉?王子曰:"孟子说性善,从源头上说来,亦只是说个大概如此;荀子性恶之说,是从流弊上说来也,未可尽说他不是。"朱子曰:"荀子尽有好处。"韩子曰:"荀与扬也,大醇而小疵。"杨倞曰:"孟轲阐其前,荀卿振其后,立言指事,根极理要。"[②]

周汝登以程颢论气质之性有善恶之语为荀子性恶论进行了回护。他认为,荀子在《性恶篇》篇末也强调说"人可以为禹",并且认为人"有其质,有其具",这与孟子说的"人皆可以为尧舜"并无二致。接着他又用王阳明、朱熹、韩愈、杨倞对荀子的正面评价,再一次维护了荀子的性恶论。此外,他引用朱子之言,进一步指出无论是孟子的性善论、还是荀子的性恶论、扬雄的善恶混,都只是"一偏",未能认识性之全:

> 荀、杨、宋、马之见,皆所谓群盲摸象,不可言非,不可言是。晦翁谓:"荀子只见得不好人底性,便说做恶;杨子只见得半善半恶人底性,便说做善恶混。如孟子说性善,终是未备,所以不能杜绝荀、杨之口。"晦翁之言,可谓备知偏指之失矣。[③]

---

① 参见刘桂荣:《论荀辑要》,第89～90页。

② 周汝登:《圣学宗传》(一),山东友谊出版社1989年版,第318～319页。

③ 周汝登:《圣学宗传》(一),第336～337页。

这一观点，对孟荀等人皆有褒贬，已经与宋儒尊孟抑荀的状况大不相同。

综上所述，自明中期以后，随着思想的开放及学术的多元化，学者对荀子的评价逐渐客观，唐宋以来尊孟抑荀的现象逐步得以好转，越来越多的儒者开始重新认识荀子在儒学中的地位，这些都为清代荀学的复兴提供了丰富的理论资源。

第二节 明儒对荀学的接纳

明中期以前，虽然理学在明学中占据主导地位，但仍有一部分学者在阐述自己的理论观点时或隐或显地表现出对荀学的接受。这种情况，在王学产生以后显得更为明显。明中期以后，明儒除了对荀子的评价越来越客观之外，他们对荀学的肯定和接受越来越多。刘又铭先生说："从明代中叶起，学术思潮其实已经逐渐转向荀学……只不过朝廷的规定以及一般学者的意识型态都继续维持着孟学一路，因而这时期的儒家哲学便或多或少表现为'孟皮荀骨'的型态罢了。"[①]在这一转变过程中，具有代表性的人物有刘基、王廷相、李贽等。

一、刘基

刘基(1311～1375 年)是元末明初杰出的政治家、思想家与文学家，他被明武宗誉为"渡江策士无双，开国文臣第一"[②]。他的思想受到了儒、墨、道、法、名、兵等诸家的影响，而对其影响最大的，莫过于儒家。在《连江陈子晟师古斋诗》一诗中，他说："所以尚志士，慷慨思古人。造行拟渊骞，吐辞追孟荀。"[③]总的来说，刘基博洽的学术，"比形而上的心性、理气之学更贴近生活，便于实用"[④]。刘基偏于实用的学术思想与荀学有相洽之处，他的天人观明显受到了荀子的影响。

---

① 刘又铭：《明清儒家自然气本论的哲学典范》，《台湾政治大学哲学学报》2009 年第 22 期。

② 张夔：《霏云居集》，张夔、陈正统：《张夔集》第 1 册，中华书局 2015 年版，第 906 页。

③ 刘基：《连江陈子晟师古斋诗》，刘基著，林家骊点校：《刘基集》，浙江古籍出版社 1999 年版，第 387 页。

④ 周群：《刘基评传》，南京大学出版社 1995 年版，第 154 页。

刘基的天人观并非完全的“唯物主义”或“唯心主义”[①]，他的天人思想是对荀子自然天道观及程朱理气观的融合，这可以通过他的气论、灾异说、福祸论及天人相参的观点看得出来。

刘基认为，气是化生万物、天地变化的本源。他说：

有元气，乃有天地。天地不坏，元气不坏。[②]

作为本源，气是世间万物产生的基本元素，有气才有天地万物。人作为万物中的一员，气决定着人的生死：

夫气，母也；人，子也。[③]

气是母，人是子。人得气以生、失气以死。人死之后，魂魄又归于原本的气。气没有超越的、神学的意味，故天地、魂魄等也就没有神学的意味。对此，刘基又提出了“气行而神寓”的形神观。他说：

气形而神寓焉。形灭而神复于气。人物鬼神，或常或变，其归一也。[④]

有气才会有形，有形才会有神，形灭而神复归于气。无论是人、物还是鬼、神皆是气的变化，最终要归于“一”，即气。

当然，与其他的宋明理学家一致，刘基在论气的时候也将其与“理”联系在一起。比如他说：“天之质，茫茫然气也，而理为其心，浑浑然惟善也，善不能自行，载于气以行。……人也者，天之子也，假于气以生之，则亦以理为其心。”[⑤]将理视为善的、至上的，但他同时又认为这种至善之理必须依靠气才能运行，而气则有正有邪，“生物而淫于物”[⑥]，故人便会有善恶。因此对于人性论，刘基仍然接受了理学家“天地之性”与“气质之性”的观点。但是他所说的理并不完全与程朱等人的观点一致，他认为理既不是最高的哲学范畴，也不直接化生万

① 参见20世纪60年代容肇祖与王范之二人的论争。容肇祖：《刘基的哲学思想及其社会政治观点》，《哲学研究》1961年第3期；王范之：《刘基的唯心主义自然观：与容肇祖先生商榷》，《光明日报·哲学版》1962年5月4日；容肇祖：《论刘基的哲学思想：答王范之先生》，《光明日报·哲学版》，1962年7月6日；王范之：《刘基是素朴唯物主义者吗：再与容肇祖先生商榷》，《江海学刊》1963年第6期。

② 刘基：《天说下》，刘基著，林家骊点校：《刘基集》，第141页。

③ 刘基：《赠徐仲远序》，刘基著，林家骊点校：《刘基集》，第80页。

④ 刘基：《雷说下》，刘基著，林家骊点校：《刘基集》，第142页。

⑤ 刘基：《天说上》，刘基著，林家骊点校：《刘基集》，第139页。

⑥ 刘基：《天说上》，刘基著，林家骊点校：《刘基集》，第139页。

物，而必须借由气而行。刘基以气为万物本源及"气行而神寓"的观点与荀子的观点是一致的。荀子说："水火有气而无生，草木有生而无知，禽兽有知而无义，人有气、有生、有知，亦且有义，故最为天下贵也。"(《天论》)又说："形具而神生。"(《天论》)可见，将气看成本源，认为由气而形、由形而神，这是两人一致的地方。

以气本论为基础，刘基在论述灾异及福祸的时候也几乎完全抛弃了其中的神秘主义成分。他认为天地的变化都是由气的变动导致的。他说：

> 天以气为质。气失其平则变。①

天以气为质料，阴阳之气失去了平衡就会使天产生变动。因此，风雨、雷电、晦明、寒暑等都是气的变动的结果：

> 是故风雨、雷电、晦明、寒暑者，天之喘汗、呼嘘、动息、启闭、收发也。气行而通，则阴阳和，律吕正，万物并育，五位时若，天之得其常也。气行而壅，壅则激，激则变，变而后病生焉。②

不但各种自然现象是阴阳之气变动的结果，各种自然灾害等也是气的变动所导致的，这与天人感应论"天降灾异"说截然相反。他认为，"气行而通"，则天地平和、风调雨顺；"气行而壅"，则天地不平之气产生，表现出来就是冬雷夏霜、瘴疫流行、水旱愆殃等各种罕见的自然灾害。因此，自然灾害与气有关而与天无关，天不能决定人世间各种反常的自然现象。这一观点，与荀子说的"列星随旋，日月递炤，四时代御，阴阳大化，风雨博施，万物各得其和以生，各得其养以成""星队、木鸣，国人皆恐。曰：是何也？曰：无何也，是天地之变，阴阳之化，物之罕至者也"(《天论》)是一致的。正因如此，刘基在论述"神仙"的时候直接引用了荀子关于各种自然怪象"怪之可也，而畏之非也"(《天论》)的观点，认为"神仙，人之变怪者也。怪可有，不可常，是故天下希焉"③。

天不能降灾异，亦不能降祸福。《天论上》：

> 天乌能降祸福于人哉？好善而恶恶，天之心也。福善而祸恶，天之道也。为善者不必福，为恶者不必祸，天之心违矣。使天而能降祸福于人

---

① 刘基：《天说下》，刘基著，林家骊点校：《刘基集》，第140页。
② 刘基：《天说下》，刘基著，林家骊点校：《刘基集》，第140页。
③ 刘基：《郁离子·神仙》，刘基著，林家骊点校：《刘基集》，第51页。

也，而岂自戾其心以穷其道哉？天之不能降祸福于人亦明矣。[1]

刘基明确地说天不能够降祸福，但同时也说天之心是“好善而恶恶”的，这其中既蕴含了荀子自然天道观的思想，也蕴含了理学以理为善的观点。

既然各种自然灾害是因阴阳之气的不调谐而产生的，那么在面对这些灾害的时候人应该怎么办呢？刘基说：

虽天，亦无如之何也，惟圣人有神道焉。神道先知，防于未形，不待其几之发也。尧之水九载，汤之旱七载，天下之民不知其灾。朱均不才，为气所胜，则举舜、禹以当之。桀、纣反道，自绝于天，则率天下以伐之。元气之不汩，圣人为之也。[2]

面对各种灾害，圣人能够“神道设教”、防患于未然，不让这些灾害发生。尧、汤虽有水旱之灾，但是他们能够通过自己的仁政而让百姓感受不到灾害；桀、纣反其道而行之，故天下之人讨伐其无德。因此，圣人可以通过自己的努力而化灾害于无形。由此可见，在天与人的关系中，刘基特别强调人的能动性，认为人应该充分发挥人的作用，积极面对各种自然灾害，以减少自然灾害对人类的影响。所以，在回答人是否能够战胜天的时候，他认为，天地人各有作用，人可以做天所做不到的，这就叫天、地、人为“三”。这其实就是荀子“天有其时，地有其财，人有其治”的“天人之分”的观点。紧接着，他又用贤君与暴君的例子论述祸福与人的关系，认为所谓的天降灾异或祥瑞实际上是由人事所决定的。

由此可见，刘基所强调的仍然是人在天地之间的价值与作用，其天人观的最终旨归还是指向于人的。虽然他没有直接说“人定胜天”，但已与此没有多大的差异。在《夺物自用》一文中，他再一次明确了这一观点：

人能财成天地之道，辅相天地之宜，以育天地之物，则其夺诸物以自用也，亦弗过；不能财成天地之道，辅相天地之宜，蚩蚩焉与物同行，而曰天地之生物以养我也，则其获罪于天地也大矣！[3]

人如果能够辅佐天地以化育万物而为自己所用，即使“夺诸物以自用”，也不算是过错；如果不懂辅助天地以化育万物，只是被动地希求天地万物养育自己，就是“获罪于天地”。可见，虽然刘基在言天的时候拉来了理学家的“理”作为

---

① 刘基：《天说上》，刘基著，林家骊点校：《刘基集》，第139页。

② 刘基：《天说下》，刘基著，林家骊点校：《刘基集》，第140页。

③ 刘基：《夺物自用》，刘基著，林家骊点校：《刘基集》，第40页。

铺垫,但是这种天地人相参、更加重视人道的观点,几乎就是荀子的"制天命而用之"。

综上所述,刘基虽然受到程朱理学的影响,但是他对天人关系的论述却表现出与理学不同的样态。这一样态,与荀子的自然天道观及"制天命而用之"的人道观非常相似。也正是建立在这种较为客观而科学的自然观之下,刘基才会与荀子一样强调礼义教化在国家社会中的作用,主张"以德养民"[①]。

二、王廷相

王廷相(1474～1544 年)是明代中期著名的哲学家、文学家和政治家,他的诗文成就极高,为明代文坛"前七子"之一。王廷相一生好学深思,其思想不泥于一家之言而多有所融汇,具有较强的通儒的特质,故论者谓其"公德器宏粹、气禀刚大,修身立学,以圣贤自期。不事浮躁,旁搜远览,上下古今,唯求自得,无所循泥。灼见其是,虽古人所非者不拘;灼见其非,虽古人所是者不执。立言重训,根极理要,多发前人所未发焉"[②]。正基于此,他的思想才不会有门户之见,具有更强的包容性和综合融汇的特色,其中就含有屡受理学家贬抑的荀学内容。马积高先生就认为王廷相的某些思想"有得于荀学的精髓"[③]。具体而言,他的元气论、天人观、人性论、礼乐观、虚静说等都明显受到荀子的影响。

(一)元气一元论

与刘基一样,王廷相也是一位气一元论者。他将元气看成是天地万物的根源:

> 元气者,天地万物之宗统。有元气则有生,有生则道显。[④]
>
> 夫万物之生,气为理之本,理乃气之载,所谓有元气则有动静,有天地则有化育……[⑤]

万物生于元气,元气是万物之宗统,乃"造化之实体",天地万物莫不由元气而

---

① 刘基:《拟连珠(六十八首)》,刘基著,林家骊点校:《刘基集》,第 196 页。

② 徐开仕:《尚书王肃敏公廷相》,王廷相著,王孝鱼点校:《王廷相集》第四册,中华书局 1989 年版,第 1510 页。

③ 马积高:《荀学源流》,第 283 页。

④ 王廷相:《慎言》,王廷相著,王孝鱼点校:《王廷相集》第二册,第 809 页。

⑤ 王廷相:《太极辨》,王廷相著,王孝鱼点校:《王廷相集》第一册,第 597 页。

生。对于元气这一根源或实体，他有的时候又将其称为“太极”和“太虚”：

> 元气之上无物，不可知其所自，故曰太极；不可以象名状，故曰太虚耳。[①]

可见，“元气”“太极”“太虚”实际上是元气不同的名称，其实质是一样的。

元气虽然又叫“太极”“太虚”，但他所说的“太极”“太虚”不同于道家的观点，它并不是虚无，而是“实有之物”：

> 元气未分之时，形、气、神冲然皆具，且以天有定体，安得不谓之有？不谓之实？……气虽无形可见，却是实有之物，口可以吸而入，手可以摇而得，非虚寂空冥无所索取者。世儒类以气体为无，厥睹误矣。[②]

王廷相认为，元气是可以感知的，口可以吸入、手可以触及，因而是实有之物，故绝不可以言无；把元气看成虚无，认为不可索取的观点，是错误的。

王廷相将气看成万物的本源并且认为气是实有之物的观点，与荀子的气本论思想是有共通性的。荀子认为：“水火有气而无生，草木有生而无知，禽兽有知而无义；人有气、有生、有知，亦且有义，故最为天下贵也。”（《王制》）这一思想，“已明确地认识到气是天地人物的共同本原”[③]。

（二）自然天道观

既然天地均由元气所生，“元气之上无物”，故王廷相对于董仲舒等通过天人感应以证实主宰天的观点是不赞成的。他不相信在人类世界之外有所谓的主宰天、主宰神的存在。《答薛君采论性书》：

> 余尝以为元气之上无物，有元气即有元神，有元神即能运行而为阴阳，有阴阳则天地万物之性理备矣，非元气之外又有物以主宰之也。[④]

王廷相认为元气化为阴阳而产生万物，元气之外并没有其他任何的人或事物来主宰，不存在超自然的力量。

天地产生于元气，天不具有主宰意义，所以王廷相认为天是自然之天，天生万物也是自然的过程：

> 天地之生物，势不得不然也，天何心哉？强食弱，大贼小，智残愚，物

---

① 王廷相：《道体》，王廷相著，王孝鱼点校：《王廷相集》第二册，第849页。

② 王廷相：《内台》，王廷相著，王孝鱼点校：《王廷相集》第三册，第971～973页。

③ 蔡方鹿等：《气》，中国人民大学出版社1990年版，第29页。

④ 王廷相：《答薛君采论性书》，王廷相著，王孝鱼点校：《王廷相集》第二册，第517页。

之势不得不然也，天又何心哉？[①]

天地万物之生，完全是“势”的必然，没有所谓的“天心”存在；天地万物中的弱肉强食现象，都是自然现象，是“势不得不然”，并非是“天心”有意为之；天地生人、人食万物也是自然现象，没有神学上的目的论存在。这样，王廷相就否定了意志之天的存在，体现出无神论的观点。

天既然是无意识的存在，那么那些天降灾异与祸福的观点也就不攻自破了。在《答孟望之论慎言》一文中，王廷相针对“人君失政，天降水旱，以灾害示之”的观点提出了批评，认为这是“不智之言”。他说：

上帝无意惠民则已矣，使有意焉，天之威灵无往而不得行，何不殛其躬自作孽之人与其诱引之徒，以绝其恶政之所自？何反出此水旱虫蝗之灾，使百谷不成，民食用绝，流离转徙以死，岂非天欲用警人君，先自杀其民耶？天之拙果如是耶？不待智者决知其不然矣。[②]

他认为，如果上天真的能够降灾害以警示人君，那么为什么不直接惩治作孽之人而杜绝恶政，非要降下各种灾害，使人们流离而死呢？天怎么可能拙劣到如此的地步？既然人世间的灾异与天无关，那么其真正的原因是什么？王廷相认为是人事所造成的。他说：

或问：“治世之有灾沴，君德不协于天而谴告之乎？”曰：“非然也。乱世之有瑞，夫又谁感格之？是故尧有水，汤有旱，天地之道适然尔，尧、汤奈何哉？天定胜人者，此也。尧尽治水之政，虽九年之波，而民罔鱼鳖；汤修救荒之政，虽七年之亢，而野无饿殍。人定亦能胜天者，此也，水旱何为乎哉？故国家之有灾沴，要之君臣德政足以胜之，上也。何也？天道悠而难知，人事近而易见，凡国家危乱者，咸政之不修，民之失所，上之失职也。孰见天帝诃诋乎哉？孰见天帝震怒乎哉？此应天以实不以诬者，尧、汤自修之意也。”[③]

在这里，王廷相将天道与人道作了区分。他认为，水旱等灾害是自然现象，即使在尧、汤之世也会出现，从这一层面看“天定胜人”；虽然有水旱灾害，但是

---

① 王廷相：《慎言·五行》，王廷相著，王孝鱼点校：《王廷相集》第三册，第806页。

② 王廷相：《答孟望之论慎言》，王廷相著，王孝鱼点校：《王廷相集》第二册，第663～664页。

③ 王廷相：《慎言·五行》，王廷相著，王孝鱼点校：《王廷相集》第三册，第805页。

尧、汤能够使“民罔鱼鳖”“野无饿殍”，人民不为灾害所困，从这一层面看“人定胜天”。国家虽然有自然灾害，但是要有德之君臣以德战胜它才是上策。“天道悠而难知，人事近而易见”，天道幽远而难知，人事切近而亦见，所以人要充分施展才能，不能放弃人事而任由“天命”。王廷相不止一次地强调了这种观点：

圣人治世，“其鬼不神”，非鬼之不能神也，经正而法严也。正则邪说不兴，严则妖道罔作，鄙儒诐术屏迹，若没焉耳矣。[①]

由此可见，王廷相不但像荀子一样以自然天道观完全否定了灾异、祥瑞之说，否定了天人感应，而且实际上还提出了类似荀子的“天人相参”“天人之分”的观点，强调人道与天道的不同职能，重视人在宇宙自然中的主体性和能动性。不仅如此，他还明确提出了“人定胜天”的观点，这与荀子说的“制天命而用之”的观点也是完全一致的。

(三)重视积习的人性论

王廷相将气看作天地万物的根源，以此为出发点，他认为太虚之气为“性之本始”，即万物之性皆来源于气。他说：

人有生气则性存，无生气则性灭矣，一贯之道，不可离而论者也。[②]

气决定了人的存亡，没有气也就没有性，气与性不能分离，这是“一贯之道”。既然性来源于气，那么性的善恶也是由气所决定的：

天之气有善有恶，观四时风雨、霾雾、霜雹之会，与夫寒暑、毒厉、瘴疫之偏，可睹矣。况人之生，本于父母精血之辏，与天地之气又隔一层。世儒曰：“人禀天气，故有善而无恶，近于不知本始。”[③]

气是天地万物的根本，天之气有善有恶，风雨、霾雾、霜雹、寒暑、毒厉、瘴疫就是它们的表现。人之性与天之气相同，因此那些认为人性只有善没有恶的观点是错误的，因为他们不知道“本始”即气，故王廷相认为人性有善有恶。

他将人性分为三等：圣人纯善之性、中人可善可恶之性、下愚昏瞀之性：

不思性之善者，莫有过于圣人，而其性亦惟具于气质之中，但其气之所禀清明淳粹，与众人异，故其性之所成，纯善而无恶耳，又何有所超出也

① 王廷相：《慎言·五行》，王廷相著，王孝鱼点校：《王廷相集》第三册，第804页。

② 王廷相：《雅述·上》，王廷相著，王孝鱼点校：《王廷相集》第三册，第851页。

③ 王廷相：《雅述·上》，王廷相著，王孝鱼点校：《王廷相集》第三册，第840页。

哉？……以从善而为贤也，任其情而为恶者，则必为小人之流，静言思之，安得无悔愧乎？此惟中人可上可下者有之，下愚昏瞀，不惟行之而不愧悔，且文饰矣，此孔子所谓“不移”也。①

人性禀气而来，气有清浊善恶，故人性必有善恶。圣人之性禀清明淳粹之气，故纯善；下愚之人禀混浊驳杂之气，故几乎无善可言。这就是孔子所说的“唯上智与下愚不移”。因此，王廷相说的性有善有恶主要指的是中人之性，唯有中人之性可以上下相移、可善可恶。儒家修养的工夫，也主要是针对中人之性而言的。

对于荀子性恶论的观点，王廷相是不赞成的。他说：

人性之善，由天赋之本然也，则曰恶；圣人制礼，本人情之自然也，则曰伪；子思孟子，大贤也，比于十二子而非之；不有叛于圣道乎？②

王廷相认为，荀子将天赋之性全部看作是恶，并以人性恶而认为礼义皆为“虚伪”，而且还非议子思与孟子，这都是离经叛道的行为。很显然，他将“伪”理解成虚伪，这是对荀子的误解。王廷相企图综合孟荀人性论的意图非常明显，而且人性有善有恶的观点更加接近于荀子。他说：

心者栖神之舍，神者知识之本，思者神识之妙用也。自圣人以下，必待此而后知。故神者在内之灵，见闻者在外之资。物理不见不闻，虽圣哲亦不能索而知之。……夫神性虽灵，必藉见闻思虑而知。积知之久，以类贯通，而上天下地，入于至细至精，而无不达矣，虽至圣莫不由此。③

心是精神的栖居地，精神是认识知识的根本，思考是精神最大的作用，自圣人以下，必须通过心的思索以获得知识。不仅内在的精神与外在的见闻缺一不可，还要“积知之久，以类贯通”，通过不断地积累才能够以类贯通、于精微细致之处无所不知。所以他特别强调“积习”的重要性，认为无论是圣人还是普通人都应该积累与学习：

……圣人虽生知，惟性善近道二者而已，其因习因悟因过因疑之知，

① 王廷相：《答薛君采论性书》，王廷相著，王孝鱼点校：《王廷相集》第二册，第518～519页。

② 王廷相：《策问·十五》，王廷相著，王孝鱼点校：《王廷相集》第二册，第545页。

③ 王廷相：《雅述·上》，王廷相著，王孝鱼点校：《王廷相集》第三册，第836页。

与人大同，况礼乐名物，古今事变，亦必待学而后知哉！[①]

无论是圣人还是普通人，必须通过不断地学习、领悟、磨砺、质疑，经由不断地积习以获得知识；只有不断地“存”“蓄”才能够充实盈满，人事才能够通畅顺达。这种观点，与荀子重视积习以化性起伪的看法是一致的。

（四）认知心的观点与虚静的工夫论

王廷相认为人皆可以向善，在向善的路径上，他与荀子一样特别重视心的作用。荀子言心，特别强调心的认知功能以及由此所产生的“化性起伪”的作用，牟宗三说：“……荀子于心则只认识其思辨之用，故其心是‘认识的心’，非道德的心也；是智的，非仁义礼智合一之心也。可总之曰以智识心，不以仁识心。此智心以清明的思辨认识为主。荀子的《解蔽篇》即在解人之蔽以恢复其清明之智心。清明以‘虚一而静’定。”[②]牟宗三将荀子说的心看作认知心（“认识的心”），唐君毅则将其看作“统类的心”“道心”，蔡锦昌则认为是“明智心”。[③]无论是哪种观点，其核心的结论是一致的，即荀子特别重视“心”的认知功能与价值，主张通过“心”而化性起伪，实现人性由恶向善的转变。王廷相在论述“心”及“性”的时候，也特别强调了这一点。比如，他特别重视“心”的认知作用，他说：

智觉者心之用，虚灵者心之体，故心无窒塞则随物感通，因事省悟而能觉。是觉者智之原，而思虑察处以合乎道者，智之德也。[④]

在王廷相看来，“智觉”是心之用，“虚灵”是“心”之体，如果“心”不闭塞就会随物感通、因事省悟而有所觉察，觉察则是智慧的源头。“心”具有认知的作用，因此必须要时刻保持“心”的畅通。为此，他像荀子主张“虚壹而静”一样特别重视“心”的状态：

潜心积虑，以求精微；随事体察，以验会通；优游涵养，以致自得。苦急则不相契而入，旷荡则过高而无实，学者之大病。

无事而主敬，涵养于静也，有内外交致之力；整齐严肃，正衣冠，尊瞻

---

① 王延相：《雅述·上》，王延相著，王孝鱼点校：《王廷相集》第三册，第836～837页。

② 牟宗三：《名家与荀子》，第151页。

③ 关于此种论争，参见蔡锦昌：《拿捏分寸的思考：荀子与古代思想新论》，（台北）唐山出版社1996年版，第55～94页。

④ 王延相：《雅述·上》，王延相著，王孝鱼点校：《王廷相集》第三册，第838页。

视，以一其外；冲淡虚明，无非僻纷扰之思，以一其内，由之不愧于屋漏矣。此学道入门第一义也。[①]

若能够摒弃私欲，达到至虚、至静的境界，“心”就能够澄明透彻、潜心思虑，就可以与天为一，随心应物。反之，如果急于求成，对于虚静的涵养不够，就很难达到冲淡虚明的境界，也就无法精微地认识事物了，这是学者最大的弊病，故王廷相屡次强调“虚明”“静定”：

人心中不著一物，则虚明，则静定；有物，则逐于物而后心扰矣。[②]

无一物宅于心，则虚、则明、则正、则公，则和，研虑处物，罔非顺应矣。[③]

“人心淡然无欲，故外物不足以动其心。”[④]心中不著一物，不为外物所扰、不为物欲所扰，才能够“至虚至一”，保持虚明与静定的状态，虚心以应物。这种看法，与荀子在《解蔽篇》说的“虚壹而静”的“大清明”之心非常相似，都强调心必须澄明、静定才能够专一不乱，清醒地认识事物。

王廷相重视虚静守心，但是他所讲的虚静与陆王心学及佛学中的虚静并不相同，他既反对理学“徒为泛然讲说”的主张，也反对心学“徒守其心”的主张，更反对佛教“虚静而无为”的观点，认为应该“自得”，并“知行兼举”。对于理学与心学的弊端，他说：

但近世学者之弊有二：一则徒为泛然讲说，一则务为虚静以守其心，皆不于实践处用功，人事上体验。往往遇事之来，徒讲说者，多失时措之宜，盖事变无穷，讲论不能尽故也；徒守心者，茫无作用之妙，盖空寂寡实，事机不能熟故也。[⑤]

他认为，理学最大的弊病是虽然能够讲说，但是“任讲说而略行事”[⑥]，脱离实践与生活；心学最大的弊病是虽然主张虚静以守其心，但是“徒守心”“空寂寡实”，无实际的作用。他批评心学的虚静论说：

---

① 王延相：《慎言・潜心》，王廷相著，王孝鱼点校：《王廷相集》第三册，第775页。

② 王延相：《雅述・上》，王廷相著，王孝鱼点校：《王廷相集》第三册，第888页。

③ 王廷相：《雅述・上》，王廷相著，王孝鱼点校：《王廷相集》第三册，第841页。

④ 王廷相：《慎言・见闻》，王廷相著，王孝鱼点校：《王廷相集》第三册，第773页。

⑤ 王廷相：《王氏家藏集・与薛君采二首》，王廷相著，王孝鱼点校：《王廷相集》第二册，第478页。

⑥ 王廷相：《慎言・见闻》，王廷相著，王孝鱼点校：《王廷相集》第三册，第771页。

儒者以虚静冲淡养心，此固不可无者，若不于义理、德性、人事，著实处养之，亦徒然无益于学矣。故清心静坐不足以至道，言不以实养也。①

虚静冲淡以养心必不可少，但是如果不以义理、德性及人事上涵养，即只是为了养心而养心，既没有任何用处，更无益于学。

将“于实践处用功，人事上体验”看作为学的标准，王廷相对于佛学异端的虚静说提出了批评：

人心中不著一物，则虚明，则静定；有物则逐于物而心扰矣。《大学》所谓人有所忿懥、恐惧、好乐、忧患，则不得其正是也。释氏之虚静亦是盗得此意思，但吾儒虚静其心，为应事作主，非释氏专为己身而然。程子曰：“无内外，无将迎，动亦定，静亦定，廓然而大公，物来而顺应。”岂禅伯虚静而不欲交物者乎？②

佛学虽然也重视虚静，但其虚静“静而寂，寂而灭”，止于虚静而已，故“专为己身”而“无物”；儒者的虚静“静而感，感而应”，是为了“为应事作主”而“有主”。因此，只有儒者的虚静才是有价值的。为此，他特别强调了儒者“知行兼举”的工夫：

学之术二：曰致知，曰履事，兼之者上也。察于圣途，谙于往范，博文之力也；练于群情，达于事几，体事之功也。然而师心独见，暗与道合，亦有不博文者也。虽然，精于仁义之术，优入尧舜之域，必知行兼举者能之矣。③

致知与履事必须兼而有之，“知行兼举”、学与行不离才能够优入圣域。荀子在论述心“虚壹而静”的认识工夫的时候，也将知与行结合在一起，认为知是为了行，行比知更重要。他说：“不闻不若闻之，闻之不若见之，见之不若知之，知之不若行之，学至于行之而止矣。行之，明也。明之为圣人。”（《儒效》）这一思想，与王廷相“于实践处用功，人事上体验”的“知行兼举”的观点是一致的。

（五）重视礼义教习的观点

王廷相认为人之性有善有恶，因此必须通过教与习以使人向善。他说：

善人虽资性美好，若不循守圣人已行之迹，亦不能入圣人之室，言人

---

① 王廷相：《雅述·上》，王廷相著，王孝鱼点校：《王廷相集》第三册，第 833 页。

② 王廷相：《雅述·上》，王廷相著，王孝鱼点校：《王廷相集》第三册，第 888 页。

③ 王延相：《慎言·小宗》，王廷相著，王孝鱼点校：《王廷相集》第三册，第 788 页。

当贵学也。[①]

“善人”指的是性有善有恶的普通人，这些人因为有善性，所以能够表现出善的行为，但同时他们也有恶性，故需要学习教化。不仅普通的人，即使是圣人也需要学习教化：

……圣人虽生知，惟性善近道二者而已，其因习因悟因过因疑之知，与人大同，况礼乐名物，古今事变，亦必待学而后知哉！[②]

因此，圣人设道立教以使人向善：

凡人之性成于习，圣人教以率之，法以治之，天下古今之风以善为归，以恶为禁，久矣。……仲尼曰：“成性存存，道义之门。”伊尹曰：“兹乃不义，习与性成。”是善恶皆性为之矣。[③]

王廷相通过孔子及伊尹的话再一次说明了人性中有恶的成分，认为“人之性成于习”，所以必须通过教化与法治养成从善之性，“变其性而移其习，由之为善则安，为恶则愧”[④]，“无生则性不见，无名教则善恶无准”[⑤]。

既然教习如此重要，那么教习的内容或者说“教材”是什么呢？王廷相认为是礼。他说：

人非乐天之心不能制情于道，故莫不有欲；欲则贪侈，贪侈则僭，僭则乱。圣人以礼防天下，使民各安其分而不争……是谓天下齐一，久安长治之道乎！[⑥]

王廷相认为，礼义是来自于人性中善的成分，故能够反过来“制情”、治正人性中恶的成分，所以是最为中正的教习之内容。因此，只有通过礼义，天下才能够长治久安。以礼为标准，他还特别区分了“道术”与“经术”：

学道而寡通变，则无顺施之政；为政而离经术，不过徇俗之材，此道学政术岐而二涂矣。故学求适用，而政自道出，则几也。物各得其分，谓之仁；事适其宜，谓之义；周群伦之情，谓之智；真实以御物，谓之诚。是道

---

① 王廷相：《雅述·上》，王廷相著，王孝鱼点校：《王廷相集》第三册，第 842 页。

② 王廷相：《雅述·上》，王廷相著，王孝鱼点校：《王廷相集》第三册，第 836～837 页。

③ 王廷相：《王氏家藏集·答薛君采论性书》，王廷相著，王孝鱼点校：《王廷相集》第二册，第 519 页。

④ 王廷相：《雅述·上》，王廷相著，王孝鱼点校：《王廷相集》第三册，第 857 页。

⑤ 王廷相：《慎言·问成性》，王廷相著，王孝鱼点校：《王廷相集》第三册，第 765 页。

⑥ 王廷相：《慎言·御民》，王廷相著，王孝鱼点校：《王廷相集》第三册，第 784 页。

也，学之能裕于己，则礼乐刑政一以贯之，而无不可施矣。此孔孟之学术也。[1]

道术为仁、义、智、诚，经术为礼、乐、刑、政。相比较而言，道术比经术更为重要。仁、义、智、诚应与礼、乐、刑、政结合起来，做到“道术诚于己而经术贯于身”，这样才可以更好地施政。故礼、乐、刑、政虽然是经术，但亦不可或缺。以此为基础，他对于天地、人性及礼义的关系概括为：

是故太虚者，性之本始也；天地者，性之先物也；夫妇父子君臣，性之后物也；礼义者，性之善也，治教之中也。[2]

性来自于“太虚之气”，故太虚为“性之本始”；天地生万物，故为“性之先物”；夫妇父子君臣之道（即礼）理天地，故为“性之后物”；礼义在其中发挥着贯通天地、和谐天人的作用，所以是“天下齐一，久安长治之道”。他在论述仁义礼乐与风教、君师的时候说：

仁义礼乐，维世之纲；风教君师，作人之本。君师植风教者也，风教达礼乐者也，礼乐敷仁义者也，仁义者君师之心也，八者具而和平之治成矣，虽谓之尧、舜可也。[3]

仁、义、礼、乐与风、教、君、师，一为纲，一为本，“八者具而和平之治成”，只有密切结合在一起才能够发挥应有的作用。王廷相重视仁、义、礼、乐，认为礼义能够制情化性并沟通天地的观点，与荀子论礼的观点有许多相似之处。

综上所述，虽然王廷相对荀子多有批评，比如认为荀子的性恶论“有叛于圣道”，但他却隐性地接受了荀子的许多观点。这种接受，大多都建立在其元气一元论的基础之上。其实，在王廷相的眼中，荀子的地位已经比宋儒的评价高了许多。在《慎言·文王》中，他曾经将孟、荀并举，认为二人都继承了仲尼之道：

孟子荀子持仲尼之论，明仁义者也。孟之言也，闳大高明，其究也近圣；荀之言也，芜衍无绪，其究也离诡。[4]

在他看来，虽然二人均传承仲尼之道，但是孟子之言“闳大高明”，荀子之言“芜

① 王延相：《慎言·道体》，王廷相著，王孝鱼点校：《王廷相集》第三册，第771页。
② 王延相：《慎言·道体》，王廷相著，王孝鱼点校：《王廷相集》第三册，第752页。
③ 王延相：《慎言·御民》，王廷相著，王孝鱼点校：《王廷相集》第三册，第782～783页
④ 王延相：《慎言·文王》，王廷相著，王孝鱼点校：《王廷相集》第三册，第819页。

衍无绪”，故一个“近圣”，一个“离诡”；荀子的地位究竟还是不如孟子，但这种批评显然比起程朱“大本不立”的结论要客观了许多。

三、李贽

在明代，李贽（1527～1602 年）是像荀子一样的“异端”存在。他不但敢于与当时早已占据权力与学术中心的理学相抗衡，认为“穿衣吃饭，即是人伦物理；除却穿衣吃饭，无伦物矣”[①]，而且敢于质疑孔子，主张“不以孔子之是非为是非”[②]，这种观点在当时不啻于异端邪说，故时人对此多有訾议。

李贽是最早明确主张为荀子翻案的思想家之一，他不仅为荀子有李斯这样一个法家的弟子脱罪，而且还明确地将荀子看成“德业儒臣之首”，并说：“荀与孟同时，其才俱美，其文更雄杰，其用之更通达而不迂。”[③]李贽之所以推崇荀子，原因是多方面的，马积高先生曾对此作过分析，他说：“荀子的性恶说及其群分说，礼义论都建立在承认人人有利欲之心的基础之上的，在这一点上正与李氏相契，这当是李氏推崇荀子的重要原因之一。但又不能说，李氏之推崇荀子仅出于此。正如他已明白指出的，他之推崇荀子，在于荀子‘通达而不迂’，且其‘所尊’、‘所排’，与世俗之‘所尊’、‘所排’者有不同。盖李氏为学，最重创新……故他评量前人，并不要求其道尽与己合，而更注意其是否有某种创新性。……荀子于百家之说皆以己意去取，不守一隅，这当然更应为他所推崇了。”[④]马先生认为李贽在人性论及礼义观上与荀子有契合之处，而且二人都重视创新，荀子敢为“异说”“高论”，这是李贽所钦佩的，故对荀子才会如此推崇。作为晚明重要的思想家和最富争议的人物，李贽敢于质疑前贤，发前人之所未发，言前人之所讳言，以批判融通的精神会合三教，其学术精神确实与荀子有很多契合之处。

（一）以欲为性的人性论

众所周知，李贽思想中最有价值、最受后人敬重的观点之一是“童心”说。“童心”说是李贽思想的核心和灵魂，他的其他理论，几乎都是围绕着“童心”展

---

① 李贽：《答邓石阳》，张建业主编：《李贽文集》第 1 卷，第 4 页。

② 参见李贽：《焚书　续焚书》，岳麓书社 1990 年版，第 129 页。

③ 李贽：《德业儒臣》，张建业主编：《李贽文集》第 2 卷，第 597 页。

④ 马积高：《荀学源流》，第 286 页。

开的。关于“童心”，李贽说：

夫童心者，真心也。若以童心为不可，是以真心为不可也。夫童心者，绝假纯真，最初一念之本心也。若失却童心，便失却真心；失却真心，便失却真人。人而非真，全不复有初矣。[①]

童心即本心，是人“最初一念之本心”和自然纯真的自然之心。“最初”指未被世俗沾染，也就是未被道学、经文等污染的最本始的、纯真的童子之心。由于童子是人之初，所以这种最初之心也就可以称为“童心”。

童心是人对世界最本真、最直接的感受与体察，因此它自然也就包括人的原始欲求和良知良能。他说：

虽圣人，不能无势利之心；虽盗跖，不能无仁义之心。[②]

人之初生，禀性是相近的，势利之心和仁义之心都是最初之本心，无论是圣人还是盗跖都会有此两种心，这些都是人禀于自然的东西，因此也就是最真的。既然欲求来源于自然之真心，那么就是无可讳言的，而且“欲善”本身也是一种欲望：

主欲圣而臣欲忠，夫谁独无欲者。今臣欲忠而不以圣归其主，主欲圣而不以忠与其臣，夫是以愈相持而愈不相值耳。[③]

不仅如此，即使渴求私利，也没有什么值得羞愧的，因为这才是人的真心：

夫私者人之心也，人必有私而后其心乃见，若无私则无心矣。如服田者，私有秋之获而后治田必力；居家者，私积仓之获而后治家必力；为学者，私进取之获而后举业之治也必力。故官人而不私以禄，则虽召之，必不来矣；苟无高爵，则虽劝之，必不至矣。虽有孔子之圣，苟无司寇之任，相事之摄，必不能一日安其身于鲁也决矣。此自然之理，必至之符，非可以架空而臆说也。[④]

李贽认为，私心也是童心的一种，无私心也就无童心，这些都是“自然之理，必至之符”。不但服田者、居家者、为学者都会因私心而努力，即使是孔子这样的大圣人，如果没有出任大司寇、摄相事等私心吸引着他，他也不会安居于鲁国，

---

① 李贽：《童心说》，张建业主编：《李贽文集》第1卷，第91～92页。

② 李贽：《道古录》，张建业主编：《李贽文集》第7卷，第358页。

③ 李贽：《大臣传·结主大臣·公孙弘》，张建业主编：《李贽文集》第2卷，第191页。

④ 李贽：《藏书·德业儒臣后论》，张建业主编：《李贽文集》第3卷，第626页。

所以并不是说有私心便是不好，因为私心是最自然的、最本真的一种需求，常人如此，圣人亦如此：

> 大圣人亦人耳，既不能高飞远举，弃人间世，则不能不衣不食，绝粒衣草而自逃荒野也。故圣人，不能无势利之心……[①]

因此，李贽反对那些满嘴道德文章但却虚情假意的假道学。假道学者违背童心、真心，他对此深恶痛绝：

> 无怪其（道学家——笔者注）流弊至于今日，阳为道学，阴为富贵，被服儒雅，行若狗彘然也。[②]

李贽对假道学如此痛恨，乃至于明顾宪成感慨说："李卓吾曰：与其死于假道学之手，宁死于妇人女子之手。"[③]他将某些道学家斥为"狗彘"，认为他们"阳为道学，阴为富贵"，这种观点显然会触动很多人的利益，其最终惨遭人祸，不得不以自杀而明志，也就不足为怪了。[④]

李贽以欲望为自然之性以及以私心为"自然之理，必至之符"的观点，与荀子以情欲为性的观点相似。荀子说："今人之性，生而有好利焉……生而有疾恶焉……生而有耳目之欲，有好声色焉。"（《性恶》）他认为情欲是人性的一部分。不仅如此，他还跟李贽一样，认为即使是圣人，也会有各种欲望："凡人有所一同：饥而欲食，寒而欲暖，劳而欲息，好利而恶害，是人所生而有也，是无待而然者也，是禹、桀之所同也。"（《荣辱》）所不同的是，荀子认为欲望如不节制必会导致恶，从而提出"人之性恶"的观点，而李贽则认为私心等是自然的欲求，无所谓恶。

（二）"学务实效"的实用观与"知行相须"的认识论

李贽曾于万历二年（1574 年）拜王襞（1511～1587 年）为师，王襞是明末泰州学派创始人王艮之子。泰州学派本来源于阳明学，但此派学人奉行功利主义。李贽充分吸取了泰州学派功利主义的思想，明确提出了"道不虚谈，学务

---

① 李贽：《道古录》，张建业主编：《李贽文集》第 7 卷，第 358 页。

② 李贽：《三教归儒说》，《焚书　续焚书》，第 356 页。

③ 顾宪成：《顾端文公遗书·小心斋札记》卷十，清康熙三十七年刻本，　　。

④ 万历三十年（1602 年），礼科给事中张问达上疏请旨焚毁李贽的《藏书》《焚书》等著作并治其罪，得旨曰"李贽敢倡乱道，惑世诬民"，最后他在狱中自刎而亡。（顾炎武：《日知录》，黄珅等编：《顾炎武全集》第 18 册，上海古籍出版社 2011 年版，第 731 页）

实效”的观点。据此，他在评价荀子的时候说“其用之更通达而不迂”[①]，将是否“通达而不迂”作为标准评判学问的优劣。除此之外，他还主张言行一致、“知行相须”，以社会功利作为检验知识的标准，这些都是与荀子思想相似的地方。

反对道学是李贽思想的重要内容，他之所以反对道学，其中一个非常重要的原因是道学空谈心性而毫无用处。他说：

> 平居无事，只解打恭作揖，终日匡坐，同于泥塑，以为杂念不起，便是真实大圣大贤人矣。其稍学奸诈者，又搀入良知讲席，以阴博高官。一旦有警，则面面相觑，绝无人色，甚至互相推委，以为能明哲。[②]

在他看来，多数道学家跟泥塑一样只知道打躬作揖，再高明一点的道学家虽然能够掺入良知讲习，但也只是为了博取功名，一旦遇到难事就束手无策，甚至互相推诿。所以，“学问须有些真实受用，不然，只在道理上缠缚，如何了得？”[③]做学问应该以“实学”为要。

何为“实学”？他说：

> 是故出而治国，则国治；出而平天下，则天下平，便是实学。[④]

实学就是能够真正治国平天下之学。那么，这样的学问有怎样的标准呢？在李贽为李渭《先行录》所写的序言中，他提到了“先行之言”“可行之言”和“当行之言”的说法，他说：

> 夫当行而后言，非通于道者不能；可行而后言，非深于学者不能。若中丞李公，真所谓通于道、深于学者也，故能洁己裕人，公恕并用，其言之而当行而可行者乎！乃今又幸而获读所为《从政集》者，则又见其在朝在邑，处乡处家，已往之迹皆如是也，所谓先行其言者也。某是以知公之学，实学也；其政，实政也。谓之曰《先行录》，不亦宜乎！然既先行其言矣，又何不当行之有？又何不可行之有？[⑤]

“先行之言”即先见于行动而后言说的言论；“可行之言”是说出来就一定能做

---

① 李贽：《德业儒臣》，张建业主编：《李贽文集》第2卷，第597页。

② 李贽：《因记往事》，张建业主编：《李贽文集》第1卷，第147页。

③ 潘曾纮：《李温陵外纪》卷二，厦门大学历史系编：《李贽研究参考资料》第2辑，福建人民出版社1976年版，第13页。

④ 李贽：《道古录》卷上，张建业主编：《李贽文集》第7卷，第350～351页。

⑤ 李贽：《先行录序》，张建业主编：《李贽文集》第1卷，第108～109页。

到的言论；“当行之言”是当其时、当其人则可行，但是时异势殊后可能做不到的言论。无论哪种言论，都要言行一致、言行合一。李渭能够通于道、深于学，故做到了“当行”与“可行”；他的作品谓之《先行录》，故又能做到“先行”，因此，他的学问是实学，他所行的政事是实政。为了说明这一观点，他以阳明之学的例子加以证实：

> 圣人言知必言行，以见行不离知；言行必言知，以见知不离行。其曰：“道之不行也，我知之，智者过而愚者不及。”由不明故不行。“道之不明也，我知之，贤者过而不肖者不及。”由不行故不明。知行相须，盖可知矣。然则阳明先生“知行合一”之旨，实出于此。[①]

他认为，知识来源于行动，因此知不离行；知识指导行动，因此行不离知。也就是说实践出真知，实践是检验真理的唯一标准；同时，理论又是实践的先导，离开了理论的实践是盲目的。因此他总结说应该“知行相须”，知与行应该互相促进、合二为一。

李贽这种“学务实效”的实用观与“知行相须”的认识论与荀子的理论有相似之处。荀子重视现实功用，他认为理论必须有效用才有价值，故他像李贽一样批评孟子“僻违而无类，幽隐而无说，闭约而无解”（《非十二子》），认为孟子之说迂阔而无用。在《性恶》中，他更是以不符合“辨合符验”来批评孟子的性善说，他说：

> 故善言古者必有节于今，善言天者必有征于人。凡论者，贵其有辨合，有符验，故坐而言之，起而可设，张而可施行。今孟子曰“人之性善”，无辨合符验，坐而言之，起而不可设，张而不可施行，岂不过甚矣哉！

荀子明确主张言论应该可以通过实践验证、能够布置与实行，这一观点也就是李贽说的“学务实效”，故有学者说荀子之为学“论理必求验证，论事必求功用”[②]。

至于知行观，荀子与李贽的观点也几乎完全一致。《儒效》：

> 不闻不若闻之，闻之不若见之，见之不若知之，知之不若行之，学至于行之而止矣。行之，明也。明之为圣人。……故闻之而不见，虽博必谬；

---

① 李贽：《道古录》卷下，张建业主编：《李贽文集》第 7 卷，第 371 页。

② 王恩洋：《荀子学案》，《王恩洋先生论著集》第 8 卷，第 567 页。

见之而不知，虽识必妄；知之而不行，虽敦必困。不闻不见，则虽当，非仁也。其道百举而百陷也。

荀子明确地提出知行合一的观点，认为“行之，明也，明之为圣人”，这跟李贽说的圣人“言知必言行”“言行必言知”的“知行相须”的观点也是一致的。正因为李贽对荀子实用主义思想与知行合一观点的赞赏，他才会称赞荀子说“更通达而不迂”，认为荀子的学问“真实有用，与俗儒不同”[①]，并将其放在孟子前面，认为他是德业儒臣之首。

(三)“因时定术”的通变观

追溯古人以佐证理论的合法性是理学最重要的内容之一，李贽明确反对这一点，认为这是学术浅陋的表现。对于主张复古的刘向，他批评说：

余读《战国策》而知刘子政之陋也。夫春秋之后为战国。既为战国之时，则自有战国之策。盖与世推移，其道必尔。如此者非可以春秋之治治之也明矣，况三王之世欤！……刘子政当西汉之末造，感王室之将毁，徒知羡三王之盛，而不知战国之宜，其见固已左矣。[②]

“与世推移，其道必尔”，刘向不知道这个道理，只知道羡慕禹、汤及文武三王，推崇春秋之治，用春秋之治以治于战国。李贽对能够因时而变的主张特别赞赏。比如，他曾称赞李斯“五帝不相复，三代不相袭，各以治”的观点，说“‘各以治’三字甚可赏”[③]；对于汉宣帝说的“俗儒不达时宜”，他认为是“千古不易之谈”[④]。

对于治术如何与时变通，李贽提出了“因其时，用其术，世无定时，我无定术”的观点。他说：

夫治国之术多矣，若谓人尽不知术数，必欲其皆就己之术数，则亦岂得谓之知术数哉？汉文有汉文之术数也，汉高有汉高之术数也，二五帝霸又自有二五帝霸之术数也。以至六家九流，凡有所挟以成大功者，未尝不皆有真实一定之术数。唯儒者不知，故不可以语治。……是故因其时，用其术，世无定时，我无定术，是之谓与时消息而已不劳，上也。执其术，驭

---

① 李贽:《史纲评要》，张建业主编:《李贽文集》第 6 卷，第 50 页。

② 李贽:《战国论》，张建业主编:《李贽文集》第 1 卷，第 87～88 页。

③ 李贽:《秦始皇帝》，张建业主编:《李贽文集》第 2 卷，第 16 页。

④ 李贽:《孝宣皇帝》，张建业主编:《李贽文集》第 2 卷，第 49 页。

其时，时固无常，术则有定，是之谓执一定以应于不穷，次也。若夫不见其时，不知其术，时在则术在，而术不能违时；术在则时在，而时亦不能违术。此则管夷吾诸人能之，上之上也。[1]

李贽认为，治理国家的方法和策略很多，汉文帝有汉文帝的方法，汉高祖有汉高祖的方法，五帝、五霸有五帝、五霸的方法，甚至是六家、九流都各有自己的方法。所以，能够“术不能违时”“时亦不能违术”，时与术不矛盾并高度统一起来，这才是最上等的策略；“因其时，用其术”，根据当时的情况，选择适时的方法，这是上策；“时无常”而“术有定”，掌握一定的方法应对变化的局势，这是次等的策略。李贽虽然赞赏最上等的策略，但是他认为只有管夷吾等少数人能够掌握，故“因其时，用其术”的次等策略就已经难能可贵了。李贽的这种“因时定术”的通变观与荀子“举错则时”(《强国》)、“举措应变而不穷”(《王制》)、“与时迁徙”(《儒效》)的观点有类似之处，尤其是他不赞成完全效法三王武帝之术的观点，与荀子的“法后王”思想也是相契合的；只不过荀子不但重视“变”，同时也重视“通”，主张“以近知远，以一知万”(《非相》)、“以古持今，以一执万”(《儒效》)、“宗原应变，曲得其宜”(《非十二子》)，并将礼义之道看成不变之“原”，这是两者不同的地方。

---

① 李贽：《晁错》，张建业主编：《李贽文集》第1卷，第190页。

第六章　清代荀学史略

进入清代，荀子及荀学研究进入了一个千年未有之大变局——在历经千年的贬抑之后，扬荀尊荀之风逐渐兴盛，荀学得到了的全面复兴，这一结论已成为目前学界的共识。[①] 清儒对荀学的尊崇，与清代诸子学研究和考据学的兴盛是分不开的。梁启超在《清代学术概论》中评价清代诸子说："盖自汉武罢黜百家以后，直至清之中叶，诸子学可谓全废。若荀若墨，以得罪孟子之故，几莫敢齿及。及考证学兴，引据唯古是尚，学者始思及六经以外，当有如许可珍之籍。"[②]大部分清儒学者，尤其是清代中期的研究者大多是从考据学入手研究荀子的，他们在对《荀子》进行校勘、文字训诂与考释的同时，发现了宋明儒学对荀子认识的偏颇之处，从而引发出对荀学义理的阐发。清儒的这种研究虽然取得了超越前人的成就，但是也存在着较大的问题，即重校勘训释而轻义理阐发，较难从宏观上把握荀学的精髓及其特质，这不得不说是一大遗憾。比如，民国时期的胡韫玉先生就曾说："有清诸儒，于《荀子》一书考核精审者，颇不乏人。大概于性恶之说，皆无精确之见解。谢氏墉谓孟子言性善，盖勉人为善也；荀子言性恶，盖嫉人之为恶。（钱大昕持论亦同）王氏先谦谓性恶之说，非

---

① 参见郭志坤：《浅说荀子及其荀学之浮沉》，《学术月刊》1994 年第 3 期；徐洪兴：《唐宋间的孟子升格运动》，《中国社会科学》1993 年第 5 期；刘仲华：《清代荀学的复活》，《兰州大学学报》（社会科学版）2001 年第 1 期；康廷山：《清代荀学史略》，中华书局 2020 年版。

② 梁启超：《清代学术概论》，上海古籍出版社 1998 年版，第 60 页。

荀子本意。要之，皆非深知荀子者也。”[①]

清儒的荀子研究，大致可以分为三个时期。一是明末清初。这一时期虽然出现了傅山等专于诸子学的大家，他也对《荀子》一书及荀学进行了重新肯定，但由于清初的儒者大多是从继承明末理学或心学而来的，且清代意识形态领域占统治地位的依旧是理学，因此他们大都继承了宋明理学贬斥荀学的态度，比如熊赐履、李光地等。二是清朝中期。这一时期由于乾嘉学派的兴盛，学术界兴起了考证注解《荀子》的热潮，这股热潮使《荀子》的校勘及训释达到了前所未有的高度，全面超越了以前任何一个时期，代表人物有谢墉、卢文弨、惠栋、刘台拱、郝懿行、王念孙、俞樾等。这股风气一直延续至清末，以光绪十七年（1891 年）王先谦的《荀子集解》集大成。三是清末民初。这一时期发生了尊荀与黜荀的运动，在这场运动中，两派人物针对荀学的核心问题，比如性恶论、礼论、先王与后王等思想展开激烈交锋，在互相诘难的过程中，荀学的特质与价值逐渐展现出来，达到了历代荀学义理研究的新高度。

第一节 清儒对《荀子》的考据

《荀子》一书自出现之后，很少有人对其进行整理和注解。刘向是第一个整理《荀子》的人，自此以后直到唐代杨倞才第一个为其作注。在此后相当长的一段时间内，校勘《荀子》的极少。直到明末清初，这一现象才得以改善，傅山的《荀子评注》是清代第一本校注《荀子》的作品。此后随着诸子学及考据学的发展，尤其是在清中期乾嘉学派兴起以后，掀起了校注《荀子》的热潮。清人在校注《荀子》的过程中，不但训诂字句，而且对荀学义理也有所阐发，荀学由此实现了中国思想史上的第一次真正的复兴。

傅山（1607～1684 年）是清代第一位考据《荀子》的人。傅山，字青竹，后改青主，山西人。他生活在明末清初，历明万历、泰昌、天启、崇祯四朝以及清顺治、康熙二朝，因此，对于王朝更替及其导致的社会状况有着深刻的了解。这些经历让他看清了理学的弊端与无用，故推崇实学，尤其尊崇诸子之书，是清初大力进行

① 胡韫玉：《荀子学说·绪言》，严灵峰编辑：《无求备斋荀子集成》第 38 册，（台北）成文出版社 1977 年版，第 2 页。

诸子学研究的第一人。侯外庐先生评价傅山“大胆地提出了百家之学，对于六经与诸子无可轩轾地加以阐发或注释，首开近代子学研究的蹊径”[1]，《荀子评注》就是其考据诸子中代表性的作品之一。对于作书的缘由，他说：

> 长夏蒸褥，闲坐不住，取昔所点荀卿书再一瞻之，随取其词义之隽永者，略记一半句或数字。吾后有读是书者，置此于前，以为着眼之先，亦一劝也。[2]

“再一瞻之”表明傅山对荀子的点校工作应该是早已为之，《荀子评注》只是其中的一种。[3] 其点校也正如文中所言，只是“随取其词义之隽永者，略记一半句或数字”，因此并不系统与全面；虽然云“取其词义之隽永者”，但也并非全部如此，比如“陈嚣”“李斯”两条下注曰：“孙卿弟子。”[4]此书虽然并不全面，但却是清代荀学研究的开山之作，尤其是其校释的方法及对荀学义理的阐发，也有许多值得我们注意的地方。[5] 比如，在校释方法上，此书以词义为中心，上方录词条，下方列词义或《荀子》原文，善于从语音与语义的发展脉络中指出词语的来源；善于引用他书以证己说，广泛引用《左传》《说文》《玉篇》《广韵》《周礼》《庄子》《诗传》《礼记》等著作；善于采用归纳法与统计法以证明字词的特殊之处，等等。[6] 通过这些方式，傅山不但校勘了《荀子》原文，而且训解了字词，并对旧注进行了评论和批驳。例如，对《正名》“屋室、庐庾、葭稾蓐，尚机筵而可以养形”一文，杨倞注曰：“以庐庾为屋室，葭稾为席蓐者，皆贫贱人之居也。”[7]针对这一观点，傅山批评说：

---

① 侯外庐等：《中国思想通史》第5卷，中华书局1956年版，第272页。

② 傅山评注，吴连城释文：《傅山〈荀子〉〈淮南子〉评注》，上海古籍出版社1990年版，第197页。

③ 目前能看到的傅山关于《荀子》的点校工作除了《荀子评注》外，还有《荀子校改》手稿本（存北京国家图书馆）。

④ 傅山评注，吴连城释文：《傅山〈荀子〉〈淮南子〉评注》，第232页。

⑤ 目前较为系统地研究傅山《荀子评注》的作品主要有以下几个。詹海云：《傅山〈荀子批注〉与〈荀子评注〉研究》，儒学全球论坛暨荀子思想的当代价值国际学术研讨会论文，临沂，2007年；王丽桃：《傅山对荀子思想的阐发》，山西大学硕士学位论文，2010年；宋汉瑞：《傅山〈荀子〉研究浅论》，贵州民族大学硕士学位论文，2014年。

⑥ 参见詹海云：《傅山〈荀子批注〉与〈荀子评注〉研究》，儒学全球论坛暨荀子思想的当代价值国际学术研讨会论文，临沂，2007年。

⑦ 王先谦：《荀子集解·序》，第432页。

> (杨倞——笔者注)不解庾字。以庐为屋室,不知庐字何义。庐,《说文》:"寄也,秋冬去,春夏居。"《周礼》:"凡国十里有庐,庐有饮食,宾客行道之所也。"《诗》:"于时庐旅。"又租屋总名。《汉志》:"在野曰庐,田中屋也。"《庄子》:"仁义先王之蘧庐。"庾,《说文》:"水漕仓也,从广臾声。"一曰仓无屋者。《诗传》:"露积于庾。"又在邑曰仓,在野曰庾,从广矣,上必有蔽,不得谓之无屋也。屋室庐庾,大概谓非一定之华居,或在野之庐,或贮粟之庾,皆任耳。[①]

在这一训释中,傅山通过《说文》《周礼》《诗经》《庄子》《诗传》等对杨倞的注解进行辩驳,既反驳了杨倞的观点,也注解了字句,有理有据、令人信服。

除了训释荀书外,傅山还在训释字词的同时对荀学义理有所阐发。比如,对于《荀子》一书的基本内容及思想倾向,傅山说:

> 《荀子》三十二篇不全儒家者言,而习称为儒者,不细读其书也。有儒之一端焉,是其辞之复而啴者也。但少精挚处,则即与儒远,而近于法家,近于刑名家。非墨,而又有近于墨家者言。《性恶》一篇,立义甚高,而文不足副之。"伪"字本别有义,而为后世用以为诈伪,遂昧从人从为之义,此亦会意一种。[②]

傅山认为荀子不是纯儒,而兼有法家、刑名家及墨家的思想,"这一论断相当精辟,且发前人所未发"[③];不仅如此,他训"伪"为"人为"的观点也纠正了时弊,符合荀子的原义,"清代朴学大师郝懿行、段玉裁、王先谦等都认为'伪'、'为'相通,显然是受到了傅山这一解释的影响"[④]。

当然,傅山在书中并非完全尊荀,比如他曾称荀子为"老荀""糟老"。但无论如何,傅山在清时首注《荀子》之功是不可磨灭的。

傅山在清初就已经对《荀》书进行了评注,为清人考据《荀》书开了一个好头。然而,在傅山之后相当长的一段时间内,似乎并没有形成一个考据《荀》书的热潮。直到乾嘉时期,这一现状才得到改观。随着乾嘉之学的发展,对《荀》书的考据如雨后春笋般出现。对于这一现象,余英时说:

---

① 傅山评注,吴连城释文:《傅山〈荀子〉〈淮南子〉评注》,第 254 页。
② 傅山评注,吴连城释文:《傅山〈荀子〉〈淮南子〉评注》,第 272 页。
③ 侯外庐:《傅山〈荀子评注〉手稿序言》,《晋阳学刊》1982 年第 3 期。
④ 白立超:《以傅山为转折的荀学研究》,《理论界》2011 年第 12 期。

> 清代的考证最初集中在经学，旁及史学，后来发展到诸子学。这是一个很自然的进程，因为以先秦古籍的校刊、训诂和考订而言，群经以后便是诸子了。在诸子之中，最先当然要碰到《荀子》。这是儒家内部唯一一部"非正统"或"异端"的子书。①

余英时认为，《荀子》一书一直被称为"非正统"或"异端"的子书，故清之前无人对此进行考证。因此，作为诸子中最近于儒家的一部作品，清人考据诸子的第一个任务便是《荀子》。根据严灵峰《周秦汉魏诸子知见书目》的统计，自清顺治元年(1644 年)至宣统三年(1911 年)，清儒研究《荀子》的书目共有 48 部。②赵伟则认为严氏遗漏了惠栋《荀子微言》与汪中《荀子校本》，因此应该有 50 部。③ 根据笔者的搜集整理，清儒研究《荀子》的书目应为 56 部，目前可见的著作有 41 部，未见 15 部，多数收录在严氏编辑的《无求备斋荀子集成》中。详目见表 6-1 所列。

表 6-1 清儒研究《荀子》书目统计

序号	成书时间	书名	作者	备注[1]	是否可见
1	康熙元年至康熙二十三年(1662 ～ 1684 年)	《荀子批注》(又名《荀子批点》《荀子校改》)	傅山	手稿，存首都图书馆(原北京图书馆)，缺一册。对《荀子》进行校释，对杨倞、刘辰翁等人的校注进行纠正与补充。参见张治平释文：《傅山全书》第 2 册，山西人民出版社 1991 年版。	可见
2	康熙元年至康熙二十三年(约 1662～1684 年)	《荀子评注》(又名《荀子隽永》《荀子注》)	傅山	手稿，存山西博物院。取《荀子》之隽永处加以评点、注释、评论。由吴连城释文，上海古籍出版社 1990 年出版，后收入《傅山全书》第 2 册。	可见

① 余英时：《中国近代思想史上的胡适》，(台北)联经出版公司 1984 年版，第 78～79 页。

② 参见严灵峰：《周秦汉魏诸子知见书目・中国荀子书目录》第 3 册，(台北)正中书局 1977 年版，第 46～63 页。

③ 参见赵伟：《乾嘉荀学研究》，广西师范大学硕士学位论文，2008 年，第 21 页。

续表

序号	成书时间	书名	作者	备注	是否可见
3	康熙九年(1670年[2])	《荀子著书》二卷	马骕	上、下两卷。节录《史记·荀卿列传》并荀子之《劝学》等十篇及《战国策》本文，间注出处及《汉书》文字作注。在《绎史》内。	可见
4	雍正元年(1722年)	《荀子大醇》	胡具庆	《河北通志稿》著录。	未见
5	雍正四年(1726年)	《荀子汇考》一卷	陈梦雷、蒋廷锡	辑录刘向《叙录》，历代有关《荀子》之序文、目录、纪事、杂录而成。在《古今图书集成·经籍典》内。	可见
6	乾隆元年(1736年)	《删定荀子》一卷	方苞	首题“桐城方苞望溪氏删定，混同顾琮用方氏参校”字样。前有乾隆元年《删定荀子管子自序》，在《抗希堂十六种》内。清乾隆元年桐城方氏刊本。	可见
7	乾隆七年(1742年)	《荀子存校》	王懋竑	节取《荀子》重要文句，校订文字、文义。在《读书记疑》内。又名《白田草堂续集》。清同治十一年福建抚署刊本。	可见
8	乾隆十年(1745年)	《荀子校本》二十卷	葛应祯	《诸子要目》著录，题“葛应祯校本”，按：葛应祯未详，校世德堂刊本。	未见
9	乾隆二十三年(1758年)	《荀子微言》一卷	惠栋	《铁琴铜剑楼藏书目录》著录。手抄本。	可见[3]
10	乾隆二十三年(1758年)	《校批荀子》	惠栋	《著砚楼书跋》著录。以明刊本为底本，原缺一、二卷以世德堂刊本补入。据叶石君所校宋本迻录，并石君《跋》语。自第三卷以下，眉栏加以识语。数十事，与《荀子微言》可相互发明。手校本。	未见

续表

序号	成书时间	书名	作者	备注	是否可见
11	乾隆年间（时间不详）	《荀子札记》[4]	朱亦栋	札记。见《诸子札记》卷九。共五条，以《说文》《晏子春秋》《周礼》等加以注解。	可见
12	乾隆四十年（1775年）	《荀子大义述》	薛炳	《粹芬阁珍藏善本书目》著录。首有徐维则《跋》。	可见[5]
13	乾隆四十一年（1776年）	《荀子校本》	汪中	《新编汪中集》："六月二十二日汪中敬问端临大兄阁下"言"今借得宋本校过，所补正甚多"，知其对《荀子》多有补正。	未见
14	乾隆四十四年（1779年）	《删录荀子》	刘大櫆	《海峰先生文集》著录。	未见
15	乾隆五十一年（1786年）	《荀子笺释》二十卷	谢墉	用影宋吕夏卿大字本为底本，参校元纂图互注本、明虞九章、王震亨合刻本，世德堂及锺人杰刻本，并采卢文弨校勘，并附己见以正杨注之误。末附刘向《荀子叙录》及《荀子校勘补遗》一卷。	可见
16	乾隆五十一年（1786年）	《荀子校勘补遗》一卷	谢墉	对《荀子辑校》全书各篇失校者，加以补充。附《辑校》于书末。	可见
17	乾隆五十二年（1787年）	《荀卿子述记》（《荀子述记》）	任兆麟	节录《荀子》十五篇原文，断句、变行、简注，并校订文字。引卢文弨、方苞、并杨倞旧注。前有小序。首题"叶兆麟述"，在《述记》内。	可见
18	嘉庆九年（1804年）	《荀子古韵》	姚文田	节录《荀子》文句之有韵者，将协韵文字，加以圆圈，下注篇名或章名，依韵别类辑，在《古韵谱》内。	可见

续表

序号	成书时间	书名	作者	备注	是否可见
19	嘉庆十一年(1806年)	《荀子补注》一卷	刘台拱	札记。节录《荀子》书中重要文句，采先秦、汉、魏典籍及各家说，补正文字、文句，并自附案语。在《刘端临遗书》内。	可见
20	嘉庆十六年(1811年)	《荀子选》二卷	张道绪	内容已见于《家语》《戴记》者皆取彼去此，以免重复。亦有并见相参。圈点、旁注，间亦自附评语音义。	可见
21	嘉庆十九年(1814年)	《荀子韵读》	江有诰	节录《荀子》十七篇中之有韵文字，加以圆圈，并注韵部、音切及四声。	可见
22	嘉庆二十年(1815年)	《荀卿子通论》	汪中	考定荀卿学术渊源时代及杨倞年世，并附《荀卿子年表》。在《述学·补遗》内。	可见
23	嘉庆二十五年(1820年)	《荀子正误》二卷	陈昌斋	《吕氏春秋正误》伍崇曜题跋著录。按：《广东通志·艺文志》作"《荀子考证》二卷"。	未见
24	道光二年(1822年)	《荀子丛录》	洪颐煊	节录《荀子》之《劝学》等十九篇重要文句，引古籍、子书、杨倞注校订文义，并自附按语。在《读书丛录》内。	可见
25	道光四年(1824年)	《荀子补注》二卷	郝懿行	札记。节录《荀子》书中重要文句，对杨倞所注训诂未明、不知假借之义者，引先秦、汉、魏典籍及刘台拱、洪颐煊校说并附己见，加以订正。末附《与王伯申论荀卿书》及《与李月汀论杨倞书》。	可见

续表

序号	成书时间	书名	作者	备注	是否可见
26	道光四年(1824年)	《校本荀子》	王友光	《著砚楼书跋》著录。以嘉庆九年姑苏聚文堂刊《十子全书》本为底本，眉栏多加评语，以朱笔评点，开卷朱笔识语云："道光甲申冬夜王友光阅一过于太虚精舍。"疑系前人批校。今暂归之王氏。	未见
27	道光九年(1829年)	《荀子杂志》八卷	王念孙	摘录《荀子》重要文句，引先秦、汉魏典籍、杨注及卢文弨、汪中等校说并以《说文》《广雅》等字书校正文义并附己见。在《读书杂志》内。	可见
28	道光十年(1830年)	《荀子杂志补遗》一卷	王念孙	节录《荀子》各篇文句，据吕本、钱本、元刊本及世德堂本，校订文字、文义，并引卢文弨、杨倞注。在《读书杂志》内。	可见
29	道光九年(1829年)	《校荀子》一卷	顾广圻	以蜀刊本《荀子》校王念孙《读书杂志》及北宋刊监本并钱佃本校订文字，并附道光乙丑《自记》。题"顾光圻校"。在《涉闻梓书》内。	可见
30	道光二十五年(1845年)	《手校荀子》	丁晏	《著砚楼书跋》著录。以明覆世德堂本为底本。以朱笔点校数十条，并据《礼经》以资旁证。其他引证子、史亦甚确凿，此书为康有为万木草堂旧物。	未见
31	道光二十八年(1848年)	《荀子新书辑注》四卷	顾宗伊	《书目综录》著录。在《曲台四书辑注》内。	未见

续表

序号	成书时间	书名	作者	备注	是否可见
32	同治九年(1870年)	《荀子平议》四卷	俞樾	札记。条录《荀子》重要文句,引用先秦、汉魏典籍、《说文》《尔雅》并取杨倞注及王念孙、郝懿行诸家之说,并附己见,校订文字、文义,在《诸子平议》内。	可见
33	同治九年(1870年)	《荀子诗说》一卷	俞樾	节取《荀子》书中引《诗》各条,自附按语。前有《叙说》。略谓:"荀卿传《诗》实为《毛诗》所自出,其学乃传自根牟子云。"在《曲园杂纂》内。	可见
34	同治九年(1870年)	《荀子诗说笺》	黄朝槐	俞樾《春在堂杂文》有《序》。	未见
35	光绪十年(1884年)	《荀子续校》	徐树百	张元济《涉园序跋辑录》著录。在《徐树百先生遗著》内。	未见
36	光绪十六年(1890年)	《荀子集注》二十卷	胡元仪	李笠《三订国学用书撰要》著录。按:王先谦《荀子集解》"考证"下卷,内有胡氏所撰《郇卿列传》及《考异二十二事》,是此书成书当在王先谦之前。	未见
37	光绪十六年(1890年)	《荀卿别传》	胡元仪	依《史记·荀卿列传》取古代史籍加以补充改纂而成。末附评论。又有《郇卿别传考异二十二事》,附王先谦《集解·考证》内。	可见
38	光绪十七年(1891年)	《荀子集解》二十卷	王先谦	据谢墉校本,谓谢校本时亦有疏舛,辄旁取诸家之说,为《荀子集解》,间附己见。自称:"析杨、谢之疑辞,酌宋、元之定本。不无一得。"前有清光绪十七年《自序》《例略》《考证》,末附刘向《荀子新书叙录》。	可见

续表

序号	成书时间	书名	作者	备注	是否可见
39	光绪十七年(1891年)	《荀子集解考证》二卷	王先谦	分上、下二卷。上卷录历代史志，非关《荀子》书义及版本考定者不录。下卷采取各家关于《荀子传记》及《年表》。	可见
40	光绪二十三年(1897年)	《荀子文粹》五卷	李宝洤	录《荀子》三十二篇原文，有删无改，有节无移。并加圈点、断句，间附按语。在《诸子文粹》内。	可见
41	光绪二十四年(1898年)	《荀子钞》	蒋德钧	节钞《荀子》各节文字，无注。亦不标篇目。在《群书治要·子钞》内。	可见
42	光绪二十六年(1900年)	《读孙卿子札记》二卷	陶鸿庆	据浙江书局覆刻嘉善谢墉本为底本，条录重要文句，采杨注、古代典籍及王念孙、俞樾、王先谦各家说，校正文字、文义。在《读诸子札记》内。	可见
43	光绪二十九年(1903年)	《荀子点勘》二十卷	吴汝纶	据王先谦《集解》本删节注文，并加断句、眉评。校订世德堂刊本。或姚鼐之说。间亦自加按语。在《点勘诸子》内。	可见
44	光绪三十一年(1905年)	《荀子杨倞注札迻》	孙怡让	以《荀子》杨倞注为本，校勘谢墉校本、景宋台州本、日本久保爱《增注》、刘台拱《补注》、郝懿行《补注》、王念孙《杂志》、俞樾《平议》各本校订文字、文义，并附己见。在《札迻》内。	可见

续表

序号	成书时间	书名	作者	备注	是否可见
45	光绪三十一年(1905年)	《荀子考异识误》	缪荃孙	在钱佃《考异》钞本末《题识》指出各篇误字，并谓此本为惠栋、卢文弨、王念孙、顾广圻所未见者。在《对书楼丛书》钱佃《荀子考异·附识》内。	可见
46	光绪三十二年(1906年)	《毛诗荀子相通考》	刘师培	原刊《国粹学报》第十二期，署名刘光汉，为《国粹学报》内《群经大义相通论》刊本，后收入《刘申叔先生遗书》中。此文采《荀子》言诗者二十有二，与《毛诗》互证，据此以论两者相通，《荀子》传《毛诗》。	可见
47	光绪三十二年(1906年)	《左传荀子相通考》	刘师培	原刊《国粹学报》第十三期，署名刘光汉，为《国粹学报》内《群经大义相通论》刊本，后收入《刘申叔先生遗书》中。谓《春秋》左氏学固荀子所传之学，《荀子》一书于《左传》大义或明著其文，或隐诠其说，举《荀子》立说本于《左传》者十八例加以阐示。	可见
48	光绪三十二年(1906年)	《穀梁荀子相通考》	刘师培	原刊《国粹学报》第十四期，署名刘光汉，为《国粹学报》内《群经大义相通论》刊本，后收入《刘申叔先生遗书》中。举荀卿所著书中有引穀梁之文者，用穀梁之说者十二条以证之。	可见

续表

序号	成书时间	书名	作者	备注	是否可见
49	光绪三十二年(1906年)	《公羊荀子相通考》	刘师培	原刊《国粹学报》第十六期，署名刘光汉，为《国粹学报》内《群经大义相通论》刊本，后收入《刘申叔先生遗书》中。谓荀子用公羊意，举十五例以证之。	可见
50	光绪三十二年(1906年)	《荀子枝语》	文廷式	札记。共四十五条。录《荀子》重要文句，因据杨倞注、《吕氏春秋》并王念孙、郝懿行、卢文弨、刘台拱各家说，校正文字、文义。在《纯常子枝语》内。手稿本。	可见
51	光绪三十四年(1908年)	《荀子词例举要》	刘师培	原刊《国粹学报》第31、32、33、37期，仿俞樾《诸子平议》例，时列众说，以己意为折衷，得义二百余条，均以阐明古训为主。然古训而外，间及词例，亦不下十余则。在《刘申叔先生遗书》内。	可见
52	光绪三十四年至宣统元年(1908～1909年)	荀子补释	刘师培	原刊《国粹学报》第45～60期。录280条，与《左传》《毛诗》等与荀书互证。在《刘申叔先生遗书》内。	可见
53	宣统二年(1910年)	《荀子校释》八卷	孙师郑	叶昌炽《奇觚庼文集》引《校释·序》略云："博采师说，旁甄异文，撰《校释》八卷。"	未见
54	宣统三年(1911年)	《荀子续校笺》二卷	于鬯	条录《荀子》重要文句，引先秦、汉、魏典籍、《说文》《尔雅》《释名》《广雅》并采杨倞注、王念孙、刘台拱、俞樾、王先谦各家说，并附己见，校正文字、文义。在《香草续校书》内。	可见

续表

序号	成书时间	书名	作者	备注	是否可见
55	宣统三年（1911 年）	《荀子佚文》一卷	王仁俊	《丛书综录》著录。在《经济佚文》内。	未见
56	宣统三年（1911 年）	《荀子微》	王黼炜	《荀子书录》著录。在《槐荫丛书》内。	未见

注：[1]"备注"中的部分内容参考整合了严灵峰《周秦汉魏诸子知见书目》一书中的记载。

[2]《周秦汉魏诸子知见书目》第三卷为"西元 1677 年"。《荀子著书》存《绎史》内，《绎史》正式刊行于康熙九年(1670 年)，故此处应为"西元 1670 年"之误。

[3]《周秦汉魏诸子知见书目》第三卷中注曰"未见"，盖其时未见。《荀子微言》一书收入《续修四库全书》，已于 2002 年出版。

[4]《周秦汉魏诸子知见书目》未录此书，但其在《无求备斋荀子集成》中则有收录。参见《无求备斋荀子集成》第 35 册。

[5]《周秦汉魏诸子知见书目》第三卷中注曰"未见"。

由此可见，清代的《荀子》文献研究，尤其是清中期的研究达到了两千多年来的一个高峰，不但出现了大量的校勘、训诂等作品，而且还对荀子的生平事迹及学术源流作了考证，也有大量关于荀学义理的研究。在如此浩瀚的研究中，能够代表清朝《荀子》校注研究成果的主要有惠栋《荀子微言》、王念孙《荀子杂志》、俞樾《荀子平议》，集大成者是王先谦《荀子集解》。现举例如下。

（一）惠栋《荀子微言》

《荀子微言》是惠栋（1679～1758 年）晚年思想的精华，也几乎代表了惠栋诸子学的最高成就。此书分为前后两部分，前半部分为"荀子微言"，主要阐述《荀子》书中合于圣人微言之处；后半部分为"荀子训格之言"，主要论述荀子本人的格言。在"荀子微言"部分，惠栋节录了《劝学》《儒效》《王制》《不苟》《解蔽》《强国》《天论》七篇的内容，并且"将《儒效》《王制》《解蔽》诸篇位置调前，足见其在惠栋心目中之地位”[1]。“荀子训格之言”则摘录了自《劝学》至《尧问》共计二十篇内容加以评注。

《荀子微言》最大的特色是“以《易》注《荀》”的方式。“惠栋以《易》理解《荀》义，体现了他重《易》的学术旨趣，也符合《荀子》蕴涵《易》理的事实。”[2]比如在《劝学》“《乐》之中和也”下，惠栋注曰：“《易》尚中和，《乐》本乎《易》，故云中和。”[3]认为《乐》来源于《易》，以揭示《荀子》与《易》经传义理相通之处。再如，《王制》“丧祭、朝聘、师旅一也，贵贱、杀生、与夺一也，君君、臣臣、父父、子子、兄兄、弟弟一也，农农、士士、工工、商商一也”之下，其注曰：“天下之动贞夫一，故皆曰一也。”[4]“天下之动贞夫一，故皆曰一也”引自《易·系辞下》，惠栋在这里意在说明荀子所言在于根据天地运行的规律以强调天地、礼义、君子作为“礼之本”的必然性。

（二）王念孙《荀子杂志》

王念孙（1744～1832 年），字怀祖，自号石臞，江苏高邮人，清代小学大家，著有《广雅疏证》《读书杂志》等书。《读书杂志》共有八十四卷，“《读书杂志》采取随条校释的札记训诂体式，从校勘入手，结合训诂，校订古书讹误，疏解字词疑义，综合运用各种方法，清楚地将考释过程加以表述，代表了清人札记训诂的最高成就”[5]。其中《荀子杂志》八卷、《荀子杂志补遗》一卷，校注条目 700 余条。书中除了条录王念孙的校注之外，还间有其子王引之的校注内容。

《荀子杂志》八卷摘录《荀子》重要文句，广泛引用先秦、汉、魏等典籍，参照杨倞、卢文弨、汪中等人的校说加以按语，并以《说文》《广雅》等子书校正文字及文义。《荀子杂志补遗》体例与《荀子杂志》基本相同，乃是在《荀子杂志》付梓后，又摘录顾广圻《校荀子》所录而此前未见者，并加以考订内容，文末又附《荀子佚文》四则。孙诒让《札迻叙》曰：“乾嘉大师，唯王氏父子郅为精博，凡举一谊，皆塙凿不刊……诒让学识疏谫，于乾嘉诸先生无能为役，然深善王观察

---

① 王应宪：《惠栋荀学思想刍议：以〈荀子微言〉为中心的考察》，《安徽史学》2006 年第 3 期。

② 王应宪：《清代吴派学术研究》，华东师范大学博士学位论文，2007 年，第 107 页。

③ 惠栋：《荀子微言》，《续修四库全书》第 932 册，第 464 页。

④ 惠栋：《荀子微言》，《续修四库全书》第 932 册，第 468 页。

⑤ 袁靓：《王念孙、俞樾、孙诒让〈荀子〉校注研究》，吉首大学硕士学位论文，2013 年，第 6～7 页。

《读书杂志》及卢学士《群书拾补》,伏案研诵,恒用检核,间窃取其义法以治古书,亦略有所悟。”[①]

据学者研究,王念孙训释《荀子》的方法主要有八种,分别是破假借、据古训、因声求义、审文例、审词例、审本书、考异文、审上下文义。其训释特点为详据古训,擅长利用古音破假借、求古义,审文例。[②] 除此之外,王念孙的校释还具有引用文献丰富、重视实证,层次清晰、逻辑缜密等特点。

虽然王念孙《荀子杂志》校释甚为精妙,然而也并非没有瑕疵。比如俞樾在《左祉文〈诸子补校〉序》中说:“高邮王氏《读书杂志》精密之至,然喜据《群书治要》改易旧文。不知此书来自东洋彼国,于校雠之学固不甚精,而以改吾中国相传之本,往往得失参半。此亦通人之一蔽也。”[③]认为王氏轻易改易旧文而不加精审是不足取的。但此书虽有瑕疵,却并不能作为否定王念孙贡献的理由,后来王先谦在《荀子集解》中大量引用其校勘,共计采入 752 条,足见其对此书的肯定。

(三)俞樾《荀子平议》

在校勘《荀子》时,俞樾(1821～1907 年)以理校为主,特别重视根据前后文、全书的体例以订正字义,并旁征博引,博取诸书校勘成果,加以斟酌取舍、援引订正。其常用的方法主要有根据前后文义、善用对文、因声求义、善用他书等。比如,对于《大略》“奉妒昧者谓之交谲”,他训释说:

> “交”,读为“狡”。《礼记·乐记篇》:“血气狡愤”,《释文》曰:“‘狡’本作‘交’”,是“交”“狡”古通用。“狡”与“谲”同义,下文曰:“交谲之人,妒昧之臣”,是“交谲”与“妒昧”皆两字平列。杨注曰:“交通于谲诈之人”,失之矣。[④]

“奉妒昧者谓之交谲”出自《大略》“士有妒友,则贤交不亲;君有妒臣,则贤人不至。蔽公者谓之昧,隐良者谓之妒,奉妒昧者谓之交谲。交谲之人,妒昧之臣,国之秽孽也”。他认为“交谲之人”与“妒昧之臣”是对文,因此“交谲”当与“妒昧”为并列的形容词,故杨倞将“交谲”视为“交通于谲诈”是不恰当的。俞樾将

---

① 转引自袁靓:《王念孙、俞樾、孙诒让〈荀子〉校注研究》,第 10 页。

② 参见温美姬:《王念孙训释〈荀子〉的方法及特点》,《江西社会科学》2005 年第 4 期。

③ 俞樾:《春在堂杂文》,光绪二十五年刊本。

④ 俞樾:《诸子平议》,世界书局 1936 年版,第 173 页。

“交”训为“狡”，既符合两字古音相通的要求，也符合两字经常通假而用的惯例，又符合前后文义。同时他又用《礼记》《释文》等书加以佐证，因此校注较为可靠。王先谦在《荀子集解》中采俞氏校注 249 条，足见其对俞樾此书的重视。

《荀子平议》也存在疏失之处。比如，他对《荀子》版本的选择有所疏忽，导致了偶有不辨优劣而臆改字句的现象发生。如针对《君子》“忠者，敦慎此者也”一语，他认为“敦慎”当作“敦慕”，理由是《释文》中“慔”亦作“慕”。然而《古逸丛书》影刻南宋台州本中“敦慎”作“惇慎”，王天海曰：“‘惇’者，笃实。‘慎’者，谨也。‘惇慎’，即朴实谨慎。杨《注》不是，郝、俞二说亦非。”[①]“惇慎”理解成朴实谨慎，既符合荀子原意，也与台州本相照应，故俞樾的解释是不通的。他在这里所犯的错误就是所用底本不善，且未能做到多种版本对校，以致以讹传讹。

(四)王先谦《荀子集解》

王先谦(1842～1917 年)是清末训诂学大师。《荀子集解》是清人注释荀书的集大成之作，梁启超先生评价说：“现行荀子注释书，无出其右。”[②]程发轫先生也说：“今之研读荀子者，莫不奉《荀子集解》为轨范也。”[③]廖明春先生也极力赞赏，认为此书“可与刘向校、杨倞注并称的杰作，至今仍为研《荀》者的案头必备之物”[④]。由此可见，《荀子集解》乃是中国治《荀》史上的扛鼎之作。鲍国顺曾经总结该书的四个特点：列考证、存古注、择善本、集众说。[⑤] 该书有以下两个方面特色。

一方面，多种版本对校，广纳众说，不专主一家之言。王氏对汪中、胡元仪、卢文弨、钱大昕、郝懿行、王念孙、王引之、刘台拱、俞樾等观点皆有所接纳，能够采众家所长、补己所短。比如，在版本上，王氏以卢校谢刻本《荀子笺释》为底本，参校影摹宋台州本，因此颇能订正谢本之误。例如《王制》：“若是，则大事殆乎弛，小事殆乎遂。”谢本所载杨倞注：“弛，废也。遂，因循也。《春秋传》曰：‘遂继事也。’下既隐情不敢论说，则大事近乎弛废，小事近乎因循。言

---

① 王天海：《荀子校释》下册，第 974 页。

② 梁启超：《要籍解题及其读法》，第 48 页。

③ 程发轫：《国学概论》(下)，(台北)正中书局 1983 年版。

④ 廖明春：《〈荀子〉新探・绪论》，中国人民大学出版社 2013 年版，第 5 页。

⑤ 参见鲍国顺：《荀子注释书评介》，《孔孟月刊》1980 年第 5 期。

不有革弊也。"王氏根据影摹宋台州本将杨倞所注"言不有革弊也"订正为"言不肯革弊也"。[1]

另一方面,校勘谨慎,尊重原籍。王氏在校勘过程中,对于那些难以考证、出处不明的字句,本着慎重的原则予以保留,绝不臆改、篡改。故他在考据时多尊重原籍,对于他人篡改的内容,取舍也极为谨慎。如《劝学》首句"青,取之于蓝而青于蓝",王念孙根据《困学纪闻》所载认为"《荀子》本文自作'出于蓝'",王先谦批评说:"《群书治要》作'青取之蓝',是唐人所见《荀子》本已有作'取'者。且《大戴记》即用《荀子》文,亦作'青取之于蓝',不得谓《荀子》本作'出于蓝',而作'取'者为非也。宋建、监本歧出,亦缘所承各异,故王氏应麟无以定之。"[2]王先谦采取谨慎的态度订正前贤考证之失,纠正王念孙等人的错误,都是以此种谨慎的心态和尊重原籍的态度而进行的。

然而,王氏校勘荀子也有许多不当之处,对此,汪东认为"王先谦比次清代诸家之说以为《集解》,单辞只义,固有胜者,然往往通训诂而昧于词言之情"[3],意即此书校勘成就较高,但在训解尤其是义理阐发上有所不足。当然,这不仅是王氏《集解》之缺失,也是清儒注《荀子》共有之不足。除此之外,在校勘上《集解》也有不足,比如其以卢校谢刻本为底本,而此本本非善本,相较于台州本而言篡误较多,因此不免有所疏漏。

除了对《荀》书作了大量考证训解之外,清儒对荀子的生平事迹、学术源流也做了大量的考据工作。比如,全祖望在《鲒埼亭集外编》卷三十一《读荀子》一文中就对荀子究竟是"年十五"还是"年五十"游学的疑问进行考证,并对荀卿"葬兰陵"与归赵的关系作了论析。[4] 张云璈在《四寸学》卷一《论荀卿称孙卿》中对"荀""孙"作了辨析。[5] 黄式三在《儆居集》之《读荀子》《读徐氏〈荀子辨〉》《读谢校〈荀子〉》等文中,也对荀子游学时间、传经等问题作了探究。[6] 胡

---

① 王先谦:《荀子集解》下册,第 150 页。

② 王先谦:《荀子集解》下册,第 1 页。

③ 转引自李中生:《荀子校诂丛稿》,广东高等教育出版社 2001 年版,第 113 页。

④ 参见全祖望:《鲒埼亭集外编·荀子》,转引自王先谦:《荀子集解·考证下》上册,第 39～50 页。

⑤ 参见张云璈:《四寸学·论荀卿称孙卿》,转引自刘桂荣:《论荀辑要》,第 129 页。

⑥ 参见黄式三:《儆居集·读荀子》,转引自王先谦:《荀子集解·考证下》上册,第 39～50 页。

元仪在《郇卿别传考异》中也考证了荀子的姓氏及游学。[①] 其中,最具代表性的作品当属汪中《荀卿子通论》。在此书中,汪中通过考证荀子的师承和诸经的传授,认为荀子之学实出于孔门,《毛诗》《鲁诗》《韩诗》《左传》《穀梁传》及"曲台之《礼》"全部依靠荀子才流传下来,荀子在经典传授的过程中具有核心的地位,如果没有荀子,也就没有汉代经学。[②] 汪中的这一观点被后人广泛接受,胡元仪在《郇卿别传》中对于荀子传经的说法与汪中完全一致:

> 郇卿尤精于《礼》,书阙有闲,受授莫详。由是汉之治《易》《诗》《春秋》者皆源出于郇卿。郇卿弟子今知名者,韩非、李斯、陈嚣、毛亨、浮丘伯、张苍而已,当时甚盛也。至汉时,兰陵人多善为学,皆卿之门人也。汉人称之曰:"兰陵人喜字为卿,法郇卿也。"教泽所及,盖亦远矣。[③]

这段话对荀子传《礼》《易》《诗》《春秋》之功作了进一步肯定,并再一次肯定了荀子在汉时的重要影响。

第二节 清儒对荀学的接受

清代是荀学复兴的时代,这种复兴主要以乾嘉学的方式呈现出来,表现在对《荀子》一书的训解及对荀子在儒家中地位的重新确立上。除此之外,荀学中的许多观点,比如气论、天道观、礼论、积习观甚至性恶论等,也为清儒吸收、采纳并转化到自己的理论中,以隐性的方式发挥着影响力。清儒之所以能够接纳并肯定荀子及荀学,这与清代的学术渊源是分不开的。清代官方的学问虽然仍是宋学,但是宋学在乾嘉时期逐渐式微,以乾嘉之学为主要内容的汉学逐渐壮大并终能与宋学分庭抗争。乾隆中叶四库全书馆的开设,戴震、纪昀、王念孙等一大批乾嘉学大师不断参与其中,可以说是清代汉学兴盛的标志。汉学跃居清代学术的主流,必定会为其合法性和正当性寻找依据。清代的宋学是顺着宋元明而来的,宋学以程朱等人的理学为依据,并可以将其理论的来源上溯到孟子。"汉学之所以为汉学,从名义和动机上说,是要改换轨辙,改宗

---

① 参见胡元仪:《郇卿别传考异》,转引自刘桂荣:《论荀辑要》,第 162～163 页。

② 参见汪中:《荀卿子通论》,王清信、叶纯芳点校:《汪中集》,第 117～122 页。

③ 转引自王先谦:《荀子集解 · 考证下》上册,第 39 页。

汉儒，走汉儒之道。”[①]汉儒以考据而传经学，而荀子在经学传授中居于中心的地位，可以说，没有荀子也便没有由先秦至汉的经典传授，故汪中说：“荀子之学，出于孔氏，而尤有功于诸经。……盖七十子之徒既没，汉诸儒未兴，中更战国暴秦之乱，六艺之传，赖以不绝者，荀卿也。周公作之，孔子述之，荀卿子传之，其揆一也！”[②]汪中极力褒扬荀子的传经之功，代表着乾嘉学者为其研究范式上溯至古人以获得道统和学统上的依据的尝试，他们所“发掘”出来的代表人物就是荀子。因此有学者说：

> 乾嘉学术作为宋明理学的一种反动，直接站在其对立面，最后必然要求打破理学家建立起来的、并赖以存在的“孔孟”授受的学术统系，并建立新的统系说。如果不为汉学找到与孔子相联系的证据，仅仅依靠汉学是比宋学更为古老的一种学术形态，显然是很难在儒学内部获得其自身的合法性的。汪中的《荀卿子通论》《贾谊新书序》等研究著作，虽然在研究的过程中并没有直接以解决这一问题为目标，但由此发现的荀子和孔子、贾谊和荀子之间学术上的内在联系，却为论证汉学与孔子思想的联系找到了可靠的依据。[③]

也就是说，乾嘉学人在通过寻找荀子与孔子之间的关联作为“武器”来对抗理学孔孟授受的学术系统时，荀子及荀学是他们找到的汉学与孔子关联的最可靠依据。因此，维护荀子在儒家道统中的合法性和正当性、阐述“孔荀”之间的授受关系也就成了汉学家的首要任务之一。然而，仅仅从师承与经典授受的角度考证荀子与汉儒的关系并不能完整地将荀子纳入儒家道统中来，因为能否进入道统最关键的是思想上是否一脉相承，是否继承了孔学的精髓。宋儒正是依靠孟子的性善论并将其与理学的心性义理关联起来，找到了学理上的依据，并且将孟子不断升格以显示其理论的权威。那么，汪中及其他清儒是如何做的呢？田汉云先生说：

> 汪中推崇荀子，似有过于孟子。这不仅是考虑到荀子在传承经典方面的特殊作用，同时也着眼于荀子思想的重大价值。他特别点明：“荀卿

---

① 张昭军：《清儒之道：清代学者关于儒家之道的探寻、论辩与践行》，社会科学文献出版社 2017 年版，第 7 页。

② 汪中：《荀卿子通论》，王清信、叶纯芳点校：《汪中集》，第 117～119 页。

③ 温航亮：《汪中思想研究》，苏州大学博士学位论文，2008 年，第 57 页。

所学本长于《礼》。"他又具体指陈了《荀子》为二戴《礼记》所取资，并说曲台之礼乃是荀学之支流余裔。既然《礼记》在后来亦升格为经，《荀子》应在儒家学统中占有何种地位，也就不言自明了。汪中这样看问题，与清代朴学家以礼学代替宋儒理学的宗旨是一致的。由此看来，汪中尊崇荀子的深意，在于整合先秦儒学的思想资源，重建儒学的理论体系。[①]

他认为，汪中对荀子的尊崇不但体现在肯定荀子的传经之功上，更体现在他找到并强调了荀子可以立于儒家道统的最根本的内容——礼。汉学正是通过荀子所推崇的"礼"，以"以礼代理""言礼不言理"的方式与宋儒理学抗衡的。[②] 乾嘉学者在肯定荀子礼学的同时论证荀学源出孔门，如《四库全书总目》说荀子"主于明周、孔之教，崇礼而劝学"[③]，凌廷堪也说"荀卿之书也，所述者皆礼之精义……荀氏言仁，必推本于礼"[④]，丁丙也说"况亦孔氏之支流，其书大旨在劝学，而其学主于修礼"[⑤]，王先谦也说"荀子论学论治，皆以礼为宗"[⑥]，等等。这样，荀子作为传周孔之道的儒学正统地位得以确定，乾嘉学派也找到了汉学在道统与学统上的依据。因此，整合荀学资源以建立自己的理论体系也成了乾嘉学者主要任务。乾嘉学的代表人物戴震、章学诚、焦循、凌廷堪、阮元、张惠言、章太炎等都对荀子的思想有所继承、吸收与改造，他们的思想体现出较为明显的荀学特征。

一、戴震的"举孟旗，行荀学"

戴震（1723～1777 年），字东原，是乾嘉学派的代表人物，以孟子阐释者而自居，强调"血气心知"的性善论思想来源于孟子，认为自己的学问是醇正的孟子学。然而，早在戴震之时，就已经有学者认为其思想与荀子有很大的相似之处。比如，比戴震稍晚的程瑶田（1725～1814 年）就指出：

今之言学者，动曰去私、去蔽……但知修慝为大端，认修慝为即以崇

---

① 田汉云：《前言》，汪中：《新编汪中集》，广陵书社 2005 年版，第 12 页。

② 乾隆元年（1736 年），为纂修《三礼义疏》，诏开"三礼馆"。（《清高宗实录》卷二十一，"乾隆元年六月己卯"，中华书局 1986 年版，第 501 页）

③ 纪昀等撰：《四库全书总目》，《景印文渊阁四库全书》第 3 册，第 4 页。

④ 凌廷堪：《荀卿颂》，《校礼堂文集》卷十，中华书局 1998 年版，第 76～77 页。

⑤ 丁丙：《善本书藏志》，（台北）广文书局 1988 年版，第 687 页。

⑥ 王先谦：《荀子集解·序》，中华书局 1988 年版，第 1 页。

> 德。其根由于不知性善之精义，遂以未治之身为丛尤集慝之身，虽亦颇疑于性善，及其著于录也，不能不与《性恶》篇相表里，此说之所以不能无歧也。[①]

慝，邪恶也。修慝也就是去恶从善，故需要去私、去蔽。程氏认为，言修慝者必不知性善之精义，因此就与荀子的性恶说相近。至于"今之学者"是谁，程氏并没有明言，但是戴震在《孟子字义疏证》中疏"才"条时明确说"欲之失为私，私则贪邪随之矣……知之失为蔽，蔽则差谬随之以"[②]，主张"不私""不蔽"。由此可知，程氏所说的"今之学者"指的就是戴震。章太炎在《说林》一文中曾说"戴君道性善，为孟轲之徒，持术虽异，悉推本于晚周大师"[③]，"晚周大师"指的就是荀子；他又在答客问"戴震资名于孟子，其法不去欲，诚孟子意邪?"时说"极震所议，与孙卿若合符"[④]，明确认为戴震之学与荀学关系密切。钱穆在《中国近三百年学术史》中也说："东原之有会于荀卿者至深矣。……今考东原思想，亦多推本晚周，虽依孟子道性善，而其言时近荀卿。"[⑤]冯友兰也认为戴震的很多思想"完全荀子之意……正荀子说也"[⑥]。现代学者韦政通也说戴震的基本精神"仍是近于荀子而远于孟子"[⑦]。刘又铭先生更是认为戴震的哲学是"当代以前，最接近'荀子哲学的理想型'的哲学"，戴震是"宋明以后一个'孟皮荀骨'的例子"。[⑧] 由此可见，戴震借鉴并吸收了荀子的某些观点、戴震之学与荀学存在着密切的关联，已经成为学界的共识。

不仅如此，戴震本身对荀子就有推崇之语。《孟子字义疏证》中云：

> 盖荀子之见，归重于学，而不知性之全体。其言出于尊圣人，出于重学崇礼义。首之以《劝学篇》，有曰："诵数以贯之，思索以通之，为其人以

---

① 程瑶田：《通艺录》，《丛书集成续编》集部第 165 册，上海书店 1994 年版，第 14～15 页。

② 戴震：《孟子字义疏证·才》，《戴震全书》第 6 册，黄山书社 1995 年版，第 197 页。

③ 章太炎：《说林》，傅杰编校：《章太炎学术史论集》，云南人民出版社 2007 年版，第 383 页。

④ 章太炎：《太炎文字初编》，上海书店 1924 年版，第 85 页。

⑤ 钱穆：《中国近三百年学术史》上册，商务印书馆 1997 年版，第 394 页。

⑥ 冯友兰：《中国哲学史》，第 860～861 页。

⑦ 韦政通：《中国思想史》上册，(台北)水牛出版社 2003 年版，第 342 页。

⑧ 参见刘又铭：《荀子的哲学典范及其在后代的变迁转移》，《汉学研究集刊》2006 年第 3 期。

> 处之，除其害者以持养之。”又曰：“积善成德，神明自得，圣心备焉。”荀子之善言学如是。且所谓通于神明，参于天地者，又知礼义之极致，圣人与天地合德在是。圣人复起，岂能易其言哉！[①]

他赞扬荀子重学、知礼义，并且认为荀子的很多思想即使是圣人再世也不能够反驳的（“圣人复起，岂能易其言哉”）。那么，戴震主要借鉴了荀子的哪些观点？二人的观点有何相似之处？

（一）自然气本论与“生生而条理”的天道观

戴震的哲学思想以反理学为基本内容，他对于理的理解与理学家非常不同，理学家把理视为气的主宰，认为“气生于理”，而戴震则提出了“气化”的宇宙发生论和“理在气中”的观点，这与荀子的气一元论思想有非常大的相似之处。

对于宇宙的发生，戴震以“气化即道”的观点加以概括。他说：

> 阴阳五行，道之实体也。
>
> 道，犹行也。气化流行，生生不息，是故谓之道。[②]

阴阳五行是道的实体，道则是气的流行，道不离气，气化即道。据此，他又阐述了气化的过程：

> 气化生人生物以后，各以类滋生久矣；然类之区别，千古如是也，循其故而已矣。在气化曰阴阳，曰五行，而阴阳五行之成化也，杂糅万变，是以及其流行，不特品物不同，虽一类之中又复不同。凡分形气于父母，即为分于阴阳五行，人物以类滋生，皆气化之自然。[③]

戴震认为，世间万物包括人在内都是由“天地之气化也”[④]，千姿百态的自然界的本源都是阴阳气化的结果，由于人与物所分之气不同，故有区别与差异。这一观点，既继承了荀子气本论的思想，也是对张载以来气本论的发展。

气既然是世间万物的本源，因此对于理与气的关系，他一反理学家将理看作气的主宰、颠倒理气关系的观点，认为“理在气中”，理不能脱离气而独立存在。他说：

---

① 戴震：《孟子字义疏证·性》，《戴震全书》第 6 册，第 187 页。

② 戴震：《孟子字义疏证·天道》，《戴震全书》第 6 册，第 175 页。

③ 戴震：《孟子字义疏证·性》，《戴震全书》第 6 册，第 179～180 页。

④ 戴震：《孟子字义疏证·性》，《戴震全书》第 6 册，第 182 页。

> 天地、人物、事为，不闻无可言之理者也，《诗》曰“有物有则”是也。物者，指其实体实事之名；则者，称其纯粹中正之名。实体实事，罔非自然，而归于必然，天地、人物、事为之理得矣。[①]

在戴震看来，理是天地万物之理，天地万物不能脱离气而存在，理自然也就不能脱离气而独存，因此他对理学者将理看成超越自然万物而独立存在、是万物本源的观点非常不满，他说：

> 举凡天地、人物、事为，求其必然不可易，理至明显也。从而尊大之，不徒曰天地、人物、事为之理，而转其语曰“理无不在”，视之“如有物焉”，将使学者皓首茫然，求其物不得。[②]

理学家将理抽象化、形上化，认为理是脱离万物的独立存在，使学者陷入迷茫冥想的状态之中而不得万物的情实，这是离开具体事物空谈理的危害。

戴震不但认为天地来源于气，而且还多次强调宇宙及自然万物“生生而条理”的规律性。他说：

> 生生者，化之原；生生而条理者，化之流。[③]
>
> 一阴一阳，其生生乎，其生生而条理乎！[④]

“生生而条理”也就是说天地万物产生与变化有一种内在的规律性和客观性，它是不以人的意志为转移的。这与荀子“天行有常，不为尧存，不为桀亡……天不为人之恶寒也辍冬，地不为人之恶辽远也辍广，君子不为小人之匈匈也辍行。天有常道矣，地有常数矣，君子有常体矣”（《天论》）的自然天道观也有相通之处，两人都肯定自然事物的客观规律性，承认“常道”与“常数”的存在。故马积高先生言戴震的天人观“在一定程度上继承了荀子的‘天行有常’的观点”。[⑤]

（二）“气化人物，分而成性”的自然人性论

在自然气本论的基础上，戴震对于人性的看法也与程朱理学存在很大的不同，明确提出了“气化人物，分而成性”的自然人性观。他说：

---

① 戴震：《孟子字义疏证·理》，《戴震全书》第 6 册，第 164 页。

② 戴震：《孟子字义疏证·理》，《戴震全书》第 6 册，第 165 页。

③ 戴震：《原善》，《戴震全书》第 6 册，第 8 页。

④ 戴震：《原善》，《戴震全书》第 6 册，第 8 页。

⑤ 参见马积高：《荀学源流》，第 306 页。

> 天道，五行、阴阳而已矣，分而有之以成性。由其所分，限于一曲，惟人得之也全。曲与全之数，判之于生初。人虽得乎全，其间则有明暗厚薄，亦往往限于一曲，而其曲可全。此人性之与物性异也。[①]

人性与万物之性同样得之于阴阳之气，但由于两者所得之气“曲与全之数”有所不同，因此有所差异。这种人性论观点，很显然是一种自然人性论。

人与物之性既然来源于气，那么性的实体也就是以气为主的“血气心知”。他说：

> 《大戴礼记》曰：“分于道谓之命，形于一谓之性。”言分于阴阳五行以有人物，而人物各限于所分以成其性。阴阳五行，道之实体也；血气心知，性之实体也。[②]

性的实体是血气与心知，血气与心知即气质禀赋，这种观点是对理学家将性分为天地之性和气质之性的反驳。

既然人性的内容是血气与心知，那么由此所生的情感欲望和知虑思索是人性的基本内容：

> 人生而后有欲，有情，有知，三者，血气心知之自然也。给于欲者，声色臭味也，而因有爱畏；发于情者，喜怒哀乐也，而因有惨舒；辨于知者，美丑是非也，而因有好恶。声色臭味之欲，资以养其生；喜怒哀乐之情，感而接于物；美丑是非之知，极而通于天地鬼神。……是皆成性然也。[③]

欲、情、知都来源于自然之气，但戴震又对它们作了区分。他认为，人性与外在的事物接触后就产生了对声色美味的喜好与厌恶，这是欲望；人与物接触后产生了喜怒哀乐，这是情感；人辨别美丑善恶的能力，这是认知、知觉。既然认为情感欲望来源于人性，所以戴震像荀子一样并不否定人性中的欲望，故章太炎说：“以欲当为理者，莫察乎孙卿。孙卿为《正名》一篇，其言曰：‘凡语治而待去欲者，无以道欲，而困于有欲也。……’极震所议，与孙卿若合符。”[④]

荀子认为人性是“天之就也，不可学，不可事”（《性恶》），又说：“虽为守门，

---

① 戴震：《原善》，《戴震全书》第 6 册，第 12 页。

② 戴震：《孟子字义疏证·天道》，《戴震全书》第 6 册，第 175 页。

③ 戴震：《孟子字义疏证·才》，《戴震全书》第 6 册，第 197 页。

④ 章炳麟：《释戴》，《章太炎全集》第 4 册，上海人民出版社 1985 年版，第 123～124 页。

欲不可去，性之具也。虽为天子，欲不可尽。”（《正名》）对此，戴震也说：

孟子言“养心莫善于寡欲”，明乎欲不可无也，寡之而已。人之生也，莫病于无以遂其生。欲遂其生，亦遂人之生，仁也；欲遂其生，至于戕人之生而不顾者，不仁也。不仁，实始于欲遂其生之心；使其无此欲，必无不仁矣。然使其无此欲，则于天下之人，生道穷促，亦将漠然视之。[①]

在这里，戴震用孟子“养心莫善于寡欲”一语来说明自己对于欲望的观点。相较于孟子，他又添加了“欲不可无”这一句话以显示与孟子的不同。他认为，人不可能没有欲求，如果没了人性中的自然之欲，就不能够生存，那么人性也就荡然无存了。因此，欲望关乎人的生存，是人类的本性——“仁义礼智非他，不过怀生畏死，饮食男女，与夫感于物而动者之皆不可脱然无之”[②]，关键在于如何约束和节制而不是消除个人欲望。

（三）认知心的观点

戴震不仅像荀子一样认为人不能离开欲望而生存，而且还像荀子一样区分了血气之性与心知之性。除了前面的引文可以证实这一点之外，戴震还有许多类似的论述，比如他说：

口能辨味，耳能辨声，目能辨色，心能辨夫理义。味与声色，在物不在我，接于我之血气，能辨之而悦之；其悦者，必其尤美者也；理义在事情之条分缕析，接于我之心知，能辨之而悦之；其悦者，必其至是者也。[③]

血气与心知是两种不同的能力。以情、欲为主要内容的血气，其对事物的感知主要通过形体表现出来，如口能辨味、耳能辨声、目能辨色等；心知所辨知的则并非形体感官上的声色，而是“理义”。换句话说，血气往往以感性具体为认识对象，是一种感性认识，这种认识需要通过口、耳、目等感官；心知则以理性为认识对象，是一种理性认识，这种认识的获得需要心来实现。

既然需要心来获得理性认知，那么心一定要保持良好的状态，这是认知的根本保障。但是在实际的情况中，人心却经常受到遮蔽，这严重影响到了心的认知。

欲之失为私，私则贪邪随之矣；情之失为偏，偏则乖戾随之矣；知之失

① 戴震：《孟子字义疏证·理》，《戴震全书》第6册，第159～160页。
② 戴震：《孟子字义疏证·性》，《戴震全书》第6册，第184页。
③ 戴震：《孟子字义疏证·理》，《戴震全书》第6册，第156页。

为蔽，蔽则差谬随之矣。[①]

如果欲望流于私利，则贪邪就会产生；如果情感流于偏颇，则乖戾就会产生；如果心知不清明，则不正确的认知就会产生。因此，心不能有所“蔽隔”。

心之精爽，有思辄通，魂之为也，所谓神也，阳主施者也。主施者断，主受者听，故孟子曰：“耳目之官不思，心之官则思。”是思者，心之能也。精爽有蔽隔而不能通之时，及其无蔽隔，无弗通，乃以神明称之。[②]

只有无所“蔽隔”，心的认知才能成为“神明”，认清事物的真相，把握事物的本质，因此也就需要“解蔽”，这与荀子的观点也是一致的。

心知如此之重要，因此戴震十分强调拓展、扩充心知的工夫，他以“火光之喻”举例说：

凡血气之属，皆有精爽。其心之精爽，巨细不同，如火光之照物，光小者，其照也近，所照者不谬也，所不照(所)〔斯〕疑谬承之，不谬之谓得理；其光大者，其照也远，得理多而失理少。且不特远近也，光之及又有明暗，故于物有察有不察，察者尽其实，不察斯疑谬承之，疑谬之谓失理。失理者，限于质之昧，所谓愚也。惟学可以增益其不足而进于智，益之不已，至乎其极，如日月有明，容光必照，则圣人矣。[③]

烛光照物，若光线太小太暗，则照射的范围短且事物模糊难辨；光线足够亮，则照射的距离远且事物清晰易辨。心知辨别理义如同火光照射事物一样，心的状态限制了认识事理的范围，因此需要“解蔽”。“解蔽莫如学”[④]，要想解蔽，需要不断提高锻炼，积累经验、扩充心知，通过后天的努力而加以实现。他说：

以心知言，昔者狭小而今也广大，昔者暗昧而今也明察，是心知之得其养也，故曰“虽愚必明”。人之血气心知，其天定者往往不齐，得养不得养，遂至于大异。苟知问学犹饮食，则贵其化，不贵其不化。记问之学，入而不化者也。自得之，则居之安，资之深，取之左右逢其源，我之心知，极而至乎圣人之神明矣。[⑤]

---

① 戴震：《孟子字义疏证·才》，《戴震全书》第6册，第197页。

② 戴震：《孟子字义疏证·理》，《戴震全书》第6册，第156页。

③ 戴震：《孟子字义疏证·理》，《戴震全书》第6册，第156页。

④ 戴震：《原善》，《戴震全书》第6册，第23页。

⑤ 戴震：《孟子字义疏证·理》，《戴震全书》第6册，第159页。

虽然戴震承认人具有天赋的差异，但是却将论述的重点放在后天的努力上，认为人的先天差异极小，智与愚的区别在于后天“得养不得养”，如果“得养”就会由愚转智，反之只能由智得愚。因此，他对于荀子“真积力久则入”的积习观极为赞赏。他说：

荀子非不知人之可以为圣人也，其言性恶也，曰：“……使涂之人伏术为学，专心一志，思索孰察，加日县久，积善而不息，则通于神明，参于天地矣。故圣人者，人之所积而致矣。”“圣可积而致，然而皆不可积，何也?”“可以而不可使也。”“涂之人可以为禹则然，涂之人能为禹，未必然也；虽不能为禹，无害可以为禹。”此于性善之说不惟不相悖，而且若相发明。[①]

在这里，戴震不但为荀子的性恶说作了辩解，而且还特别赞成荀子提出的“人可以为禹”，人皆具有“可以知之质，可以能之具”，以及“圣可积而致”的观点，认为普通人可以通过不断学习和积累而成为圣人。不仅如此，他还认为荀子的性恶说不但不与孟子相悖，而且能够“相发明”。所谓“相发明”，指的就是荀子认为人人都具有成为圣人的潜质以及通过不断积习可以成为圣人的可能性。这既是在肯定荀子，同时也在倡明戴震自己重视积学的观点，故冯友兰先生说：“荀子重视学，东原亦极注重学。”[②]

综上所述，戴震这种由气的本体论而认为天道自然以及由天道自然而论自然人性、由自然人性而论扩充心知、由扩充心知而重视学习积累的理论路线，与荀子的观点极为相似，可以说是荀子思想在清代的重现。对于荀学的内在理路，戴震其实有着比较精辟的认识。在《原善》中，他说：

主才质而遗理义，荀子、告子是也。荀子以血气心知之性，必教以理义，逆而变之，故谓“性恶”，而进其劝学修身之说。[③]

他将荀子与告子类比，认为荀子通过对血气、心知之性的论述，教人以礼义（理义）以逆变恶之性，因而特别重视学习积累以修身。这是对荀子思想极为精要

---

① 戴震：《孟子字义疏证·性》，《戴震全书》第 6 册，第 186～187 页。

② 冯友兰：《中国哲学史》，第 860 页。

③ 戴震：《原善》，《戴震全书》第 6 册，第 18 页。

的概括，可谓把握住了荀学的核心思想。虽然他对荀子也多有批评[①]，但是两人的理论路线却存在着惊人的一致：荀子将气看成世间万物的本体，并且认为“天行有常，不为尧存，不为桀亡”（《天论》），这类似于戴震将气为本体，认为气化万物且“生生而条理”的自然观；荀子说“性者，天之就也；情者，性之质也；欲者，情之应也”（《正名》），这与戴震以欲、情、知看成人性的观点相似；荀子说“治乱在于心之所可，亡于情之所欲”（《正名》），又强调心的认知作用，认为“心者，道之工宰也”（《正名》），因此人心需要“虚壹而静”，他还作《解蔽》以解除心之蔽。这与戴震重视心知以及强调心不能够“蔽隔”，要随时“解蔽”并“扩而充之”的观点相似；荀子因人性恶而主张通过积习以化性的观点，与戴震强调的后天努力及重视学习与积累的观点相似。同样，荀子因自己的理论而受到后儒诟病两千年，被斥为“异端”，戴震的这一思想也受到时人的批评，比如被推崇程朱理学的方树东（1772～1851 年）斥为“异端邪说”：

> 且程朱所严辨理、欲，指人主及学人心术邪正言之，乃最吃紧本务，与“民情同然好恶之欲”迥别，今移此混彼，妄援立说，谓当通遂其欲，不当绳之以理，言理则为“以意见杀人”，此亘古未有之异端邪说……[②]

就像荀子及荀学虽然受到诟病但依然生命力顽强一样，戴震虽受到方树东等人的批评，但仍然是清代影响最大的人物之一。

二、章学诚对荀子思想的吸收借鉴

章学诚（1738～1801 年）与戴震同时，并与其有所交往，但论学多与戴震不合。他自幼喜好史部之学，擅长文史并以史学显名，主要著作有《文史通义》《校雠广义》等。学界关于章学诚与荀子之间思想关联的探讨虽然较少，但已有学者认识到两者的相似之处，比如侯外庐认为“学诚的天道思想，是唯物主义的自然史观；这一思想是糅合了老子、庄子、荀子的学说而成的”[③]，美国汉学

---

① 比如对于荀子的礼义观，戴震批评说：“荀子知礼义为圣人之教，而不知礼义亦出于性；知礼义为明于其必然，而不知必然乃自然之极则，适以完其自然也。”（戴震：《孟子字义疏证·性》，《戴震全书》第 6 册，第 188 页）

② 方东树：《汉学商兑》，凤凰出版社 20016 年版，第 67 页。

③ 侯外庐等：《中国思想通史》第五卷，第 524 页。

家倪德卫认为“章更直率地发展了一种荀子主义的观点”[①]。

(一)“切人事”的天道与人道观

跟戴震一样,章学诚的理论也是建立在对宋学批评的基础之上。他说:“宋儒之学,自是三代以后讲求诚正治平正路,第其流弊,则于学问、文章、经济、事功之外,别见有所谓‘道’耳。以‘道’名学,而外轻经济事功,内轻学问文章,则守陋自是,枵腹空谈性天,无怪通儒耻言宋学矣。”[②]宋学以孟子性善及养心求诚的学问为宗,而流于空谈心性与天道,脱离了经世致用,章学诚对此非常不满。因此,他对宋学空言德性与天道性命、幽隐难明的天道观提出了较为尖锐的批评,旗帜鲜明地提出“切人事”的天道与人道观,这与荀子的观点十分相似。

章学诚明确了世界的物质性存在,认为世界上任何事物,包括“圣”“神”“妙”在内,都不能离开具体的事物而存在。他说:

> 盈天地间惟万物。[③]
>
> 《易》曰:“阴阳不测之谓神。”又曰:“神也者,妙万物而为言者也。”孟子曰:“大而化之谓之圣,圣而不可知之谓之神。”此神化神妙之说所由来也。夫阴阳不测,不离乎阴阳;妙万物而言,不离乎万物也;圣不可知,不离乎充实光辉也。然而曰圣、曰神、曰妙者,使人不滞于迹,即所知见以想见所不知见也。[④]

章学诚认为,宇宙自然是物质性的,“圣”“神”“妙”的说法都是从万物万事中推演、概括出来的,它们不能离开事物而存在。因此,充盈于天地的是物质,绝不是宋学所说的抽象的、空虚无物的“理”。

天是物质的存在,那么,“道”是什么呢?章学诚认为是自然万物的道理或规律。他说:

> 《易》曰:“一阴一阳之谓道。”是未有人而道已具也。继之者善,成之

---

① [美]倪德卫:《儒家之道:中国哲学之探讨》,周炽成译,江苏人民出版社 2006 年版,第 336 页。

② 章学诚:《家书五》,章学诚著,仓修良编:《文史通义新编》,上海古籍出版社 1993 年版,第 693 页。

③ 章学诚:《匡谬》,章学诚撰,仓修良编:《文史通义新编》,第 104 页。

④ 章学诚:《辨似》,章学诚撰,仓修良编:《文史通义新编》,第 96 页。

> 者性。是天著于人而理附于气。故可形其形而名其名者，皆道之故而非道也。道者，万事万物之所以然，而非万事万物之当然也。人可得而见者，则其当然而已矣。[①]

阴阳变化就是道，道在人之前就已经存在着，故此道不仅包括人道，也包括天道；道是“万事万物之所以然”，也就是事物存在变化发展的内在规律；道本身是不能够看见的，能够看见的是道的表现。倪德卫认为，“道是个别事物背后的“所以然”，但它自身并不是一个外在于历史的非时间性的价值模型或标准。它不是“物之所当然”。在此，章学诚以一种非常重要的方式对程朱理学作了修正。“所以然——所当然”的区分在宋代哲学里是共通的，但程颐和他的追随者们认为无论是“所以然”还是“所当然”都是“理”的本质。程颐更进一步认为“理”作为事物的原则在事物存在之先就已经存在，事物消亡以后也并不随之消失；而章学诚则总是认为他的道与实际的事物和制度不可分割。[②] 这意味着没有了事物和制度，道的存在也就没有价值和意义，这与程朱将道看成事物本源和最高价值的观点显然有着较大的不同。章学诚的思想，显得更为物质或“唯物”，或者像某些学者说的“具有‘存在决定意识’这一唯物论思想”[③]。

既然天是物质性的、自然的，道是客观规律性的，那么天也就不具备人格意义，不能够决定人事；人也不应该玄谈天，对天进行无谓的冥想：

> 道无所为而自然，圣人有所见而不得不然也。故言圣人体道可也，言圣人与道同体不可也。圣人有所见，故不得不然；众人无所见，则不知其然而然。孰为近道？曰：不知其然而然，即道也。非无所见也，不可见也。不得不然者，圣人所以合乎道，非可以即以为道也。……学于众人，斯为圣人，非众可学也，求道必于一阴一阳之迹也。[④]

章学诚将道分为“不知其然而然”的天道和圣人“不得不然者”的人道。天道就是“不知其然而然”“非圣人智力之所能为”[⑤]，因此是在人之前就存在的、不以

---

① 章学诚：《原道上》，章学诚撰，仓修良编：《文史通义新编》，第44页。

② 参见[美]倪德卫：《章学诚的生平及其思想》，杨立华译，江苏人民出版社2006年版，第104页。

③ 仓修良、叶建华：《章学诚评传》，南京大学出版社1996年版，第132页。

④ 章学诚：《原道上》，章学诚撰，仓修良编：《文史通义新编》，第44～45页。

⑤ 章学诚：《原道上》，章学诚撰，仓修良编：《文史通义新编》，第44页。

人的意志为转移的客观规律性，那么人们就不应该去做无谓的冥想。这种观点，与荀子说的“天行有常……惟圣人不求知天”(《天论》)是一致的，都是反对人们冥想天、玄谈天。

道本身是不可玄谈与冥想的，但是人们却可以通过“一阴一阳之迹”而求道，即人能够认识道、掌握道、利用道，这就叫人道。人道虽然来源于天道，但是人道又不是对天道的简单描摹：

> 此皆一阴一阳往复循环所必至，而非可即是以为一阴一阳之道也。一阴一阳，往复循环者，犹车轮也；圣人创制，一似暑葛寒裘，犹轨辙也。[①]

天道往复循环，像车轮一样；人道就像车轧过的轨迹一样，故人道是天道的必然结果。但是“言圣人体道可也，言圣人与道同体不可也”，人道不是对天道简单的复制，它有独立的意义和价值。换句话说，既不能够违背天道，也不能够贬抑人道，应该以人道参天道，实现天人相参。这种知晓天道与人道之别且重视人道的观点，与荀子“天人相参”的观点是一致的。

更进一步，章学诚又提出了天人交相胜的观点。他说：

> 天定胜人，人定亦能胜天。二十八宿，十二次舍，以环天度数尽春秋中国都邑。夫中国在大地中，东南之一隅耳。而周天之星度属之，占验未尝不应，此殆不可以理推测，盖人定之胜于天也。[②]

天定胜人指的是人生活在一定的环境之中，处天地之一隅，这是不受人左右的；人定胜天指的是人能够发挥能动性，对自然事物加以改造和利用，包括利用自己的能力对天地进行推测和观察，制定各种法度以认知甚至预测天地自然的变化等。从后者来看，这分明就是荀子说的“制天命而用之”。

以这一思想为指导，章学诚在学术上提出了“六经皆史”及“切人事”的观点。他说：

> 天人性命之学，不可以空言讲也。故司马迁本董氏天人性命之说而为经世之书。儒者欲尊德性，而空言义理以为功，此宋学之所以见讥于大雅也。……圣如孔子，言为天铎，犹且不以空言制胜，况他人乎！故善言天人性命，未有不切于人事者。三代学术，知有史而不知有经，切人事也。

---

① 章学诚：《原道上》，章学诚撰，仓修良编：《文史通义新编》，第 44 页。

② 章学诚：《天喻》，章学诚撰，仓修良编：《文史通义新编》，第 232 页。

后人贵经术，以其即三代之史耳。近儒谈经，似于人事之外别有所谓义理矣。浙东之学，言性命者必究于史，此其所以卓也。[①]

章学诚认为，学术不能够空言性命，尊德性、讲经学、谈心性是必要的，但是这些内容必须最终指向“切于人事”，即与人事结合在一起；宋学之所以备受讥讽，就因为空谈义理而不切人事；浙东之学之所以卓然，就在于将经学与史学打通，能够在谈性命的时候切人事。这一观点，既能够透露出章学诚在天、人观中重视人道的思想，也充分体现出与荀子一致的经世致用的理论主张。

(二)性有恶论

章学诚认为“天人性命之学，不可以空言讲也”，必须从人的生存现实、从具体的人事中去认识。“三人居室，而道形矣”[②]，道起于百姓的日常生活行为活动中，既然如此，性也应该从日常生活中去把握。他说：

果形有一定之恶，则天下岂有无形之性！是性亦有恶矣。[③]

富贵公子，虽醉梦中不能作寒酸求乞语；疾痛患难之人，虽置之丝竹华宴之场，不能易其呻吟而作欢笑。[④]

人世间有善恶，这是现实存在的，人性是有善有恶的，也是客观的事实，这如同富贵公子虽然在睡梦中也说不出寒酸祈求的话，疾痛患难之人即使置身于歌舞宴会之中也无法改变他痛苦呻吟的声音一样。如何去除人性之恶？章学诚像荀子一样，特别重视积习，主张通过教育来化性。他说：

荀子著《性恶》，以谓圣人为之“化性而起伪”。伪于六书，人为之正名也。荀卿之意，盖言天质不可恃，而学问必藉于人为，非谓虚诳欺罔之伪也。而世之罪荀卿者，以谓诬圣为欺诳，是不察古人之所谓而遽断其是非也。[⑤]

既然人性离不开现实环境，那么必须依靠人来改变这种环境，使人由恶走向善。为此，他替荀子人性论作了辩解，认为荀子性恶之言从自然角度立论，是

---

① 章学诚：《浙东学术》，章学诚撰，仓修良编：《文史通义新编》，第69～70页。

② 章学诚：《原道上》，章学诚撰，仓修良编：《文史通义新编》，第43页。

③ 章学诚：《书孙渊如观察〈原性〉篇后》，章学诚撰，仓修良编：《文史通义新编》，第441～442页。

④ 章学诚：《文理》，章学诚撰，仓修良编：《文史通义新编》，第82页。

⑤ 章学诚：《说林》，章学诚撰，仓修良编：《文史通义新编》，第153～154页。

说人作为有血有肉活生生的一员，必定会受到物欲的影响而出现恶的行为，这是自然现象，荀子的目的是"借于人为"，通过后天的努力以"化性起伪"。"伪于六书"，六经是对"人为"的总结，故可以通过读书以知书达理，弃恶从善。他对后儒诟病荀子性恶论而愤愤不平，认为这是"不察古人之所谓，而遽断其是非"。

由此可见，章学诚从人的现实性出发认为人性中有恶，类似于荀子从自然人性出发而论述人性恶。他肯定荀子化性起伪的观点，证明了他对荀子人性论的吸收与借鉴，故侯外庐先生说："学诚哲学中关于人性论的问题，显然接受荀子的理论。"①

三、凌廷堪的以礼复性论

凌廷堪(1757～1809年)，字仲子，一字次仲，是戴震之后著名的乾嘉学者，以礼学见长，钱穆认为他"以礼为复性之具，如金石之待熔铸，木之待绳墨，则全是荀子性恶善伪之论"②。凌廷堪专门作《荀卿颂并序》以颂扬荀子，特别强调荀子礼论的贡献，认为"荀卿氏之书也，所述者皆礼之逸文，所推者皆礼之精意"③。可见，凌廷堪对荀子的礼论接纳甚多，他"以礼复性"的观点，既有对荀子性恶论的借鉴，也有对荀子礼论的吸收与完善。

凌廷堪思想的核心是以礼复性，这一观点不仅牵扯到了礼的问题，还牵扯到人性的问题。他说：

> 夫人之所受于天者，性也。性之所固有者，善也。所以复其善者，学也。所以贯其学者，礼也。是故圣人之道，一礼而已矣。……夫性具于生初，而情则缘性而有者也。性本至中，而情则不能无过不及之偏，非礼以节之，则何以复其性焉。父子当亲也，君臣当义也，夫妇当别也，长幼当序也，朋友当信也，五者根于性者也，所谓人伦也。而其所以亲之、义之、别之、序之、信之，则必由乎情以达焉者也。非礼以节之，则过者或溢于情，而不及者则漠焉遇之，故曰"喜怒哀乐之未发谓之中，发而皆中节谓之

① 侯外庐：《中国思想通史》第5卷，第538页。
② 钱穆：《中国近三百年学术史》下册，第544页。
③ 凌廷堪：《荀卿颂并序》，凌廷堪著，王文锦点校：《校礼堂文集》，第77页。

和”。其中节也，非自能中节也，必有礼以节之，故曰“非礼何以复其性焉”。[①]

在这段论述中，凌廷堪提到人性善恶的问题。他认为人性受之于天，善是其固有的。虽然人性本初是善的，但“夫人有性必有情，有情必有欲”[②]。在实际的生活中，因为人接触到了外部环境，就必定会产生各种欲望，所以原初的善性有可能受到破坏而走向恶，因此必须通过学习以复其善性。而礼是学习的主要内容，即通过学礼以复其善性。可见，凌廷堪的人性论似乎是性善论；以学礼复归善良的本性的理论路线，好像更接近于孟子言性善而重视“扩而充之”的路线。

事实果真如此吗？我们先来看他对孟子性善论与荀子性恶论的论述：

孟曰性善，荀曰性恶。折衷至圣，其理非凿。善固上智，恶亦下愚。各成一是，均属大儒。[③]

孟子以为人性善，犹水之无不下；荀子以为人性恶，必待礼而后善。然则言仁言义，必继之曰“礼则节文斯二者”，虽孟子亦不能舍礼而论性也。[④]

凌廷堪认为，无论是性善论还是性恶论，都只是“各成一是”，均非最完善的观点。从“善固上智，恶亦下愚”一语来看的话，他接受了孔子“性相近，习相远”的观点。虽然不赞同荀了的性恶论，但是他对于孟子的性善论的批评甚至强过荀子，他说“孟子亦不能舍礼而论性也”，意思就是即使人性是善的，但是也绝不能舍弃礼而论性，因而他并不相信孟子求放心以复归善性的观点，反而更接近于荀子通过礼以“化性起伪”的观点。为此，他还特意用荀子经常提到的“木受绳则直，金就砺则利”(《劝学》)的论说加以说明。《复礼上》：

良金之在丱也，非築氏之镕铸不能为削焉，非㮚氏之模范不能为量焉。良材之在山也，非轮人之规矩不能为轂焉，非輈人之绳墨不能为辕焉。礼之于性也，亦犹是而已矣。如曰舍礼而可以复性也，是金之为削、为量不必待镕铸模范也，材之为轂、为辕不必待规矩绳墨也。如曰舍礼而

① 凌廷堪：《复礼上》，凌廷堪著，王文锦点校：《校礼堂文集》，第27～28页。
② 凌廷堪：《荀卿颂并序》，凌廷堪著，王文锦点校：《校礼堂文集》，第76页。
③ 凌廷堪：《荀卿颂并序》，凌廷堪著，王文锦点校：《校礼堂文集》，第77页。
④ 凌廷堪：《复钱晓征先生书》，凌廷堪著，王文锦点校：《校礼堂文集》，第221页。

> 可以复性也，必如释氏之幽深微眇而后可，若犹是圣人之道也，则舍礼奚由哉！盖性至隐也，而礼则见焉者也。性至微也，而礼则显焉者也。[①]

性虽然本初是善的，但性之善是"至隐""至微"，因此必须依靠礼的规范以使之彰显，这就好比金属需要从原料中锤炼，原木需要绳墨、斤斧、模范以矫正一样。

凌廷堪不但在人性修养上采取的理论路线与荀子相通，他对礼的看法也吸取了荀子的观点。比如，关于礼的起源，他在《荀卿颂并序》中说：

> 夫人有性必有情，有情必有欲。故曰"饮食男女，人之大欲存焉"。圣人知其然也，制礼以节之，自少壮以至耆耄，无一日不囿于礼，而莫之敢越也；制礼以防之，自冠婚以逮饮射，无一事不依乎礼，而莫之敢溃也。[②]

在《好恶说上》中说：

> 好恶者，先王制礼之大原也。人之性受于天，目能视则为色，耳能听则为声，口能食则为味，而好恶实基于此，节其太过不及，则复于性矣。[③]

他认为，人生来"目能视则为色，耳能听则为声，口能食则为味"，好恶之情就来源于此，故欲望是不可避免的，这也是人性的内容。礼来源于圣王导正人好恶之情以归于善性，故他说："好恶者，先王制礼之大原也。"这种观点，与荀子"先王恶其乱也，故制礼义以分之"(《礼论》)的观点是一致的，都认为礼的来源及落脚点均在于导引人的情性。

关于礼的作用，凌廷堪与荀子也有一致之处。在《荀卿颂并序》中，他说：

> 夫舍礼而言道，则空无所附；舍礼而复性，则茫无所从。盖礼者，身心之矩则，即性道之所寄焉矣。[④]

《复礼下》：

> 性与天道非不可得而闻，即具于《诗》《书》执礼之中，不能托诸空言也。夫仁根于性，而视听言动则生于情者也。圣人不求诸理而求诸礼，盖求诸理必至于师心，求诸礼始可以复性也。[⑤]

---

① 凌廷堪：《复礼上》，凌廷堪著，王文锦点校：《校礼堂文集》，第 28 页。
② 凌廷堪：《荀卿颂并序》，凌廷堪著，王文锦点校：《校礼堂文集》，第 76 页。
③ 凌廷堪：《好恶说上》，凌廷堪著，王文锦点校：《校礼堂文集》，第 140 页。
④ 凌廷堪：《荀卿颂并序》，凌廷堪著，王文锦点校：《校礼堂文集》，第 76 页。
⑤ 凌廷堪：《复礼下》，凌廷堪著，王文锦点校：《校礼堂文集》，第 32 页。

礼不但能够复性，是复性所必须遵循的法则，而且“舍礼而言道，则空无所附”，学者如果舍弃礼而言道，就会无所依凭，一切都是空言。由此可见，凌廷堪将礼看作一切理论的依据。这种观点，也类似于荀子说的“人无礼则不生，事无礼则不成，国家无礼则不宁”（《修身》），将礼看作人道之极，一切均以礼为标准。

关于礼与仁义的关系，凌廷堪说：

> 然则礼也者，所以制仁义之中也。故至亲可以揜义，而大义亦可以灭亲。后儒不知，往往于仁外求义，复于义外求礼，是不识仁且不识义矣，乌睹先王制礼之大原哉！[①]

凌廷堪认为，礼不仅仅是外在的规范与约束，而且是仁义之中，仁义与礼是一体的。《大略》：

> 仁、义、礼、乐，其致一也。君子处仁以义，然后仁也；行义以礼，然后义也；制礼反本成末，然后礼也。三者皆通，然后道也。

由仁而义、由义而礼，礼是仁与义的实现，故仁、义、礼、乐“其致一也”。礼与仁义本是一体的，既不能够离开仁义而言礼，也不能离开礼而言仁义，故荀子屡次将三者对举，将“礼义”放在一起论述多达116次，将“仁义”放在一起论述多达32次。关于礼与仁、义一体的观点，两人是相似的。

四、焦循对荀子人性论及“化性起伪”思想的继承

焦循（1773～1820年），字理堂，一字里堂，晚年号称“里堂老人”，嘉庆年间举人。他博闻强记，精通经、史、历、算、音韵、训诂等，对孟学犹为精通，被今人称为“清代孟学研究的集大成者”[②]。然而，他虽然是孟学研究的大师，但其思想却具有明显的荀学特色。钱穆在《中国哲学》一书中提出焦循论性“实则主荀子之说”[③]。日本大谷敏夫也认为焦循“不仅继承戴震的性善说，同时也重视荀子的性恶说中‘教’的概念”，“比戴震更鲜明地标举荀学”。[④] 由此可见，至少

① 凌廷堪著，王文锦点校：《校礼堂文集》，第29～30页。

② 王其俊主编：《中国孟学史》（下），山东教育出版社2012年版，第572页。

③ 王茂、蒋国保、余秉颐、陶清：《中国哲学》，安徽人民出版社1992年版，第697页。

④ 参见[日]大谷敏夫：《扬州、常州学术考：有关其与社会之关联》，卢秀满译，《中国文哲研究通讯》2000年第1期。

荀子的人性论深刻影响到了戴震。

关于人性的善恶，焦循说：

> 性为天所命，性之有仁义礼智信，即象天之木金火土水，故以性属天，以六情从五性，是以人之情法天之性。[①]

> 乃天既授人以善性，此诚者，天之道也。人性既诚有此善，则自能明。[②]

他认为性乃天所命，且性有仁、义、礼、智、信，因此是善的，这显然是孟子的性善论的观点。但是，孟子将性与情区分开来，而焦循则认为性与情是一体的。他说：

> 情发于外，性藏于内，故相表里。[③]

> 性情有阴阳之分，而实一贯。[④]

性、情一体，性虽善但情因受到外物的影响而有欲，故不一定为善；情不一定为善，则性必定会受到影响。因此，两人的性善论看似一致，实际上却存在着较大的差异。这种差异，使焦循的性善论体现出明显的荀子人性论特征。

焦循对于宋儒等空言性与天道而不结合现实人性的观点提出批评，他说：

> 故论性善，徒持高妙之说，则不可定，第于男女饮食验之，性善乃无疑矣。[⑤]

> 性善之说，儒者每以精深言之，非也。性无他，食色而已。饮食男女，人与物同之。[⑥]

他认为，论性善者持高妙之说但不能展其义，原因就在于不能够与人的实际生活结合起来；性并非宋儒所讲的抽象的东西，而是“食色而已”，包含着人的生理需求；后儒皆认同孟子的性善论，但是他们过多强调性的伦理道德等先天性因素，却否定了后天因素与人的生理特点，导致对性善的论述空谈心性而不能穷尽其义。

---

① 焦循撰，沈文倬点校：《孟子正义》（下），中华书局1987年版，第759页。

② 焦循撰，沈文倬点校：《孟子正义》（上），第510页。

③ 焦循撰，沈文倬点校：《孟子正义》（下），第757页。

④ 焦循撰，沈文倬点校：《孟子正义》（上），第399页。

⑤ 焦循：《雕菰集》，（台北）鼎文书局1977年版，第128页。

⑥ 焦循：《雕菰集》，第127页。

既然性包含人的生物性需求等内容，那么善从何而来，焦循为什么又认为人性善呢？为此，他提出了“性能知故善”的观点。他说：

性何以善？能知故善。同此男女饮食，嫁娶以为夫妇，人知之，鸟兽不知之；耕凿以济饥渴，人知之，鸟兽不知之。鸟兽既不能自知，人又不能使之知，此鸟兽之性所以不善。……人之不善者，不能孝其父，亦必知子之当孝乎己；不能敬其长，亦必知卑贱之当敬乎己。知子之当孝乎己，知卑贱之当敬乎己，则知孝弟矣。……文学技艺、才巧勇力，有一人能之，不能人人能之；惟男女饮食，则人人同此心。[①]

他认为，“知”是人区别于动物的最根本的因素，人类有“知”才能性善，无“知”则性不能善。因此，性善与否完全取决于“知”。同样是饮食男女，无论是上智还是下愚，都具有“知”的能力，明白孝与敬的道理，区别就在于是否施行。他又说：

有圣人出，示之以嫁娶之礼，而民知有人伦矣；示之以耕耨之法，而民知自食其力矣。以此教禽兽，禽兽不知也，禽兽不知，则禽兽性不善；人知之，则人性善矣。[②]

圣人制礼作乐，教人以嫁娶之礼、耕耨之法，于是人能够知人伦、知自食其力。人能知之，则人性善；禽兽不能知之，则禽兽性不善。

由此可见，焦循虽然主张人性善，但他以性、情、欲、知来论证人性，这与戴震以情、欲、知论性的架构有相似之处，而这也是荀子论性的基本观点。《王制》：

水火有气而无生，草木有生而无知，禽兽有知而无义，人有气、有生、有知，亦且有义，故最为天下贵也。

荀子认为人与禽兽的区别在于不仅有“知”而且有“义”。禽兽有“知”的观点似乎与焦循说的禽兽不“知”相异，实际上，荀子所说的“禽兽有知”之“知”只是说动物性的感知，这是与人的动物性感知相同的地方，如饮食之知、耳目口鼻之知。人区别于动物最大之处在于“义”，在于能够知义。焦循所说的人之知，也是“知有人伦”“知自食其力”，也就是知“义”：

饮食男女，人有此性，禽兽亦有此性，未尝异也。乃人之性善，禽兽之

---

① 焦循：《雕菰集》，第127～128页。

② 焦循：《雕菰集》，第127页。

性不善者，人能知义，禽兽不能知义也。因此心之所知而存之，则异于禽兽。①

可见，两人在论述人的特质时并没有区别。

两人不仅在论人与禽兽之别的观点上相同，在求善的路径上也非常相似。首先，焦循提出了人性“可引”“能移”的观点，认为“可引故善”“能旁通、变通故善”，以此来探讨善的起源。他说：

以己之心，通乎人之心，则仁也。知其不宜，变而之乎宜，则义也。仁义由于能变通。人能变通，故性善；物不能变通，故性不善。②

因事转移，随时通变，吾心确有权衡，此真义内也。③

“变通”就是人能够根据客观环境的变化而调整自己的行动，仁、义等道德原则就是人从自身的需求出发而作出的选择，故它既不是上天赐予的，也不是纯粹由圣人发明的，而是“因事转移，随时通变”。以此为基础，对于人之性，他认为“可引”“可移”：

人之性可引而善，亦可引而恶，惟其可引，故性善也。牛之性可以敌虎，而不可使之咥人，所知所能，不可移也。惟人能移，则可以为善矣。是故惟习相远，乃知其性相近，若禽兽，则习不能相远矣。④

正因为人有变通的能力，人之性可以引导向善也可以引导向恶，正因为人有如此之能力，故可以说人性善；牛之性则不行，它虽然可以敌虎，但其所知所能不可转移。

既然性之善恶系于“引”与“移”，故学习显得极为重要：

盖所以放之失之舍之丧之者，由于不能操之，所以不能求之也。何以操之？惟在学问而已。学问，即《中庸》所云“博学之，审问之”，《论语》所谓“博学而笃志，切问而近思”，孔子所云“好古敏求”，孟子所云“诵《诗》读《书》”，圣人教人学以聚之、闻以辩之者，无有他意，不过以此求其放心而已。⑤

---

① 焦循撰，沈文倬点校：《孟子正义》(上)，第568页。

② 焦循撰，沈文倬点校：《孟子正义》(下)，第734页。

③ 焦循撰，沈文倬点校：《孟子正义》(下)，第746～747页。

④ 焦循：《雕菰集》，第127页。

⑤ 焦循撰，沈文倬点校：《孟子正义》(下)，第786～787页。

心之所以“放之、失之、舍之、丧之”，是没有“操之”的缘故。“操之”就是《中庸》所言的“博学”“审问”、《论语》所言的“博学”“切问”的学问工夫，因此焦循特别强调学习，因为只有通过学习才能够引性、移性。这种求“放心”的方法近于荀子通过礼义“化性起伪”、重视师法积习的方法。

其次，焦循关于“心”的作用的观点与荀子相似。孟子论心以道德心为主，而荀子所说的心则几乎都是“认知心”。荀子重视心的认知作用并强调以心治性，这一点与焦循的认知基本相同。焦循认为，性善是因为人心能够“思虑”并“裁度”，具有认知的功能：

> 人之心能裁度，得事之宜，所以性善，故仁义礼智之端，原于性而见于心。心以制之即所谓思虑可否，然后行之也。惟心为正，谓心能裁度，以正四体五官也。[①]

人心在裁度之后就能够“得事之宜”，只有这样性才为善，因此仁、义、礼、智之四端虽然源于性，但却只有通过心才能够得以实现。心能够思虑并将其认为恰当的东西施行出来，这便是心的功能。心的这一功能，与荀子说的心是“神明之主”，能够“自使也，自夺也，自取也，自行也，自止也”(《解蔽》)以及“欲过之而动不及，心止之也……欲不及而动过之，心使之也”(《正名》)的观点是一致的。所以，在《孟子正义》中焦循不但肯定了荀子关于人性中欲望可以导致“犯分乱理而归于暴”的观点，而且肯定了荀子“化性起伪”的理论路线。他说：

> 《说文》心部云：“性，人之阳气，性善者也。”“情，人之阴气，有欲者也。”情阴而有欲，故贪淫争夺，端由此起，荀子谓“从人之性，顺人之情，必出于争夺，合于犯分乱理而归于暴”是也。情欲之为不善，“有师法之化，礼义之道，即能出于辞让，合于文理而归于治”。此孟子所谓“可以为善”也。[②]

焦循用《荀子》的内容解释《孟子》中“可以为善”的观点，正所谓“他山之石，可以攻玉”，既体现了他对孟子性善论的继承，也体现出了他对荀子化性起伪工夫的借鉴与发展。尤其是他重视礼义与师法以引性、移性的观点，与荀子以礼义师法“化性起伪”的思路是完全一致的。故马积高先生说：“他虽不如凌氏尊

---

① 焦循撰，沈文倬点校：《孟子正义》(下)，第877页。

② 焦循撰，沈文倬点校：《孟子正义》(下)，第755页。

荀,然其论性、论礼均于荀子有所继承,而又有所发展。”[①]

五、阮元“以礼节性”的人性论

阮元(1764～1849年),字伯元,号云台,一号芸台,与焦循有姻亲关系(焦循是阮元的姐夫),两人交往甚密。他还与校勘的钱大昕、王念孙、王引之及尊荀的凌廷堪等问学论道。由此可推知,对于《荀子》及荀学,阮元是非常熟悉的。他的人性论及“以礼节性”、重视积习的观点,对荀学有所继承和发展。

关于性与情的关系,阮元像焦循一样借用阴与阳的关系加以说明。他说:

> 情发于性,故《说文》曰:“性,人之阳气,性善者也。情,人之阴气有欲者也。”许氏之说,古训也。味色声臭,喜怒哀乐,皆本于性,发于情者也。情括于性,非别有一事与性相分而为对。[②]

阮元将性与情看作阳与阴的关系,认为人固然有本善之性,但也有发于性之情、欲,故性与情不能二分,既不能单独言性,也不能单独言情、欲。他说:

> 欲生于情,在性之内,不能言性内无欲。欲不是善恶之恶。天既生人以血气心知,则不能无欲……欲在有节,不可纵,不可穷。若惟以静明属之于性,必使说性中本无欲而后快,则此经文明云“性之欲也”,欲固不能离性而自成为欲也。[③]

阮元继承了戴震血气与心知之说,认为“有血气,无心知,非性也。有心知,无血气,非性也”[④],不仅再一次论证了性、情、欲、知一体的观点,而且还将血气之情欲与心知之智均看成人性的重要内容。这一观点基本上与戴震、焦循的人性论相同,也与荀子以情、欲为性的观点相同。

情欲虽然是饮食男女的基本需求,但必须加以节制使其不至于走向恶,为此他提出了“节性”之说:

> 哲与愚,吉与凶,历年长短,皆命也。哲愚授于天为命,受于人为性,君子祈命而节性,尽性而知命。……惟其味、色、声、臭、安佚为性,所以性

---

① 马积高:《荀学源流》,第311页。

② 阮元:《威仪说》,阮元著,邓经元点校:《揅经室集》,中华书局2006年版,第220～221页。

③ 阮元:《威仪说》,阮元著,邓经元点校:《揅经室集》,第228页。

④ 阮元:《性命古训》,阮元著,邓经元点校:《揅经室集》,第217页。

> 必须节，不节则性中之情欲纵矣。[①]

> 性字之造于周召之前，从心则包仁义礼智等在内，从生则包味臭色声等在内。是故《周召》之时，解性字者朴实不乱。何也？字如此实造，事亦如此实讲。《周召》知性中有欲，必须节之。节者，如有所节制，使不逾尺寸也。以节字制天下后世之性，此圣人万世可行，得中庸之道也。《中庸》之率性，率同帅，犹《召诰》之节性也。[②]

阮元从文字训诂的角度出发，认为"性"字从心从生，从心则人性中有仁、义、礼、智等善端，从生则人性中有味、色、声、臭、安佚等情欲，因此必须对这些情欲进行节制，不节制就会纵情欲。《中庸》"率性之谓道"之"率"字，应该理解为"节"字，"率性之谓道"也就是节制性中之情欲以符合中庸之道。

至于如何节制情欲，阮元特别强调了礼义的作用。对于《中庸》"天命之谓性，率性之谓道，修道之谓教"等语，他说：

> 修道之教，即《礼运》之礼，礼治七情十义者也。七情乃尽人所有，但须治以礼而已，即《召诰》所谓"节性"也。……未发之中，即《礼记·乐记》所谓人生而静，天之性也。中即《左传》所谓"民受天地之中以生"之中。中者有形有质，有血气心知，特未至喜怒哀乐时耳。发而中节，即节性之说也，有礼有乐，所以既节且和也。[③]

他认为"修道之谓教"指的就是礼。人有七情，故必须以礼节制，这就是《召诰》说的"节性"。"喜怒哀乐之未发，谓之中"说的是人性中包含血气与心知之性，此种性，必须"发而中节"，通过礼与乐来节制，这样才能够"既节且和"。阮元的这种通过礼乐以节性的观点，与荀子"制礼义以分之"(《礼论》)、"欲虽不可去，求可节也"(《正名》)的"化性起伪"的路子是一致的。

阮元主张以礼义节性，故对于释老之学主张的"复性"观点是极不赞成的。他认为，儒家的"节性"比释老的"复性"更符合人性的实际情况。对于上述《中庸》之语，他接着说：

> 所谓继之者善也，成之者性也，非有玄妙静明之道也。所谓明善者，

---

① 阮元：《性命古训》，阮元著，邓经元点校：《揅经室集》，第 211～212 页。

② 阮元：《揅经室再续集·节性斋主人小像跋》，转引自王国维：《王国维先生全集·初编》第五册，(台北)大通书局 1976 年版，第 1793 页。

③ 阮元：《威仪说》，阮元著，邓经元点校：《揅经室集》，第 226 页。

> 则只自博学、审问、慎思、明辨、笃行五事，事事著力实地而来，一事不实弗措，非虚静而专明心也。……愚人受教，能节性也，即孟子所谓有命焉之性也。非如李习之（李翱——笔者注）所说，觉照而复性也。儒、释之分，在乎此。①

“复性”的意思是回复到原初之本性。②《易经·系辞上》说：“一阴一阳之谓道，继之者善也，成之者性也。”这句话并无玄妙之处，并不是要人们像释道那样透过虚静与静坐以明心见性，而是让人们笃于“博学、审问、慎思、明辨、笃行”这五件事，是教人通过不断的学习与践履、通过礼义来“节性”。通过礼义以“节性”而非“复性”，这也充分体现了阮元不赞成反身以诚、内求自省的“向内求”的孟学路线，而主张通过礼义以节制情欲、“向外求”的方式以修身养性的荀学特色。

---

① 阮元：《威仪说》，阮元著，邓经元点校：《揅经室集》，第226～227页。

② 这一理论后来经过唐李翱用《易》及《中庸》思想加以修饰后，很多儒者认为属于儒家的心性之说。参见李翱《复性书》一文。

结　语

路德斌在《荀子与儒家哲学》一书的自序中，对荀子饱受后儒诟病的原因作了一个简要的概括，他说："在儒家系统当中，遭人误解最多、最深的思想家恐怕非荀子莫属了。究其原因，乃在于唐、宋以来，学者们的解读一直迷失在一个'以孟解荀'的思维误区中而不自觉，以孟子之所是为是，以孟子之所非为非，先入为主，自说自话。结果到头来，谬误相袭，积久成习，荀子的思想备受曲解，荀学的精神湮没不彰。"[①]路先生对造成荀学隐而不显原因的分析可谓精当，但这是否意味着中国思想史中不存在荀子思想史？或者说即使存在，但远没有孟子思想史那么精彩？答案是否定的。第一，荀学并非一直受到后儒诟病，至少在唐之前，荀学与孟学是齐头并进的，尤其是在汉魏时期，荀子的影响甚至超过了孟子，只是在韩愈"大醇而小疵"之言出现之后，随着孟子地位的不断上升，荀子及荀学才逐渐下降乃至隐而不显的。第二，荀学的隐而不显并不意味着销声匿迹。正如康有为及谭嗣同所说，"内之于己，变化气质，外之于人，开广智识，二千年学者皆荀子之学也"[②]。"两千年来之政，秦政也，皆大盗也；两千年来之学，荀学也，皆乡愿也。惟大盗利用乡愿，惟乡愿工媚大盗。两者交相资，而罔不托之于孔。"[③]"乡愿"也好，"秦政"也罢，这都是康、谭二人的过激之词，不可否认的是，荀子及荀学在两千多年间一直发挥着不可磨灭的构建儒学大厦的实际作用。因此，荀子思想史远比表面上要宏伟壮阔得多，隐而

① 路德斌：《荀子与儒家哲学》，齐鲁书社 2010 年版，"自序"，第 1 页。

② 康有为著，楼宇烈整理：《万木草堂口说》，第 195 页。

③ 谭嗣同：《仁学》，蔡尚思、方行编：《谭嗣同全集》，第 337 页。

不显只是假象而已。荀学于中国儒学史与思想史,就好比冰山浮于海面,我们能够看到的只是浮在上面的一小部分,虽然这一小部分看起来并不起眼,但是它水面下庞大的形体却在时代洪流的推动下涌动着,在一定程度上决定着整座冰山的流向。徐仁甫在《读中论札迻》中说:"两汉儒者之学,多本于卿,惜皆因其短而没其长,袭其文而讳其名……"[①]不但在两汉儒学中存在这一现象,魏晋乃至唐宋之后的许多儒者都自觉或不自觉地受到荀学的影响。这些影响或大或小,但总要以某种形式表现出来:或直接颂扬荀子,或孟荀并称;或直接引用《荀子》,或化用《荀子》语句;或者直接接纳荀学的某一方面,或间接地、隐性地受到荀学的启发而采用荀学的某种范式。尤其是最后一种模式最值得我们注意,持此种模式者,大多不会为荀子翻案或正名,也不会直接为荀子代言,他们甚至自己都感觉不到已经悄悄接纳或化用了荀学的相关内容。更有甚者,由于他们并不自知自己的荀学特色,甚至高举孟子的旗帜以贬抑荀子及荀学,这在中国儒学史中是一个非常奇特的现象,刘又铭说:

> 我们看见了荀子哲学的表、里不尽一致的奇特面貌,以及后代学者对它的一个诡谲、奇异的接受史和发展史。而其中的关键,就起于荀子在时代特殊情境的牵动下,在历史上首次"不知厉害"地提出了一个哲学典范;它的性恶论标签,根本不合于中国人的心理倾向,但它的整体内涵和理论效果,在实质上却又很真实很重要,因此它仍然以不记名或冒名的方式随时出场,跟孟子哲学典范角逐互动,一起决定了儒学发展的两个基本方向和基本性格。问题是,这样子不记名或冒名的方式,终究使得荀学无法顺畅地、正当地开展和更新。或者说,所有的开展和更新都无法顺畅地、正当地统合、累积、串联在一起。[②]

他认为,影响整个荀子思想史呈现出如此"诡谲、奇异"现象的最重要原因是荀子的性恶论,这一标签不适合中国人的心理倾向。我们认为,不但是性恶论,包括他的"天人之分"的观点、"化性起伪"的观点、"法后王"的观点,乃至有两个法家徒弟——韩非与李斯,也不适合僵化的以孟学为正宗的心理倾向,所以后儒对荀子的非议几乎都集中在以上几个方面。有意思的是,后儒虽然对以

---

① 转引自徐湘霖校注:《中论校注·附录》,巴蜀书社 2000 年版,第 327 页。

② 刘又铭:《荀子的哲学典范及其在后代的变迁转移》,《汉学研究集刊》2006 年第 3 期。

上内容提出了疑问与批评，但他们对荀学的接受大多也与以上几个因素有关，比如他的自然天道观、“天人之分”的思想、“人之性恶”的人性论、“化性起伪”观、“法后王”的思想、气一元论、隆礼重法、认知心的观点，等等。正是在这种接受形态下，荀学才展现出其区别于孟学的、“异端”而又富于魅力的特殊形态。因此，我们完全有理由说，中国儒学史就是一部“举孟旗行荀学”[①]、“孟皮荀骨”[②]的孟、荀交织的儒学流变史。

① 参见李泽厚：《伦理学补注》，《探索与争鸣》2016 年第 9 期；《举孟旗行荀学——为〈伦理学纲要〉一辩》，《探索与争鸣》2017 年第 4 期。

② 刘又铭：《荀子的哲学典范及其在后代的变迁转移》，《汉学研究集刊》2006 年第 3 期。

参考文献

一、古籍类

陈亮:《陈亮集》,中华书局 1987 年版。

程颢、程颐:《二程集》,中华书局 2004 年版。

戴震:《戴震全书》,黄山书社 1995 年版。

傅杰编校:《章太炎学术史论集》,云南人民出版社 2007 年版。

郭光校注:《阮籍集校注》,中州古籍出版社 1991 年版。

韩愈著,马其昶校注,马茂元整理:《韩昌黎文集校注》,上海古籍出版社 2014 年版。

黄宗羲:《宋元学案》,中华书局 1986 年版。

惠栋:《荀子微言》,《续修四库全书》第 932 册,上海古籍出版社 2002 年版。

焦循:《雕菰集》,(台北)鼎文书局 1977 年版。

焦循撰,沈文倬点校:《孟子正义》,中华书局 1987 年版。

康有为:《康有为全集》,上海古籍出版社 1987 版。

黎靖德编,王星贤点校:《朱子语类》,中华书局 1986 年版。

李觏:《李觏集》,中华书局 2011 年版。

梁启超:《饮冰室合集》,中华书局 1989 年版。

刘基著,林家骊点校:《刘基集》,浙江古籍出版社 1999 年版。

刘昼著,傅亚庶校释:《刘子校释》,中华书局 1998 年版。

柳宗元:《柳宗元集》,中华书局1979年版。

陆九渊:《陆九渊集》,中华书局2008年版。

欧阳修:《欧阳修全集》,中华书局2001年版。

阮元著,邓经元点校:《揅经室集》,中华书局2006年版。

司马光:《司马文正公传家集》,台湾商务印书馆1965年版。

苏轼著,顾之川校点:《苏轼集》,岳麓书社2000年版。

苏轼著,孔凡礼点校:《苏轼文集》,中华书局1986年版。

孙启治:《中论解诂》,中华书局2014年版。

王安石:《王文公文集》,上海人民出版社1974年版。

王充:《论衡》,岳麓书社1991年版。

王利器撰:《新语校注》,中华书局1986年版。

王廷相:《王廷相集》,中华书局1989年版。

王通著,郑春颖译注:《文中子中说译注》,黑龙江人民出版社2003年版。

吴云、李春台校注:《贾谊集校注》(增订版),天津古籍出版社2010年版。

荀悦撰,黄省曾注,孙启治校补:《申鉴注校补》,中华书局2012年版。

严可均辑:《全上古三代秦汉三国六朝文》,中华书局1999年版。

叶适:《水心别集》,中华书局2010年版。

叶适著,刘公纯等点校:《叶适集》,中华书局1961年版。

俞樾:《春在堂全书》,光绪二十五年刊本。

章炳麟:《章太炎全集》,上海人民出版社1985年版。

章太炎:《国学概论》,上海古籍出版社1997年版。

李贽著,张建业主编:《李贽文集》,社会科学文献出版社2000年版。

章学诚:《文史通义》,上海古籍出版社2008年版。

张载著,章锡琛点校:《张载集》,中华书局1978年版。

周敦颐:《周子通书》,上海古籍出版社2000年版。

二、《荀子》类

蔡锦昌:《拿捏分寸的思考:荀子与古代思想新论》,(新北)唐山出版社1996年版。

蔡仁厚:《荀子与朱子心性论之比较》,新加坡东亚哲学研究所,1987年。

陈默:《荀子的道德认识论》,中国社会科学出版社 2016 年版。

陈荣庆:《荀子与战国学术思潮》,中国社会科学出版社 2012 年版。

邓国宏:《戴震、章学诚与荀子思想关系研究》,中国社会科学出版社 2017 年版。

董治安、郑杰文汇撰:《〈荀子〉汇校汇注》,齐鲁书社 1997 年版。

杜维明、梁涛主编:《统合孟荀与儒学创新》,齐鲁书社 2020 年版。

傅山评注,吴连城释文:《傅山〈荀子〉〈淮南子〉评注手稿》,上海古籍出版社 1990 年版。

高正:《〈荀子〉版本源流考》,中国社会科学出版社 1992 年版。

高专诚:《荀子与先秦学术的终结》,山西人民出版社 2003 年版。

郭志坤:《荀学论稿》,上海三联书店 1991 年版。

韩德民:《荀子与儒家的社会理想》,齐鲁书社 2001 年版。

何志华:《庄荀通论》,香港中文大学出版社 2015 年版。

洪铭吉:《荀韩思想关系研究》,(新北)花木兰文化出版社 2011 年版。

胡玉衡、李育安:《荀况思想研究》,中州书画社 1983 年版。

湖北人民出版社编:《论荀况》,湖北人民出版社 1974 年版。

惠吉星:《荀子与中国文化》,贵州人民出版社 1996 年版。

江心力:《二十世纪前期的荀学研究》,中国社会科学出版社 2005 年版。

康廷山:《清代荀学史略》,中华书局 2020 年版。

孔繁:《荀子评传》,南京大学出版社 1997 年版。

李桂民:《荀子思想与战国时期的礼学思潮》,中国社会科学出版社 2012 年版。

李加武:《郭店儒简与荀子思想比较研究》,社会科学文献出版社 2021 年版。

李峻岭:《从荀子到董仲舒:儒学一尊的历史嬗变研究》,人民出版社 2021 年版。

李哲贤:《荀子之核心思想:"礼义之统"及其时代意义》,(台北)文津出版社 1994 年版。

梁启雄:《荀子简释》,中华书局 1983 年版。

廖名春:《荀子新探》,(台北)文津出版社 1994 年版。

刘桂荣:《西汉时期荀子思想接受研究》,合肥工业大学出版社 2013 年版。

刘延福:《荀子诗学研究》,人民出版社 2019 年版。

刘延福:《荀子文艺思想研究》,山东大学出版社 2015 年版。

龙宇纯:《荀子论集》,(台北)台湾学生书局 1987 年版。

路德斌:《荀子与儒家哲学》,齐鲁书社 2010 年版。

马积高:《荀学源流》,上海古籍出版社 2000 年版。

牟宗三:《名家与荀子》,吉林出版集团有限责任公司 2010 年版。

强中华:《秦汉荀学研究》,人民出版社 2017 年版。

田富美:《清代荀子学研究》,(新北)花木兰文化出版社 2011 年版。

汪国栋:《荀况天人系统哲学探索》,广州人民出版社 1987 年版。

王恩洋:《荀子学案》,《王恩洋先生论著集》第 8 卷,四川人民出版社 2001 年版。

王军:《荀子思想研究:礼乐重构的视角》,中国社会科学出版社 2010 年版。

王天海:《荀子校释》,上海古籍出版社 2005 年版。

王先谦撰,沈啸寰、王星贤点校:《荀子集解》,中华书局 1988 年版。

韦政通:《荀子与古代哲学》,商务印书馆 1966 年版。

吴树勤:《礼学视野中的荀子人学:以"知通统类"为核心》,齐鲁书社 2007 年版。

熊公哲:《荀卿学案》,商务印书馆 1922 年版。

熊良智,庄剑编著:《〈荀子〉与现代社会》,四川人民出版社 1995 年版。

徐平章:《荀子与两汉儒学》,(台北)文津出版社 1988 年版。

杨承彬:《孔孟荀的道德思想》,(台北)台湾商务印书馆 1978 年版。

杨大膺编:《荀子学说研究》,中华书局 1936 年版。

杨柳桥:《荀子诂译》,齐鲁书社 1985 年版。

余亚斐:《荀学与西汉儒学之趋向》,安徽师范大学出版社 2012 年版。

张觉:《荀子译注》,上海古籍出版社 1995 年版。

张曙光:《外王之学:〈荀子〉与中国文化》,河南大学出版社 1995 年版。

郑炯坚:《荀子文学与美学》,香港科华图书出版公司 2001 年版。

周炽成:《荀、韩:人性论与社会历史哲学》,中山大学出版社 2009 年版。

曾暐杰:《通过孟荀而思:荀学时与下儒家心理结构与人格特质的批判性重建》,万卷楼,2021 年。

三、其他专著

蔡方鹿:《宋明理学心性论》,巴蜀书社 1997 年版。
蔡方鹿:《朱熹经学与中国经学》,人民出版社 2004 年版。
陈少明:《汉宋学术与现代思想》,广东人民出版社 1995 年版。
陈钟凡:《两宋思想述评》,东方出版社 1996 年版。
冯友兰:《中国哲学史》,中华书局 2014 年版。
葛兆光:《中国思想史》,复旦大学出版社 2001 年版。
侯外庐:《中国思想史纲》,上海书店 2008 年版。
胡适:《先秦名学史》,安徽教育出版社 1999 年版。
胡适:《中国哲学史大纲》,东方出版社 1996 年版。
姜林祥:《中国儒学史·魏晋南北朝卷》,广东教育出版社 1998 年版。
劳思光:《新编中国哲学史》,生活·读书·新知三联书店 2019 年版。
李景明:《中国儒学史》,广东教育出版社 1998 年版。
李沈阳:《汉代人性论史》,齐鲁书社 2010 年版。
李中华:《中国儒学史·魏晋南北朝卷》,北京大学出版社 2011 年版。
梁启超:《清代学术概论》,上海古籍出版社 1998 年版。
钱穆:《中国近三百年学术史》,商务印书馆 1997 年版。
孙宝:《儒学嬗变与魏晋文风建构》,人民文学出版社 2014 年版。
汤一介、李中华主编:《中国儒学史》,北京大学出版社 2011 年版。
唐君毅:《中国哲学原论·原性篇》,中国社会科学出版社 2005 年版。
王其俊主编:《中国孟学史》,山东教育出版社 2012 年版。
韦政通:《中国思想史》上册,(台北)水牛出版社 2003 年版
徐复观:《中国人性论史·先秦篇》,湖北人民出版社 2002 年版。
杨荣国:《中国古代思想史》,人民出版社 1973 年版。
余敦康:《魏晋玄学史》,北京大学出版社 2004 年版。
余英时:《历史与思想》,(台北)联经出版公司 1976 年版。
张丽珠:《清代义理学转型》,(台北)里仁书局 2006 年版。
周群振:《儒学义理通诠》,(台北)台湾学生书局 2000 年版。

四、学位论文

蔡宜蓉:《荀韩人性论及其礼法思想之研究》,台湾淡江大学硕士学位论文,2009 年。

曹旻:《乾嘉学派与荀子思想关系研究》,南京大学硕士学位论文,2016 年。

陈哲儒:《当代荀子哲学诠释的省察与再探索》,台湾淡江大学博士学位论文,2016 年。

程敬恭:《汉唐时期荀子学术地位的变化》,山西大学硕士学位论文,2009 年。

段宜廷:《魏晋荀学》,台湾政治大学博士学位论文,2016 年。

黄婷:《荀子与韩非子文章理念和创作特色的异同》,湖南师范大学硕士学位论文,2014 年。

李天雨:《荀韩哲学思想比较》,安徽大学硕士学位论文,2014 年。

李甜:《明代荀学研究》,华南师范大学硕士学位论文,2012 年。

梁晓园:《清代荀学研究》,暨南大学硕士学位论文,2006 年。

林丽玲:《〈荀子〉与先秦典籍关系重探》,香港中文大学硕士学位论文,2011 年。

刘君花:《二十世纪后半期的荀学研究》,首都师范大学硕士学位论文,2007 年。

刘涛:《宋代荀学研究》,中山大学硕士学位论文,2010 年。

邱立汉:《荀子的文学思想及其文学创作》,福建师范大学硕士学位论文,2009 年。

孙丽娜:《唐前荀学研究》,郑州大学硕士学位论文,2008 年。

王小平:《荀子文学思想及影响研究》,华中科技大学硕士学位论文,2005 年。

魏元珪:《孟荀道德哲学之比较研究》,台湾辅仁大学博士学位论文,1980 年。

薛裕民:《晚晴的"排荀"与"尊荀"》,台湾成功大学硕士学位论文,2005 年。

赵伟:《乾嘉荀学研究》,广西师范大学硕士学位论文,2008 年。